UTB

Eine Arbeitsgemeinschaft der Verlage

Böhlau Verlag · Wien · Köln · Weimar
Verlag Barbara Budrich · Opladen · Toronto
facultas.wuv · Wien
Wilhelm Fink · Paderborn
A. Francke Verlag · Tübingen
Haupt Verlag · Bern
Verlag Julius Klinkhardt · Bad Heilbrunn
Mohr Siebeck · Tübingen
Nomos Verlagsgesellschaft · Baden-Baden
Ernst Reinhardt Verlag · München · Basel
Ferdinand Schöningh · Paderborn
Eugen Ulmer Verlag · Stuttgart
UVK Verlagsgesellschaft · Konstanz, mit UVK / Lucius · München
Vandenhoeck & Ruprecht · Göttingen · Bristol
vdf Hochschulverlag AG an der ETH Zürich

JOHANNES HUININK
TORSTEN SCHRÖDER

Sozialstruktur Deutschlands

2., überarbeitete Auflage

UTB basics

UVK Verlagsgesellschaft mbH · Konstanz
mit UVK/Lucius · München

Zu den Autoren:
Johannes Huinink ist Professor für Soziologie am Institut für empirische und angewandte Soziologie der Universität Bremen, Arbeitsgebiet »Theorie und Empirie der Sozialstruktur«. Torsten Schröder war dort wissenschaftlicher Mitarbeiter.

Online-Angebote oder elektronische Ausgaben sind erhältlich unter
www.utb-shop.de

Bibliografische Information der Deutschen Nationalbibliothek
Die Deutsche Nationalbibliothek verzeichnet diese Publikation in der Deutschen Nationalbibliografie; detaillierte bibliografische Daten sind im Internet über http://dnb.d-nb.de abrufbar.

1. Auflage 2008

Einbandgestaltung: Atelier Reichert, Stuttgart
Einbandmotiv: © S. Hofschlaeger / PIXELIO
Lektorat: Verena Artz, Bonn und Marit Borcherding, München
Satz und Layout: Claudia Wild, Konstanz
Druck: CPI – Ebner & Spiegel, Ulm

UVK Verlagsgesellschaft mbH
Schützenstr. 24 · D-78462 Konstanz
Tel. 07531-9053-0 · Fax 07531-9053-98
www.uvk.de

UTB-Band-Nr.: 3146
ISBN 978-3-8252-4234-3

Inhalt

Einleitung

1

Die Sozialstruktur der Bevölkerung eines Landes ist ein zentraler Gegenstand soziologischer Forschung. Gleichwohl werden in der Soziologie sehr unterschiedliche Definitionen von Sozialstruktur verwendet. Dies ist einerseits der Vielfältigkeit des Themas geschuldet, andererseits ist es als Hinweis darauf zu verstehen, dass es in der Sozialstrukturanalyse noch einen Bedarf an begrifflicher Ordnung gibt. Anknüpfend an Definitionsvorschläge in der Literatur versuchen wir in diesem Band, theoretisch begründet Licht in den Begriffsdschungel zu bringen – nicht als l'art pour l'art, sondern als aus unserer Sicht notwendige Systematisierungsleistung. Der Begriff der Sozialstruktur soll dabei auf zwei eng zusammenhängende Aspekte Bezug nehmen: auf die Muster sozialer Beziehungsgeflechte der Mitglieder einer Gesellschaft und auf die Gliederung der Bevölkerung nach Merkmalen, die für die Stellung oder Positionierung von Individuen in einer Gesellschaft eine wichtige Rolle spielen.

Ziele dieses Bandes

Mit diesem Band verfolgen wir drei Ziele:

- *Erstens* soll er eine systematische Einführung in Begriffe und Konzepte der Sozialstrukturforschung geben.
- *Zweitens* soll er theoretische Grundlagen der Sozialstrukturforschung und der Erklärung sozialer Ungleichheit vermitteln.
- *Drittens* sollen darin ausgewählte, aktuelle Befunde zu grundlegenden Bereichen der Sozialstruktur Deutschlands und Europas vorgestellt werden. Zur ausführlicheren Dokumentation deutscher und internationaler sozialstruktureller Daten verweisen wir auf weiterführende Publikationen der Sozialstrukturforschung.

Aufbau des Buches

Unsere Einführung umfasst vier Abschnitte:

Erster Teil: Grundbegriffe und Basismodell

- Im *ersten* Teil (Kapitel 2 und 3) führen wir die zentralen Grundbegriffe der Sozialstrukturforschung ein und stellen das theoretische Basismodell einer mikrofundierten Sozialstrukturanalyse vor. Dieses Modell ist Ausgangspunkt für die theoretische Argumentation innerhalb der nachfolgend behandelten Themenfelder der Sozialstrukturanalyse. Es verbindet die Ebene der gesellschaftlichen Strukturen mit der Ebene der individuellen Lebensläufe von Akteuren. Diese treten mit der Geburt in die Bevölkerung einer Gesellschaft ein und tragen durch ihr Handeln im

Verlauf ihres Lebens zur Stabilität und zum Wandel der Sozialstruktur dieser Gesellschaft bei.

Zweiter Teil: Demografie

- Im *zweiten* Teil (Kapitel 4) behandeln wir das erste große Themenfeld der Sozialstrukturforschung. Wir präsentieren Begriffe und (Mess-)Konzepte der demografischen Sozialstrukturanalyse bzw. der Bevölkerungssoziologie und informieren über aktuelle demografische Entwicklungen. Zu diesem Themengebiet gehören die Gliederung der Bevölkerung nach demografischen Merkmalen, wie Alter oder Migrationshintergrund, ihre Verteilung nach Lebensformen, die Elemente der Beziehungsstruktur einer Gesellschaft sind, und die Prozesse, die die Veränderung der Bevölkerungsstruktur bewirken.

Dritter Teil: Soziale Ungleichheit

- Im *dritten* Teil (Kapitel 5) beschäftigen wir uns mit dem zweiten großen Themenkomplex der Sozialstrukturforschung – es geht um die Soziologie der sozialen Ungleichheit. Da die zentralen Konzepte recht uneinheitlich verwendet werden, legen wir unser Augenmerk auf eine stringente und konsistente Begriffsstruktur. Das beginnt beim Begriff der sozialen Ungleichheit selbst, ihren Dimensionen und der Lebenslage sowie den Determinanten sozialer Ungleichheit und der sozialen Lage, und reicht bis zu den unterschiedlichen Modellen der Strukturen sozialer Ungleichheit (Klasse, Schicht, Milieu). Zunächst wird die Begrifflichkeit theoretisch verankert. Anschließend stellen wir Erklärungsansätze für das Phänomen der sozialen Ungleichheit und seine spezifischen Erscheinungsformen in verschiedenen Teilbereichen unserer Gesellschaft vor. Großen Raum nimmt auch hier die Darstellung einiger aktueller empirischer Befunde zur sozialen Ungleichheit ein.

Vierter Teil: Sozialstruktur und gesellschaftliche Institutionen

- Im *vierten* Teil (Kapitel 6) behandeln wir die Beziehung zwischen Sozialstruktur und grundlegenden Institutionen unserer Gesellschaft (Wirtschaft und Arbeitsmarkt, Familie, Wohlfahrtsstaat und Öffentlichkeit). Die Bevölkerungsentwicklung und Phänomene sozialer Ungleichheit sind in vielfältiger Weise mit diesen Institutionen verbunden und lassen sich nicht ohne den Bezug darauf verstehen. Wir konzentrieren uns dabei besonders auf Ausmaß und Formen der Beteiligung der Bevölkerung am Arbeitsmarkt und die wichtigsten Elemente der wohlfahrtsstaatlichen Leistungs- und Absicherungssysteme. Wie in den vorangegangenen Teilen wird deren Bedeutung für die Sozialstruktur mit ausgewählten aktuellen empirischen Befunden belegt und erläutert.

Nach dem Resümee (Kapitel 7) werden in einem Anhang (Kapitel 8) wichtige Datenquellen der Sozialstrukturanalyse sowie die im Internet bestehenden Zugangsmöglichkeiten zu diesen Quellen vorgestellt, um dem Leser eigene Recherchen zu erleichtern.

Die erste Fassung dieses Buches basierte auf einem Vorlesungsskript. Für die zweite Auflage ist es gründlich überarbeitet worden. Neben der Korrektur von Fehlern sind die empirischen Informationen aktualisiert und an Stellen, wo es uns sinnvoll erschien, durch internationale Vergleiche ergänzt worden. Außerdem haben wir das Kapitel zum Zusammenhang von Sozialstruktur, Arbeitsmarkt, Familie und wohlfahrtsstaatliche Institutionen inhaltlich etwas erweitert.

Der Band hat von vielen Hinweisen und Ratschlägen sowie praktischen Hilfen bei seiner Erstellung und Überarbeitung profitiert. Allen, die daran Teil hatten, den Studierenden, Tutorinnen und Tutoren sowie den Mitarbeiterinnen und Mitarbeitern im Arbeitsgebiet »Theorie und Empirie der Sozialstruktur« des Instituts für Soziologie der Universität Bremen sind wir zu großem Dank verpflichtet. Stellvertretend für sie nennen wir Ilona Bartkowski, Michael Feldhaus, Stephanie Fleischer und Laura Henke, die uns in besonderer Weise unterstützt haben. Besonders bedanken möchten wir uns bei unserer Lektorin Verena Artz, die uns bei der Bearbeitung der ersten und der zweiten Auflage mit Rat und Tat zur Seite gestanden hat. Mit ihren instruktiven Hinweisen und Nachfragen hat sie erheblich zur Verbesserung des Textes beigetragen. Es versteht sich natürlich von selbst, dass für den Inhalt dieses Bandes allein wir Autoren verantwortlich sind.

2 | Begriffliche Grundlagen der Sozialstrukturanalyse

Inhalt

Dieses Kapitel stellt die grundlegenden Begriffe und die Dimensionen der Sozialstruktur einer Gesellschaft vor. Zunächst erläutern wir allgemein, was unter gesellschaftlichen Strukturen zu verstehen ist. Wir geben dann eine systematische Einführung in den Begriff der Sozialstruktur mit seinen beiden Dimensionen: soziale Beziehungsstruktur und soziale Verteilungsstruktur.

2.1 | Gesellschaftliche Strukturen

Das Leben der Menschen wird durch verschiedenartige Formen gesellschaftlicher Strukturen beeinflusst. Dazu gehören die politisch-rechtliche und wirtschaftliche Ordnung eines Landes, seine kulturellen Besonderheiten, die Zusammensetzung seiner Bewohner nach individuellen Merkmalen wie Alter oder Beruf sowie die Regeln des alltäglichen sozialen Miteinanders der Menschen mit ihren unterschiedlichen Eigenschaften und Interessen. Als relativ verlässliche Bezugsgrößen, an denen sich die Menschen orientieren können, machen gesellschaftliche Strukturen die Individuen im Grunde erst handlungsfähig. Sie ermöglichen ihnen die Aufnahme und Pflege sozialer Beziehungen zu anderen Menschen und gestatten eine vorausschauende Lebensplanung. Je nach Situation bestimmen sie auch die Erwartungen, die Menschen in sozialen Beziehungen bezogen auf das Handeln der anderen haben.

Definition

Gesellschaftliche Strukturen
Relativ stabile, sich in der Regel nur langsam verändernde Phänomene, die das Miteinander der Menschen in einer Gesellschaft regulieren und ordnen und an denen sich die Menschen mit ihrem Handeln orientieren.

Gesellschaftliche Strukturen treten dem Einzelnen als Phänomene gegenüber, die er nicht ohne Weiteres verändern kann. Daher hat er sich mit seinem Handeln an ihnen zu orientieren. Der französische Mitbegründer der modernen Soziologie Émile Durkheim (1858–1917) nennt ein solches Phänomen *fait social*. In der folgenden deutschen Übersetzung wird es als *soziologischer Tatbestand* bezeichnet. Durkheim definiert:

Soziologischer Tatbestand

> »*Ein soziologischer Tatbestand ist jede mehr oder minder festgelegte Art des Handelns, die die Fähigkeit besitzt, auf den einzelnen einen äußeren Zwang auszuüben; oder auch, die im Bereiche einer gegebenen Gesellschaft allgemein auftritt, wobei sie ein von ihren individuellen Äußerungen unabhängiges Eigenleben besitzt.*« (Durkheim 1976: 114)

Damit können soziologische Tatbestände als grundlegende Elemente gesellschaftlicher Strukturen gelten.

Zu den soziologischen Tatbeständen zählen beispielsweise Bräuche und Sitten, die Menschen wie selbstverständlich pflegen, die Sprache, die sie sprechen, und die Regeln des sozialen Zusammenlebens, die sie befolgen, kurz: jegliche Art von geltenden gesellschaftlichen Konventionen, seien sie in Form von Gesetzestexten schriftlich fixiert oder als Tradition von einer Generation an die nächste weitergegeben. Die soziale Zusammensetzung der Bewohner eines Landes oder einer Nachbarschaft nach ihren Merkmalen und Interessen gehört ebenfalls dazu.

Soziologische Tatbestände stellen für die Mitglieder einer Gesellschaft also etwas »objektiv« Vorgegebenes dar, woran sie sich zu orientieren haben. Sie schlagen sich in der physischen Umwelt, in den demografischen Strukturen und im soziokulturellen Erbe einer Gesellschaft nieder. Durkheim spricht diesbezüglich vom Substrat der Gesellschaft oder des Kollektivlebens.

Soziales Handeln

Gesellschaftliche Strukturen regulieren das *soziale Handeln* der Menschen oder sind Ausdruck und Ergebnis typischer Formen sozialen Handelns. Der Begriff des sozialen Handelns ist für die Soziologie grundlegend. Was darunter zu verstehen ist, hat der deutsche Soziologe Max Weber (1864–1930) in einer berühmten Definition bestimmt:

»Soziales Handeln aber soll ein solches Handeln heißen, welches seinem von dem oder den Handelnden gemeinten Sinn nach auf das Verhalten anderer bezogen wird und daran in seinem Ablauf orientiert ist.« (Weber 1972: 1)

Das Besondere am sozialen Handeln

Nicht jede Art individuellen Handelns ist soziales Handeln. Entscheidend ist, dass der Handelnde sich damit sinnhaft oder intentional, direkt oder indirekt auf andere Menschen bzw. deren Verhalten bezieht. Egal welche Wirkung ein Kunstwerk erzeugt – ein Künstler handelt in dessen Produktion nicht sozial, wenn es ihm allein um Selbstverwirklichung und Selbstausdruck geht. Will er mit dem Werk aber eine bestimmte Aussage an potenzielle Rezipienten seiner Kunst vermitteln und damit womöglich Einfluss auf politische Entscheidungen nehmen, arbeitet er im Auftrag einer anderen Person oder will er mit seinem Kunstwerk auch nur einer bestimmten Person eine Freude bereiten, haben wir es mit sozialem Handeln zu tun.

Soziale Prozesse

Die Wirkung von gesellschaftlichen Strukturen auf soziales Handeln zeigt sich in der Regelmäßigkeit von Handlungsabläufen, die wir beim Umgang der Menschen miteinander beobachten können. Diese Handlungsabläufe bezeichnen wir als *soziale Prozesse.* Mit dem deutschen Soziologen Hartmut Esser verstehen wir darunter wiederkehrende »Sequenzen des Ablaufs und der Wirkung des sozialen Handelns« (Esser 1993: 87). Soziale Prozesse bezeichnen die Abfolge von Aktivitäten der Menschen im alltäglichen Umgang miteinander: in der Familie, im Beruf, in Vereinen, Organisationen und sozialen Gruppen. Sie stellen Handlungs- und Entscheidungssequenzen dar, in denen sich Menschen an der sie umgebenden sozialen Wirklichkeit orientieren und diese durch ihr Handeln reproduzieren oder verändern.

Definition

Soziales Handeln, Soziologische Tatbestände, soziale Prozesse

- *Soziales Handeln* ist ein Handeln, das dem subjektiven Sinn des/der Handelnden nach auf das Verhalten anderer Personen bezogen ist.
- *Soziologische Tatbestände* sind soziale Phänomene, die dem Einzelnen objektiv vorgegeben erscheinen und an denen er sich mit seinem sozialen Handeln zu orientieren hat. Sie stellen damit Aspekte gesellschaftlicher Strukturen dar.
- *Soziale Prozesse* bezeichnen die Abfolge von Akten sozialen Handelns und dessen Wirkung auf soziale Tatbestände bzw. soziale Strukturen (Reproduktion und Veränderung).

Die Bedeutung sozialer Strukturen und ihr Einfluss auf soziale Prozesse werden in Übersicht 2.1 dargelegt. In Anlehnung an Hartmut Esser (1993: 426) benennen wir darin vier allgemeine Eigenschaften von gesellschaftlichen Strukturen, die für diese konstitutiv sind.

Übersicht 2.1

Charakteristika gesellschaftlicher Strukturen

Gesellschaftliche Strukturen

- steuern soziale Prozesse, da sie die Möglichkeiten (*Opportunitäten*) und Beschränkungen (*Restriktionen*) für das Handeln der Menschen festlegen;
- begründen *Regelmäßigkeit und Ordnung* sozialer Prozesse, die gewährleisten, dass man mit ihnen »rechnen« kann;
- äußern sich in der *Dauerhaftigkeit* von Zuständen und Ablaufmustern in sozialen Prozessen;
- werden selbst durch Strukturen stabilisiert und beruhen also auf *Regelmäßigkeiten sozialen Handelns, institutionalisierten Regelungen* und sozial geteilten *Orientierungs-, Wert-* und *Normensystemen.*

Gesellschaftliche Strukturen bilden den Bedingungsrahmen für soziale Prozesse und damit für soziales Handeln. Indem Menschen in gesellschaftlichen Strukturen handeln und sich an ihnen orientieren, reproduzieren sie gleichzeitig die bestehenden gesellschaftlichen Strukturen. Parallel dazu tragen sie zur Genese neuer und zum Wandel alter gesellschaftlicher Strukturen bei. Gesellschaftliche Strukturen sind daher nicht nur Rahmen, sondern immer auch ein Ergebnis von sozialem Handeln bzw. von sozialen Prozessen (→ Kapitel 3).

Akteure

Wir sprechen im Folgenden häufig von Akteuren, wenn wir sozial handelnde Individuen meinen. Im Vordergrund stehen die Menschen als *individuelle Akteure*. Darüber hinaus gibt es weitere wichtige *Akteurskonstellationen*: die kollektiven und die korporativen Akteure (vgl. Übersicht 2.2).

Der Begriff des kollektiven Akteurs wird hier sehr umfassend verstanden. Neben den korporativen Akteuren lassen sich zahlreiche weitere Arten kollektiver Akteure unterscheiden. Dazu zählen Gruppen von individuellen Akteuren, die gleiche Interessen verfolgen und entsprechend handeln, ohne in besonders starker Weise organisiert zu sein. Ein Beispiel sind etwa die legendären Montagsdemonstrationen in Leipzig, die 1989 regelmäßig stattfanden und eine große Bedeutung für die friedliche Revolution in der DDR hatten.

Zu den kollektiven Akteuren gehören auch soziale Gruppen, in denen Individuen in direkten und informellen, aber in der Regel auch länger andauernden sozialen Beziehungen zueinander stehen. Beispiele hierfür sind Lebensformen, in denen Menschen zusammenleben (Paarbeziehungen, Familien) oder der Freundeskreis, der sich regelmäßig zum Kegeln trifft. Zum korporativen Akteur wird Letzterer dann, wenn er sich offiziell als Verein mit einer Satzung etabliert und eine Vereinsleitung hat, die für den Verein nach außen auftritt und agiert. Dieser Verein kann dann als »juristische Person« handeln, womit die Analogie zum individuellen Akteur deutlich wird. Vereine können Verträge schließen und sie können für die Folgen der Handlungen ihrer Mitglieder, wenn diese im Namen des Vereins handeln, haftbar gemacht werden. Ein Verein »agiert« allerdings nur durch ein oder mehrere dafür autorisierte Mitglieder. Die sozialen Positionen und Beziehungen der Mitglieder sind durch eine formal geregelte innere Entscheidungs- und Organisationsstruktur bestimmt.

Übersicht 2.2

Akteurstypen
Zu unterscheiden sind:
- *individuelle Akteure*: Menschen als intentional handelnde Subjekte;
- *kollektive Akteure*: Gruppen individueller Akteure, die durch das mehr oder weniger koordinierte Handeln der individuellen Akteure als Einheit wahrnehmbar und wirksam sind;
- *korporative Akteure*: Kollektive Akteure (soziale Organisationen oder Körperschaften), die aufgrund ihrer inneren, hierarchischen Steuerungsstruktur durch dafür bestimmte Repräsentanten wie individuelle Akteure »auftreten« und handeln können (juristische Personen).

Wandel gesellschaftlicher Strukturen

Das Wechselverhältnis zwischen gesellschaftlichen Strukturen und sozialen Prozessen bedingt, dass Erstere nicht starr und unveränderlich sind. Sie werden nie eins zu eins reproduziert, weil sie Akteure nie vollständig auf ein bestimmtes Verhalten festlegen. Sie lassen eine gewisse Verhaltensvielfalt zu, die zu Variationen und Veränderungen von Verhaltensregeln oder Institutionen – also zu sozialem Wandel – führen kann. Zudem können veränderte Handlungsmöglichkeiten oder -beschränkungen Akteure dazu veranlassen, einmal eingeschlagene Wege nicht mehr zu beschreiten und neue soziologische Tatbestände zu schaffen (Genese). Diese werden dann Teil der gesellschaftlichen Struktur; gesellschaftliche Strukturen wandeln sich also.

Ihr Wandel erfolgt in der Regel aber nur sehr langsam. Das unterscheidet sie von dem beständigen Fluss sozialen Handelns und den dadurch bewirkten Veränderungen im Lebensalltag der Menschen. Obwohl sich gesellschaftliche Strukturen im Allgemeinen durch eine hohe Stabilität auszeichnen, können sie sich unter Umständen aber auch in sehr kurzen Zeiträumen radikal ändern. Der Zusammenbruch des politischen Systems der DDR ist ein gutes Beispiel dafür.

Gesellschaftlichen Strukturen lassen sich in verschiedene Ebenen oder Dimensionen untergliedern. Hartmut Esser schlägt vor, drei Dimensionen zu unterscheiden: die Infrastruktur einer Gesellschaft, die soziale Struktur oder Sozialstruktur einer Gesellschaft und die institutionelle Struktur einer Gesellschaft (Esser 1993: 426 ff.).

Drei Dimensionen gesellschaftlicher Strukturen

- Die *Infrastruktur* stellt die materielle und technologische Basis der Gesellschaft dar. Sie ist die strukturelle Ebene der Mittel und Ressourcen, die den Akteuren in einer Gesellschaft zur Verfügung stehen. Esser zählt dazu unter anderem den technischen Entwicklungsstand, die bisher geschaffenen technischen und infrastrukturellen Produktionsbedingungen, vorhandene Bildungseinrichtungen, die ökologischen Gegebenheiten und die Fähigkeiten und Talente der Bevölkerung (Humankapital).
- Die *institutionelle Struktur* beinhaltet nach Esser die Gesamtheit der sozialen Institutionen, die den gesellschaftlichen Strukturen insgesamt Dauerhaftigkeit verleihen. Die institutionelle Struktur nennt Esser die grundlegende, übergreifende »Verfassung« einer Gesellschaft. Neben den Werten, Normen und den kulturell verankerten, allgemein akzeptierten Lebenszielen der Mitglieder einer Gesellschaft gehören hierzu auch Vorstellungen über die legitimen Mittel, mit denen diese Ziele verfolgt werden können, sowie die Verteilung dieser Mittel und die Kontrolle über sie.
- Die *Sozialstruktur* einer Gesellschaft wird im kommenden Abschnitt erklärt. Mit ihr beschäftigen wir uns im Weiteren ausführlich. Es wird dabei deutlich werden, dass die Sozialstruktur als wesentlicher Teil der gesellschaftlichen Strukturen eng mit der Infrastruktur und der institutionellen Struktur einer Gesellschaft verknüpft ist.

Lernkontrollfragen

1. Was sind die Charakteristika gesellschaftlicher Strukturen?
2. Wie unterscheiden sich gesellschaftliche Strukturen von sozialen Prozessen?
3. Welche strukturellen Ebenen einer Gesellschaft kann man unterscheiden?
4. In welcher Beziehung stehen Verhalten, sinnhaftes Handeln und soziales Handeln zueinander?
5. Wodurch unterscheiden sich kollektive von korporativen Akteuren?

Infoteil

Eine systematisch theoretische begründeten Klassifikation verschiedener Ebenen gesellschaftlicher Strukturen, auf die hier nur kurz eingegangen werden konnte, ist in Hartmut Essers Einführungsbuch »Soziologie. Allgemeine Grundlagen« aus dem Jahre 1993 ausführlich beschrieben.

2.2 | Die Sozialstruktur der Gesellschaft

Unter dem Begriff der *Sozialstruktur der Gesellschaft* fassen wir zwei Dimensionen zusammen:

- die sozialen Beziehungsstrukturen und
- die soziale Verteilungsstruktur der Gesellschaft.

Verwendung des Begriffs in der Forschung

Der Begriff der Sozialstruktur wird in der Literatur nicht einheitlich verwendet. Häufig versteht man darunter nur eine der beiden zuvor genannten Dimensionen. So sprechen zum Beispiel manche Autoren von sozialen Strukturen, wenn sie allein die Beziehungsstruktur einer Gesellschaft meinen (Bahrdt 1994). Der deutsche Sozialstrukturforscher Rainer Geißler präsentiert eine Übersicht von Definitionen (Geißler 2014: 1ff.), welche die Vielfalt und die Vieldeutigkeit der unterschiedlichen Definitionen der Sozialstruktur verdeutlicht. Er selbst fasst diese Definitionsangebote in einer eigenen Charakterisierung zusammen, wonach die Sozialstruktur »die Wirkungszusammenhänge in einer mehrdimensionalen Gliederung der Gesamtgesellschaft in unterschiedliche Gruppen nach wichtigen sozial relevanten Merkmalen sowie in den relativ dauerhaften sozialen Beziehungen dieser Gruppen untereinander« umfasst. Dieses Verständnis kommt dem unsrigen sehr nahe.

Definition

Sozialstruktur einer Gesellschaft

Die Sozialstruktur einer Gesellschaft hat zwei miteinander verbundene Dimensionen:

- die *soziale Beziehungsstruktur* als die Gesamtheit dauerhaft angelegter Formen sozialer Beziehungen zwischen Mitgliedern der Gesellschaft;
- die *soziale Verteilungsstruktur* als die Gliederung der Mitglieder der Gesellschaft nach sozial relevanten Merkmalen und Kombinationen solcher Merkmale, d.h. nach Merkmalen, die für die Aufnahme und Pflege sozialer Beziehungen sowie für Möglichkeiten sozialen Handelns wichtig sind.

Unsere Definition der Sozialstruktur beinhaltet zwei Dimensionen: die soziale Beziehungsstruktur und die soziale Verteilungsstruktur. Sie verweist zum einen darauf, dass wir in einer Gesellschaft relativ stabile Formen von sozialen Beziehungen vorfinden, in denen die Gesellschaftsmitglieder miteinander verkehren und sozial handeln (soziale Beziehungsstruktur). Zum anderen betont sie, dass sich die Mitglieder einer Gesellschaft nach bestimmten, für ihre sozialen Beziehungen und ihr soziales Handeln bedeutsamen Merkmalen (oder auch Kombinationen solcher Eigenschaften) in Teilgruppen untergliedern lassen (soziale Verteilungsstruktur). Die Zugehörigkeit zu diesen Teilgruppen ermöglicht Rückschlüsse auf die unterschiedlichen Lebensbedingungen der Menschen und ihre sozialen Verhältnisse.

Zwei Dimensionen der Sozialstruktur

Die Sozialstrukturanalyse untersucht die beiden Dimensionen der Sozialstruktur und deren Wandel:

Sozialstrukturanalyse

- Sie beschreibt die soziale Beziehungs- und Verteilungsstruktur der Gesellschaft.
- Sie analysiert die Auswirkungen und die Zusammenhänge zwischen Eigenschaften der Menschen bezüglich unterschiedlicher Merkmalsgruppen und der Zugehörigkeit zu bestimmten Bereichen der sozialen Beziehungsstruktur.

2.2.1 Soziale Beziehungsstruktur

Die individuellen Akteure in einer Gesellschaft können in vielfältiger Weise in *sozialen Beziehungen* zueinander stehen. Eine soziale Beziehung bedeutet ein spezifisch definiertes, sinnhaftes Aufeinanderbezogensein von Akteuren, das einen bestimmten Handlungszusammenhang generiert. Max Weber definiert:

Soziale Beziehungen

> *»Soziale ›Beziehung‹ soll ein seinem Sinngehalt nach aufeinander eingestelltes und dadurch orientiertes Sichverhalten mehrerer heißen. Die soziale Beziehung besteht also durchaus und ganz ausschließlich: in der Chance, das in einer (sinnhaft) angebbaren Art sozial gehandelt wird, einerlei zunächst: worauf diese Chance beruht.«* (Weber 1972: 13)

Beispiele für soziale Beziehungen sind Geschäftsbeziehungen, Freundschaften oder Kooperationsbeziehungen in Organisationen und am Arbeitsplatz, aber auch flüchtige Bekanntschaften im Zug oder auf der Straße.

Im übertragenden Sinne können, über individuelle Akteure vermittelt, auch korporative Akteure in sozialen Beziehungen zueinander stehen (vgl. Übersicht 2.2). Vertraglich geregelte Kooperationsbeziehungen zwischen Organisationen oder Unternehmen sind dafür ein Beispiel.

Unter der sozialen Beziehungsstruktur einer Gesellschaft verstehen wir die Gesamtheit der gesellschaftstypischen Formen sozialer Beziehungen

Soziale Beziehungsgeflechte

zwischen Mitgliedern der Gesellschaft, die in der Regel auf eine bestimmte Dauer hin angelegt sind. Mit Norbert Elias sprechen wir von *sozialen Beziehungsgeflechten* (Elias 1993: 109). Dazu gehören nicht die flüchtige Bekanntschaft im Zug, sondern etwa Paargemeinschaften, Familien, Freundschaft- und Bekanntschaftsnetzwerke, soziale Organisationen und Wirtschaftsunternehmen. Sie weisen allesamt ein Mindestmaß an Stabilität in ihren Abläufen auf und stellen daher in der Regel einen verlässlichen, Orientierung vermittelnden Kontext für das Handeln der beteiligten Akteure dar.

Nach dem deutschen Soziologen Hans P. Bahrdt sollen unter sozialen Beziehungsgeflechten oder »sozialen Strukturen«, wie er sie nennt, »Verhältnisse, d.h. als objektiv erlebte Zusammenhänge, die durch soziales Handeln entstehen, verstanden werden, die nicht nur faktisch die Situation einzelner sozialer Verhaltensweisen bzw. Interaktionen überdauern, sondern ihre Dauerhaftigkeit spezifischen Stabilisationsmomenten verdanken« (Bahrdt 1994: 110).

Als besondere Formen von sozialen Beziehungsgeflechten in der sozialen Beziehungsstruktur einer Gesellschaft sind die *kollektiven Akteure* hervorzuheben (vgl. Übersicht 2.2). Sie sind eindeutig abgrenzbare und identifizierbare Gruppen individueller Akteure und lassen sich durch eigene Merkmale und Eigenschaften charakterisieren. Die individuellen Akteure in diesen sozialen Beziehungsgeflechten handeln koordiniert und mehr oder weniger stark aufeinander abgestimmt.

Soziale Positionen

Den »Ort«, den ein individueller Akteur in einem sozialen Beziehungsgeflecht einnimmt, bezeichnen wir als seine *soziale Position*. Soziale Positionen verweisen auf das Verhältnis der individuellen Akteure zueinander, die Mitglieder eines sozialen Beziehungsgeflechtes sind. Mit den sozialen Positionen sind in der Regel soziale Rollen, d.h. Handlungsvorschriften für oder Handlungserwartungen an die Positionsinhaber verknüpft. Bei kollektiven Akteuren definiert eine soziale Position die Aufgaben, die der Positionsinhaber im Zusammenspiel aller Mitglieder des kollektiven Akteurs zu übernehmen hat. Beispiele für soziale Positionen sind die Mutter in der Familie, der Manager in einem Unternehmen, der Kassierer in einem Verein. Diese Beispiele zeigen, dass ein und dieselbe Person mehrere soziale Positionen einnehmen kann und dies in der Regel auch tut.

Persönliche Übereinkünfte, aber auch formalisierte Regelungen und soziale Institutionen können sozialen Beziehungsgeflechten Stabilität verleihen. Man kann daher zwischen zwei idealtypischen Prinzipien unterscheiden, die soziale Beziehungsgeflechte in Reinform oder als Mischtyp begründen oder stabilisieren.

Formal bestimmte Beziehungsgeflechte

Soziale Beziehungen und die damit verbundenen sozialen Positionen können durch *formal* gesetzte Normen, Regeln und Vorschriften festgelegt sein, wie es für soziale Organisationen charakteristisch ist. Die individuellen

Akteure, die durch formale Regelungen charakterisierte soziale Positionen bekleiden, werden in den sozialen Beziehungen nur als Träger der dadurch festgelegten sozialen Rolle betrachtet. Als Person bleiben sie uninteressant. Sie sind daher austauschbar, ohne dass das soziale Beziehungsgeflecht und seine Struktur davon gravierend tangiert sein müssen. Das trifft vor allem für korporative Akteure, wie zum Beispiel Wirtschaftsunternehmen, Vereine oder politische Parteien, zu (vgl. Coleman 1986).

Definition

Soziale Beziehungsgeflechte und soziale Positionen

- *Soziale Beziehungsgeflechte* sind relativ dauerhafte Strukturen sozialer Beziehungen von individuellen Akteuren in einer Gesellschaft.
- *Soziale Positionen* kennzeichnen die »Orte« von individuellen Akteuren in sozialen Beziehungsgeflechten.

Informell begründete Beziehungsgeflechte

Soziale Beziehungen und die damit verbundenen sozialen Positionen können auch das Ergebnis persönlicher Interaktion von individuellen Akteuren sein. In diesem Fall werden die gegenseitigen Handlungserwartungen über die *informelle* gegenseitige Zuschreibung generiert. Das ist in sozialen Gruppen wie Familien oder in Freundschaftsnetzwerken der Fall. Personen können hier nicht ausgetauscht werden, ohne das soziale Beziehungsgeflecht bzw. seine Struktur grundlegend zu verändern.

2.2.2 Soziale Verteilungsstruktur

Mitglieder einer Gesellschaft können sich in Bezug auf verschiedenste Merkmale gleichen oder verschieden sein. Dazu gehören das Geschlecht, die Staatsangehörigkeit oder das Einkommen ebenso wie die Körpergröße, die Haarfarbe oder die Intelligenz. In der Sozialstrukturforschung interessiert uns davon eine bestimmte Auswahl. Es handelt sich dabei um Merkmale, die der deutsche Soziologe und Sozialstrukturforscher Karl M. Bolte als »sozial relevante Kriterien« bezeichnet. Damit meint er »solche Kriterien, die das aufeinander bezogene Verhalten von Menschen beeinflussen« (Bolte 1990: 30).

Sozialstrukturelle Merkmale

Wir nennen solche Merkmale *sozialstrukturelle Merkmale*. Das Geschlecht, die Staatsangehörigkeit oder der Beruf gehören dazu –die Augenfarbe jedoch nicht. Wir werden zeigen, dass sich das Geschlecht, die Staatsangehörigkeit und der Beruf eines Individuums auf seine soziale Beziehungen und Möglichkeiten sozialen Handelns auswirken. Bei der Körpergröße ist das schon nicht mehr ganz so sicher. Allerdings zeigen empirische Befunde, dass sie in einem positiven Zusammenhang mit dem beruflichen Erfolg einer Person steht. Auch bei der Partnerwahl ist sie nicht bedeutungslos. Ob ein Merkmal sozialstrukturell relevant ist, kann für verschiedene Gesellschaften unterschiedlich zu entscheiden sein. So spielt die Religionszugehörigkeit in einigen Ländern für die Art und Ausgestaltung sozialer Beziehungen eine wichtige Rolle, während sie in anderen Ländern kaum noch von Bedeutung ist. Man erkennt, dass die Frage, ob ein individuelles Merkmal zu den sozialstrukturellen Merkmalen zu zählen ist oder nicht, nicht immer allgemein zu beantworten ist. Sozialstrukturelle Merkmale können bei unterschiedlichen Menschen die gleiche oder eine unterschiedliche Ausprägungen annehmen. Jemand kann etwa weiblichen oder männlichen Geschlechts sein, sein bzw. ihr Einkommen kann 3000 Euro oder 4000 Euro betragen. Diese individuelle Ausprägung eines sozialstrukturellen Merkmals bei einem Menschen bezeichnen wir als seine *sozialstrukturelle Position* (bezogen auf dieses Merkmal). Sozialstrukturelle Positionen können sich natürlich bei vielen sozialstrukturellen Merkmalen im Laufe der Zeit verändern. Beim Geschlecht kommt das sehr selten vor. Das Alter eines Akteurs nimmt jedoch beständig zu und sein Einkommen steigt oder verringert sich.

sozialstrukturelle Positionen

Definition

Sozialstrukturelle Merkmale und sozialstrukturelle Positionen

- *Sozialstrukturelle Merkmale* sind Eigenschaften der Mitglieder einer Gesellschaft, die für die Aufnahme und Pflege sozialer Beziehungen sowie die Möglichkeiten ihres sozialen Handelns wichtig sind.
- *Eine sozialstrukturelle Position* ist die spezifische Ausprägung eines sozialstrukturellen Merkmals bei einem Menschen (Zugehörigkeit zu einer bestimmten Kategorie, z.B. bezogen auf das Merkmal Geschlecht: »eine Frau sein«; Größenordnung eines Merkmals, z.B. bezogen auf das Merkmal Einkommen: Einkommenshöhe).

Der bedeutende amerikanische Soziologie und Sozialstrukturforscher Peter M. Blau nennt sozialstrukturelle Merkmale »Parameter sozialer Strukturen« und meint damit »Kriterien«, wie das Alter, das Geschlecht, die ethnische Zugehörigkeit und den sozioökonomischen Status. Gemäß Blau hat die Tatsache, dass Menschen in ihrer sozialstrukturellen Position bezogen auf solche Kriterien unterschiedlich sind, also Frau oder Mann, schwarz oder weiß, wohlhabend oder arm, einen Einfluss auf ihre sozialen Beziehungen und ihre sozialen Rollen (Blau 1978).

Sozialstrukturelle und soziale Positionen

Sozialstrukturelle Merkmale haben also einen Bezug zur sozialen Beziehungsstruktur einer Gesellschaft. Welche sozialstrukturelle Position ein Akteur bezogen auf bestimmte Merkmale einnimmt, hat einen Einfluss darauf, zu wem er soziale Beziehungen pflegen kann und welche Art von sozialen Beziehungen er in sozialen Beziehungsgeflechten knüpfen bzw. welche sozialen Positionen er darin einnehmen kann. Umgekehrt gilt, dass die Zugehörigkeit zu sozialen Beziehungsgeflechten oder kollektiven Akteuren sowie die Art der sozialen Positionen darin selbst als sozialstrukturelle Merkmale angesehen werden können. Eine sozialstrukturelle Position einer Person könnte zum Beispiel besagen, dass sie Mitglied in einem Sportverein ist. Eine weitere sozialstrukturelle Position könnte dann die Funktion, d.h. die soziale Position dieser Person in dem Sportverein angeben, nämlich Vorsitzender und nicht nur ein einfaches Mitglied des Vereins zu sein.

Zugeschriebene und erworbene sozialstrukturelle Positionen

Wichtig ist die folgende Unterscheidung von Typen sozialstruktureller Positionen:

1. Eine sozialstrukturelle Position ist bezogen auf bestimmte Merkmale *zugeschrieben*, wenn sie nicht selbst aktiv erworben ist, wenn sie dem Einzelnen gleichsam mit in die Wiege gelegt wurde. Ob ich Frau oder Mann bin, ist mir vorgegeben (Merkmal: Geschlechtszugehörigkeit). Ob die Familie, in die ich hineingeboren wurde, arm oder reich ist (Merkmal: Einkommen des elterlichen Haushalts), ist ebenfalls nicht auf mein Handeln zurückzuführen.
2. Sozialstrukturelle Positionen können aber auch vom Akteur selbst *erworben* sein. Das gilt etwa für das Ausbildungsniveau oder den Familienstand. Ob eine Person einen Hochschulabschluss erreicht oder eine abgeschlossene Lehre als Facharbeiter, ob sie ledig ist oder verheiratet, hängt entscheidend, wenn auch nicht ausschließlich, von ihren Aktivitäten ab.

Zwei Typen sozialstruktureller Merkmale

Auf Peter M. Blau (1994: 14f.) geht die folgende, wichtige Unterscheidung zwischen zwei verschiedenen Typen sozialstruktureller Merkmale zurück:

1. Sozialstrukturelle Merkmale, die Menschen nach verschiedenen Kategorien oder Untergruppen unterscheiden, die keine irgendwie geartete Rangfolge unter den Merkmalsinhabern implizieren (Religionszugehörigkeit, Geschlecht, Familienform usw.). Wir nennen sie *Klassifikationsmerkmale* (bei Blau: *nominal parameters*). Sozialstrukturelle Positionen bezogen auf solche Merkmale drücken eine *Zugehörigkeit* zu einer bestimmten Kategorie von Akteuren aus. Das Ausmaß der Unterschiedlichkeit bezüglich solcher Merkmale bestimmt die *Heterogenität* unter den Mitgliedern einer Gesellschaft. Die Heterogenität wächst im Prinzip mit der möglichen Anzahl der sozialstrukturellen Positionen. Sie nimmt auch in dem Maße zu, wie sich die Gesellschaftsmitglieder auf diese Positionen immer gleichmäßiger verteilen. Ein Beispiel ist die Verteilung einer Bevölkerung auf verschiedene Familienformen.

Klassifikationsmerkmale: Zugehörigkeit und Heterogenität

2. Sozialstrukturelle Merkmale, mit denen man die Menschen in eine Rangfolge bringen kann; ihre sozialstrukturellen Positionen verweisen auf ein Mehr oder Weniger von Etwas (Bildungsniveau, Einkommen). Wir nennen sie im Folgenden *Ungleichheitsmerkmale* (bei Blau: *graduated parameters*). K.M. Bolte spricht auch von »ungleichheitsrelevanten« Merkmalen (Bolte 1990: 30). Verschiedene sozialstrukturelle Positionen bezogen auf solche Merkmale drücken, der Begrifflichkeit von Bolte folgend, einen unterschiedlich hohen *Status* (oder *Statusposition*) bezogen auf das Merkmal aus. Das Ausmaß der Unterschiedlichkeit bezüglich dieses Typs von sozialstrukturellen Merkmalen bestimmt den Grad der *Ungleichheit* zwischen Mitgliedern einer Gesellschaft (Blau 1994: 14). Als Beispiel sei das Ausmaß der Einkommensungleichheit in einer Gesellschaft genannt, das sich auf unterschiedliche Art und Weise messen lässt (→ Kapitel 5.2).

Ungleichheitsmerkmale: Status und Ungleichheit

Mitglieder der Gesellschaft, die dieselbe sozialstrukturelle Position bezüglich eines sozialstrukturellen Merkmals einnehmen, bilden ein *soziales Aggregat*. Mit Peter M. Blau nennen wir soziale Aggregate auch *sozialstrukturelle Gruppen* (Blau 1994: 21 ff.). Soziale Aggregate oder sozialstrukturelle Gruppen sind in der Regel keine kollektiven Akteure, da sie nicht ohne Weiteres ein Beziehungsgeflecht darstellen, sondern allein eine Menge von Individuen mit gleichen sozialstrukturellen Positionen bilden. Sie können aber als Referenzgruppe für das Denken, Streben und Handeln individueller Akteure bedeutsam sein, wenn sich Mitglieder einer sozialstrukturellen Gruppe in ihrem Verhalten aneinander orientieren.

Soziale Aggregate bzw. sozialstrukturelle Gruppen

Die Verteilung der Mitglieder einer Gesellschaft nach sozialstrukturellen Merkmalen ist ein wesentlicher Bestandteil der sozialen Verteilungsstruktur der Gesellschaft. In Anlehnung an Peter M. Blaus Begriff der *population structure* sind drei weitere Aspekte zu ergänzen:

- Maße der Unterschiedlichkeit der Mitglieder einer Gesellschaft bezogen auf sozialstrukturelle Merkmale (Klassifikations- und Ungleichheitsmerkmale),
- Maße des Zusammenhangs zwischen sozialstrukturellen Positionen bezüglich verschiedener Merkmale und
- Umfang und Verteilung von sozialen Beziehungen zwischen Akteuren in und zwischen sozialstrukturellen Gruppen (vgl. Übersicht 2.3).

Menschen nehmen gleichzeitig sozialstrukturelle Positionen zu verschiedenen sozialstrukturellen Merkmalen ein. Sie gehören also gleichzeitig verschiedenen sozialstrukturellen Gruppen an (vgl. den Begriff der »multiple groups« bei Blau 1994). Jemand ist ein Mann, besitzt die deutsche Staatsangehörigkeit, hat ein Einkommen von mehr als 3000 Euro usw. Wir sagen, dass ihm ein bestimmtes *sozialstrukturelles Profil* bezogen auf die berücksichtigten Merkmale zukommt. Je nachdem, welche Merkmale man einbezieht, kann man Menschen mittels solcher Profile unterschiedlich gut charakterisieren

Sozialstrukturelles Profil

bzw. identifizieren. Man kann zudem untersuchen, wie viele verschiedene sozialstrukturelle Profile bezogen auf diese Merkmale es in einer Gesellschaft gibt und wie sich die Bevölkerung darauf verteilt.

Übersicht 2.3

Soziale Verteilungsstruktur

Zur sozialen Verteilungsstruktur einer Gesellschaft zählen:

- die *Gliederung bzw. die statistische Verteilung* der Mitglieder einer Gesellschaft nach sozialstrukturellen Merkmalen; Beispiele sind die Altersstruktur einer Bevölkerung, die Verteilung der erwachsenen Bevölkerung nach der Größe des Haushalts, in dem sie leben, oder die Verteilung nach dem sozialen Status ihrer Eltern;
- *Maße der Unterschiedlichkeit (Heterogenität, Ungleichheit)* der Mitglieder einer Gesellschaft in Bezug auf sozialstrukturelle Merkmale; Beispiele sind Maße der Vielfalt von Lebensformen oder Indizes zur Messung der Einkommensungleichheit;
- *Maße des Zusammenhangs (Korrelationen) zwischen sozialstrukturellen Merkmalen* der Mitglieder einer Gesellschaft; ein bekanntes Beispiel dafür ist der Zusammenhang zwischen dem Schulabschluss junger Menschen und dem Schulabschluss ihrer Eltern;
- *Umfang der Beziehungen zwischen Mitgliedern einer sozialstrukturellen Gruppe und zwischen Mitgliedern unterschiedlicher sozialstruktureller Gruppen* der Gesellschaft. Ein Beispiel dafür ist das Ausmaß der Bildungshomogamie in Ehen, also das Ausmaß, in dem Ehepartner derselben Bildungsgruppe (etwa gleicher Schulabschluss) angehören.

Die Vielfalt der sozialstrukturellen Profile in einer Gesellschaft kann unterschiedlich groß sein. Das hängt davon ab, wie viele verschiedene Kombinationen der sozialstrukturellen Positionen sich zu den einbezogenen Merkmalen beobachten lassen. Das wiederum ist abhängig davon, wie stark die sozialstrukturellen Merkmale miteinander zusammenhängen oder korrelieren (Blau 1994: 14 f.). Betrachten wir dazu zwei Beispiele.

Zusammenhänge zwischen Strukturmerkmalen

Im ersten Beispiel geht es um den – vermutlich vergleichsweise engen – Zusammenhang zwischen den beiden sozialstrukturellen Merkmalen »Ausbildungsabschluss« und »berufliche Stellung«. Menschen mit einer abgeschlossenen Lehre nehmen eher eine niedrigere berufliche Stellung (z. B. Facharbeiter) ein, während Menschen mit einem Hochschulabschluss eher Leitungspositionen erreichen oder selbstständig sind. Hochschulabsolventen sind also seltener unter den Facharbeitern als in Leitungspositionen zu finden. Das Umgekehrte gilt für die diejenigen, die eine Lehre absolviert haben.

Eine bestimmte sozialstrukturelle Position bezüglich des ersten Merkmals (Ausbildungsabschluss) geht also besonders häufig mit einer bestimmten sozialstrukturellen Position bezüglich des zweiten Merkmals (berufliche Stellung) einher und umgekehrt. Das ist ein Indiz für »konsolidierte Abgrenzungen« (Blau) zwischen sozialstrukturellen Gruppen bezüglich der betrachteten Merkmale. Sozialstrukturelle Gruppen bezüglich dieser beiden Merkmale sind weitgehend *kongruent*: Die Mitglieder der sozialstrukturellen Gruppe bezüglich des einen Merkmals sind gleichzeitig auch Mitglieder der Gruppe bezüglich des anderen Merkmals und umgekehrt. Dies impliziert, dass Angehörige einer bestimmten Ausbildungsgruppe in Bezug auf ihre berufliche Stellung relativ homogen sind; gleichzeitig zeigt sich die Gruppe der Menschen mit einer bestimmten beruflichen Stellung bezogen auf ihren Ausbildungsabschluss relativ homogen. Menschen mit einem unterschiedlichen Ausbildungsniveau sind also im Hinblick auf ihre berufliche Stellung deutlich voneinander abgegrenzt und umgekehrt.

Kongruenz von sozialstrukturellen Gruppen

Nun zu dem zweiten Beispiel, für das die sozialstrukturellen Merkmale »Wohnortgröße« und »berufliche Stellung« ausgewählt wurden. Für diese erwartet man einen eher schwachen Zusammenhang. Eine bestimmte sozialstrukturelle Position bei dem einen Merkmal (Wohnortgröße) kann mit allen möglichen sozialstrukturellen Positionen bezüglich des anderen sozialstrukturellen Merkmals (berufliche Stellung) einhergehen. Umgekehrt sollte die Tatsache, dass man eine leitende Angestelltenposition bekleidet oder als Facharbeiter arbeitet, kaum von der Wohnortgröße abhängen. Das ist ein Indiz dafür, dass die Kongruenz sozialstruktureller Gruppen bezüglich dieser beiden Merkmale gering ist und »Überschneidungen« (Blau) die Regel sind – man spricht von *Inkongruenz*. Jede Gruppe bezüglich des einen Merkmals ist in allen Gruppen bezüglich des anderen Merkmals nennenswert vertreten und umgekehrt. Menschen, die in Wohnorten einer bestimmten Größe leben, können alle möglichen Formen einer beruflichen Stellung bekleiden, ob Arbeiter, mittlerer Angestellter oder Beamter. Menschen mit einer bestimmten beruflichen Stellung leben nicht nur in Wohnorten einer besonderen Größe. Daraus kann man schlussfolgern, dass die sozialstrukturelle Gruppe derjenigen Menschen, die in einem Wohnort einer bestimmten Größe wohnen, in Bezug auf ihre berufliche Stellung relativ heterogen ist. Ebenso sind Menschen mit einer bestimmten beruflichen Stellung relativ heterogen bezogen auf die Größe ihres Wohnorts.

Inkongruenz von sozialstrukturellen Gruppen

Wenn Georg Simmel (1858–1918) von der »Kreuzung der sozialen Kreise« spricht, so meint er genau dieses Phänomen (Simmel 1989). Die sozialen Kreise entsprechen den sozialstrukturellen Gruppen, die durch Positionen verschiedener sozialstruktureller Merkmale bestimmt sind. In komplexen modernen Gesellschaften überschneiden sich sehr viel mehr soziale Kreise und die einzelnen Überschneidungsmengen sind sehr viel kleiner als in traditionalen Gesellschaften. Das heißt nichts anderes, als dass die Vielfalt der Kombinationen sozialstruktureller Positionen bezogen auf verschiedene sozialstrukturelle Merkmale größer geworden ist.

Querschnittsbetrachtungsweise

Abschließend sei noch eine wichtige methodische Anmerkung zur sozialen Verteilungsstruktur angefügt. Grundsätzlich werden die in Übersicht 2.3 genannten Verteilungen und Maße auf einen festen Zeitpunkt bezogen bestimmt. Durch den Vergleich verschiedener Zeitpunkte miteinander kann man dann ihren Wandel »komparativ-statisch« im Zeitverlauf betrachten. Wir nennen diesen Zugang die *Querschnittsbetrachtungsweise* der Analyse sozialstrukturellen Wandels.

Längsschnittbetrachtungsweise

In der Sozialstrukturforschung wird aber mehr und mehr auch die Veränderung sozialstruktureller Positionen von Akteuren im Verlaufe ihres Lebens untersucht. Diese Veränderungen sind es, die den sozialstrukturellen Wandel bewirken. Will man ihn erklären, muss man somit die Dynamik sozialstruktureller Positionen im Lebenslauf von Menschen entschlüsseln. Veränderungen sozialstruktureller Positionen von Menschen eines bestimmten Geburtsjahrgangs finden typischerweise in einem bestimmten Alter statt. So mag zum Beispiel das Kalenderjahr, in dem ein Mensch aus dem Elternhaus auszieht und damit eine neue Phase in seinem Lebenslauf einleitet, eher unwichtig sein. Das Alter, in dem er dies tut, ist dagegen bedeutsam. Der Vergleich verschiedener Geburtsjahrgänge (Kohorten) im Hinblick auf das durchschnittliche Alter beim Auszug aus dem Elternhaus gibt daher aussagekräftige Hinweise auf Prozesse des sozialstrukturellen Wandels.

Die Teilgebiete der Sozialstrukturforschung, die sich mit dieser Art von Fragestellungen beschäftigen, sind die Kohorten- und die Lebenslaufsanalyse. Wählt man diese Analyseperspektive, folgt man der *Längsschnittbetrachtungsweise* der Analyse sozialstrukturellen Wandels. Im Einzelnen geht das nächste Kapitel auf diese konzeptuellen und methodischen Aspekte der Sozialstrukturforschung noch etwas detaillierter ein.

Kurzer Ausblick

Wir werden uns in dieser Einführung ausführlich mit Aspekten der sozialen Verteilungsstruktur einer Gesellschaft beschäftigen (Bevölkerungsstruktur in Kapitel 4, Strukturen sozialer Ungleichheit in Kapitel 5). Die soziale Beziehungsstruktur werden wir nur punktuell behandeln. Dazu gehören die Lebensformen (Kapitel 4, Kapitel 6.2), Korporationen und Arbeitsorganisationen in der Wirtschaft (Kapitel 6.1) sowie Organisationen und Institutionen des Wohlfahrtsstaats (Kapitel 6.3)

Lernkontrollfragen

1 Beschreiben Sie beispielhaft Elemente der sozialen Beziehungsstruktur einer Gesellschaft.
2 Nennen Sie Beispiele für sozialstrukturelle Merkmale und begründen Sie die Auswahl.
3 Welche Sachverhalte werden mit den Begriffen der Heterogenität und der Ungleichheit ausgedrückt?
4 Was ist mit Kongruenz und Inkongruenz sozialstruktureller Gruppen gemeint?
5 Wie hängen die Beziehungs- und die Verteilungsstruktur als Teildimensionen der Sozialstruktur zusammen?

Infoteil

Eine sehr gute und klar konzipierte Einführung in die Begrifflichkeit der Sozialstrukturanalyse gibt Peter M. Blau in seinem Band »Structural Contexts of Opportunities« aus dem Jahre 1994. Wir haben uns in großen Teilen daran orientiert. Um Verwirrung zu vermeiden, sei darauf hingewiesen, dass der hier definierte Begriff der sozialstrukturellen Position mit Blaus Begriff der sozialen Position identisch ist.

In einer deutschen Übersetzung gibt es dazu einen Text von Peter M. Blau mit dem Titel »Parameter sozialer Strukturen« in dem von ihm herausgegebenen Band »Theorien sozialer Strukturen« von 1978.

Literatur

Bahrdt, Hans P. (1994): Schlüsselbegriffe der Soziologie, 6. Aufl., München.

Blau, Peter M. (1978): Parameter sozialer Strukturen, in: Blau, Peter M. (Hg.): Theorien sozialer Strukturen, Opladen, S. 203–233.

Blau, Peter M. (1994): Structural Contexts of Opportunities, Chicago/London.

Bolte, Karl M. (1990): Strukturtypen sozialer Ungleichheit. Soziale Ungleichheit in der Bundesrepublik Deutschland im historischen Vergleich, in: Berger, Peter A./Hradil, Stefan (Hg.): Lebenslagen, Lebensläufe, Lebensstile (Sonderband 7 der Sozialen Welt), Göttingen, S. 27–50.

Coleman, James S. (1986): Die asymmetrische Gesellschaft. Vom Aufwachsen in unpersönlichen Systemen, Weinheim und Basel.

Durkheim, Émile (1976): Regeln der soziologischen Methode, Neuwied.

Geißler, Rainer (2014): Die Sozialstruktur Deutschlands, 7., grundlegend überarb. Aufl., Wiesbaden.

Elias, Norbert (1993): Was ist Soziologie?, Weinheim/München.

Esser, Hartmut (1993): Soziologie. Allgemeine Grundlagen, Frankfurt/M.

Simmel, Georg (1989) [1890]: Über die Kreuzung socialer Kreise, in: ders.: Gesamtausgabe, Bd. 2: Aufsätze 1887–1890, hg. v. Otthein Rammstedt, Frankfurt/M., S. 237–257.

Weber, Max (1972 [1921]): Wirtschaft und Gesellschaft, Tübingen.

Sozialstruktur und Individuum | 3

Inhalt

Dieses Kapitel beschreibt differenziert die wechselseitige Beziehung zwischen soziologischen Tatbeständen bzw. der Sozialstruktur und dem sozialen Handeln der Akteure in einer Gesellschaft. Mit Augenmerk auf den individuellen Lebenslauf wird die zeitliche Dimension auf der Handlungsebene der Akteure eingeführt, um die gegenseitige Abhängigkeit von sozialstrukturellen Phänomenen und individuellen Entscheidungen vertiefend zu erläutern.

Sozialstruktur und soziales Handeln | 3.1

Wie im zweiten Kapitel dargelegt, reguliert und ordnet die Sozialstruktur als Teil der gesellschaftlichen Strukturen das soziale Handeln und das Miteinander der Mitglieder einer Gesellschaft. Gleichzeitig ist sie selbst das Ergebnis des sozialen Handelns von Akteuren. Sozialstruktur und individuelles Handeln stehen also in einer Wechselbeziehung zueinander. Wollen wir die Genese, Reproduktion und den Wandel soziologischer Tatbestände und der Sozialstruktur einer Gesellschaft verstehen und erklären, müssen wir neben der gesellschaftlichen Makroebene auch die Mikroebene der sozial handelnden Akteure in die Betrachtung einbeziehen, denn durch ihre alltäglichen Handlungen und Entscheidungen werden diese Strukturen immer wieder aufs Neue reproduziert oder verändert. Wir bezeichnen dieses Vorgehen als *Mikrofundierung der sozialstrukturellen Analyse.*

Mikrofundierung der sozialstrukturellen Analyse

Die Auswirkungen gesellschaftlicher Strukturen auf individuelles Handeln sind vielfältig. Beispielsweise beeinflussen sie in Form von Verhaltensnormen die Handlungsziele der Akteure. So sollen unerwünschte Folgen individuellen Handelns für die Akteure selbst, für Mitakteure und für die Gesellschaft verhindert werden. Dies kann dadurch gewährleistet werden, dass Akteure verlässlich miteinander kooperieren und ihr Handeln koordinieren. Indem sie sich mittels informell vereinbarter oder formal festgelegter Handlungsregeln organisieren, schaffen sie ein Beziehungsgeflecht, in welchem sie ihr Handeln aufeinander abstimmen und nicht intendierte Folgen des Handelns einzelner Akteure vermeiden (→ Kapitel 2.2.1).

Organisiertes Handeln

Ein Beispiel dafür sind sogenannte *sharing groups*. Deren Mitglieder nutzen ein für sie zugängliches Gut (z.B. ein Auto) gemeinsam (Carsharing). Damit die Vorteile der gemeinsamen Nutzung optimiert und die Nachteile möglichst gering gehalten werden, gibt es für alle Eventualitäten Regeln, nach denen jeder Einzelne auf das Gut zugreifen kann. Warum eine solche Vorgehensweise sinnvoll ist, lässt sich an einem klassischen Beispiel zeigen: der 1968 von Hardin dargestellten »Tragik der Allmende« (Hardin 1968). Danach besteht die Tendenz, dass Akteure ohne Vereinbarungen eine für sie kostenlos nutzbare Ressource, etwa eine von allen Bewohnern eines Dorfes für die Viehzucht nutzbare Weide, aus Eigeninteresse »übernutzen« und diese schließlich für alle Beteiligten unbrauchbar wird.

Ein anderes Beispiel ist die Einführung einer gesetzlichen Regelung, welche die Vereinbarkeit von Elternschaft und Berufstätigkeit verbessern soll – wie die Elternzeit und ein Ausbau des Angebots an Betreuungsplätzen für Kinder im Alter von unter drei Jahren. Die Wahrscheinlichkeit, dass entsprechende Angebote so angenommen und genutzt werden, wie es der Gesetzgeber intendiert hat, steht und fällt damit, wie gut die Interessen aller daran beteiligten (korporativen) Akteure (Eltern, Verbände, Gemeinden, Bundesländer und Bund) berücksichtigt sind und deren Kooperation funktioniert.

Nichtintendierte Folgen absichtsvollen Handelns

Strukturelle Auswirkungen von sozialem Handeln sind häufig nicht intendiert und entsprechen nicht oder nicht vollständig den Handlungszielen der Akteure. Sie können den Zielen der Akteure sogar widersprechen oder sie konterkarieren, wie das Beispiel der »Tragik der Allmende« zeigt (paradoxe Effekte). Nicht intendierte Folgen absichtsvollen Handelns ergeben sich häufig, wenn auch nicht nur, immer dann, wenn Akteure nicht aufeinander abgestimmt handeln, ihre Handlungen aber dennoch Konsequenzen füreinander haben. So bringt etwa jeder Gast zur Party eine Kleinigkeit zu essen mit und am Ende stehen alle ohne Getränke da.

Ein letztes Beispiel zeigt, wie Akteure über die Folgen ihrer Handlungen miteinander verbunden sind, ohne dass zwischen ihnen direkte soziale Beziehungen bestehen. Kein Mensch in unserer Gesellschaft beabsichtigt, indem er – aus welchen persönlichen Gründen auch immer – auf Kinder verzichtet, die Alterung der Bevölkerung Deutschlands zu beschleunigen und wohlmöglich sogar seine eigene Altersabsicherung zu gefährden. Doch genau diese Gefahr droht, wenn sich bei geringer Geburtenzahl langfristig das Verhältnis von jungen und alten Menschen in einer Bevölkerung zu sehr zugunsten Letzterer verschiebt (→ Kapitel 4.2). Die Geburtenentwicklung in einer Bevölkerung kann nicht »organisiert« werden, sodass die Menschen bewusst zur biologischen Reproduktion ihrer Gesellschaft ihren Beitrag leisten. Es gibt auch keine verbindliche Norm mehr, die verlangt, dass man mindestens zwei Kinder hat. Das bedeutet aber nicht, dass strukturelle Rahmenbedingungen einer Gesellschaft die Bereitschaft, Kinder zu bekommen, nicht beeinflussen. Dass sie es tun, zeigt sich zum Beispiel daran, dass viele besser ausgebildete Frauen eine Familiengründung vermeiden, solange Familie und Beruf für sie schwer miteinander zu vereinbaren sind.

Beispiel Geburtenentwicklung

Wir haben es also bezogen auf die Geburt von Kindern mit autonomen individuellen Entscheidungen zu tun, bei denen Frauen und Männer vor allem ihr eigenes Wohlergehen und nicht das der Gesellschaft insgesamt im Blick haben. Diese Entscheidungen können zu nicht intendierten Veränderungen der Sozialstruktur führen, etwa dazu, dass sich das Verhältnis von Erwerbspersonen zu Rentenempfängern zugunsten der Letzteren verschiebt. Ausgelöst durch Veränderungen in einem Bereich der gesellschaftlichen Strukturen rufen viele Einzelne, indem sie ihr Verhalten anpassen, in der Summe auch einen Wandel anderer sozialstruktureller Phänomene hervor. Die verbesserten Bildungschancen von Frauen haben danach – bei gleichbleibend schlechten Möglichkeiten der Vereinbarkeit von Familie und Beruf – neben anderen Faktoren einen weitreichenden, wenn auch sehr indirekten Effekt auf die individuelle Lebensplanung vieler Akteure.

Seit vielen Jahren werden politische Maßnahmen diskutiert und umgesetzt, welche die Vereinbarkeit beruflicher und familiärer Ziele verbessern sollen. Wir erleben einen beständigen Wandel, mit dem politische (korporative) Akteure die Rahmenbedingungen der individuellen Entscheidung zur Familiengründung und -erweiterung so verändern suchen, dass Elternschaft auf individueller Ebene wieder attraktiver wird. Es bleibt abzuwarten, ob die mit der Einführung der Elternzeit und des Elterngelds im Jahr 2007 und dem seit einigen Jahren unternommenen forcierten Ausbau der Kleinkindbetreuung intendierten Ziele tatsächlich realisiert werden.

Soziologische Tatbestände bedingen soziales Handeln und soziales Handeln verändert soziologische Tatbestände. Das Wechselverhältnis zwischen gesellschaftlichen Strukturen und sozialen Prozessen zeigt, dass eine Gesellschaft durch das Handeln von Akteuren reproduziert oder verändert wird, wie komplex ein solcher Zusammenhang auch immer sein mag. Wegen ihrer Bedeutung wollen wir die Wechselbeziehung zwischen den gesellschaftlichen Strukturen (sozialen Tatbeständen) bzw. der Sozialstruktur und der individuellen Handlungsebene noch etwas genauer betrachten. Der amerikanische Soziologe James Coleman hat sie in einer einfachen Abbildung veranschaulicht: der »Coleman-Wanne« (Coleman 1991: 7 ff.). Abbildung 3.1 zeigt eine für unsere Zwecke angepasste Version dieses einfachen Mehrebenenmodells.

Definition

Mehrebenenmodell gesellschaftlicher Entwicklung
Modell des wechselseitigen Zusammenhangs zwischen soziologischen Tatbeständen und der Sozialstruktur auf der Makroebene mit den Handlungen von Akteuren auf der Mikroebene.

Der Makro-Mikro-Link: Pfeil (a)

Soziales Handeln findet unter objektiv vorgegebenen Rahmenbedingungen statt, die (unter anderem) durch soziologische Tatbestände und Merkmale der Sozialstruktur gekennzeichnet sind (Pfeil a). Diese Rahmenbedingungen beinhalten Gelegenheiten (*Opportunitäten*) und Behinderungen (*Restriktionen*) oder Anforderungen, die einen Einfluss darauf haben, wie Akteure handeln können oder sollen. Man unterscheidet also gewährte, gebotene oder naheliegende Möglichkeiten und Chancen, die bestimmte Handlungen in einer Situation begünstigen, von solchen Umständen, die Handlungsmöglichkeiten ganz ausschließen oder eine Handlung aufgrund von Knappheiten mehr oder weniger kostenträchtig machen. Die strukturelle Bedingtheit des sozialen Handelns ist den Akteuren häufig bewusst. Sie kann aber auch »hinter ihrem Rücken« ihre Wirkung entfalten.

Abb. 3.1 | *Das Mehrebenenmodell*

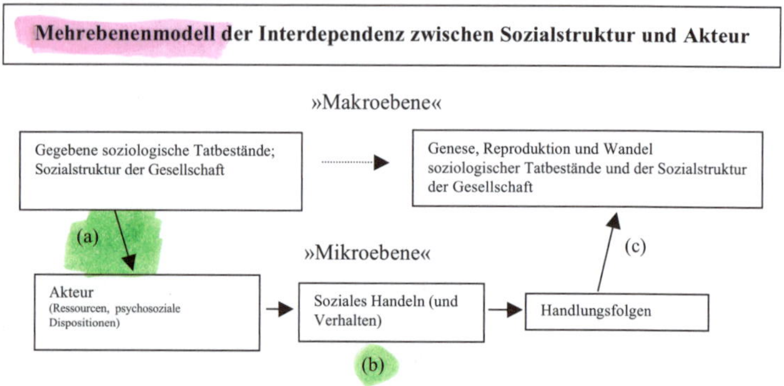

Pfeil (a) kennzeichnet die strukturelle Bedingtheit des Handelns einer Person.
Pfad (b) kennzeichnet die Auswahl einer bestimmten Alternative sozialen Handelns durch den Akteur und die Folgen, die das gewählte Handeln für ihn hat.
Pfeil (c) steht für die Auswirkungen, die die Folgen des individuellen Handelns auf Strukturen der Gesellschaft haben.

Definition

Opportunitätsstruktur
Gesamtheit der objektiven gesellschaftlichen Rahmenbedingungen des Handelns von Akteuren (Handlungsmöglichkeiten und Handlungsrestriktionen).

Die Sozialstruktur ist Teil der Opportunitätsstruktur von Akteuren und hat Folgen für ihr Handeln. Die Art der sozialen Beziehungen, die Akteure eingehen, hängt nach Blau zum Beispiel entscheidend von der Verteilungsstruktur der sozialen Umwelten ab, in denen die Akteure verkehren (Blau 1994: 9 f.). Damit ist die Frage der *Erreichbarkeit gewünschter Beziehungspartner* angesprochen. Betrachten wir das Beispiel des *Partner- oder Heiratsmarkts.* Die Chance für eine Frau, mit einem Mann eine Paarbeziehung einzugehen, der über denselben Bildungsabschluss verfügt wie sie selbst oder der bestimmte andere erwünschte Eigenschaften besitzt, ist umso größer, je mehr Männer mit solchen Eigenschaften für sie räumlich erreichbar sind. Davon hängt auch der Aufwand ab, den sie betreiben muss, und welche Orte sie besuchen muss, um einen geeigneten Partner zu finden. Abiturienten, die studieren, verbringen an der Universität und vermutlich auch in der Freizeit einen großen Teil ihrer Zeit mit Personen, die ebenfalls das Abitur erworben haben. Die Chance, dass sie eine *bildungshomogame* Paarbeziehung eingehen, d. h. beide Partner haben die Hochschulreife, ist allein schon deshalb groß. Aspekte der institutionellen Struktur einer Gesellschaft sind im Übrigen ebenfalls Teil der Opportunitätsstruktur von Partner suchenden Akteuren. Die Möglichkeit, Menschen kennenzulernen, kann etwa durch soziale Normen beeinflusst sein, die regeln, unter welchen Umständen sich unverheiratete Männer und Frauen treffen und gemeinsame Zeit verbringen dürfen.

Beispiel Partner- oder Heiratsmarkt

Die Sozialstruktur ist auch in anderer Hinsicht als Teil der Opportunitätsstruktur relevant, und zwar unter dem Aspekt der *Erreichbarkeit sozialer Positionen.* Ein Beispiel ist die Möglichkeit, eine bestimmte berufliche Position zu besetzen. Neben individuellen Voraussetzungen (adäquate Ausbildung) ist die Zahl der freien Stellen entscheidend dafür, wie groß die Chance ist, eine angestrebte berufliche Position auch zu erreichen. Wächst die Anzahl freier Stellen oder verringert sich die Zahl von Personen, die diese Position anstreben, erhöht sich diese Chance, weil sich die Konkurrenz verringert. Auch der umgekehrte Fall ist denkbar, wenn die Zahl der Stellen zurückgeht oder die Zahl der Personen, die eine solche Stelle nachfragen, größer wird. In beiden Fällen vergrößert sich die Konkurrenz und die Chance, diese Position zu erreichen, sinkt. Als Mitglied eines vergleichsweise kleinen Geburtsjahr-

Beispiel Arbeitsmarkt

gangs kann man dagegen optimistischer in die berufliche Zukunft schauen, als wenn man sich (bei gleichem Stellenangebot) gegen viele Mitbewerber aus einer großen Kohorte behaupten muss (Easterlin 1980).

Handlungsressourcen

Auf der Mikroebene der Akteure bilden die für sie verfügbaren *Handlungsressourcen* einen weiteren Teil ihrer objektiven Handlungsbedingungen. Dazu gehören neben den zeitlichen und finanziellen Mitteln individuelle Begabungen, Bildung und Wissen, aber auch physische Merkmale wie Attraktivität sowie kognitive, emotionale und soziale Kompetenzen.

Definition der Situation

Akteure können die objektiven Handlungsbedingungen und -möglichkeiten im Allgemeinen nicht in Gänze erfassen. Die Wahrnehmung der Handlungssituation durch die Akteure, die »›Definition‹ der Situation« (Esser 1999: 35 ff, 66 ff), beruht auf selektiven Beobachtungen, Interpretationen und Einschätzungen der objektiven Handlungssituation. Dabei betrachten die Akteure diese durch eine subjektive Brille, die durch individuelle Vorerfahrungen und Interessen geprägt ist. Die Wahrnehmungen werden durch *psychosoziale Dispositionen* der Akteure beeinflusst. Beispielsweise können Akteure, je nach persönlichen Erfahrungen und daraus erwachsenen Urteilen, die für eine Handlung notwendigen finanziellen Mittel über- oder unterschätzen.

Definition

Psychosoziale Dispositionen
Persönliche Ziele und Ansprüche, Werte und Interessen, Einstellungen und Überzeugungen von Akteuren.

Brückenhypothesen

Mithilfe sogenannter *Brückenhypothesen* werden begründete Annahmen dazu formuliert, wie objektive – unter anderem durch die Sozialstruktur bestimmte – Handlungsbedingungen von Akteuren typischerweise interpretiert werden und welche Handlungsanreize Akteure für sich daraus ableiten (Esser 1999: 15 f., 286 f.).

Handlungswahl und Handlungsfolgen: Pfad (b)

Handlungsentscheidend für einen Akteur ist die subjektive Bewertung der Handlungssituation und der damit verbundenen Gelegenheiten, Hindernisse und Handlungskosten sowie der verfügbaren Ressourcen. Hinzu kommt seine Einschätzung davon, wie wahrscheinlich es ist, mit einer bestimmten Handlung auch gewünschte Ergebnisse zu erreichen. Der Akteur wählt aus den subjektiv wahrgenommenen Handlungsmöglichkeiten eine Handlungsalternative aus, der das soziale Handeln folgt, welches dann erwünschte oder auch unerwünschte und unerwartete Handlungsfolgen bewirkt (Pfad b).

Aus theoretischer Sicht folgt die Handlungswahl mehr oder weniger komplizierten Regeln. Auf die umfangreiche und kontrovers geführte Diskussion der verschiedenen Entscheidungsmodelle dazu können wir an dieser Stelle nicht eingehen (vgl. Esser 1999; Rössel 2005). Als einfaches und prominentes Modell sei hier nur das Erwartungsnutzenmodell (SEU-Modell) erwähnt (vgl. Esser 1999: 247 ff.). Es geht davon aus, dass Akteure sich bei der Auswahl aus möglichen Handlungsalternativen für die Variante entscheiden, die gemäß ihrer subjektiven Erwartung und im Lichte ihrer Handlungsziele den maximalen Nettonutzen (Nutzen abzüglich Kosten) verspricht.

(Beschränkt) rationale Wahl als Erklärung von Handlungsentscheidungen

Sehr häufig geht dem Akteurshandeln gar kein komplizierter Entscheidungsprozess voraus. Menschen handeln oft routinemäßig oder habitualisiert. Das geschieht immer dann, wenn jemand mit der Handlungssituation hinreichend vertraut ist und »weiß, was zu tun ist«. Akteure verlassen sich auf diese eher wenig reflektierten Handlungspraktiken aber nur, weil und solange diese sich hinreichend bewähren. Man gibt sich sogar mit einem bestimmten (d. h. unter dem Maximum liegenden) Nutzenniveau zufrieden (»satisficing«; March/Simon 1958). Warum sollte man beispielsweise beim immer wiederkehrenden Kauf eines Waschmittels jedes Mal neu die verschiedenen Produkte und ihre Preise gegeneinander abwägen – das wäre ineffizient, da auch der Entscheidungsprozess selbst Kosten verursacht. Aufwändige Abwägungs- und Entscheidungsprozesse sind immer dann die Regel, wenn es keine probate Auswahl gibt oder wenn eine neue Entscheidungssituation auftritt und daher ein Abwägungsprozess für notwendig erachtet wird.

Definition

»Salience« einer sozialstrukturellen Gruppe (Blau)
Die Relevanz der sozialstrukturellen Gruppe (einer sozialstrukturellen Position) für die sozialen Beziehungen ihrer Mitglieder.

Sie lässt sich daran messen, wie stark soziale Beziehungen unter den Mitgliedern der Gruppe, also zwischen Akteuren, die dieselbe sozialstrukturelle Position haben (*ingroup relation*), gegenüber sozialen Beziehungen zu Akteuren, die eine andere sozialstrukturelle Position haben (*outgroup relation*), überwiegen.

Zurück zum Beispiel der Partnerwahl: Wir gehen davon aus, dass die Bedeutung der Zugehörigkeit zu einer sozialstrukturellen Gruppe sich danach bemisst, wie stark – aus welchen Gründen auch immer – die Beziehungsaffinität zwischen Individuen ist, die dieselbe sozialstrukturelle Position besitzen, oder wie stark das subjektive Verbundenheitsgefühl mit der sozialstruk-

Noch einmal: Partnerwahl

turellen Gruppe ist (Blau 1994: 3ff.). Blau spricht von der »salience« einer sozialstrukturellen Gruppe. Bei der Auswahl des Beziehungspartners hängt sie unter anderem davon ab, wie vorteilhaft es für die suchende Person erscheint, dass der Wunschpartner eine bestimmte sozialstrukturelle Position innehat – etwa denselben Bildungsabschluss. Partnersuchende streben umso eher eine homogame Beziehung bezogen auf ein sozialstrukturelles Merkmal – eine »ingroup relation« nach Blau – an, je höher die »salience« der sozialstrukturellen Gruppe, der sie selbst angehören, für sie ist. Haben Abiturienten nur Freundschaftsbeziehungen mit Abiturienten oder Hauptschüler nur mit Hauptschülern, dann sind die durch das Bildungsniveau bestimmten sozialstrukturellen Gruppen hoch salient für ihre Mitglieder.

Die Partnerwahl kann – je nach verwendeter Entscheidungsregel – unterschiedlich erklärt werden. Aus Nutzen maximierender Sicht hängt die Entscheidung für einen bestimmten Partner davon ab, wie hoch der Aufwand ist, um die oder den Auserwählten zu gewinnen, und wie die Wahrscheinlichkeit dafür eingeschätzt wird, dass diese Person auch »anbeißt«, wenn die entsprechenden Mittel eingesetzt werden. Nimmt ein Akteur die Sozialstruktur seines Partnermarktes angesichts seiner spezifischen Partnerwünsche als zu ungünstig wahr, kann er sich auch durch räumliche Mobilität oder durch Nutzung von geeigneten Medien (etwa einer Partnerbörse im Internet) neue Partnermärkte erschließen.

Nach welchen Kriterien Entscheidungen zugunsten eines bestimmten Partners getroffen werden, warum es Personen zum Beispiel als besonders vorteilhaft ansehen, eher einen Partner zu haben, der etwa das gleiche Bildungsniveau erreicht hat wie sie selbst, ist Gegenstand von Theorien der Partnerwahl (Lenz 1998). Dass die Bildungshomogamie heute in Paarbeziehungen vorherrscht, lässt sich nicht nur theoretisch gut begründen, sondern kann empirisch auch bestätigt werden (Blossfeld/Timm 1997, Arránz Becker/Hill 2008).

Noch einmal: Berufswahl

Wenden wir uns noch einmal dem Arbeitsmarkt zu. Neben dem vorhandenen Stellenangebot spielen für die berufliche Karriere von Individuen weitere Faktoren eine große Rolle. Natürlich sind die Ressourcen und individuellen Fähigkeiten, die den Akteuren zur Verfügung stehen, von großer Bedeutung (→ Kapitel 5.5). Auch hier kann die Entscheidungsfindung durch ganz unterschiedliche subjektive Grundsätze beeinflusst werden und muss nicht nur den objektiven Rahmenbedingungen und Erfolgschancen im Beruf geschuldet sein. Beispielsweise wird man Hochseefischer genau wie der Vater und der Bruder – obwohl man vielleicht eine bessere Schulausbildung und andere Vorlieben hat. Andererseits spielen individuelle Interessen bei der Berufswahl eine große Rolle. Sie können die Akteure dazu motivieren, sich auch gegen starke Widerstände darum zu bemühen, eine bestimmte berufliche Position zu erreichen.

Individuelles Handeln wirkt auf die Strukturen der Makroebene der Gesellschaft, dem eigentlichen Untersuchungsgegenstand soziologischer Analyse, zurück. Annahmen über die Mechanismen, die dieser Wirkung zugrunde liegen, werden in sogenannten *Transformationsregeln* spezifiziert. Sie geben Auskunft darüber, wie sich die Konsequenzen individueller Handlungen für den Fortbestand und den Wandel der gesellschaftlichen Strukturen entfalten. Die Wirkungen sozialer Prozesse auf den sozialen Wandel sind in der Regel nur ex post, also im Nachhinein, abschätzbar und erklärbar. Das ist besonders dann der Fall, wenn die strukturellen Folgen von Handlungen von sehr kleinen Veränderungen der sozialstrukturellen und institutionellen Rahmenbedingungen abhängig sind (vgl. Boudon 1986). Wir haben es mit einem komplexen (nicht linearen) Systemzusammenhang zu tun, der oft nur sehr schwer zu durchschauen ist. Eine befriedigende theoretische Lösung des Aggregations- oder Transformationsproblems steht daher noch aus.

Der Mikro-Makro-Link: Pfeil (c) Transformationsregeln

Ein einfaches Beispiel für die kumulative Auswirkung individueller Verhaltensakte auf die soziale Verteilungsstruktur einer Gesellschaft stellen *demografische Prozesse* dar. Geburten, Wanderungen und Sterbefälle führen beispielsweise zusammen mit dem biologischen Alterungsprozess qua Addition und Subtraktion als Transformationsregel zur Veränderung des Bevölkerungsbestands in einzelnen Altersgruppen und Regionen (→ Kapitel 4).

Beispiel demografische Entwicklung

Diesem einfachen *Aggregationsprinzip* folgend schlägt sich auch das Partnerwahl- oder Heiratsverhalten in der Sozialstruktur einer Gesellschaft nieder. Auf den wachsenden Anteil bildungshomogamer Paarbeziehungen und Ehen in der Bundesrepublik wurde bereits verwiesen. Sie haben das alte Modell, in dem der Mann ein höheres Qualifikationsniveau aufwies und als alleiniger Familienernährer fungierte, abgelöst. Interessanterweise hat sich der Altersabstand zwischen Ehepartnern in den letzten Jahrzehnten aber nicht stark verändert. Er liegt relativ konstant bei etwa drei Jahren.

Strukturelle Auswirkungen von individuellen Einzelentscheidungen lassen sich auch am Beispiel der Berufswahl veranschaulichen: Die Hochseefischerei ist eine harte Arbeit, die zudem nur noch wenig einbringt. Aufgrund besserer Bildungschancen und bedingt durch den Wandel des Erwerbsmarktes ist es der nachwachsenden Generation möglich geworden, attraktivere Berufe zu ergreifen. Damit drohen in der Bundesrepublik das Aussterben eines ganzen Berufszweigs und ein entsprechender Wandel der Sozialstruktur. Mehr noch, damit geht ein Stück regionaler Identität in Norddeutschland verloren. Es deuten sich also zusätzliche, strukturelle Auswirkungen an, die nicht in der hier vorgeführten einfachen Form von Aggregationseffekten darzustellen sind, weil ihnen komplexere Aggregations- oder besser Integrationsprozesse zugrunde liegen.

Zusammenfassung

Tiefenerklärung im Mehrebenenmodell

- (a) Individuelles Handeln wird durch die strukturellen Rahmenbedingungen der Handlungssituation geprägt. Die Brückenhypothesen spezifizieren, welche und wie die Anreize der Handlungssituation wahrgenommen werden.
- (b) Die Handlungsentscheidung bestimmt nach situational angepassten Entscheidungsregeln, wie auf Grundlage der (wahrgenommenen) Handlungssituation unter Einbeziehung der psychosozialen Dispositionen gehandelt wird.
- (c) Die Transformationsregeln geben an, wie sich die Makrostruktur aufgrund der individuellen Einzelhandlungen verändert. Sie beruhen auf sehr verschiedenen Prinzipien: Diese reichen von der einfachen Aggregation von Handlungsergebnissen (Geburtenzahl), über die nicht intendierten Folgen des Handelns von Akteuren (»tragedy of commons«) bis hin zu institutionalisierten Verfahren (Bundestagswahl).

Dynamisches Modell

Die drei Schritte des Mehrebenenmodells lassen sich zu einem sich ständig wiederholenden Prozess der Wechselwirkung von individuellen Handlungen und strukturellen Gegebenheiten in der Gesellschaft »hintereinanderschalten« (Esser 1999: 18). Wir erhalten damit ein dynamisches Modell sozialen Wandels. Strukturelle Bedingungen beeinflussen individuelles Handeln, dieses wirkt auf die Bedingungen zurück. Die auf diese Weise reproduzierten (und ggf. geänderten) Bedingungen wirken wiederum auf das zukünftige individuelle Handeln usw.

Soziale Segregation als dynamisches Phänomen

Ein gutes Beispiel für einen Prozess, der sich als dynamische Wechselwirkung zwischen zielgerichtetem sozialem Handeln und Strukturwandel beschreiben lässt, ist die soziale Segregation von Stadtvierteln (Schelling 1978). Dieses Phänomen beruht auf der Entscheidung einzelner Haushalte in einem Stadtviertel oder Wohnbezirk, in Abhängigkeit von der sozialen Zusammensetzung der Nachbarschaft (soziale Schicht, ethnische Zugehörigkeit) abzuwandern oder nicht. Man unterstellt, dass Menschen in ihrer Wohnumgebung eher mit ihresgleichen zusammenleben wollen. Überschreitet der Anteil der Haushalte, denen sich ein Haushalt sozial nicht zugehörig fühlt, einen bestimmten Wert, zieht dieser in einen anderen Wohnbezirk um. Zu- und Fortzüge verändern aber die soziale Zusammensetzung eines Stadtviertels, worauf weitere Haushalte mit räumlicher Mobilität reagieren – also die zukünftigen Entscheidungen über einen Wohnortswechsel dynamisch beeinflussen. Ohne dass unterstellt werden muss, dass Bewohner nur mit Angehörigen der eigenen sozialen Schicht oder Ethnie in ihrer Nachbarschaft zusammenleben wollen, führen die »Entmischungseffekte« der Zu- und Fortzüge zu sozial oder ethnisch homogenen Nachbarschaften, wie wir sie in vielen Städten beobachten können. Auch das ist ein Aspekt der Sozialstruktur einer Gesellschaft.

Lernkontrollfragen

1. Welche Bedeutung haben die Brückenhypothesen im Mehrebenenmodell?
2. Begründen Sie die Komplexität von Aggregationsprozessen.
3. Überlegen Sie, wie man Bevölkerungswandel mit Hilfe des Mehrebenenmodells, geeigneter Brückenhypothesen und Transformationsregeln begründen kann.

Infoteil

Das Mehrebenenmodell als Grundlage des Modells der soziologischen Erklärung wird bei Esser (1999: 15 ff.) ausführlich vorgestellt. Das zugrunde liegende Konzept des methodologischen Individualismus hat in der Soziologie eine lange Tradition.
Eine sehr anschauliche, beispielhafte Abhandlung zum Aggregationsproblem und zu nichtintendierten Folgen absichtsvollen Handelns (»Emergenzeffekte«) hat Boudon in seinem Buch über »Die Logik des gesellschaftlichen Handelns« vorgelegt (Boudon 1978).

3.2 Sozialstruktur und Lebenslauf

Auf der Makroebene äußert sich der Wandel der Sozialstruktur (sozialstruktureller Wandel) in der Genese, Reproduktion und Veränderung soziologischer Tatbestände innerhalb der Sozialstruktur. Auf der individuellen Ebene vollzieht sich das Handeln im Lebenslauf von Akteuren. Da, wie wir gesehen haben, die Mikro- und die Makroebene eng miteinander verknüpft sind, ändern sich mit den gesellschaftlichen Abläufen auch die individuellen Lebensläufe. Der Lebenslauf wird damit für die Sozialstrukturforschung und für das Studium sozialen Wandels eine wichtige Analyseebene.

Neben der Wechselbeziehung (Interdependenz) zwischen dem sozialen Wandel auf der Makro- und individuellen Lebensläufen auf der Mikroebene ist eine lebenslaufanalytische Betrachtungsweise durch zwei weitere Arten von Interdependenzen gekennzeichnet, die in Übersicht 3.1 erläutert werden:

Übersicht 3.1

Der Lebenslaufansatz: Drei Interdependenzen

Lebensläufe sind kennzeichnet durch:

1. Mikro-Makro-Interdependenz: Lebensläufe vollziehen sich im Kontext verschiedener Ebenen von Handlungsbedingungen und wirken auf diese zurück. Grob lassen sich unterscheiden: der allgemeine historische und gesellschaftliche Kontext (Kultur, Wirtschaft, Politik, Sozialstruktur), die soziale Einbettung in sozialen Gruppen, Organisationen, soziale Netzwerke sowie die Paar- bzw. Familienbeziehungen.
2. Interdependenz der Lebensbereiche: Der Lebenslauf ist ein mehrdimensionaler Prozess, der aus sich wechselseitig beeinflussenden Lebensbereichen und -dimensionen (Familie, Arbeit, Freizeit, Wohnen etc.; psychosoziale, individuelle Entwicklung) gespeist wird.
3. Vorher-Nachher-Interdependenz: Der Lebenslauf ist ein Prozess, in dem die aktuellen und zukünftigen Interessen und Handlungsmöglichkeiten von früheren (Lern-)Erfahrungen, Entscheidungen und Handlungen abhängen. Man nennt ihn deshalb auch pfadabhängig. Weil sich Akteure dessen bewusst sind, wirkt gleichzeitig eine antizipierte zukünftige Entwicklung des Lebenslaufs auf die aktuellen Entscheidungssituationen zurück.

Mehrebenenbezug des Lebenslaufs

Der Lebenslauf vollzieht sich in enger Beziehung zu den Lebensverläufen anderer Menschen (Eltern, Partner, Kinder, Freunde usw.) und im Kontext sozialer Gruppen (die elterliche Familie, die eigene Familie, Peergroups, Freundschaftsgruppen etc.). Er unterliegt den strukturierenden Einflüssen gesellschaftlicher Institutionen in Staat (Bildungssystem, Recht, Sozialgesetzgebung etc.) und Wirtschaft (Markt, Arbeits- und Gütermärkte). Er findet in spezifischen sozialräumlichen Kontexten und unter historisch gewachsenen gesellschaftlichen Bedingungen statt.

Die deutschen Bildungs- und Lebenslaufforscher Karl Ulrich Mayer und Walter Müller betonen die Rolle des Staates als wichtige Instanz der Strukturierung und Regulierung individueller Lebensverläufe (Mayer/Müller 1989). Der Lebenslaufsoziologe Martin Kohli nimmt die institutionelle und kulturelle Regulierung des Lebenslaufs zum Anlass, den (Normal-)Lebenslauf zur *Institution* zu erheben (Kohli 1985). Damit will er zum Ausdruck bringen, dass der Lebenslauf im Unterschied zu vormodernen Zeiten durch institutionell geprägte Ablaufprogramme bestimmt ist. Das gilt sowohl für die Reihenfolge, das Auftreten als auch die altersspezifische Terminierung von Ereignissen (Chronologisierung des Lebenslaufs). Dabei lässt sich zudem die Länge des Lebenslaufs heute erheblich sicherer vorhersagen als in früheren

Zeiten. Durch diese Entwicklung ist der Lebenslauf planbar und kalkulierbar geworden.

Der Lebenslauf entfaltet sich in wechselseitig aufeinander bezogenen Lebensbereichen oder -dimensionen. Es gibt den Bildungsverlauf, den Familienverlauf, den Erwerbsverlauf, den Krankheitsverlauf. Der Lebenslauf ist zudem ohne die Berücksichtigung der individuellen kognitiven und psychosozialen Entwicklung nicht vollständig zu beschreiben.

Mehrdimensionalität von Lebensläufen

Die einzelnen Dimensionen haben in unterschiedlichen Lebenssituationen und abhängig vom Alter eine unterschiedliche Relevanz. Der Lebenslauf lässt sich als Abfolge (und Nebeneinander) von Lebenszielen oder -projekten verstehen, die in verschiedenen Lebensphasen und Lebensbereichen um die knappen zeitlichen und finanziellen Ressourcen des Akteurs konkurrieren. Die Ziele in den verschiedenen Lebensbereichen entwickeln sich nicht unabhängig voneinander. Ihr Verhältnis ist durch einen wechselseitigen Bedingungszusammenhang charakterisiert, der sehr unterschiedlich ausgeprägt sein kann.

Dazu nur zwei Beispiele: Der Erfolg in einem Lebensbereich kann den Erfolg in einem anderen Lebensbereich fördern (und umgekehrt): Beruflicher Erfolg schafft Einkommen und Einkommen erweitert Spielräume einer anspruchsvollen Freizeitgestaltung. Entspannung durch Freizeit fördert wiederum den Einsatz im Beruf. Andererseits kann das erfolgreiche Engagement in einem Lebensbereich in Konkurrenz zu einem anderen Lebensbereich stehen (und umgekehrt): Kümmert man sich verstärkt um berufliche Ziele, muss man seine Ziele im Hinblick auf zeitaufwendige Hobbys zurückstellen.

Statuspassagen

Diese enge Beziehung unterschiedlicher Lebensbereiche zueinander ist bei sogenannten *Statuspassagen* im Lebenslauf besonders stark ausgeprägt. Sie bezeichnen Phasen im Lebenslauf, in denen Statusübergänge in mehreren Lebensbereichen zu einer umfassenden Neustrukturierung der Lebensumstände führen. Dazu gehört etwa der Übergang vom Jugend- ins Erwachsenenalter.

Der zeitliche Spielraum dafür, biografische Entscheidungen aufzuschieben und wichtige Ziele in verschiedenen Lebensbereichen zu verwirklichen, ist unterschiedlich groß. Für die Wahl des Zeitpunkts einer Familiengründung steht zum Beispiel ein relativ großes Altersintervall zur Verfügung. Es wird zwar faktisch von sozial bedingten Alterspräferenzen begrenzt, grundsätzlich ist es aber nur durch biologische Schranken, innerhalb derer Menschen Kinder bekommen können, bestimmt. Andere biografische Aufgaben und die damit verbundenen Statusübergänge, wie zum Beispiel die Aufnahme und der Abschluss einer Ausbildung, die Berufswahl oder der Start in die Erwerbstätigkeit, sind dagegen heute nicht in diesem Maße zeitlich disponibel, will man keine gravierenden Nachteile für den weiteren

Lebenslauf in Kauf nehmen. Der Übergang ins Erwachsenenalter wird daher zunächst von ausbildungs- und berufsspezifischen Aufgaben dominiert. Fragen der Familiengründung bleiben während der Zeit der Ausbildung und der beruflichen Orientierungsphase im Hintergrund und werden erst in einer späteren Phase aufgegriffen, wenn sich eine materielle Konsolidierung der Lebensgrundlagen und die Sicherung eines bestimmten Lebensstandards abzeichnen (Huinink 1995, Schröder 2007).

Pfadabhängigkeit von Lebensläufen

Individuelle Akteure handeln und entwickeln ihre Orientierungen auf der Grundlage ihrer kumulierten Erfahrungen und materiellen, sozialen und kulturellen Ressourcen. Der Lebensverlauf kann daher als ein »endogener Kausalzusammenhang« verstanden werden (Mayer 1987: 60). Aktuelles Handeln hat Konsequenzen für die Gestaltung des zukünftigen Lebens; es kann zukünftige Handlungsmöglichkeiten eröffnen oder beschränken. Intendierte und nicht intendierte Folgen des individuellen Handelns erhalten so eine große Relevanz für die Lebensgestaltung. Biografische Umorientierungen im Lebenslauf sind zwar möglich, häufig sogar durch die Umstände erzwungen. Sie können aber zu starken »Tempoverlusten« und damit zu erheblichen Kosten und Benachteiligungen führen, die Akteure zu vermeiden suchen.

Es ist gut belegt, dass frühere Entscheidungen und im Zusammenhang damit auch die soziale Herkunft sehr bedeutsam dafür sind, wie individuelle Lebensverläufe gestaltet werden können und welche sozialstrukturellen Positionen erreichbar sind (Blossfeld 1989, Mayer/Blossfeld 1990). Der nicht zu bestreitende Zuwachs an individueller Entscheidungskompetenz wird daher von vielen nicht als Hinweis auf eine Auflösung sozialstrukturell bedingter Prägungen des Lebensverlaufs gesehen. Wie strikt einmal vorgenommene oder herkunftsbedingte biografische Festlegungen sind, hängt nicht (allein) von den individuellen Akteuren, sondern auch von den institutionellen Gegebenheiten in einer Gesellschaft ab. Diese bestimmen mit, ob und mit welchem Aufwand Revisionen einmal eingeschlagener Lebenswege möglich sind. Aber auch diese Institutionen entwickeln sich pfadabhängig. So kann man eine Beziehung zwischen der Gestaltungsmacht der Vergangenheit auf der Mikroebene des Lebenslaufs und auf der Makroebene der gesellschaftlichen Entwicklung ausmachen.

Lernkontrollfragen

1 Welche Betrachtungsperspektiven bringt die Lebenslaufanalyse in die Sozialstrukturforschung ein?
2 Durch welche Art von Interdependenzen sind Lebensläufe charakterisiert? Machen Sie sich das anhand von Beispielen klar.
3 Welchen strukturierenden Einflüssen unterliegt der Lebenslauf? Nennen Sie Beispiele bezogen auf ihren eigenen Lebenslauf.

Infoteil

Die Lebenslaufforschung hat verschiedene Wurzeln. Ein anderer prominenter Systematisierungsvorschlag als der hier vorgestellte kommt von dem amerikanischen Soziologien Glen Elder (Elder/Johnson/Crosnoe 2004). Als Überblick eignet sich das »Handbook of the Life Course« von Mortimer und Shanahan (2004), in dem auch der Artikel von Elder u.a. veröffentlicht worden ist. Einen weiteren Einblick in die Forschungsansätze und Forschungsgebiete der Lebenslaufforschung gibt der »Life Course Reader«, 2009 herausgegeben von Walter Heinz, Johannes Huinink und Ansgar Weymann.

Literatur

Arránz Becker, Oliver/Hill, Paul B. (2008): Bildungshomogamie und Partnerschaftserfolg – eine dyadische Analyse, in: Huinink, Johannes/Feldhaus, Michael (Hg.): Neuere Entwicklungen in der Beziehungs- und Familienforschung. Vorstudien zum Beziehungs- und Familienentwicklungspanel (PAIRFAM). Würzburg, S. 151–185.

Blau, Peter M. (1994): Structural Contexts of Opportunities, Chicago/London.

Blossfeld, Hans P. (1989): Kohortendifferenzierung und Karriereprozeß, Frankfurt/M.

Blossfeld, Hans-P./Timm, Andreas (1997): Der Einfluss des Bildungssystems auf den Heiratsmarkt – Eine Längsschnittanalyse der Wahl des ersten Ehepartners im Lebenslauf, in: Kölner Zeitschrift für Soziologie und Sozialpsychologie, Jg. 49, H. 3, S. 440–476.

Boudon, Raymond (1978): Die Logik des gesellschaftlichen Handelns, Neuwied.

Boudon, Raymond (1986): Theories of Social Change. A Critical Appraisal, Cambridge.

Coleman, James S. (1991): Grundlagen der Sozialtheorie, Band 1, München.

Easterlin, Richard A. (1980): Birth and Fortune. The Impact of Numbers on Personal Welfare, New York.

Elder, Glen H. Jr./Johnson, Monika K./Crosnoe, Robert (2004): The Emergence and Development of Life Course Theory, in: Mortimer, Jeylan T./Shanahan, Michael (Hg.): Handbook of the Life Course, New York, S. 3–19.

Esser, Hartmut (1999): Soziologie. Spezielle Grundlagen, Band 1: Situationslogik und Handeln, Frankfurt/M.

Hardin, Garrett (1968): The Tragedy of the Commons, Science, Jg. 162 H. 3859, S. 1243–1248.

Heinz, Walter/Huinink, Johannes/Weymann, Ansgar (2009): The Life Course Reader: Individuals and Society across Time, Frankfurt/M./Chicago.

Huinink, Johannes (1995): Warum noch Familie? Zur Attraktivität von Partnerschaft und Elternschaft in unserer Gesellschaft, Frankfurt/M.

Kohli, Martin (1985): Die Institutionalisierung des Lebenslaufs, in: Kölner Zeitschrift für Soziologie und Sozialpsychologie, Jg. 37, H. 1, S. 1–29.
Lenz, Karl (1998): Soziologie der Zweierbeziehung, Wiesbaden.
March, James G./Simon, Herbert A. (1958): Organizations, New York/London/Sydney.
Mayer, Karl U. (1987): Lebensverlaufsforschung, in: Voges, Wolfgang (Hg.): Methoden der Biographie- und Lebenslaufforschung, Opladen, S. 51–74.
Mayer, Karl U./Blossfeld, Hans Peter (1990): Die gesellschaftliche Konstruktion sozialer Ungleichheit im Lebensverlauf, in: Berger, Peter A./Hradil, Stefan (Hg.): Lebenslagen – Lebensläufe – Lebensstile (Sonderband 7 der Sozialen Welt), Göttingen, S. 297–318.
Mayer, Karl U./Müller, Walter (1989): Lebensverläufe im Wohlfahrtsstaat, in: Weymann, Ansgar (Hg.): Handlungsspielräume. Untersuchungen zur Individualisierung und Institutionalisierung von Lebensläufen in der Moderne, Stuttgart, S. 41–60.
Mortimer, Jeylan T./Shanahan, Michael (Hg.) (2004): Handbook of the Life Course, New York.
Rössel, Jörg (2005): Plurale Sozialstrukturanalyse. Eine handlungstheoretische Rekonstruktion der Grundbegriffe der Sozialstrukturanalyse, Wiesbaden.
Schelling, Thomas C. (1978): Micromotives and macrobehavior, New York.
Schröder, Torsten (2007): Geplante Kinderlosigkeit? Ein lebensverlaufstheoretisches Entscheidungsmodell, in: Konietzka, Dirk/Kreyenfeld, Michaela (Hg.): Ein Leben ohne Kinder. Kinderlosigkeit in Deutschland, Wiesbaden, S. 365–300.

Sozialstruktur und Bevölkerung | 4

Dieses Kapitel führt in grundlegende Begriffe und Befunde der Demografie und Bevölkerungssoziologie ein, die beide Dimensionen der Sozialstruktur betreffen. Wir erörtern demografische Größen und Maßzahlen der Bevölkerungsstruktur als Teil der sozialen Verteilungsstruktur einer Gesellschaft. Ergänzend präsentieren wir Erklärungen und empirische Darstellungen zu wichtigen Komponenten der Veränderung der Bevölkerungsstruktur in der Zeit. Des Weiteren beschreiben wir die Verteilung und den Wandel von Lebensformen. Diese machen einen zentralen Bereich der sozialen Beziehungsstruktur einer Gesellschaft aus.

Grundbegriffe der Bevölkerungsforschung | 4.1

Die lebendige Basis einer Gesellschaft ist ihre Bevölkerung. Sie verkörpert die Gesamtheit der individuellen Akteure, die eine Gesellschaft gestalten. Wegen der besonderen Rolle, die die Struktur und Entwicklung der Bevölkerung eines Landes oder einer geografischen Region spielt, hat sich dazu eine eigenständige Wissenschaftsdisziplin mit einem eigenen methodischen Instrumentarium ausdifferenziert: die *Demografie oder Bevölkerungswissenschaft*. Innerhalb der Soziologie hat sich als »Bindestrich-Soziologie« die *Bevölkerungssoziologie* etabliert (Höpflinger 1997).

Demografie

Was wird genau unter der Bevölkerung eines Landes verstanden? In Deutschland zählen die statistischen Ämter seit 1983 diejenigen zur Bevölkerung einer regionalen bzw. administrativen Einheit, die dort ihre alleinige oder ihre Hauptwohnung haben. Letztere ist laut Melderechtsrahmengesetz die vorwiegend benutzte Wohnung einer Person, die am Ort dieser Wohnung auch mit dem Hauptwohnsitz gemeldet sein muss. Weitere Wohnungen werden als Nebenwohnungen bezeichnet.

Definition

Bevölkerung
Zur Bevölkerung einer regionalen bzw. administrativen Einheit (Gemeinde, Bundesland, Deutschland) gehören die Menschen, die dort ihre Hauptwohnung haben und mit ihrem Hauptwohnsitz gemeldet sind.

Alternativ oder ergänzend existieren andere Bevölkerungskonzepte. So kann man zum Beispiel die ortsanwesende – und nicht unbedingt dort auch gemeldete – Bevölkerung, d. h. die Menschen, die sich zu einem bestimmten Zeitpunkt in einem Land oder einer Region aufhalten, betrachten (Esenwein-Rothe 1982: 9 ff.). Wenn wir im Folgenden von Bevölkerung sprechen, beziehen wir uns aber immer auf die zuerst genannte Definition.

Korrektur der Bevölkerungsgröße durch Volkszählung 2011

Am 31.12.2011 gehörten laut der Bevölkerungsfortschreibung des Statistischen Bundesamts 81,8 Millionen Menschen, darunter 7,4 Millionen zu diesem Zeitpunkt in Deutschland gemeldete Ausländerinnen und Ausländer, zur Bevölkerung der Bundesrepublik Deutschland. Die Bevölkerungsgröße der Bundesrepublik Deutschland wurde allerdings durch die Ergebnisse der Volkszählung des Jahres 2011 nach unten korrigiert. Danach lebten am 31.12.2011 in der Bundesrepublik 80,3 Millionen Menschen, darunter nur 6,3 Millionen Menschen mit ausländischer Staatsangehörigkeit (Statistisches Bundesamt 2014: 8). Wenn nicht anders vermerkt, verwenden wir in diesem Band dennoch die Zahlen der Bevölkerungsfortschreibung, da wir noch nicht auf ein hinreichend detailliertes Zahlenmaterial zur Volkszählung zurückgreifen konnten. Daher ist zu beachten, dass die hier verwendeten Zahlen eine Überschätzung der tatsächlichen Bevölkerungsgröße darstellen. Das gilt besonders stark für die Zahl der Einwohner mit ausländischer Staatsgehörigkeit.

Deutschland ist damit das bevölkerungsreichste Land in Europa, Russland ausgenommen. Laut Eurostat (2012a: 122) dem europäischen Gegenstück zum Statistischen Bundesamt, folgen die Türkei (ca. 73 Mio.), Frankreich (ca. 65 Mio.), Großbritannien (ca. 62 Mio.) und Italien (ca. 60 Mio.), wobei sich diese Zahlen auf den 1.1.2011 beziehen. In den 27 Mitgliedsländern der EU lebten zu diesem Zeitpunkt insgesamt 502,7 Millionen Menschen.

Bevölkerungsstruktur und demografische Merkmale

Die *Bevölkerungsstruktur* eines Landes ist durch die Gliederung seiner Einwohner nach sogenannten *demografischen Merkmalen* bestimmt. Dazu gehören das Geschlecht, das Alter, der Wohnort und die Wohnregion sowie die Staatsangehörigkeit der Bewohner. Auch zählt man die Religionszugehörigkeit, Angaben zur Erwerbsbeteiligung und zur Lebensform der Menschen, wie Familienstand, Kinderzahl oder der Typ, die Größe und die Zusammensetzung des Haushalts, in dem die Menschen leben, dazu.

Die Bevölkerungsstruktur ist Teil der sozialen Verteilungsstruktur einer Gesellschaft (→ Kapitel 2.2.2), denn demografische Merkmale gehören grundsätzlich zu den sozialstrukturellen Merkmalen. Welche demografischen Merkmale im Einzelnen sozial bedeutsam sind, kann von Land zu Land variieren. Beispielsweise spielt die Religion in bestimmten Ländern, etwa in vielen islamischen Staaten, für die sozialen Beziehungen der Individuen eine bedeutende Rolle, während sie in den westeuropäischen Industriegesellschaften deutlich weniger von Belang ist.

Zur Beschreibung der Bevölkerungsstruktur gibt es Maßzahlen. Eine Systematik dazu präsentiert Übersicht 4.1 (vgl. Mueller 2000).

Die Berechnung der Strukturmaße erfolgt grundsätzlich für einen Zeitpunkt oder einen Stichtag. Bezieht man Strukturmaße dennoch auf einen

Übersicht 4.1

Absolute und relative Strukturmaße

Demografische Strukturmaße messen die Größe und Verteilung demografischer *Merkmale* zu einem bestimmten *Zeitpunkt.*

- *Absolute Strukturmaße* (Bestandsmaße) sind Strukturmaße, die Bestandmassen, d. h. die Größe einer Bevölkerung insgesamt oder von Teilbevölkerungen, die nach demografischen Merkmalen untergliedert sind, angeben (z. B. Anzahl aller Einwohner eines Landes oder die Anzahl der weiblichen Einwohner eines Landes).
- *Relative Strukturmaße* sind Strukturmaße, bei denen Bestandsmassen zueinander ins Verhältnis gesetzt werden. Dazu gehören *Quoten* (z. B. der Anteil der über 60-Jährigen an der Gesamtbevölkerung oder Erwerbsquoten), *Häufigkeitsverteilungen* (z. B. die Altersverteilung einer Bevölkerung) und *Proportionen* (z. B. die Sexualproportion, die die Verteilung der Bevölkerung nach Geschlecht angibt).
- *Entsprechungszahlen* sind Strukturmaße, in denen Bevölkerungsbestände zu anderen sinnvollen Größen in Beziehung gesetzt werden (z. B. die Bevölkerungsdichte einer Region).

Durchschnitts-bevölkerung

Zeitraum, etwa ein Kalenderjahr, werden Durchschnittswerte bestimmt. Ein Beispiel ist die durchschnittliche Größe der Bevölkerung eines Landes in einem Jahr.

Bevölkerungsbewegung

Veränderungen der Bevölkerungsgröße und der Bevölkerungsstruktur gehören zur *Bevölkerungsbewegung*. Diese stellt eine Dimension sozialstrukturellen Wandels dar und steht mit dem sozialen, wirtschaftlichen und institutionellen Wandel eines Landes in einer engen Wechselbeziehung.

Demografische Ereignisse

Die Bevölkerungsbewegung beruht auf *demografischen Ereignissen*, die im Verlauf der Zeit beobachtet werden. Damit sind Vorkommnisse gemeint, die den Bevölkerungsbestand und die Bevölkerungsstruktur verändern. Die drei Hauptkomponenten der Bevölkerungsbewegung sind *Geburten, Sterbefälle und Wanderungen* (Migrationen). Geburten und Sterbefälle gelten als *natürliche Bevölkerungsbewegung*. Wie demografische Ereignisse zu erfassen sind, zeigt Übersicht 4.2.

Übersicht 4.2

Absolute und relative Ereignismaße

Demografische Ereignismaße erfassen die absolute und relative Häufigkeit demografischer Ereignisse in einem bestimmten *Zeitraum*. Der Beobachtungszeitraum kann sich auf die Kalenderzeit und/oder auf das Lebensalter von Mitgliedern der Bevölkerung beziehen.

1. *Absolute Ereignismaße* geben die Häufigkeit von demografischen Ereignissen (Ereignismassen) an, die in einer Bevölkerung oder einem Teil der Bevölkerung während eines bestimmten Zeitraums stattgefunden haben (z.B. die jährliche Zahl der Geburten oder die jährliche Zahl der Sterbefälle unter der Bevölkerung mit ausländischer Staatsangehörigkeit).
2. *Relative Ereignismaße* beruhen auf zwei unterschiedlichen Berechnungsweisen:
   a) Maße der Verteilung von Ereignissen (*Ereignisquoten*) setzen Ereignismassen zueinander in Beziehung (z.B. wird die Nichtehelichenquote als Anteil der nicht ehelichen Geburten an allen Geburten eines Jahres berechnet).
   b) Bei *Ereignisraten* oder *-ziffern* wird die Zahl demografischer Ereignisse zur Größe der Gesamtbevölkerung oder zu der Größe desjenigen Teils der Bevölkerung, in dem die Ereignisse stattgefunden haben oder stattfinden können, in Beziehung gesetzt (z.B. wird die *rohe Geburtenziffer* als Zahl der Lebendgeborenen eines Jahres auf 1000 Einwohner berechnet; die *allgemeine Geburtenziffer* dagegen ermittelt man als Zahl der Lebendgeborenen eines Jahres auf 1000 Frauen im Alter von 15 bis 45 bzw. 50, also Frauen eines Alters, in dem sie Kinder bekommen können; eine *altersspezifische Geburtenziffer* wird schließlich als Zahl

der Lebendgeborenen von Frauen eines bestimmten Alters bezogen auf 1000 Frauen diesen Alters berechnet).

Zu Details und weiteren Typen relativer Ereignismaßen siehe Mueller (2000).

Neben Geburten, Wanderungen und Todesfällen werden Ereignisse zur Bevölkerungsbewegung gezählt, die eine Änderung in der Verteilung der Bevölkerung nach dem Familienstand bewirken (Eheschließungen, Ehescheidungen und Verwitwungen). Diese Ereignisse haben auch einen indirekten Effekt auf die natürliche Bevölkerungsbewegung, insbesondere die Geburten. Die Zahl der Eheschließungen lieferte bis vor wenigen Jahrzehnten noch eine recht zuverlässige Vorhersage der zu erwartenden Geburtenzahlen. Angesichts steigender Quoten nicht ehelicher Geburten gilt das heute nicht mehr. Aus bevölkerungssoziologischer Sicht sollte man daher allgemeiner Veränderungen der *Lebens- und Haushaltsform* – etwa das Zusammenziehen mit einem Partner, das Verlassen des Elternhauses – einbeziehen (→ Kapitel 4.5).

Schließlich zählt die Veränderung weiterer Bereiche der Bevölkerungsstruktur, wie der Bildungs- und Erwerbsbeteiligung (Erwerbsquoten) zu den demografischen Ereignissen: der Beginn oder Abschluss einer Ausbildung, die Aufnahme und Aufgabe einer Berufstätigkeit oder der Übergang in die Verrentung.

Lernkontrollfragen

1 Warum kann man die Bevölkerungsstruktur als Teil der sozialen Verteilungsstruktur einer Gesellschaft ansehen?
2 Worin unterscheiden sich Struktur- und Ereignismaße?

Infoteil

Eine schon etwas ältere Einführung in die Demografie sowie ausführliche Erläuterungen der in ihr verwendeten Maßzahlen gibt die deutsche Demografin Ingeborg Esenwein-Rothe. Eine neuere Einführung bietet das Buch der amerikanischen Demografen Samuel Preston, Patrick Heuveline and Michel Guillot mit dem Titel »Demography: Measuring and Modeling Population Processes« (2001). Außerdem kann man sich über die Demografie mit all ihren Facetten in der zweibändigen Ausgabe das Handbuchs der Demografie informieren, das 2000 von den Soziologen Ulrich Müller, Bernhard Nauck und Andreas Diekmann herausgegeben wurde.

4.2 | Parameter der Bevölkerungsstruktur

Die Bevölkerungsgröße und die Verteilung der Bevölkerung nach dem Alter werden in der Bevölkerungsstatistik des Statistischen Bundesamts im Statistischen Jahrbuch für den 31.12. eines Jahres veröffentlicht. Auch Angaben zur *Bevölkerungsstruktur* sind in der Regel auf einen *Stichtag* bezogen.

4.2.1 | Die Verteilung der Bevölkerung nach dem Geschlecht

In der Bundesrepublik lebten laut Zensusergebnis der amtlichen Statistik am 31.12.2011 ca. 41,1 Millionen Frauen und 39,2 Millionen Männer (Statistisches Bundesamt 2014: 8). Der Frauenanteil betrug damit gut 51 Prozent. Anders ausgedrückt kamen auf 100 Frauen 95,4 Männer. Diese Angabe wird als *Sexualproportion* bezeichnet und berechnet sich als Verhältnis der Zahl der Männer zur Zahl der Frauen, multipliziert mit 100. Die Sexualproportion kann man auch für Teile der Bevölkerung, etwa einzelne Altersgruppen, berechnen. In den jüngeren Altersgruppen überwiegt die Zahl der Männer. Ab dem Alter 56 sind die Frauen in der Mehrzahl (Statistisches Bundesamt 2012b). Das ist deshalb der Fall, weil Frauen in Deutschland eine deutlich höhere Lebenserwartung haben als Männer (→ Kapitel 4.3).

Sexualproportion

Innerhalb Deutschlands und zwischen verschiedenen Ländern in der Welt gibt es große Unterschiede in der Sexualproportion der Bevölkerung. Die Ursachen dafür sind verschieden. Oft ist selektive Migration der Grund; das heißt, über einen längeren Zeitraum verlassen mehr Frauen als Männer (oder umgekehrt) ein Land oder einen Landesteil. Die Tatsache, dass in einigen ländlichen Regionen der neuen Bundesländer – vor allem in jüngeren Altersgruppen – auf 100 Frauen deutlich mehr Männer kommen als im bundesrepublikanischen Durchschnitt, ist auf diesen Sachverhalt zurückzuführen. Vor allem in den 1990er-Jahren haben deutlich mehr junge Frauen als junge Männer diese Regionen verlassen. Nach Angaben des Amtes für Statistik Berlin-Brandenburg lag beispielsweise im Landkreis Prignitz die Sexualproportion unter den 20- bis 40-Jährigen zum Ende des Jahres 2011 bei 122 Männer auf 100 Frauen.

Es können jedoch auch andere Ursachen einen Überhang an Männern bedingen. Für China etwa wird für die unter 15-jährige Bevölkerung ein Wert von 117 Männern auf 100 Frauen berichtet (CIA 2013). Zurückzuführen ist dieses Phänomen vermutlich auf die chinesische Ein-Kind-Politik und die traditionelle Präferenz für männliche Nachkommen, die unter anderem zur Abtreibung von weiblichen Föten führen.

Die Verteilung der Bevölkerung nach dem Alter

4.2.2

Die Alterszusammensetzung der Bevölkerung – man spricht auch von ihrer *Vitalstruktur, Altersstruktur* oder ihrem *Altersaufbau* – ist das Ergebnis der Geburtenhäufigkeiten, Wanderungsbewegungen und Sterbefälle der letzten 100 Jahre. Anhand eines Größenvergleichs verschiedener Altersgruppen kann man erkennen, ob die demografischen Rahmenbedingungen, die für die Bevölkerungsentwicklung relevant sind, in diesem Zeitraum stabil waren oder sich verändert haben.

Grundtypen des Altersaufbaus einer Bevölkerung

Es gibt drei unterschiedliche Grundtypen des Altersaufbaus einer Bevölkerung. Sie sind als idealtypische »Schablone« zu verstehen, die mit drei Versionen der Bevölkerungsentwicklung korrespondieren (vgl. Abb. 4.1).

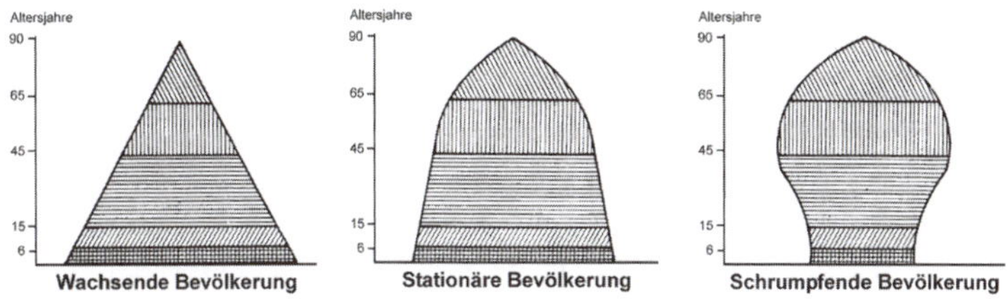

Abb. 4.1

Die Grundtypen des Alteraufbaus einer Bevölkerung

Quelle: Esenwein-Rothe 1982: 82.

In Übersicht 4.3 sind die wesentlichen Erklärungen zu diesen Grundtypen zusammengefasst.

Übersicht 4.3

Die Grundtypen des Altersaufbaus einer Bevölkerung

- Beim Typ der *wachsenden Bevölkerung* (Pyramide) werden mehr Kinder geboren, als für die Bestandssicherung der Bevölkerung, d.h. für die zahlenmäßige Reproduktion der einzelnen Geburtsjahrgänge, notwendig ist. Der Bestand (bzw. die Reproduktion) ist dann gesichert, wenn die Größe eines Geburtsjahrgangs durch die Zahl der eigenen Nachkommen (unter Berücksichtigung des Sterberisikos) ersetzt wird. Das Ausmaß, in dem sich die Basis der Pyramide von Jahrgang zu Jahrgang verbreitert, hängt neben der Geburtenhäufigkeit auch von der Höhe der altersspezifischen Sterblichkeit in den mittleren Altersstufen ab. Dieser Altersaufbau einer »jungen« Bevölkerung ist in Entwicklungs- und vielen Schwellenländern zu finden. In Deutschland charakterisierte er die Alterstruktur der Bevölkerung vor dem Ersten Weltkrieg.
- Beim Typ der *stationären Bevölkerung* (Glocke) bekommen die einzelnen Jahrgänge so viele Kinder, wie für die Bestandssicherung der Bevölke-

rung nötig sind. Jeder Geburtsjahrgang reproduziert sich dann gerade selbst. Die Alterskohorten haben anfänglich eine ähnliche Größe. Typischerweise ist die Sterblichkeit im jüngeren Alter recht gering und steigt erst in höheren Altersklassen (ab 65 Jahren) an. Dieser Typ wird selten über längere Zeit beobachtet, sondern ist eher als Übergang zum dritten Grundtyp anzusehen. Man findet ihn heute in Japan, dessen Alterszusammensetzung sich gegenwärtig stark verändert.

- Beim Typ der *schrumpfenden Bevölkerung* (Pilz) werden weniger Kinder geboren, als für die Bestandssicherung der Bevölkerung erforderlich ist. Die Größe der nachrückenden Geburtsjahrgänge verkleinert sich und es kommt zu einer Überalterung der Bevölkerung. Erst in den höheren Altersklassen (ab 65 Jahren) verringert sich der Bestand in den Altersgruppen wieder durch die Sterblichkeit. Gegenwärtig findet man diesen Typ beispielsweise in Italien, Spanien und auch – unter Berücksichtigung der kriegsbedingten Verwerfungen – in Deutschland.

Die Altersverteilung wird durch gravierende historische Ereignisse verändert, soweit sie einen Einfluss auf die Geburten- und Sterbehäufigkeiten haben. Esenwein-Rothe (1982: 80) verweist auf Bevölkerungsverluste durch Naturkatastrophen (z. B. Dürrezeiten oder Seuchen), die sich zumeist überproportional auf ältere Menschen auswirken. Auch Kriege sind zu nennen, da die an Kriegshandlungen direkt Beteiligten und die Zivilbevölkerung einem höheren Sterblichkeitsrisiko ausgesetzt sind. Zusätzlich kommt es zu massenhaften Zu- und Abwanderungen (z. B. Flucht) und es sind starke Geburtenausfälle zu beobachten. Letzteres gilt auch für Zeiten politischer oder wirtschaftlicher Krisen.

Veränderung der Altersstruktur in Deutschland

Nachfolgend zeigen wir, wie sich die Alterszusammensetzung der Bevölkerung Deutschlands innerhalb der letzten 100 Jahre verändert hat und voraussichtlich bis zum Jahr 2060 verändern wird (vgl. Abb. 4.2). Die Schätzung für das Jahr 2060 basiert auf der 12. koordinierten Bevölkerungsvorausberechnung des Statistischen Bundesamts. Man nahm dafür an, dass die zukünftige Geburtenhäufigkeit annähernd konstant bleibt und die Lebenserwartung weiter ansteigt. Basis der ersten Modellrechnung ist, dass jährlich 200 000 Personen mehr zu- als fortwandern (Modellvariante: »Obergrenze der ›mittleren‹ Bevölkerung«), die zweite Modellrechnung gründet auf der Voraussetzung, dass der Überhang bei 100 000 Personen liegt (Modellvariante: »Untergrenze der ›mittleren‹ Bevölkerung«) (vgl. Statistisches Bundesamt 2009).

In Abbildung 4.2 ist nach Frauen und Männern getrennt die Altersstruktur der Bevölkerung Deutschlands (Bevölkerung differenziert nach Altersjahren) für die Jahre 1910, 1950, 2008 und 2060 (geschätzt) dargestellt. Die einzelnen Jahre lassen sich grob den oben vorgestellten Grundtypen zuordnen, wenngleich auch die Einwirkungen historischer Ereignisse erkennbar sind. Der Altersaufbau in den Jahren 1950 und 2008 weist deutliche »Kerben« auf. Sie sind vor allem auf Geburtenausfälle während der Weltwirtschaftskrise und infolge der beiden Weltkriege zurückzuführen.

Altersaufbau der deutschen Bevölkerung für die Stichjahre: 1910, 1950, 2008 und 2060 (geschätzt)

Abb. 4.2

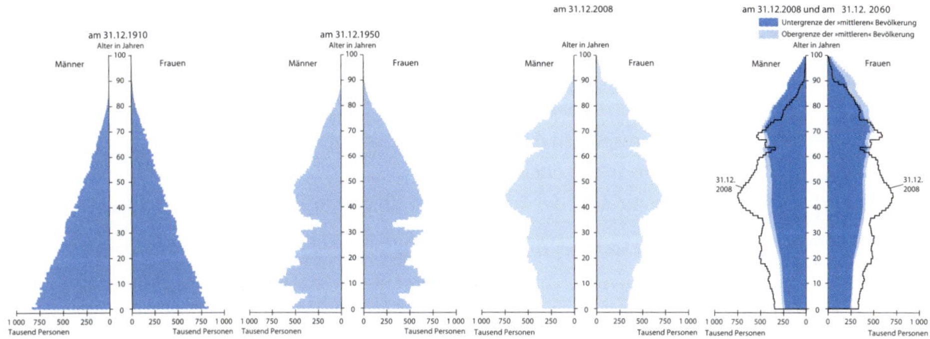

Quelle: Statistisches Bundesamt 2009: 15.

Es gibt verschiedene geeignete Strukturmaße für die Charakterisierung der Altersstruktur einer Bevölkerung. So kann man die Anteile unterschiedlicher Altersgruppen an der Gesamtbevölkerung berechnen: etwa der überwiegend erwerbstätigen Bevölkerung (20 bis unter 65 Jahre), der überwiegend noch nicht erwerbstätigen Jugendlichen (0 bis unter 20 Jahre) und der zum großen Teil nicht mehr erwerbstätigen Alten (65 und älter). Je nach Quelle der Statistik können die Altersgrenzen variieren; manchmal wird als obere Altersgrenze auch ein Alter von 60 Jahren oder – im Zusammenhang mit dem gestiegenen Renteneintrittsalter – auch das Alter 67 gewählt. Wir verwenden im Folgenden das Alter 65.

Laut Tabelle 4.1 hat sich der Anteil der unter 20-Jährigen an der Gesamtbevölkerung von 1950 bis 2011 auf einen Wert von unter 20 Prozent verringert. Im Gegenzug stieg der Anteil der Menschen, die 65 Jahre und älter sind, auf 21 Prozent an. Prognosen zeigen, dass ihr Anteil in den kommenden Jahren weiter deutlich zunehmen wird.

Jugend- und Altenquotient

Um die möglichen Folgen des demografischen Wandels für die bestehenden Sozialsysteme genauer bestimmen zu können, erfolgt eine Berechnung des zahlenmäßigen Verhältnisses verschiedener Altersgruppen zueinander:

Tab. 4.1

Veränderung der Altersstruktur 1950–2010[1] *(Altersgruppen in % an der Gesamtbevölkerung)*

Quelle: Statische Jahrbücher des Statistischen Bundesamts, div. Jahre; Statistisches Bundes amt 2014: 16; eigene Berechnungen

Jahr	0–19 Jahre	20–64 Jahre	65 Jahre oder älter
1950	30	60	10
1960	28	60	12
1970	30	56	14
1980	27	58	16
1990	22	63	15
2000	21	62	17
2010	18	61	21
2011	18	61	21

[1]Bis 1990 Westdeutschland, ab 1990 Angaben für Deutschland.

- Der *Jugendquotient* wird in der Regel als Verhältnis der Zahl der unter 20-Jährigen zu der Zahl der 20- bis unter 65-Jährigen berechnet.
- Beim *Altenquotient* setzt man die Zahl der 60- oder 65-Jährigen und Älteren zur Zahl der 20- bis unter 60- oder 65-Jährigen in Beziehung.

Die Begründung für diese Festlegung lautet, dass die Bezugsgruppe jenen Teil der Bevölkerung repräsentiert, der wirtschaftlich aktiv ist, während die Jungen und die Alten entweder direkt oder indirekt (Rentenversicherung) von dieser Bevölkerungsgruppe materiell zu versorgen sind. Der Gesamtquotient ist das Verhältnis der Größe der jungen und alten Altersgruppe (im Zähler) zur Größe der wirtschaftlich aktiven Altersgruppe (im Nenner). Neben dem gesetzlichen Verrentungsalter von 65 Jahren wird oft auch die niedrige Altersgrenze von 60 gewählt.

Abbildung 4.3 illustriert den Verlauf des Jugend-, Alten- und Gesamtquotienten seit 1950 und beinhaltet eine Prognose von 2006 bis 2060. Diese basiert auf der bereits erläuterten Variante »Untergrenze der ›mittleren‹ Bevölkerung« der 12. koordinierten Bevölkerungsvorausschätzung (Statistisches Bundesamt 2009).

Wie die Abbildung zeigt, sinkt der Jugendquotient von 51 im Jahr 1950 ab dem Jahr 2010 auf Werte unter 30, während der Altenquotient, der 1950 noch bei 16 lag, im Jahr 2010 den Wert von 30 überstiegen hat. In den folgenden Jahrzehnten ist mit einem deutlichen Anstieg des Altenquotienten zu rechnen (bis auf 63 im Jahr 2060), während der Jugendquotient weitgehend konstant bei 30 bleibt. Im Jahr 2060 kämen danach auf 100 Personen im (erwerbsfähigen) Alter zwischen 20 bis unter 65 etwa 31 Personen im Alter bis unter 20 Jahre und 63 Personen im Alter von 65 Jahren und mehr.

Der Altenquotient beträgt im Jahr 2011 in Deutschland 31. Im Vergleich der größten europäischen Länder hat lediglich Italien mit 32 einen ähnlich hohen Altenquotienten. Wie in Deutschland ist er auf ein langjährig sehr niedriges Niveau der Geburtenzahlen zurückzuführen. Der Altenquotient

Jugend-, Alten- und Gesamtquotient (Altersgrenzen 20 und 65 Jahre) | **Abb. 4.3**

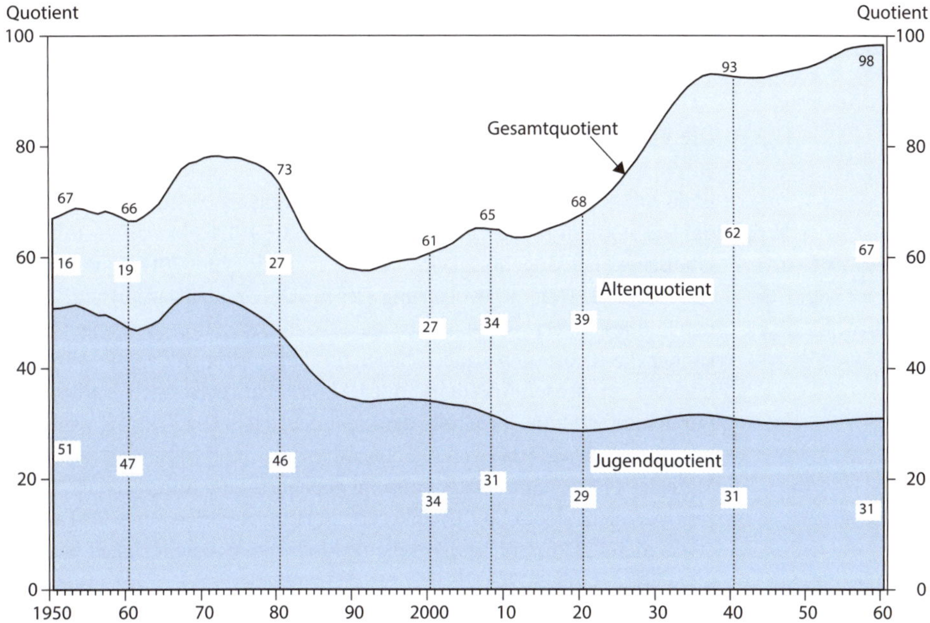

Ab 2009 Ergebnisse der 12. koordinierten Bevölkerungsvorausberechnung; Variante »mittlere« Bevölkerung, Untergrenze. Jugendquotient: unter 20-Jährige je 100 Personen im Alter von 20 bis 64 Jahre; Alterquotient: 65-Jährige und Ältere je 100 Personen im Alter von 20 bis 64 Jahre; Gesamtquotient: unter 20-Jährige und ab 65-Jährige je 100 Personen im Alter von 20 bis 64 Jahre.

Quelle: Statistisches Bundesamt 2009: 20.

2011 lag aber auch in Frankreich und Großbritannien schon bei 26 und in Spanien bei 25. Die Türkei hat noch eine junge Bevölkerung mit einem sehr niedrigen Altenquotienten von lediglich 9 (Statistisches Bundesamt 2013a: 630).

Auswirkung der Überalterung auf die Sozialsysteme

Diese Quotienten spiegeln nur bedingt die aktuellen und für die Zukunft zu erwartenden realen sozialen oder ökonomischen Belastungsverhältnisse in einer Gesellschaft wider. In Abhängigkeit davon, wie stark die wirtschaftliche Produktivität eines Landes wächst, ist der finanzielle Spielraum für die Absicherung der nicht mehr aktiven Generationen größer oder kleiner. Des Weiteren zeichnen sich Anpassungsmaßnahmen ab, die vor allem durch die Sozialpolitik vorgenommen werden. Dazu gehören in Deutschland etwa die Veränderung der Rentenformel und die sukzessive Erhöhung des Rentenalters auf 67 Jahre. All diese Maßnahmen ändern aber nichts an der Tatsache, dass die Altersversorgung auch in Zukunft wesentlich durch die Rentenbeiträge der Erwerbstätigen finanziert werden muss und dass weniger Erwerbstätige die finanziellen Mittel zur Versorgung der wachsenden älteren Generation in Form von Renten und Pensionen erwirtschaften müssen.

4.2.3 | Die Verteilung der Bevölkerung nach der Staatsangehörigkeit

Anteil von Menschen mit ausländischer Staatsangehörigkeit

Ende 2011 wohnten nach auf den Zensusergebnissen beruhenden Angaben des Statistischen Bundesamts in Deutschland 6 338 853 Menschen mit ausländischer Staatsangehörigkeit (Statistisches Bundesamt 2014: 8) und damit 7,9 Prozent der Gesamtbevölkerung. Der Ausländeranteil variiert stark nach den Bundesländern, wobei Stadtstaaten die höchsten und die ostdeutschen Länder die niedrigsten Anteile haben. In Berlin ist er mit 14,1 Prozent am höchsten, in Sachsen-Anhalt mit nur 1,9 Prozent am geringsten (Statistisches Bundesamt 2014: 15). Die Größe der nicht deutschen Bevölkerung war über die Jahre hinweg erheblichen Schwankungen unterworfen, ist aber seit Mitte der 1990er-Jahre relativ konstant geblieben. 2011 waren etwa 37,5 Prozent der nicht deutschen Bevölkerung Staatsangehörige eines EU-Landes, etwas mehr 23 Prozent besaßen die türkische Staatsangehörigkeit (Statistisches Bundesamt 2012b: 42).

Die Zahl der Ausländer ist nicht identisch mit der Zahl der Menschen mit Migrationshintergrund, die in Deutschland leben. Letztere ist deutlich höher. Einwohner mit Migrationshintergrund sind nach Definition des Statistischen Bundesamts »alle nach 1949 auf das heutige Gebiet der Bundesrepublik Deutschland Zugewanderten sowie alle in Deutschland geborenen Ausländer und alle in Deutschland als Deutsche Geborenen mit zumindest einem zugewanderten oder als Ausländer in Deutschland geborenen Elternteil« (Statistisches Bundesamt 2012a: 6). Personen, die aus dem Ausland zugewandert sind, werden Migranten der ersten Generation genannt. Ihre Nachkommen, die keine eigene Migrationserfahrung haben, zählen zur zweiten Migrantengeneration. Laut Mikrozensus lebten im Jahr 2011 in Deutschland 16 Millionen Einwohner mit Migrationshintergrund. Sie machten etwa 19,5 Prozent der Bevölkerung Deutschlands aus (Statistisches Bundesamt 2012a: 7).

Im europäischen Vergleich variiert der Anteil der Bevölkerung mit ausländischer Staatsangehörigkeit erheblich, da er neben geografischen auch stark von geschichtlichen und innenpolitischen Faktoren bestimmt wird. Die Zuwanderungs- und Einbürgerungspolitik spielt eine zentrale Rolle. Laut Eurostat (2012a: 146) lag der Ausländeranteil im Jahr 2010 in Frankreich bei fast 6 Prozent, in Großbritannien und Italien bei 7 Prozent. In Spanien war er mit über 12 Prozent bedeutend höher. Bekannt sind Luxemburg

(43 Prozent) und die Schweiz (22 Prozent) für den besonders hohen Anteil der Bevölkerung mit ausländischer Staatsangehörigkeit an der Gesamtbevölkerung.

Die Bevölkerungsdichte

4.2.4

Räumliche Bevölkerungsverteilung

Die Bevölkerungsdichte ist eine Entsprechungszahl zur Beschreibung der räumlichen Bevölkerungsverteilung. Sie wird als Verhältnis der Einwohner einer regionalen Einheit zu deren Fläche berechnet. Am 31.12.2011 betrug sie in Deutschland 229 Einwohner je km^2. Deutschland ist also ein dicht besiedeltes Land. Die Bevölkerungsdichte in den einzelnen Bundesländern fällt allerdings sehr unterschiedlich aus: Unter den Flächenstaaten ist sie in Mecklenburg-Vorpommern mit 71 Einwohnern/km^2 am niedrigsten und in Nordrhein-Westfalen mit 523 Einwohnern/km^2 am höchsten. In Stadtstaaten ist sie erwartungsgemäß sehr hoch, wobei hier Berlin mit 3 899 Einwohnern/km^2 an der Spitze steht (Statistisches Bundesamt 2013a: 26).

Auch im europäischen Vergleich gehört Deutschland zu den Ländern mit einer hohen Bevölkerungsdichte. Noch dichter besiedelt waren 2010 Malta (1 316 Einwohner/km^2), die Niederlande (492 Einwohner/km^2), Belgien (358 Einwohner/km^2) und Großbritannien (254 Einwohner/km^2). Die geringste Besiedlungsdichte wies Island mit 3,2 Einwohnern/km^2 auf. Als weitere Beispiele seien die Türkei (95 Einwohner/km^2), Frankreich (102 Einwohner/km^2) und Italien (201 Einwohner/km^2) genannt (Eurostat 2012b: 34, Eurostat 2014).

Wir werden in diesem Band noch ausführlich auf weitere Bereiche der Bevölkerungsstruktur eingehen. So stellen wir im Kapitel 4.5 die Gliederung der Bevölkerung nach unterschiedlichen Aspekten der Lebensform vor und erläutern im Kapitel 6.1 detailliert die Erwerbsstatistik.

Lernkontrollfragen

1 Beschreiben Sie die verschiedenen Grundtypen des Altersaufbaus einer Bevölkerung.
2 Wie hängen Altersstruktur und Bevölkerungsentwicklung zusammen?
3 Worin unterscheiden sich Jugend- und Altenquotient?
4 Nennen Sie weitere demografische Merkmale zu Charakterisierung der Bevölkerungsstruktur.

Infoteil

Für Informationen über die Bevölkerungsstruktur sind das Statistische Bundesamt Deutschland (www.destatis.de) und die Statischen Ämter der Länder und Gemeinden wichtige Anlaufstellen. Mittlerweile existieren eine ganze Reihe leicht zugänglicher Informations- und Datenquellen – darunter auch Berichte der Bundesregierung zu verschiedenen Themenbereichen –, aus denen sich statistisches Material zur Demografie und Sozialstruktur gewinnen lässt. Eine Zusammenstellung findet sich im Anhang.

4.3 | Parameter der Bevölkerungsbewegung

Unter *Bevölkerungsbewegung* verstehen wir den Wandel der Bevölkerungsgröße und Bevölkerungsstruktur, der durch demografische Ereignisse hervorgerufen wird. Zentral sind die *Geburten, Sterbefälle* und *Wanderungen* in der Bevölkerung eines Landes. Aus sozialstruktureller Sicht ist die Entwicklung der Geburtenzahlen, der Sterblichkeitsrisiken und des Migrationsgeschehens für eine Vielzahl von Fragestellungen von großem Interesse. Alle drei Komponenten der Bevölkerungsbewegung hängen mehr oder weniger eng mit anderen sozialstrukturellen Merkmalen zusammen. So fallen die Geburten- und Sterbehäufigkeiten und das Wanderungsverhalten in den verschiedenen Bildungsgruppen der Bevölkerung sehr unterschiedlich aus: Mit dem Bildungsniveau geht die Zahl der Kinder zurück, sinken die Sterberisiken und erhöht sich die Wanderungsbereitschaft.

Aus sozialstruktureller Perspektive sind auch andere demografische Ereignisse wie Veränderungen des Familienstands, der privaten Lebensform oder der Erwerbsbeteiligung von großem Interesse. Diese Ereignisse stehen ebenfalls mit den genannten drei zentralen Komponenten der Bevölkerungsbewegung in einem mehr oder weniger direkten Zusammenhang (→ Kapitel 4.5 und Kapitel 6.1).

4.3.1 | Bestimmung der Bevölkerungsentwicklung

Ausgehend von der Bevölkerungsgröße am 31.12. des Vorjahres sowie der jährlichen Zahl der Geburten, Sterbefälle und Ein- und Auswanderungen (Migrationen) in einem Kalenderjahr J berechnet sich die Größe der Bevölkerung zum Stichtag 31.12. des Kalenderjahres J wie folgt:

Demografische Grundgleichung

$$P(31.12.J) = P(31.12.J - 1) + G(J) - S(J) + I(J) - E(J)$$

Dabei bezeichnet P(31.12.J) die Größe der Bevölkerung am Ende des Jahres J, während P(31.12.J – 1) die Größe der Bevölkerung am Ende des Vorjahres bezeichnet. G(J) ist die Zahl der Geburten und S(J) die Anzahl der im Jahr J Gestorbenen. Hinzu kommt mit I(J) die Zahl der Personen, die im Jahre J eingewandert sind, und mit E(J) die Zahl der Emigranten im Jahr J.

Entsprechende Gleichungen lassen sich für jede einzelne Altersgruppe aufstellen. Beispielsweise berechnet sich die Zahl der 0- bis 1-Jährigen als Zahl der in einem Jahr geborenen und bis zum Jahresende überlebenden Kinder zuzüglich der Differenz der am Jahresende zu- und fortgezogenen 0- bis 1-jährigen Kinder.

Durchschnittliche Bevölkerungsgröße

Die durchschnittliche Bevölkerungsgröße im Jahr P(J) wird vereinfacht durch die folgende Gleichung geschätzt:

$$P(J) = (P\,(31.12.J) + P(31.12.J - 1))/2$$

So lebten im Jahr 2011 nach alter Zählung schätzungsweise im Mittel 81,8 Millionen Menschen in Deutschland. Das ist der Durchschnittswert des Bevölkerungsbestands zum 31.12.2010 und 31.12.2011 und man berechnet ihn als (81 751 602 + 81 843 743)/2).

Die in Kapitel 4.2 vorgestellten Grundtypen des Altersaufbaus haben gezeigt, dass der Altersaufbau einer Bevölkerung stark von den Geburtenzahlen abhängt. Bei einer hohen Geburtenzahl nimmt – soweit die Sterblichkeit in den Altersjahren, in denen die Menschen ihre Kinder bekommen, begrenzt bleibt – nicht nur die Bevölkerungsgröße selbst, sondern auch die Basis des zukünftigen Bevölkerungswachstums zu. Bei einer niedrigen Geburtenzahl sinkt dagegen das Potenzial für zukünftiges Bevölkerungswachstum (*demografisches Momentum*). Selbst eine sprunghaft steigende Geburtenrate hätte bei einem geringen Bestand an 15- bis 45-Jährigen in einer Bevölkerung kurz- und mittelfristig nur geringe Auswirkungen auf den Bevölkerungszuwachs, da die absolute Zahl der Geburten klein bleibt. Das ist eine Situation, die wir in Deutschland bereits vorfinden.

Demografisches Momentum

Abbildung 4.4 zeigt, wie sich laut einer Vorausberechnung der UNO die Bevölkerungsgröße verschiedener Kontinente auch bei Annahme zurückgehender Geburtenraten bis 2150 entwickeln könnte. Die Dynamik des Wachstums ist auf den verschiedenen Kontinenten unterschiedlich. Das ist zum einen auf die sehr unterschiedlichen Geburtenraten zurückzuführen: Während die Gesellschaften Asiens und Afrikas aufgrund vergleichsweise hoher Geburtenraten (noch) stark wachsen, stagniert die Entwicklung in Europa und Amerika. Hier werden in vielen Ländern weniger als 2,1 Kinder pro Frau geboren. Diese durchschnittliche Kinderzahl wird als notwendig angesehen, um den Bevölkerungsbestand dieser Länder zu sichern, wenn man etwaige Wanderungsgewinne außer Acht lässt.

Weltbevölkerungsentwicklung

Abb. 4.4

Weltbevölkerungsentwicklung

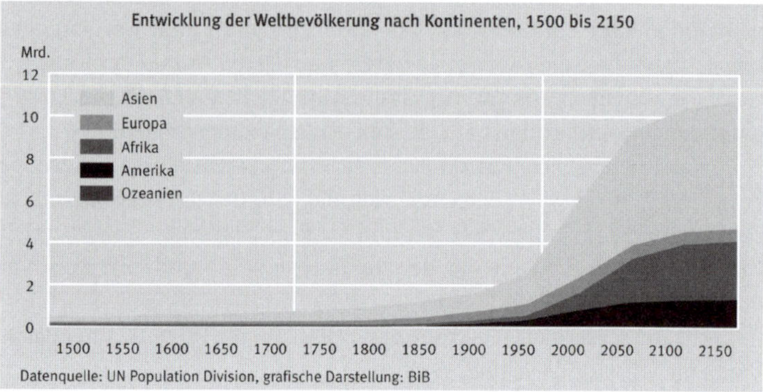

Quelle: Dokumentation des Bundesinstituts für Bevölkerungsforschung 2008 auf der Grundlage von Daten der UN-Population-Division (http://www.bib-demografie.de/DE/ZahlenundFakten/Weltbevoelkerung/Abbildungen/wachstum_alterung.html (15. 5. 2014)

Zum anderen ist ein großer Teil des Wachstums der Weltbevölkerung zwischen dem Jahr 2000 und dem Jahr 2050 durch die Tatsache begründet, dass die Bevölkerungen Afrikas, Asiens und Südamerikas sehr jung sind. Das heißt, dass dort der Anteil der Menschen an der Gesamtbevölkerung, die Kinder bekommen können, wächst und langfristig sehr hoch bleibt. Die Geburtenzahl wird daher in diesen Ländern noch zunehmen, obwohl die durchschnittliche Kinderzahl pro Frau (oder Mann) sinkt. Das ist die andere, dem Beispiel Deutschlands entgegengesetzte Variante des demografischen Momentums, in der hohe Geburtenzahlen eine Zunahme des Potenzials für zukünftiges Bevölkerungswachstum bewirken.

Abbildung 4.5 zeigt die Entwicklung der Einwohnerzahl in Deutschland insgesamt (vor 1990 BRD und DDR) und zusätzlich in der DDR bzw. den neuen Bundesländern (NBL) getrennt in der Zeit von 1950 bis 2011.

Die Bevölkerungszahl in Deutschland insgesamt (Balken und linke Größenachse) ist bis 1970 stark angestiegen, um anschließend in eine Phase der Stagnation überzugehen. Ab 1990 ist ein erneuter Anstieg der Bevölkerungszahl zu erkennen. Seit Mitte der 1990er-Jahre ist die Bevölkerungsgröße mit etwas mehr als 82 Millionen Menschen relativ stabil. In der Zeit nach 2003 ging die Bevölkerungszahl, wie zeitweilig schon in den 1970er- und 1980er-Jahren in der alten Bundesrepublik, geringfügig zurück. Der Rückgang ist seit 2012 aufgrund der steigenden Zuwanderung wieder zum Stillstand gekommen (→ Kapitel 4.4, Abb. 4.7).

In der DDR verringerte sich die Einwohnerzahl (Linie und rechte Größenachse) von etwa 18,3 Millionen im Jahr 1950 auf 16,6 Millionen im Jahr 1989. Verantwortlich dafür waren in erster Linie die Abwanderungen vor dem Bau der Mauer 1961. Nach der Wende ist die Bevölkerungszahl in den neuen Bundesländern (ohne ehemaliges Westberlin) auf weniger als 15 Millionen gesunken. Das ist vor allem durch die Tatsache begründet, dass seit der Wiedervereinigung Deutschlands sehr viel mehr Menschen von Ost- nach Westdeutschland gewandert sind als umgekehrt (→ Kapitel 4.4.3).

Bevölkerung in Deutschland und den neuen Bundesländern[1] 1950–2011[2] | **Abb. 4.5**

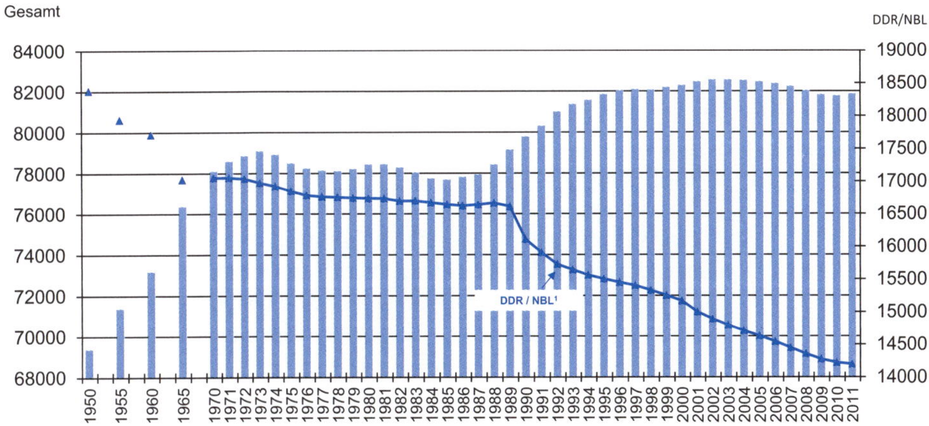

[1]NBL: ohne ehemaliges West-Berlin, ab dem Jahr 2001 geschätzt.
[2]Die hier ausgewiesenen Bevölkerungsgrößen basieren auf der Bevölkerungsfortschreibung und berücksichtigen nicht die Korrektur durch den Zensus 2011.

Quelle: Statistische Jahrbücher des Statistischen Bundesamts und Statistische Jahrbücher für Berlin, div. Jahrgänge; eigene Berechnungen.

Die Quer- und Längsschnittsanalyse demografischer Prozesse | 4.3.2

Bevor wir einige Trends der Bevölkerungsentwicklung in Deutschland etwas differenzierter vorstellen, wollen wir am Beispiel der Bevölkerungsbewegung noch einmal auf die Unterscheidung zwischen der Querschnitts- und Längsschnittsbetrachtung von Strukturveränderungen und sozialen Prozessen zurückkommen, die im Kapitel 2 schon angesprochen wurde.

Demografische Ereignisse und damit der Wandel demografischer Strukturen verweisen auf soziale Prozesse, die Bestandteil der Lebensläufe von Individuen sind. Sie lassen sich daher grundsätzlich aus zwei zeitlichen Perspektiven betrachten. Wie alle Veränderungen sozialstruktureller Positionen von individuellen Akteuren finden sie einerseits zu einem bestimmten *historischen Zeitpunkt* t, also an einem bestimmten Tag in einem bestimmten

Monat in einem bestimmten Jahr J (»Periode«) statt. Andererseits ereignen sie sich zu einem bestimmten *Zeitpunkt im Lebenslauf* eines Individuums, also in einem bestimmten Alter x dieser Person. Demografische Ereignisse haben demnach immer zwei Zeitbezüge: den exakten Zeitpunkt t in einem Jahr J und das exakte Lebensalter x. Ist das Individuum zum exakten Zeitpunkt k geboren worden, gilt die einfache Gleichung: $x = t - k$. Das heißt nichts anderes, als dass das Alter eines Individuums gleich der Differenz zwischen dem aktuellen Zeitpunkt und dem Zeitpunkt seiner Geburt ist.

Querschnittsbetrachtungsweise

Werden demografische Ereignisse oder ihre Verteilung nach dem Alter der Betroffenen in einer Bevölkerung bezogen auf ein Kalenderjahr J erfasst und analysiert, spricht man von der *Querschnitts- oder Periodenbetrachtungsweise.* Dafür zählt man die interessierenden Ereignisse, die sich in einem bestimmen Kalenderjahr zugetragen haben, beispielsweise die Lebendgeburten von Frauen. Die Frauen, die in diesem Jahr in unterschiedlichem Alter ein Kind bekommen haben, gehören natürlich unterschiedlichen Geburtsjahrgängen an. Ereignishäufigkeiten, ihre Verteilung nach dem Alter oder ereignisbezogene Kennziffern werden in diesem Fall bezogen auf Kalenderjahre (Perioden) berechnet und zwischen Kalenderjahren miteinander verglichen. So werden etwa die rohe Geburtenziffer (Zahl der Geburten dividiert durch die mittlere Bevölkerungsgröße in einem Jahr) oder die altersspezifischen Geburtenziffern (Zahl der Geburten von Frauen eines bestimmten Alters dividiert durch die mittlere Zahl der Frauen dieses Alters in einem Jahr) über die letzten 20 Jahre vergleichend analysiert.

Längsschnittbetrachtungsweise

Dieselben demografischen Ereignisse können auch bei den Mitgliedern eines Geburtsjahrgangs (einer Geburtskohorte) erfasst werden, etwa die Zahl der Lebendgeburten von Frauen, die im Jahr 1960 geboren wurden. Man spricht dann von der *Längsschnitt- oder Kohortenbetrachtungsweise.* Die Ereignisse werden über mehrere Kalenderjahre registriert, weil man den Individuen in ihrem Lebenslauf über die Zeit hin folgt. Ereignishäufigkeiten, ihre altersbezogenen Verteilungen und andere Ereignismaße lassen sich nun zwischen verschiedenen Geburtskohorten miteinander vergleichen. So kann man zum Beispiel die Zahl aller Lebendgeburten, die Frauen eines Geburtsjahrgangs bis zum vollendeten 45. Lebensjahr erbracht haben, summieren oder die durchschnittliche endgültige Kinderzahl der Frauen einer Geburtskohorte berechnen und diese Größen zwischen verschiedenen Geburtskohorten miteinander vergleichen. Dann erst kann beurteilt werden, ob Frauen mit der Zeit durchschnittlich mehr oder weniger Kinder im Verlauf ihres Lebens bekommen und wie gut sich einzelne Geburtsjahrgänge reproduzieren. Querschnittsgrößen der Geburtenhäufigkeit sind dafür in der Regel nicht geeignet.

Um den Zusammenhang zwischen beiden Betrachtungsweisen zu illustrieren, hat der deutsche Nationalökonom und Statistiker Wilhelm Lexis

(1837–1914) das nach ihm benannte Lexis-Diagramm entwickelt (vgl. Abb. 4.6). Darin werden die Kalenderzeit auf der horizontalen Achse und das Lebensalter auf der vertikalen Achse abgetragen. Der Lebenslauf eines Individuums lässt sich dann als eine 45°-Diagonale darstellen, die auf der horizontalen Achse zu dessen Geburtszeitpunkt beginnt. Jeder Punkt auf der Diagonalen entspricht genau einem Zeitpunkt t und dem dazugehörigen exakten Alter x.

Lexis-Diagramm

Ereignisse, die sich unter den Angehörigen einer Geburtskohorte zutragen, die in einem oder mehreren Kalenderjahren geboren sind – etwa zwischen dem 1.1.1940 und dem 31.12.1949 –, erscheinen in einem Schlauch, der sich diagonal von links unten nach rechts oben im Diagramm erstreckt (Längsschnittbetrachtung). Ereignisse, die sich in einem bestimmten Kalenderjahr, etwa dem Jahr 1990 zutragen, werden in einem vertikalen Schlauch verortet (Querschnittbetrachtung). Dieser wird durch zwei senkrechte Linien begrenzt, die dem 1.1.1990 und dem 31.12.1990 entsprechen – bei einem größeren Zeitintervall von mehreren Jahren ist der Schlauch entsprechend breiter. Analog repräsentiert schließlich ein horizontaler Schlauch ein bestimmtes Altersintervall. Er wird durch die horizontalen Linien begrenzt, die den Beginn und das Ende des Altersintervalls markieren; in der Abbildung wurden so die 20- bis unter 30-jährigen Personen hervorgehoben. Das Lexis-Diagramm veranschaulicht also die zeitlichen Bezüge von Ereignissen im Lebenslauf von Individuen.

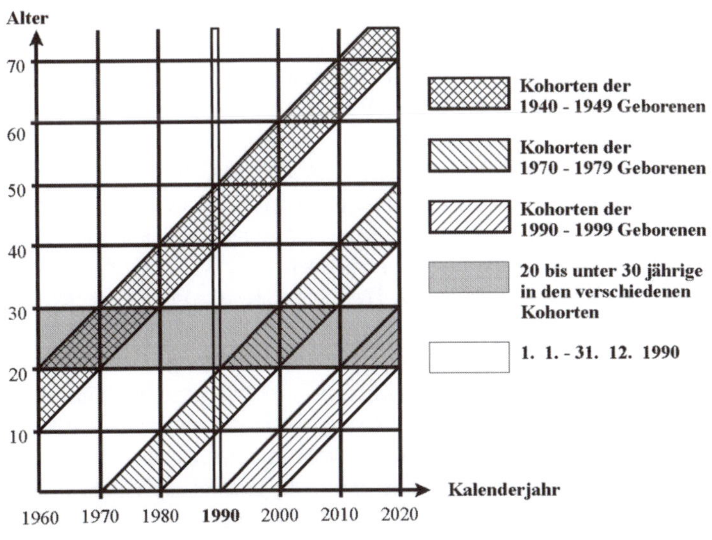

Abb. 4.6

Kohorten vor und nach der deutschen Wiedervereinigung im Lexis-Diagramm

Am Beispiel der Wende und der Wiedervereinigung Deutschlands im Jahr 1990 sei das Prinzip der verschiedenen zeitlichen Bezüge noch einmal verdeutlicht:

- *Querschnittbetrachtung* (vertikale Schläuche im Lexis-Diagramm): Sie erfasst, wie die gesamte Bevölkerung Ostdeutschlands, also alle Geburtskohorten und damit alle Altersgruppen von Wende und Wiedervereinigung betroffen sind (*Periodeneffekte*). Demografische Veränderungen, beobachtet im Jahr 1990 und in den ersten Jahren danach, dürften tatsächlich zum Teil auf die gleichzeitige Betroffenheit verschiedener Geburtskohorten durch die Transformation in Ostdeutschland und ihre Folgen zurückzuführen sein. Der drastische Rückgang der Kinderzahlen nach 1990 etwa war zunächst in allen relevanten Altersgruppen in der ostdeutschen Bevölkerung ein Fakt (Mau 1994). Doch ist dieser kalenderjahrbezogene Trend für die endgültige Kinderzahl der Mitglieder einzelner Geburtsjahrgangskohorten nur bedingt aussagekräftig. Jüngere Paare könnten ja in den frühen 1990er-Jahren die Elternschaft nur aufgeschoben und in einem höheren Alter nachgeholt haben.
  Eine *typische Fragestellung* der querschnittlichen Betrachtungsweise ist daher: Welche Auswirkungen hatte der gesellschaftliche Umbruch im Zuge der Wende im Jahr 1990 unabhängig vom Alter (und somit unabhängig von der Geburtsjahrgangskohorte) auf die damalige Elternschaftsentscheidung von Frauen und Männern in Ostdeutschland?

Querschnitt-, Alters- und Kohortenbetrachtung

- *Längsschnitt- oder Kohortenbetrachtung* (diagonale Schläuche im Lexis-Diagramm): Sie erfasst Entwicklungen in ein und derselben Geburtskohorte über deren gesamte Altersspanne und im Verlauf der Kalenderzeit (*Kohorteneffekte*). Im Hinblick auf die demografische Entwicklung kann man dann beispielsweise fragen, ob Mitglieder von Geburtskohorten, die in einem jugendlichen Alter die Wende in Ostdeutschland erlebt haben, mit einer größeren Wahrscheinlichkeit als die vor ihnen und die nach ihnen geborenen Kohorten darauf verzichten, mehr als nur ein Kind zu haben. Eine solche Auswirkung der Wende ist nicht unmittelbar feststellbar, sondern kann erst viele Jahre später nachgewiesen werden, wenn sicher ist, dass die Mitglieder der betrachteten Kohorten keine zweiten Kinder mehr bekommen können.
  Eine *typische Fragestellung* dieser Betrachtungsweise ist also: Hat sich die endgültige Kinderzahl von ostdeutschen Frauen unterschiedlicher Geburtsjahrgänge – auch infolge der Wendeerfahrungen – verändert?
- *Altersbetrachtung* (horizontale Schläuche im Lexis-Diagramm): Sie erfasst, was in einer bestimmten Altersgruppe (etwa die 20- bis unter 30-Jährigen) in verschiedenen Geburtskohorten und unterschiedlichen Kalenderjahren an Lebensereignissen geschieht und wie sich verschiedene Altersgruppen diesbezüglich unterscheiden – unabgängig davon, in wel-

chem Jahr und in welcher Kohorte diese beobachtet werden (*Alterseffekt*). Ein inhaltlicher Bezug zum Wendebeispiel ist hier nicht sinnvoll herzustellen. Zur Geburt von Kindern allgemein kann man jedoch etwa darauf verweisen, dass in der Bundesrepublik Deutschland nur sehr wenige Menschen im Alter von weniger als 20 Jahren Eltern werden (»Teenage«-Mütter oder -Väter), die Wahrscheinlichkeit dafür bei Männern und Frauen um die 30 dagegen besonders hoch ist.

Eine *typische Fragestellung* dieser Betrachtungsweise wäre also: Wie unterscheiden sich die unter 20-Jährigen von den 25- bis unter 35-Jährigen im Hinblick auf die Bereitschaft, ein Kind zu bekommen?

Mit der Quer- und Längsschnittbetrachtung sind spezielle Maßzahlen verbunden. Diese finden sich am Beispiel der Geburtenhäufigkeit in Übersicht 4.4.

Übersicht 4.4

Querschnitts- und Längsschnittsmessung der Geburtenhäufigkeit

Aussagen über die Geburtenentwicklung in Deutschland weichen oft stark voneinander ab. Ursache dafür ist, dass verschiedene Kennziffern zur Geburtenhäufigkeit verwendet werden.

1. Das *Querschnittmaß* der *zusammengefassten Geburtenziffer eines Kalenderjahres J (total fertility rate: TFR)*. Die TFR ist die Summe der *alterspezifischen Geburtenziffern* des Jahres J. Diese werden als das Verhältnis der Zahl der Lebendgeburten von Frauen eines bestimmten Alters x im Jahr J zur durchschnittlichen Zahl der Frauen dieses Alters x im Jahr J (zumeist für x = 15, 16, ..., 45) berechnet. Die altersspezifischen Geburtenziffern geben also an, wie viele Kinder Frauen eines bestimmten Alters im Jahr J durchschnittlich geboren haben. Da bei der zusammengefassten Geburtenziffer eines Jahres J die altersspezifischen Geburtenziffern von Frauen verschiedener Alterskohorten aufsummiert werden, erhält man ein Maß für die durchschnittliche Kinderzahl einer *nicht real existierenden* Frauenkohorte, die die alterspezifischen Geburtenziffern des Jahres J aufweisen würde.

   Diese Größe entspricht im Allgemeinen nicht der durchschnittlichen Zahl der Kinder, die Frauen realer Geburtsjahrgänge im Verlaufe ihres Lebens geboren haben, da Geburten oftmals aufgeschoben oder auch vorgezogen werden (→ Kapitel 4.4.1). Veränderungen im durchschnittlichen Alter der Menschen bei der Geburt von Kindern haben aber zwangsläufig Auswirkungen auf die zusammengefasste Geburtenziffer eines Jahres: Werden Geburten aufgeschoben, sinkt die TFR; sinkt das mittlere Alter bei der Geburt von Kindern, steigt sie an (Preston/Heuveline/Guillot 2001).

2. Das *Längsschnittmaß* der *endgültigen Kinderzahl der Frauen einer Geburtsjahrgangskohorte K* (auch *zusammengefasste Geburtenziffer einer Kohorte K* oder *completed fertiltiy rate: CFR*). Die CFR berücksichtigt nur die Geburten einer bestimmten Kohorte K. Man ermittelt die Größe durch Aufsummieren der alterspezifischen Geburtenziffern der Frauen dieser Kohorte K. Man kann sie erst dann exakt berechnen, wenn die Mitglieder dieser Kohorte ein Alter erreicht haben, in dem sie keine Kinder mehr bekommen können. In der Demografie wählt man dazu in der Regel das Alter 45 oder 49. Aufschub- oder Nachholeffekte haben nicht notwendigerweise eine Auswirkung auf die endgültige Kinderzahl, da die gesamte Fertilitätsphase einer Kohorte betrachtet wird.

Lernkontrollfragen

1 Aus welchen Komponenten setzt sich die Bevölkerungsbewegung zusammen?
2 Was ist mit der Quer- und der Längsschnittsbetrachtung des Bevölkerungswandels gemeint?
3 Welche Rolle spielt das demografische Momentum für die zukünftige Bevölkerungsentwicklung?

Infoteil

Informationen über die Bevölkerungsentwicklung erhält man aus den Quellen, die auch über die Bevölkerungsstruktur informieren. Eine detaillierte Zusammenstellung dazu findet sich im Anhang.

4.4 | Aktuelle Trends der Bevölkerungsentwicklung in der Bundesrepublik Deutschland

Zusammenwirken von Geburten, Sterbefällen und Wanderung

Die für die Veränderung der Bevölkerungsgröße verantwortlichen demografischen Komponenten sind in der demografischen Grundgleichung vorgestellt worden. In Abbildung 4.7 zeigen wir für Deutschland bezogen auf den Zeitraum von 1955 bis 2011 die Differenz zwischen Geburten- und Sterbefallzahlen (durchgezogene Linie) sowie die Differenz zwischen Zu- und

Abwanderungen (gestrichelte Linie), die sich in dieser Gleichung finden lassen. Zusätzlich ist die daraus resultierende, jährliche Zu- oder Abnahme der Bevölkerung angegeben (blaue Balken).

Komponenten der Bevölkerungsentwicklung 1955–2011 | **Abb. 4.7**

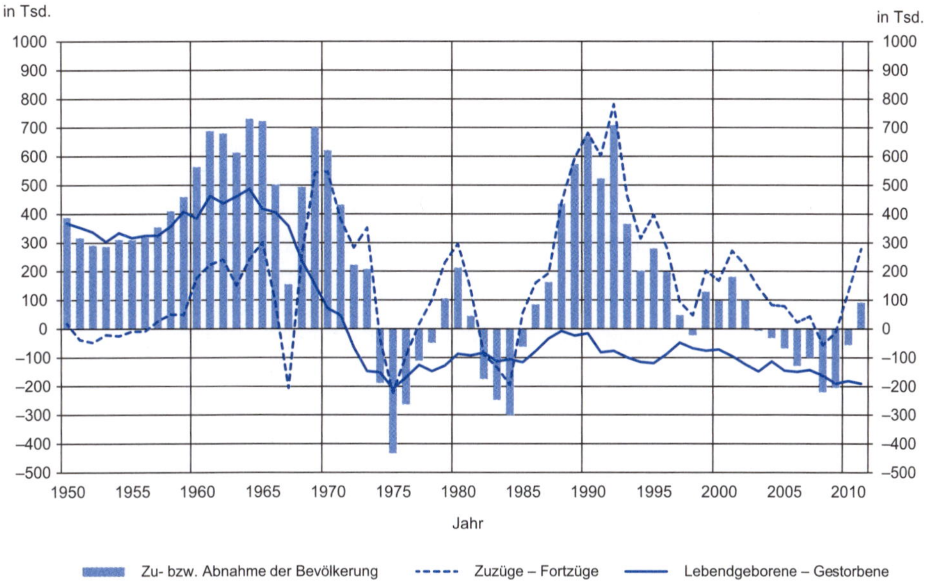

Quelle: Div. statistische Jahrbücher des Statistischen Bundesamts.

Der starke Anstieg der Bevölkerungszahl in Deutschland in den 1950er- und 1960er-Jahren war auf einen hohen Geburtenüberschuss (»Babyboom«) und die starke Zuwanderung aus dem Ausland (Arbeitsmigration) zurückzuführen. Seit Anfang der 1970er-Jahre aber werden weniger Kinder geboren als Menschen sterben, wobei das Geburtendefizit über die Jahre nicht immer gleich groß war. Bestimmt wird die Bevölkerungsentwicklung seit 1970 jedoch vor allem von der Zu- bzw. Abwanderung über die Grenzen der BRD bzw. später Gesamtdeutschlands. Wanderungsverluste oder geringe Wanderungsgewinne führten zu einem Rückgang der Bevölkerungszahl in den Jahren 1974 bis 1978, 1982 bis 1985, 1998 und 2003 bis 2010. Das starke Bevölkerungswachstum der 1990er-Jahre beruht auf einem starken Zuwanderungsüberschuss (»Nettozuwanderung«).

Ein Geburtendefizit gab es im Jahre 2011 in Europa außer in Deutschland nur in Italien sowie in einigen osteuropäischen Ländern (Statistisches Bundesamt 2013a: 630). Während in Deutschland die Differenz zwischen Geburten und Sterbefälle auf 1000 Einwohner gerechnet (»natürliche Bevölkerungswachstumsrate«) bei -2,3 lag, betrug sie in Italien -0,8. In Bulgarien und in Lettland war dieser Wert mit -5,1 am größten. Spitzenwerte im Geburtenüberschuss hatten die Türkei mit 12 als natürliche Bevölkerungswachstumsrate, Irland mit dem Wert 10 und Island mit dem Wert 7,9. Moderate positive Werte finden sich in Großbritannien (3,1) oder Frankreich (4,2).

4.4.1 | Geburtenentwicklung

Lebendgeburten

Eine zentrale Rolle für die Reproduktion der Bevölkerung und ihre Altersstruktur spielen die *Lebendgeburten*. Als lebendgeboren gelten Kinder, bei denen nach der Scheidung vom Mutterleib entweder das Herz geschlagen oder die Nabelschnur pulsiert oder die natürliche Lungenatmung eingesetzt hat. Die Zahl der Lebendgeburten hängt von mehreren Faktoren ab:

1. die Zahl der Frauen und Männer in einer Bevölkerung, die Kinder bekommen bzw. zeugen können; dies ist eine rein demografische Bestimmungsgröße: geburtenstarke Jahrgänge produzieren eher wieder geburtenstarke Jahrgänge;
2. die Höhe der Kinderlosigkeitsraten bzw. die Kinderzahl von Frauen und Männern;
3. das Alter der Frauen und Männer bei der Geburt ihrer Kinder.

Der zweite und dritte Faktor sind wesentlich durch die Verhaltensmuster von Frauen und Männern im Hinblick auf eine Familiengründung und -erweiterung bestimmt. Diese hängen wiederum stark von individuellen Interessen und gesellschaftlichen Rahmen- bzw. Strukturbedingungen ab (→ Kapitel 4.5).

Zusammengefasste Geburtenziffer für einzelne Kalenderjahre (TFR)

Abbildung 4.8 zeigt die jeweils im Querschnitt gemessene zusammengefasste Geburtenziffer für einige Kalenderjahre zwischen 1871 und 2010. Wir erkennen einen starken Rückgang der Geburtenhäufigkeit zu Beginn des 20. Jahrhunderts (»erster demografischer Übergang«) und eine Reihe von historisch bedingten Einbrüchen (dunkelblaue Linie). Im sogenannten Golden Age of Marriage der 1950er- und 1960er-Jahre steigt die zusammengefasste Geburtenziffer noch einmal an (»Babyboom«), um dann seit Ende der 1960er-Jahre in Westdeutschland wieder rapide abzunehmen (»Pillenknick«). Bis heute verharrt sie auf einem niedrigen Niveau bei Werten um 1,4 (blaugraue Linie). Die helle Linie zeigt den Verlauf der zusammengefassten Geburtenziffer in Ostdeutschland an. Hier ist der als »demografischer Schock« bezeichnete drastische Rückgang der Geburtenziffern im Zuge der Wende, also nach 1990, zu erkennen. Danach steigen hier die Geburtenzahlen wieder an. Die kalenderjahrspezifische Geburtenstatistik des Jahres 2011 (nicht in der Abbildung) zeigt, dass die ostdeutsche zusammengefasste

Geburtenziffer mit 1,43 laut Statistischem Bundesamt sogar wieder leicht über dem westdeutschen Wert (1,36) liegt.

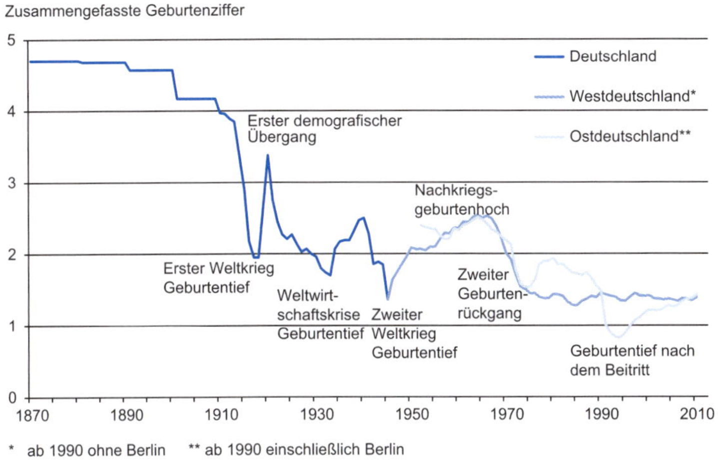

Abb. 4.8

Zusammengefasste Geburtenziffern in Deutschland 1871–2010

Quelle: BiB 2012: 11; mit freundlicher Genehmigung des BiB modifiziert.

Vergleicht man die zusammengefassten Geburtenziffern der europäischen Länder von 2011, nimmt Deutschland mit 1,36 einen der hinteren Plätze ein, während Irland (2,05), Frankreich (2,03), Großbritannien (1,98) oder Schweden (1,90) auf den vorderen Plätzen liegen. Die Türkei mit einer TFR von 2,06 hat sich mittlerweile diesem Niveau angeglichen (Statistisches Bundesamt 2013a: 630).

Ursachen des Babybooms

Der »Babyboom« der 1950er- und 1960er-Jahre in Deutschland (BRD und DDR) basiert demografisch auf drei Faktoren:

1. Nach den Wirren der Nachkriegszeit und mit dem zunehmenden Wohlstand wurden in den 1950er-Jahren zuvor aufgeschobene Geburten nachgeholt.
2. Die nachfolgenden Kohorten begannen in einem immer jüngeren Alter zu heiraten und eine Familie zu gründen.
3. Die endgültige Kinderzahl der Frauen stieg geringfügig an.

Der anschließende, schnelle Rückgang der periodenspezifischen Geburtenhäufigkeit in der Bundesrepublik – für den stark schwankenden Verlauf der TFR in der DDR sind andere Erklärungen relevant, auf die wir hier nicht im Einzelnen eingehen können – war durch gegenläufige Phänomene bedingt.

Eine wesentliche Ursache bestand darin, dass seit Ende der 1960er-Jahre die Familiengründung wieder deutlich im Alter aufgeschoben wurde. Erklären lässt sich dies damit, dass in dieser Zeit die Frauen begannen, zugunsten einer beruflichen Ausbildung und Erwerbstätigkeit eine frühe Mutterschaft zu vermeiden. Die Verfügbarkeit neuer Verhütungsmethoden

(»Pille«) erlaubte zudem, die Familiengründung genauer zu planen, ohne dass dieses auf Kosten einer befriedigenden Sexualität gehen musste. Waren die westdeutschen Mütter bei der Geburt des ersten Kindes Anfang der 1970er-Jahre im Mittel noch unter 25 Jahre alt, so lag das mittlere Alter nach Angaben des Statistischen Bundesamts im Jahr 2011 bei 29,4 Jahren (Statistisches Bundesamt 2013b: 93). Der Altersanstieg dauert an und spiegelt vermutlich eine dauerhafte Verhaltensänderung wider. Ein hohes Alter bei der Familiengründung ist historisch allerdings nichts Neues (Huinink/Konietzka 2007: 70).

Das Alter bei der Familiengründung

In Ostdeutschland war der starke Geburtenrückgang nach der Wende zum überwiegenden Teil dadurch bedingt, dass die Geburt von Kindern aufgeschoben wurde. In der DDR bekamen die Frauen ihre Kinder deutlich früher als in der Bundesrepublik: Bis kurz vor der Wende, also bis zum Jahr 1989 lag das Alter bei der Geburt des ersten Kindes bei unter 23 Jahren. Nach der Wende stieg das Durchschnittsalter ostdeutscher Frauen bei der Geburt des ersten Kindes stark an. Im Jahr 2011 lag es mit 27,7 Jahren aber immer noch unter dem westdeutschen Niveau (Statistisches Bundesamt 2013b: 93).

Neben der Veränderung des Alters bei der Familiengründung sind für den Geburtenrückgang eine Abnahme der endgültigen Kinderzahl in den Familien und eine steigende Kinderlosigkeit verantwortlich. Dies zeigt Abbildung 4.9.

Abb. 4.9 | *Endgültige Kinderzahlen der Geburtsjahrgänge 1865–1966 in Deutschland (CFR)*

Quelle: BiB 2012: 12, mit freundlicher Genehmigung des BiB modifiziert.

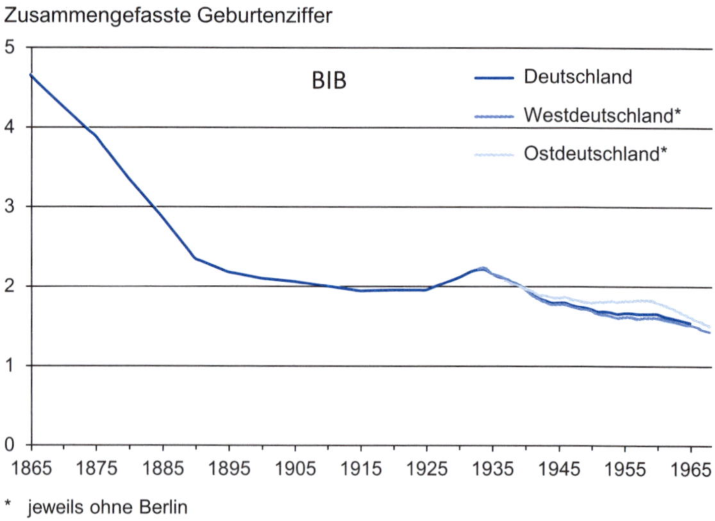

Aus der Abbildung wird ersichtlich, dass die endgültige Kinderzahl bei den Frauen, die im letzten Drittel des 19. Jahrhundert bis Anfang des 20. Jahrhunderts geboren wurden, von durchschnittlich etwas weniger als fünf auf zwei Kinder zurückgegangen ist (dunkelblaue Linie). Die endgültigen Kinderzahlen der später geborenen Frauen haben sich nur noch moderat verändert. Der »Babyboom« äußert sich in einem vorübergehenden Anstieg der endgültigen Kinderzahl auf im Durchschnitt 2,3 Kinder (bei den um 1935 geborenen Frauen). Bei den in der BRD bzw. Westdeutschland lebenden Jahrgängen, die ab 1935 geboren wurden, folgte ein weiterer kontinuierlicher Rückgang auf ca. 1,5 Kinder pro Frau (blaugraue Linie). Die Frauen der entsprechenden Jahrgänge, die in der DDR bzw. Ostdeutschland lebten (helle Linie), wiesen im Vergleich dazu immer einen höhere durchschnittliche Kinderzahl auf. In den jüngeren Geburtsjahrgängen nähert sich die Zahl der Kinder der ostdeutschen Frauen jedoch jener der westdeutschen Frauen an.

Endgültige Kinderzahl

Etwas differenzierter zeigt Tabelle 4.2 die Veränderung der Kinderzahl von west- und ostdeutschen Frauen verschiedener Geburtsjahrgänge. Aus ihr lässt sich auch ablesen, wie sich das Ausmaß der Kinderlosigkeit in Deutschland verändert hat. Wir betrachten nur Frauen, deren Fertilitätsphase abgeschlossen ist. Die Zahlen basieren auf Daten des Mikrozensus 2008, in dem man erstmalig nach der endgültigen Kinderzahl von Frauen gefragt hat.

Wie erwartet ist die Zahl der kinderlosen Frauen in den jüngeren Geburtsjahrgängen angestiegen. In Westdeutschland fällt sie wesentlich höher aus als in Ostdeutschland. Dabei ist zu bedenken, dass die Frauen dieser Geburtsjahrgänge ihre Familien überwiegend noch zu DDR-Zeiten gegründet haben. Schätzungen lassen vermuten, dass mittlerweile die Kin-

Kinderlosigkeit in Ost und West

Tab. 4.2

Frauen nach Alter und Kinderzahl. Ergebnisse des Mikrozensus 2008

Quelle: Statistisches Bundesamt 2010; eigene Berechnungen

		Anteil der Frauen				
			Mit Kindern			
				Davon mit[1]		
Geburtsjahr[1]	Alter im Jahr 2008	Ohne Kinder	Insgesamt	1 Kind	2 Kindern	3 und mehr Kindern
Alte Länder (ohne Berlin)						
1955–1964	44–53	19	81	28	48	24
1945–1954	54–63	15	85	30	46	24
1935–1944	64–73	12	88	25	42	32
Neue Länder (ohne Berlin)						
1955–1964	44–53	8	92	32	52	17
1945–1954	54–63	7	93	30	51	18
1935–1944	64–73	8	92	30	41	29

[1] Anteile berechnet bezogen auf Mütter mit Angabe der Zahl der Kinder.

derlosigkeit in Ostdeutschland deutlich zunimmt (Statistisches Bundesamt 2012c: 28 f.). Dennoch kann man erwarten, dass sie in Zukunft geringer bleiben wird als in Westdeutschland. Der Tabelle ist auch der interessante Befund zu entnehmen, dass Frauen in Ostdeutschland bzw. der DDR weniger dritte und weitere Kinder bekommen haben als Frauen in Westdeutschland bzw. der alten Bundesrepublik.

Die Ursachen für die Unterschiede in der Geburtenentwicklung sind vielfältig. Sie lassen sich auf historisch gewachsene und aktuell unterschiedliche, wirtschaftliche und institutionelle Rahmenbedingungen zurückführen, welche die Entscheidung für oder gegen eine Elternschaft beeinflussen (Huinink/Kreyenfeld/Trappe 2012). Beispielsweise ist das Betreuungsangebot für Kinder in Ostdeutschland besser als in Westdeutschland, Erwerbstätigkeit beider Eltern und Familie lassen sich dort also besser vereinbaren. Die Betreuungsquote für unter dreijährige Kinder lag im Jahr 2011 in fast allen westdeutschen Bundesländern unter 25 Prozent (Ausnahme: Hamburg mit 32 Prozent). In den ostdeutschen Bundesländern inkl. Berlin lag sie dagegen immer über 40 Prozent, zum Teil sogar über 50 Prozent (Statistisches Bundesamt 2012b: 61).

Ein wichtiger Faktor für die Anzahl der Kinder, der auch eng mit der Vereinbarkeitsfrage verbunden ist, ist das Bildungs- oder Ausbildungsniveau der Frauen und Männer. Mit dem Ausbildungsniveau verlängert sich zum einen die Ausbildungsdauer, was zu einem Aufschub der Familiengründung führt. Zum anderen steigen die beruflichen Chancen und Einkommenserwartungen mit zunehmendem Qualifikationsniveau. Wenn die Möglichkeiten, Familie und Beruf (bzw. Ausbildung) zu kombinieren, schlecht sind, schieben daher besonders gut qualifizierte Frauen eine Familiengründung auf, um ihre beruflichen Chancen abzusichern und um nicht auf zu viel Einkommen verzichten zu müssen. Frauen mit einem hohen Ausbildungsstatus bleiben auch eher kinderlos bzw. bekommen in der nach der Erwerbseinstiegsphase verbleibenden Zeit weniger Kinder als geplant. Die Ergebnisse des Mikrozensus 2008 in Deutschland bestätigen diesen Sachverhalt. Während im Jahr 2008 von den 40 bis 49 Jahre alten Frauen, die einen akademischen Abschluss oder Fachhochschulabschluss erworben hatten, 25 Prozent kinderlos waren, hatten bei den Frauen ohne berufsqualifizierenden Abschluss nur 15 Prozent keine Kinder (Statistisches Bundesamt 2012c: 33). Schaut man genauer hin, so stellt man wieder einen Ost-West-Unterschied fest. Bildungsunterschiede in der Kinderlosigkeit sind nur in Westdeutschland, nicht aber in Ostdeutschland festzustellen. Angesichts der besseren Betreuungsmöglichkeiten für Kinder in Ostdeutschland überrascht das nicht (Statistisches Bundesamt 2012c: 34). Bei Männern ist die Kinderlosigkeit auch unter denjenigen, die sehr schlecht oder gar nicht ausgebildet sind, vergleichsweise hoch. Ein Grund dafür dürfte sein, dass sie eher

Bildung und Kinderzahl

nicht die Gewähr dafür bieten, dauerhaft »eine Familie ernähren zu können« (vgl. Huinink/Konietzka 2007: 173 ff.).

Sterblichkeitsentwicklung (Mortalität)

4.4.2

Die Sterblichkeit bildet die zweite Komponente der natürlichen Bevölkerungsbewegung. Wichtige Bestimmungsfaktoren für die Zahl der *Sterbefälle* sind:

Bestimmungsfaktoren für die Zahl der Sterbefälle

1. Die Säuglingssterblichkeit: Sie bezieht sich auf das Sterberisiko in den ersten zwölf Lebensmonaten.
2. Die Morbidität bzw. das alterspezifische Sterberisiko im höheren Alter.

Beide Phänomene hängen von vielen Risikofaktoren ab, die wiederum in Abhängigkeit von Lebensbedingungen und verhaltensabhängig variieren können und unter anderem vom Lebensstandard und dem Niveau der medizinischen Versorgung bestimmt werden.

Die Säuglingssterblichkeit ist auch nach dem Zweiten Weltkrieg weiter deutlich zurückgegangen. Bis 1960 sank sie in der BRD von 99,1 Promille im Jahr 1946 auf 35 Promille. 2010 betrug sie in Deutschland nur noch 3,4 Promille (Statistisches Bundesamt 2012b: 27). Allerdings war die Säuglingssterblichkeit 2010 unter den Jungen (3,7 Promille) höher als unter den Mädchen (3,1 Promille).

Die durchschnittliche Lebenserwartung der neugeborenen Kinder wächst in Deutschland beständig. Als kalenderjahrspezifische Größe gibt sie an, wie lange Neugeborene im Durchschnitt unter den aktuellen Sterblichkeitsverhältnissen (alterspezifischen Sterbewahrscheinlichkeiten) zu leben haben. Die durchschnittliche Lebenserwartung wird mit Hilfe der sogenannten Sterbetafel bestimmt, die im Allgemeinen auf den Bevölkerungs- und Sterbfallstatistiken von drei aufeinanderfolgenden Jahren basiert (Müller 2000).

Die Entwicklung der durchschnittlichen Lebenserwartung der neugeborenen Kinder seit 1871 verdeutlicht Abbildung 4.10; sie ist für Jungen und Mädchen getrennt ausgewiesen. 1901 lag die Lebenserwartung neugeborener Jungen bei lediglich 44,8 Jahren (1871–81 sogar nur bei 35,6 Jahren), bei den Mädchen war sie vier Jahre höher. Aktuell hat sie bei den Frauen die 82-Jahre-Altersgrenze überstiegen. Frauen werden auch heute im Durchschnitt deutlich älter als Männer.

Durchschnittliche Lebenserwartung Neugeborener

Die fernere Lebenserwartung im Alter x gibt die durchschnittliche Anzahl an Jahren an, die eine Person, die das Alter x erreicht hat, unter den gegeben Sterblichkeitsverhältnissen noch zu leben hat. Wie viele Lebensjahre haben Menschen in Deutschland noch zu erwarten, wenn sie bis zum 60. Lebensjahr überlebt haben? Es ist davon auszugehen, dass ihre Lebenser-

Fernere Lebenserwartung

wartung insgesamt höher ist als bei ihrer Geburt, da sie die Risiken bis zu ihrem aktuellen Lebensjahr bzw. die Gefahr, als Säugling zu sterben, bereits überstanden haben. Auch die fernere Lebenserwartung der 60-Jährigen ist kontinuierlich angestiegen, für die Männer allerdings in geringerem Ausmaß als für die Frauen. Nach der Sterbetafel 2009/2011 beträgt sie heute bei den Frauen 85 Jahre; sie ist also gut zwei Jahre höher als die Lebenserwartung der Neugeborenen. Bei den Männern beträgt sie 81,3 Jahre und ist um 3,6 Jahre höher als die Lebenserwartung der Neugeborenen (Statistisches Bundesamt 2013b: 23).

Abb. 4.10 | *Entwicklung der durchschnittlichen Lebenserwartung Neugeborener 1871–2011*

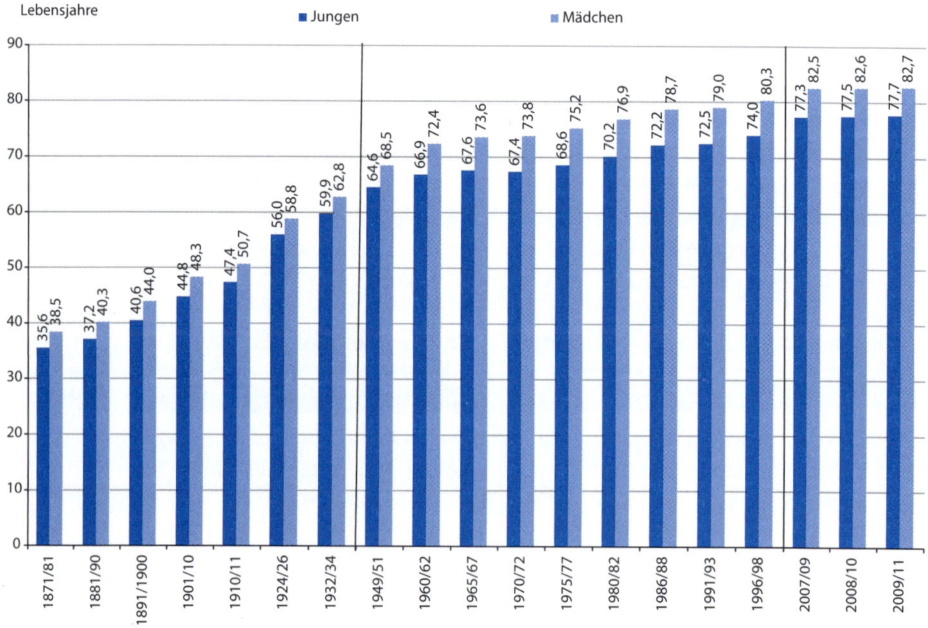

Quelle: Statistisches Bundesamt 2013b: 23.

Sowohl der deutliche Anstieg der Lebenserwartung als auch die sich verringernde Säuglingssterblichkeit sind darauf zurückzuführen, dass sich die Lebensbedingungen stark verbessert haben: Steigender Wohlstand und der technisch-medizinische Fortschritt haben seit Mitte des 19. Jahrhunderts die Säuglingssterblichkeit und das Sterberisiko im Alter deutlich reduziert.

Im europäischen Vergleich ist die Lebenserwartung Neugeborener in den letzten Jahrzehnten fast überall deutlich gestiegen. Allerdings gibt es zum Teil erhebliche Unterschiede zwischen den einzelnen Ländern. Während zum Beispiel 2011 die durchschnittliche Lebenserwartung der französischen und spanischen Frauen mit 85,1 bzw. 85,4 Jahren am höchsten war, lag sie in der Ukraine und Russland bei lediglich 75,9 bzw. 75,1 Jahren. In beiden Ländern befindet sich die Lebenserwartung der Männer mehr als 10 Jahre darunter (Statistisches Bundesamt 2013b: 630).

Wanderungen (Migration) | 4.4.3

Neben der natürlichen Bevölkerungsbewegung haben auch die *Wanderungen* einen bedeutsamen Einfluss auf die Bevölkerungsentwicklung eines Landes. »Von Migration spricht man«, so der Migrationsbericht der Bundesregierung des Jahres 2006, »wenn eine Person ihren Lebensmittelpunkt räumlich verlegt.« (BMI 2007: 12).

Definition

Grundbegriffe der Migration
Man unterscheidet zwischen
- *Außenwanderungen* bzw. internationaler Migration, damit sind die Zu- und Fortzüge über die Grenzen eines Landes gemeint, und
- *Binnenwanderungen* zwischen Regionen innerhalb eines Landes oder einer Region.

Die Differenz zwischen den Zu- und Fortzügen einer Region nennt man *Wanderungssaldo*, die Summe von Zu- und Fortzügen *Wanderungsvolumen*.

Wanderungen führen zu Veränderungen der Bevölkerungsgröße und -struktur in der Ziel- und der Herkunftsregion. Wesentlich sind dafür alters- oder merkmalspezifische Unterschiede zwischen Zu- und Abgewanderten und den sesshaften Bevölkerungsteilen. Migranten sind zum Beispiel eher jung (Altersgruppe 15 bis 40; Bundesamt für Migration und Flüchtlinge 2007: 29). In jungem Alter migrieren Frauen häufiger als Männer, in höherem Alter kehrt sich das Verhältnis um. Das gilt auch für die Ost-West-Migration (BiB 2008: 55). Zwar werden vor allem wirtschaftliche Gründe für die Wanderungsentscheidung genannt, die Bestimmungsfaktoren für Migrationsprozesse sind aber sehr vielfältig und nicht auf eine einfache Formel zu bringen (Kalter 2000).

Im Jahr 2011 sind 958 156 Personen in die Bundesrepublik Deutschland zugezogen, 678 949 Menschen haben das Land verlassen. Daraus resultiert ein positiver Wanderungssaldo von 279 207 Personen. Zum Ausmaß der

Außenwanderung

Außenmigration der letzten Jahrzehnte gibt schon Abbildung 4.7 Auskunft. Wie wir gezeigt haben, ist das Bevölkerungswachstum in Deutschland seit den 1990er-Jahren ausschließlich auf eine Nettozuwanderung aus dem Ausland zurückzuführen, die in der ersten Hälfte dieser Jahre besonders hoch war. Dazu trugen vor allem Spätaussiedler bei, von denen insgesamt etwa vier Millionen nach Deutschland eingewandert sind. Im Jahr 1990 war ihre Zahl mit 397 000 Personen am höchsten. Seitdem ist sie kontinuierlich auf nunmehr 2 350 Personen im Jahr 2010 gefallen.

Auch die Zahl der Asylsuchenden war in den ersten Jahren nach der Wiedervereinigung sehr hoch. Der Wanderungssaldo erreicht im Jahr 1992 mit 782 071 Personen einen Rekordwert. Danach ging er unter anderem wegen einer verschärften Asylgesetzgebung deutlich zurück.

Binnenmigration

Im Vergleich zum Volumen der Außenwanderung – die Summe aus Zu- und Fortzügen lag bei etwa 1,6 Millionen – ist das Volumen der Binnenwanderung deutlich geringer. Darüber informiert Tabelle 4.3, in der man die Wanderungsvolumina (Summe der Zahl der Zuzüge und Fortzüge) für Migrationen über Gemeinde-, Kreis und Landesgrenzen finden kann. Diese sind in den letzten Jahren nicht nennenswert angewachsen; die Umzugsmobilität innerhalb Deutschlands hat sich also nur wenig verändert.

Tab. 4.3 | *Wanderungen über die Gemeinde-, Kreis- und Landesgrenzen seit 1970*

	Wanderungen über die					
	Gemeindegrenzen		Kreisgrenzen		Landesgrenzen	
Jahr	Anzahl in 1 000	Je 1 000 Einwohner[1]	Anzahl in 1 000	Je 1 000 Einwohner[1]	Anzahl in 1 000	Je 1 000 Einwohner[1]
Früheres Bundesgebiet						
1970	3 662	59,8	2 942	48,1	1 118	18,5
1980	3 024	49,2	2 304	37,5	820	13,3
1985	2 572	42,1	1 850	30,3	640	10,5
1990	2 970	47,4	2 185	34,9	841	13,4
Deutschland						
1995	3 951	48,5	2 722	33,4	1 069	13,1
2000	3 892	47,4	2 700	32,9	1 137	13,8
2005	3 655	44,3	2 548	30,9	1 071	13,0
2010	3 636	44,3	2 568	31,2	1 081	13,2

[1]Jeweils am 31. Dezember des Vorjahres.

Quelle: Statistisches Bundesamt/WZB 2011: 16.

Tabelle 4.3 weist innerhalb der Gemeinde-, Kreis-, und Landesgrenzen sogar eine von 1970 bis 1990 leicht rückläufige Binnenwanderung aus. Ab 1990 steigen die Wanderungszahlen zunächst an. Dies lässt vermuten, dass die

Maueröffnung (1989) und die Wiedervereinigung zu der vorübergehenden Zunahme der Binnenwanderung zwischen Ost- und Westdeutschland geführt haben. Doch in den letzten Jahren sinken die Binnenwanderungsraten wieder. Das mag auf den ersten Blick dem Eindruck, dass die deutsche Gesellschaft immer mobiler wird, widersprechen. Untersuchungen zeigen aber, dass die Zahl der Menschen, die berufsbedingt pendeln – auch über längere Strecken – in den letzten Jahren zugenommen hat (Haas/Hamann 2008).

Immer schon sind mehr Menschen von der DDR bzw. den neuen Bundesländern in die BRD bzw. die alten Bundesländer gezogen als umgekehrt. Der Wanderungssaldo ist im gesamten Beobachtungszeitraum positiv, auch wenn er seit 2000 kontinuierlich fällt. Zwischen 1950 und 1959 kehrten 302 808 Menschen der DDR den Rücken, während nur 39 986 Menschen in die DDR zogen. Vor dem Mauerbau im Jahre 1961 verließ also eine große Zahl überwiegend gut qualifizierter Menschen die DDR in Richtung Bundesrepublik. Danach sank die Zahl der »Flüchtlinge«, wie sie offiziell genannt wurden, drastisch. Mit der Maueröffnung im Jahr 1989 nahm die Abwanderung aus Ostdeutschland wieder stark zu. Fast 400 000 Menschen kamen jeweils in den Jahren 1989 und 1990 in den Westen.

Ursachen der Binnenmigration zwischen Ost- und Westdeutschland

Von 1991 bis 2010 sind insgesamt weitere 2,96 Millionen Menschen aus den neuen Bundesländern Richtung Westdeutschland gezogen. Gleichzeitig sind in diesen Jahren 1,8 Millionen Menschen von West nach Ost gewandert. Dennoch hat sich Zahl der Einwohner in den neuen Bundesländern wanderungsbedingt um 1,16 Millionen Einwohner verringert (Statisches Bundesamt 2012b: 46). Die Ursachen für die starke Abwanderung aus Ostdeutschland liegen wohl in den sehr unterschiedlichen Arbeitsmarktchancen in West- und Ostdeutschland begründet. Wie schon erwähnt, sind vor allem in den 1990er-Jahren bedeutend mehr Frauen abgewandert als Männer. Berlin konnte in den letzten Jahren dagegen leicht von den Wanderungsbewegungen profitieren.

In der Zwischenzeit dürften viele ehemals in Ostdeutschland lebende Menschen aus dem Westen dorthin zurückgewandert sein. Eine etwas ältere Studie behauptet auf der Basis von Auswertungen des Sozio-ökonomischen Panels, dass die Hälfte der West-Ost-Migranten Rückwanderer sind (Beck 2004).

Auch international kann man – bei aller Heterogenität der Trends und vor allem für die entwickelten Länder – seit der Jahrhundertwende keinen Anstieg, sondern überwiegend einen Rückgang der internen Migrationsraten feststellen. In Europa stellt Portugal eine Ausnahme dar (Bell/Muhidin 2009: 57).

Lernkontrollfragen

1 Beschreiben Sie die wichtigsten Trends der Bevölkerungsbewegung in Deutschland.
2 Was sind die wesentlichen demografischen Faktoren, die Geburtenzahl und die Sterbehäufigkeit in einem Land bestimmen?
3 Womit mögen die starken Schwankungen im Ausmaß der Außenmigration in Deutschland zusammenhängen?

Infoteil

Ausführliche Informationen zur Bevölkerungsentwicklung in Deutschland kann man in Veröffentlichungen des Statistischen Bundesamts und des Bundesinstituts für Bevölkerungsforschung nachlesen Auf der Homepage des BiB (www.bib-demographie.de) erhält man aktuelle Informationen. Einen großen Raum nimmt die demografische Entwicklung auch in dem Band »Sozialstrukturanalyse« ein, den der Sozialstrukturforscher Thomas Klein 2005 veröffentlich hat. Eine umfangreiche Datensammlung zur Bevölkerungsentwicklung in Europa bietet Eurostat mit seinem Data Explorer (http://epp.eurostat.ec.europa.eu/portal/page/portal/statistics/search_database).

4.5 | Lebensformen, Haushalte und Familien

Lebensformen

Zur Bevölkerungsstruktur gehören auch Informationen über demografisch erfassbare Aspekte der privaten Lebensverhältnisse der Menschen. Da dieser Aspekt der sozialen Beziehungsstruktur einer Gesellschaft von herausragender Bedeutung ist, wollen wir uns ihm im Folgenden eingehender widmen. Für die unterschiedlichen Formen der *Struktur der privaten sozialen Beziehungen* von Individuen ist der Begriff der *Lebensform* eingeführt worden. In der Literatur finden sich verschiedene Definitionsangebote, die den Lebensformbegriff unterschiedlich weit fassen. Die Definition des Statistischen Bundesamts lautet so: »Unter Lebensformen werden hier relativ stabile Beziehungsmuster der Bevölkerung im privaten Bereich verstanden, die allgemein mit Formen des Alleinlebens oder Zusammenlebens (mit oder ohne Kinder) beschrieben werden können.« (Niemeyer/Volt 1995: 437) Huinink und Konietzka (2007: 29 ff.) erläutern eine systematische Differenzierung des Begriffs, die uns als Grundlage für die hier gegebene Definition dient.

Definition

Lebensform
Der Begriff kennzeichnet einen sozialen Beziehungszusammenhang, der durch Muster der Organisation des alltäglichen Zusammenlebens repräsentiert wird. Diese Muster spezifizieren unter anderem den Institutionalisierungsgrad einer Lebensform (ehelich oder nicht; im Haushalt zusammenlebend oder nicht), die Haushaltsform und die Generationenzusammensetzung des Haushalts. Je nach Verwendung können auch weitere Merkmale (etwa zur Erwerbsbeteiligung) aufgenommen werden.

Zu den Charakterisierungs- bzw. Unterscheidungsmerkmalen von Lebensformen zählen (Zapf u.a. 1987; Huinink/Konietzka 2007: 39):

- Haushaltsform und Zusammensetzung des Haushalts, Haushaltsgröße und Kinderzahl;
- Familienstand und Beziehungsform;
- Zahl der Generationen im Haushalt;
- sozialrechtliche Stellung bzw. Erwerbsstatus der Personen im Haushalt.

Privater Haushalt

Der Begriff des *privaten Haushalts* spielt für die Definition des Zusammenlebens eine wichtige Rolle. Alleinlebende oder Personen, die zusammenleben und gemeinsam wirtschaften, bilden einen privaten Haushalt. Bei allein lebenden Personen spricht man von einem *Einpersonenhaushalt*, ansonsten von einem *Mehrpersonenhaushalt*. Grundlegende Merkmale von privaten Haushalten sind die Haushaltsgröße und die Art und Struktur der sozialen Beziehungen der Haushaltsmitglieder. Aus wirtschaftlicher Sicht gehört auch das Haushaltseinkommen dazu (→ Kapitel 5.2). Es gibt auch nicht private Haushalte. Das sind Anstalten, wie Gemeinschaftsunterkünfte, Altersheime, Gefängnisse u.a.

Paarbeziehung als besondere Lebensform

Einen besonderen Stellenwert unter den Lebensformen hat die *Paarbeziehung*. Damit wird eine intime persönliche Beziehung zwischen zwei Individuen bezeichnet. Typischerweise zeichnet sich eine Paarbeziehung durch Liebe, persönliches Vertrauen und sexuelle Interaktion aus. Die Individuen in einer Paarbeziehung werden *Lebenspartner* genannt. Lebenspartner müssen nicht in einem Haushalt zusammenleben. Tun sie das, konstituieren sie eine *Lebensgemeinschaft (Paargemeinschaft)*. Andernfalls wird ihre Beziehung als *LAT-Beziehung* (living apart together) oder *bilokale Paarbeziehung* bezeichnet. Je nachdem, ob die Lebenspartner verheiratet sind oder nicht, sprechen wir von einer *ehelichen* oder *nicht ehelichen Lebens- oder Paargemeinschaft*.

Familie als besondere Lebensform

Besondere Bedeutung hat auch der Begriff der *Familie*. Wir verstehen sie als Lebensgemeinschaft von Eltern mit »ihren« Kindern, in welcher die

Eltern rechtlich und materiell für die Kinder verantwortlich sind. Die *Elternschaftsbeziehung* wird als die soziale Beziehung zwischen einer erwachsenen Person (einem Elternteil) und »ihrem« Kind bezeichnet, die in der Regel auf biologischer Abstammung beruht, aber nicht dadurch begründet sein muss (Adoption, Pflegekindschaft). Dabei ist unerheblich, ob beide Eltern der Lebensgemeinschaft angehören und ob die Eltern verheiratet sind. »Familie« ist kein eindeutig bestimmbarer Begriff. Seine Bedeutung hat sich auch in unserer Gesellschaft im Laufe der Zeit verändert – und wird sich weiter verändern. Da der Begriff »Familie« auch im europäischen Vergleich recht unterschiedlich verwendet wird, wollen wir uns ein wenig genauer mit ihm beschäftigen.

Exkurs

Exkurs zum Familienbegriff

Die Definitionen von Familie sind in der Literatur sehr unterschiedlich (vgl. Huinink/Konietzka 2007). Das Statistische Bundesamt versteht seit 2005 unter einer Familie »alle Eltern-Kind-Gemeinschaften, d. h. Ehepaare, nichteheliche und gleichgeschlechtliche Lebensgemeinschaften sowie alleinerziehende Mütter und Väter mit ledigen Kindern im befragten Haushalt« (Statistisches Bundesamt 2006: 5). Neben leiblichen werden Adoptiv-, Stief- und Pflegekinder, die im elterlichen Haushalt leben, zur Familie gerechnet. Bis 2004 benutzte das Statistische Bundesamt eine davon abweichende, offizielle Definition von Familie, die Ehepaare und Alleinerziehende mit ledigen Kindern und auch zusammenlebende Ehepaare ohne Kinder einbezog (Definition der Vereinten Nationen).

Diese Definition ist relativ formal. Familie lässt sich inhaltlich gehaltvoller bestimmen, wenn auch funktionale und soziale Aspekte berücksichtigt werden. Nach der folgenden Definition von Nave-Herz sind Familien gekennzeichnet:

»1. durch ihre ›biologisch-soziale Doppelnatur‹ [...], d. h. durch die Übernahme der Reproduktions- und der Sozialisationsfunktion neben anderen gesellschaftlichen Funktionen, die kulturell variabel sind,
2. durch die Generationendifferenzierung (Urgroßeltern/Großeltern/Eltern/Kind(er)) und dadurch dass
3. zwischen ihren Mitgliedern ein spezifisches Kooperations- und Solidaritätsverhältnis besteht, aus dem heraus die Rollendefinitionen festgelegt sind.« (Nave-Herz 2004: 30).

Familienmitglieder müssen nicht in einem Haushalt zusammenleben. Ist das aber der Fall, spricht man auch von einer *Haushaltsfamilie* oder Eltern-Kind-Gemeinschaften.

Wir können hier nicht alle Dimensionen von Familien- und Lebensformen ausführlich behandeln. Im Folgenden werden exemplarisch einige Entwicklungen aufgezeigt, die für den Wandel der Lebensformen in unserer Gesellschaft von besonderer Bedeutung sind. Am Ende werden wir in einem historischen Exkurs ein Interpretationsangebot zur Erklärung dieser Veränderungen anbieten.

Eheschließungen und Scheidungen | 4.5.1

Familienstandsänderungen – als zentraler Aspekt der Lebensformwahl – gehören zum Kernbereich der Demografie. Aus soziologischer Sicht geht es dabei allgemeiner um die Beziehungsform und um den Grad der Institutionalisierung von Paarbeziehungen und Familien. Leben Menschen in Paarbeziehungen oder allein, leben sie gegebenenfalls mit ihrem Partner zusammen oder nicht? Leben sie unverheiratet zusammen (in einer nicht ehelichen Lebensgemeinschaft) oder besiegeln sie ihre Paarbeziehung durch den institutionellen Akt einer Eheschließung und gehen damit einen Vertrag miteinander ein, in dem Rechte und Pflichten der Partner bestimmt sind?

Die Art der vertraglichen Bindung hat umfassende Auswirkungen auf das rechtliche Verhältnis der Partner untereinander und gegenüber einem Kind – und damit auch direkt auf die Elternschaftsentscheidung. Die Auflösung dieses Vertrages erfolgt durch die Scheidung oder im Fall des Todes eines der Ehepartner durch die Verwitwung.

Entwicklung der Eheschließungen

Die Bereitschaft, sich institutionell in einer Ehe zu binden, ist in den letzten Jahrzehnten deutlich zurückgegangen. Die Entwicklungen bei Eheschließungen und Ehescheidungen in Deutschland zeigt Tabelle 4.4.

Veränderung des Alters bei der Eheschließung

Mit dem deutlichen Rückgang der Eheschließungen von 11,0 pro 1000 Einwohner (1950) auf 4,6 im Jahr 2011 ging eine kurvilineare Veränderung des Alters bei der Eheschließung einher: In den alten Bundesländern sank das durchschnittliche Heiratsalter lediger Frauen bzw. Männer zunächst bis Anfang der 1970er-Jahre auf Werte knapp unter 23 bzw. 25,5 Jahren. Danach stieg es wieder an. In der DDR war das Heiratsalter noch deutlich niedriger, stieg aber während der 1980er-Jahre an. Nach der Wende nahm es in den neuen Bundesländern stark zu und liegt heute über dem westdeutschen Niveau (Huinink/Konietzka 2007: 78). Im Jahr 2011 heirateten ledige Frauen in Deutschland durchschnittlich im Alter von etwas mehr als 30 Jahren und ledige Männer im Alter von etwas über 33 Jahren (Statistisches Bundesamt 2013b: 133).

Tab. 4.4

Eheschließungen und Ehescheidungen in Deutschland

Quelle: Statistisches Bundesamt 2013b: 26; 2013a: 53.

	Eheschließungen		Ehescheidungen	
Jahr	in 1000	je 1000 Einw.	in 1000	je 1000 Einw.
1950	750	11	135	2
1960	689	9,5	73	1
1970	575	7,4	104	1,3
1980	497	6,3	141	1,8
1990	516	6,5	155	2
1995	431	5,3	169	2,1
2000	419	5,1	194	2,4
2005	388	4,7	202	2,5
2010	382	4,7	187	2,3
2011	387	4,6	188	2,3

Dennoch wächst der Anteil dauerhaft unverheirateter Frauen und Männer in Deutschland. Das wird eindrucksvoll in Abbildung 4.11 belegt, die auf Berechnungen von sogenannten Heiratstafeln mit Daten der amtlichen Statistik beruht und die vereinfachte Version einer Abbildung in Grünheid (2011: 12) ist. Sie zeigt, im Kohortenvergleich, wie sich der Anteil lediger Frauen und Männer mit dem Alter entwickelt hat. Zwischen den Geburtsjahrgängen 1930 und 1970 ist dieser Anteil bei Frauen und Männern auch im höheren Alter stark gestiegen. Während in dem Geburtsjahrgang 1930 nur 6 Prozent der Männer und 8 Prozent der Frauen im Alter 39 noch ledig waren, galt das in der Kohorte 1970 schon für 34 Prozent der Männer und 30 Prozent der Frauen. Das deutet darauf hin, dass ein immer größerer Teil der Bevölkerung in Deutschland dauerhaft ledig bleiben wird. Dieser Trend ist europaweit zu beobachten (Huinink/Konietzka 2007: 78).

Ehelosigkeit

Auch eine Elternschaft ist immer weniger Anlass für eine Heirat. Dabei sind Frauen und Männer in Westdeutschland noch sehr viel häufiger bei der Geburt eines Kindes verheiratet als in Ostdeutschland. Der *Anteil nicht ehelicher Kinder* macht dieses deutlich: In den östlichen Bundesländern ist eine – auch im internationalen Vergleich – sehr hohe Nichtehelichenquote zu beobachten. Sie betrug im Jahr 2011 knapp 62 Prozent. In Westdeutschland lag sie bei »nur« 28 Prozent (Statistisches Bundesamt 2013b: 27).

Nichtehelichenquote der Geburten

Zum Vergleich: Unter den anderen europäischen Ländern war sie im Jahr 2011 nur in Island mit 65 Prozent und Estland mit 59 Prozent ähnlich hoch wie in Ostdeutschland. Am niedrigsten war sie in der Türkei mit 2,7 Prozent (Eurostat 2014).

Ledige Personen nach Geschlecht, Alter und Kohortenzugehörigkeit | **Abb. 4.11**

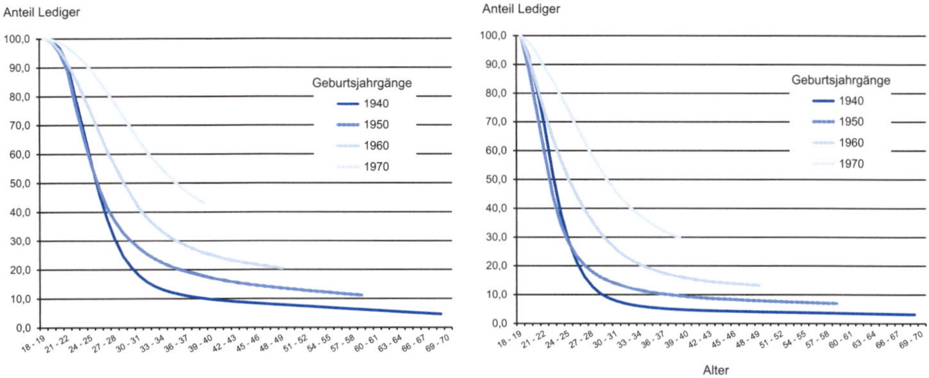

Nach Grünheid 2011: 12; mit freundlicher Genehmigung der Autorin modifiziert.

Nicht nur die Zahl der Eheschließungen hat sich verringert, auch die Zahl der Ehescheidungen ist bis zur Mitte des letzten Jahrzehnts deutlich angestiegen (vgl. Tab. 4.4). Während noch etwa 80 Prozent aller 1965 geschlossenen Ehen nach 25 Jahren Bestand hatten, betrug dieser Anteil bei den 1980 geschlossenen Ehen nur noch etwa 66 Prozent (BiB 2008: 41). Insgesamt kann man aufgrund der Analyse ehedauerspezifischer Scheidungsraten davon ausgehen, dass heute etwa 40 Prozent der Ehen eines Ehejahrgangs langfristig gesehen geschieden werden (Statistisches Bundesamt 2012b: 56). Allerdings zeigt sich auch, dass die durchschnittliche Ehedauer bis zur Scheidung von knapp 13 Jahren im Jahr 2000 auf 14,5 Jahre im Jahr 2011 gestiegen ist.

Scheidungen nach Heiratskohorte

Auch wenn offensichtlich die Scheidungsraten stagnieren, so verweist ihr hohes Niveau doch darauf, dass die Instabilität von Ehen in den letzten Jahrzehnten deutlich zugenommen hat, zumal auch die Wahrscheinlichkeit für eine Wiederverheiratung gesunken ist (Grünheid 2011). Das hat vielfältige Ursachen: Anstelle oder nach einer Ehe werden zunehmend andere Formen des Zusammenlebens oder des Alleinlebens – jeweils mit oder ohne Kinder – praktiziert. Die hohen Scheidungsraten könnten sich auch auf die Bereitschaft, eine Familie zu gründen und Kinder zu haben, auswirken; denn in der Regel ist eine Elternschaft immer noch an eine befriedigende und auf Dauer angelegte Paarbeziehung geknüpft.

In den meisten europäischen Ländern hat sich das Heiratsverhalten sowie die Wahrscheinlichkeit einer Ehescheidung ähnlich verändert, wie es für Deutschland beschrieben wurde. Der Anteil der Ehen, die mit einer

Scheidung enden, ist in vielen nord- und westeuropäischen Ländern noch höher als in Deutschland, wobei der Anteil in Schweden die 50 Prozent übersteigen dürfte (Huinink/Konietzka 2007: 81).

4.5.2 | Familienstand

Familienstand nach Altersgruppen

Die beschriebenen Entwicklungen drücken sich darin aus, welchen Familienstand die Frauen und Männer aus verschiedenen Altersgruppen gegenwärtig haben. Es wird zwischen ledigen und verheirateten sowie verwitweten und geschiedenen Personen unterschieden.

Tab. 4.5 | *Die Bevölkerung der Bundesrepublik 2011 nach Altersgruppen und Familienstand (jeweils in %)*

Altersgruppe	Ledig		Verheiratet		Verwitwet		Geschieden	
	Männer	Frauen	Männer	Frauen	Männer	Frauen	Männer	Frauen
20–25 J.	97,6	93,2	2,3	6,4	0,0	0,0	0,1	0,3
45–50 J.	26,4	17,6	57,7	63,0	0,7	2,3	15,2	17,4
75–80 J.	5,1	5,3	75,7	44,4	13,8	43,5	5,5	6,8

Quelle: Statistisches Bundesamt 2013a: 33.

Tabelle 4.5 zeigt, dass im Jahr 2011 fast alle Männer und Frauen der jüngsten Altersgruppe noch ledig sind. In der Gruppe der 45- bis 50-Jährigen machen die Verheirateten mit 58 Prozent bei den Männern bzw. 63 Prozent bei den Frauen eine deutliche Mehrheit aus. In dieser Altersgruppe ist aber auch der Anteil der Geschiedenen mit 15 bzw. 17 Prozent am höchsten. In der ältesten Gruppe der 75- bis 80-Jährigen fällt auf, dass der Anteil der verheirateten Männer mit 76 Prozent deutlich höher ist als bei den Frauen (nur 44 Prozent). Dies ist durch die Übersterblichkeit der Männer bedingt, weshalb auch der Anteil verwitweter Frauen mit 44 Prozent sehr hoch ist.

4.5.3 | Haushalts- und Familiengröße

Haushaltsgröße

Die durchschnittliche Größe der Haushalte in Deutschland lag im Jahr 2011 bei 2,02 Personen; 1971 hatte sie im früheren Bundesgebiet noch 2,74 Personen und 1991 noch 2,27 Personen betragen (Statistisches Bundesamt 2012b: 49). Zugleich ist die Zahl der Haushalte stetig angestiegen: Nach der Vereinigung wuchs sie von gut 35 Millionen auf etwas mehr als 40 Millionen im Jahr 2011.

Im Jahr 2011 waren gemäß Tabelle 4.6 40 Prozent der Haushalte Einpersonenhaushalte. In gut einem Drittel der Haushalte lebten zwei Personen,

Jahr	Zahl der Hausalte insgesamt (in 1000)	Davon mit ... Personen (in %)				
		1	2	3	4	5 und mehr
1971	21 991	25,1	27,1	19,6	15,2	12,9
1991	35 256	33,6	30,8	17,1	13,5	5,0
2011	40 439	40	34	13	9	3

Quelle: Statische Jahrbücher des Statistischen Bundesamts, div. Jahrgänge; eigene Berechnungen.

Tab. 4.6

Privathaushalte nach der Zahl der Personen in den Jahren 1971 (früheres Bundesgebiet), 1991 und 2011 (Deutschland)

13 Prozent waren Haushalte mit drei, und knapp 13 Prozent mit vier und mehr Personen. Der Trend zu kleineren Haushalten wird auch hier deutlich. Diese Entwicklung ist durch den Wandel der Lebensformen, aber auch durch beständig sinkende Kinderzahlen in den Familien und die zunehmende Lebenserwartung bedingt. Der Aufschub von Heirat und Familiengründung trägt ebenfalls dazu bei.

Die abnehmende Haushaltsgröße hat also auch damit zu tun, dass der Anteil von Familien mit einer großen Kinderzahl zurückgegangen ist. Während in den alten Bundesländern 1972 noch in 21,8 Prozent der Familien drei oder mehr Kinder unter 18 Jahren lebten, lag dieser Anteil 2011 bei lediglich 11,3 Prozent.

Fazit: Wandel der Verteilung der Bevölkerung nach den Lebens- und Familienformen

4.5.4

Die skizzierten Befunde schlagen sich heute insgesamt in einer veränderten Verteilung der verschiedenen Lebensformen im Vergleich zu früheren Zeiten nieder. Dies wird zunächst mit einer Tabelle dokumentiert, bevor wir abschließend in einem historischen Exkurs versuchen, einige Erklärungen dafür zu geben. Tabelle 4.7 zeigt, wie sich die Anteile der Bevölkerung in West- und Ostdeutschland im Alter von 18 bis unter 35 Jahren und von 35 bis unter 55 Jahren in ausgewählten Lebensformen im zeitlichen Verlauf geändert haben. Sie stellt die Verteilungen nach der privaten Lebensform (Konzept des Statistischen Bundesamts) für die Jahre 1972 (früheres Bundesgebiet inkl. Westberlin), 1996 (neue Länder inkl. Ostberlin) und 2011 einander gegenüber. 2011 wird nach den neuen Bundesländern inkl. Berlin und dem früheren Bundesgebiet ohne Berlin unterschieden. Die Tatsache, dass 2011 Westberlin den neuen Bundesländern zugerechnet wird, hat für die Trendaussagen keine ausschlaggebende Bedeutung.

Der Anteil der verheiratet mit Kindern zusammenlebenden Personen lag danach in der westdeutschen Bevölkerung des Jahres 1972 (inkl. West-

Tab. 4.7 | *Verteilung der Bevölkerung West- und Ostdeutschlands im Alter von 18 und mehr Jahren nach der Lebensform in den Jahren 1972/1996 und 2011*

Alter der Person (in Jahren)	Bev. im Alter von 18 u. mehr J.	Davon								
		Ledige Kinder bei Eltern(teil)	Alleinlebende		Mit Partner, ohne Kinder		Mit Partner und Kind(ern)		Alleinerziehende[1]	Sonstige Personen[2]
			Ledig	Nicht mehr ledig	Verheir. zus.-lebend	Unverh. zus.-lebend[3]	Verheir. zus.-lebend	Unverh. zus.-lebend[3]		
	in 1000	**in %**								
	Alte Bundesländer (inkl. Westberlin) 1972									
18–35	14 418	–	8,1		13,7	–	39,7	–	1,6	–
36–55	15 123	–	6,3		15,0	–	70,6	–	3,8	–
	Alte Bundesländer (ohne Berlin) 2011									
18–35	13 989	32,9	24.6	1,5	7,0	11,3	17,2	2,9	2,6	0,0
36–55	19 958	2,1	11,7	7,4	16,2	4,7	48,1	3,0	6,3	0,5
	Neue Bundesländer (inkl. Ostberlin) 1996									
18–35	3431	31,0	11,5	1,2	4,0	7,9	31,0	7,8	4,7	0,9
36–55	4258	1,8	3,6	5,0	19,2	2,0	57,9	3,8	5,8	0,9
	Neue Bundesländer (inkl. Berlin) 2011									
18–35	3483	26,4	31,3	1,2	3,3	12,2	11,9	8,9	4,5	0,3
36–55	4936	1,9	12,9	9,7	21,5	5,3	34,8	6,6	6,9	0,4

[1] Ohne Partner im Haushalt. [2] Personen, die in sonstiger Gemeinschaft mit nicht verwandten Personen leben. [3] Für 1972 Schätzungen auf der Grundlage des Mikrozensus.

Quelle: Engster/Menning 2003: 212; Berechnungen des Bundesinstituts für Bevölkerungsforschung auf der Grundlage des Mikrozensus des Jahres 2011, die uns dankenswerterweise zur Verfügung gestellt wurden.

berlin) noch bei 40 Prozent bzw. 71 Prozent in der jüngeren bzw. älteren Altersgruppe. Im Jahr 2011 sind es in den alten Bundesländern (ohne Berlin) dagegen nur noch 17 bzw. 48 Prozent. Im Gegenzug hat sich der Anteil der ledigen, allein lebenden 18- bis 35-Jährigen im Westdeutschland zwischen 1972 und 2011 von 8 auf knapp 27 Prozent mehr als verdreifacht. In der höheren Altersgruppe konnte sich dieser Anteil verdoppeln. Die nicht ehelichen Lebensgemeinschaften mit und ohne Kinder wurden 1972 noch nicht erfasst. 2011 machen sie einen bedeutsamen Anteil der Lebensformen aus. Unter den 18- bis unter 35-Jährigen leben im Westen 11 Prozent unverheiratet und ohne Kinder zusammen, unter den Älteren immerhin fast 5 Prozent. Nicht eheliche Lebensgemeinschaften mit Kindern sind im Westen noch relativ selten (3 Prozent in beiden Altersgruppen). Der Anteil der Alleinerziehenden hat in den betrachteten Altersgruppen dagegen zugenommen und war 2011 im Vergleich zu 1972 nahezu doppelt so hoch.

In Ostdeutschland erkennen wir ebenfalls einen starken Trend weg von der traditionellen Kernfamilie. Der Anteil der unverheiratet zusammenlebenden Personen ohne Kinder ist im Vergleich der Jahre 1996 und 2011 angestiegen und liegt im Jahr 2011 in beiden Altersgruppen auf westdeutschem Niveau. Deutlich höher als in Westdeutschland ist aber der Anteil von nicht ehelichen Eltern-Kind-Gemeinschaften. Die unverheiratet mit Kindern zusammenlebenden Personen machen in Ostdeutschland 9 Prozent in der jüngeren und knapp 7 Prozent in der älteren Altersgruppe aus. Die Anteile waren auch 1996 schon vergleichsweise hoch. Der Anteil der Alleinerziehenden ist in Ostdeutschland ebenfalls höher als in Westdeutschland, vor allem in der jüngeren Altergruppe.

Die statistischen Trends sind also eindeutig. Die Lebensform des verheirateten Paares mit Kindern hat erheblich an Bedeutung eingebüßt, auch wenn ihr immer noch der größte Anteil der 36- bis 55-Jährigen zuzurechnen ist. Bemerkenswert ist ebenso, dass mehr als 20 Jahre nach der Vereinigung charakteristische Unterschiede zwischen Ost- und Westdeutschland zu identifizieren sind (vgl. Huinink/Kreyenfeld/Trappe 2012).

Ein historischer Exkurs zeichnet diesen Wandel von Lebensformen und Familie abschließend nach.

Exkurs

Historischer Exkurs zum Wandel der Lebensformen

Zwei Phasen der Familienentwicklung

Die dominante Struktur und die Bedeutung der Familie für Individuum und Gesellschaft hat sich in Deutschland und in Europa im Laufe der Industrialisierung stark verändert. Im Allgemeinen geht man von zwei Veränderungsphasen aus.

Phase der bürgerlichen Familie

Die erste begann in der Neuzeit und begleitete die Industrialisierung. Sie kam in Deutschland nach der Mitte des 20. Jahrhunderts zum Abschluss. An ihrem Ende stand für etwa zwei Jahrzehnte die Dominanz einer bestimmten Familienform, die als *bürgerliche Familie* bezeichnet wird und auch heute noch die Idealvorstellungen von Familie prägt. Diese Phase lässt sich knapp durch folgende Merkmale charakterisieren (Huinink/Konietzka 2007: 66 ff.):

- die *Trennung von Produktion und Familienhaushalt*: Diese Trennung gab es in der vormodernen Familie nicht. Die Folge war, dass der Mann nun außerhalb des Familienhaushalts erwerbstätig war, um die materielle Grundlage zur Reproduktion der Familie zu sichern;
- das *Prinzip gegenseitiger persönlicher Zuneigung und Liebe als Basis einer Partnerschaft*: Auch das war in der vorindustriellen Familie im Allgemeinen

nicht so. Instrumentelle Interessen und Standesregeln dominierten die Kriterien der Partnerwahl;

- eine auf Dauer angelegte *eheliche Lebensgemeinschaft* mit Kindern: Die Ehe ist die wesentliche institutionelle Grundlage der Partnerschaftsbeziehung der Eltern;
- die Akzeptanz der *Kinder als Persönlichkeiten* mit individuellen Entwicklungspotenzialen und die *Entdeckung der Kindheit* als eigenständige Lebensphase: Dieses entspricht dem Trend, wonach die Individuen als Persönlichkeiten erst zu ihrem Recht kamen, nachdem sich die Familie als Produktionseinheit aufgelöst hatte. Vor der Zeit der Industrialisierung und auch in ihrer ersten Phase waren die Kinder vor allem als (mithelfende) Arbeitskräfte interessant: Sie hatten einen materiellen Nutzen für ihre Eltern und garantierten ihnen die existentielle Sicherung im Alter;
- eine *geschlechtsspezifische Rollenteilung* in der Paarbeziehung: Die Frau arbeitete als Hausfrau im Haushalt und der Mann als Arbeitskraft außerhalb des Haushalts;
- der Rückgang der durchschnittlichen *Kinderzahl auf eine Größenordnung etwas über dem Reproduktionsniveau*: Die Kinder verloren ihre vormalige Rolle als Arbeitskraft und als »Altersversicherung« für die Eltern. Sie verursachten nun zunehmend direkte und indirekte materielle Kosten. Ihre Bedeutung in psychologischer, emotionaler und sozial-normativer Hinsicht erhöhte sich dagegen. Zur Befriedigung dieser psychischen und sozial-normativ begründeten Bedürfnisse reichte eine begrenzte Kinderzahl.

Die »Hochzeit« der bürgerlichen Familie herrschte in Westdeutschland in den 1950er- und 1960er-Jahren. In Ostdeutschland konnte man seit den 1960er-Jahren wohl nur deshalb nicht mehr uneingeschränkt von einer Dominanz der bürgerlichen Familie sprechen, weil die klare geschlechtsspezifische Arbeitsteilung zwischen inner- und außerhäuslicher Arbeit wegen der Erwerbsarbeit der Frauen aufgehoben war. Alle anderen Kriterien waren aber weitgehend erfüllt; inklusive der anhaltenden innerfamiliären geschlechtsspezifischen Arbeitsteilung, die zu einer Mehrfachbelastung der Frauen führte.

Phase des Dominanzverlusts der bürgerlichen Familie

In den 1960er-Jahren setzte ein neuer Wandlungsschub in Bezug auf die Lebensformen in unserer Gesellschaft ein, die wir als zweite Veränderungsphase bezeichnen wollen. Das Modell der bürgerlichen Familie und seine institutionelle Basis verloren zunehmend an Relevanz, was nicht heißt, dass damit die Familie als solche ad acta gelegt worden wäre. Die Bedeutung von Partnerschaft und Elternschaft für die Menschen nahm sogar eher zu – allerdings kam es zu umfangreichen Veränderungen bei der inhaltlichen Ausgestaltung dieser Beziehungen.

Das Modell der bürgerlichen Familie ist mit einer Reihe klarer normativer Regeln verbunden, welche in Deutschland ab den 1970er-Jahren zunehmend hinterfragt wurden und an Relevanz verloren. Einen Teil dieser Wandlungsprozesse haben bereits die obigen empirischen Schaubilder gezeigt. Die wichtigsten Indizien für diese Veränderungen waren:

- Abkopplung von Sexualität und Ehe sowie die tendenzielle Abkopplung von Elternschaft und Ehe;
- Rückgang der Zahl der Eheschließungen;
- Zunahme der Zahl der Personen, die in nicht ehelichen Lebensgemeinschaften und in Einpersonenhaushalten leben;
- Destabilisierung von paarbezogenen Lebensgemeinschaften, Anstieg der Zahl der Ehescheidungen und Rückgang der Zahl der Wiederverheiratungen;
- fortschreitender Anstieg des Alters bei der Heirat und der Familiengründung;
- Rückgang der Kinderzahlen auf eine Größenordnung unter dem Reproduktionsniveau und Anstieg der Kinderlosigkeit;
- Rückgang der traditionellen Geschlechtsrollendifferenzierung. Dieser steht in Wechselwirkung mit einer fortschreitenden Egalisierung der Bildungs- und Erwerbschancen von Frauen und einer Zunahme ihrer Partizipationschancen in anderen Bereichen des öffentlichen Lebens.

Familie und Partnerschaft als erstrebenswerte Lebensziele

Doch auch heute noch sind partnerschaftliche und familiale Lebensformen *zentrale Lebensziele* für die überwiegende Mehrheit der Frauen und Männer in der Bevölkerung. Aus familiensoziologischer Sicht konstituieren Paarbeziehung, Ehe und Elternschaft einen sehr persönlichen, intimen Lebenszusammenhang, den man in anderen gesellschaftlichen Bereichen grundsätzlich so nicht herstellen kann (Huinink 1995, Kaufmann 1995). In ihnen kann sich, wie nirgendwo sonst, eine den anderen als »Gesamtperson« meinende und ernst nehmende, authentische, »dialogische« Interaktion und Kommunikation entfalten.

Empirische Untersuchungen belegen die Attraktivität partnerschaftlicher und familialer Lebensformen. Die Zahl derjenigen, die sich bewusst für Kinderlosigkeit entschieden haben, ist in beiden deutschen Staaten gering gewesen, auch wenn der Kinderwunsch niedriger ausfällt als in anderen europäischen Ländern (Peuckert 2012: 253 f., Stock u. a. 2012: 129). Die besondere Qualität der sozialen Beziehungen in Partnerschaft und Familie macht sie also auch heute noch zu erstrebenswerten Zielen. Zugleich aber stellen sie mögliche Hindernisse einer befriedigenden Lebensführung dar, in der berufliche Karriere und Freizeit eine immer wichtigere Rolle spielen. Die mit der engen und intimen Beziehung zu Partnern und besonders zu Kindern einhergehende starke soziale Bindung kann zu einem potenziellen Ärgernis werden, da sie Handlungsautonomie und Handlungsfreiheit ein-

Familie und Partnerschaft als ärgerliche Hindernisse

schränkt. Der sich damit auftuende Widerspruch ist prekär, da die Motivation zur Bindung in Ehe und Familie individualisiert ist und nicht (mehr) nach einer institutionellen oder religiös begründeten Absicherung verlangt oder ihrer bedarf. Andere, mit dem familialen Bereich konkurrierende, Lebensbereiche haben für immer größere Teile der Bevölkerung immer mehr an Bedeutung gewonnen. Die Möglichkeiten von Bildungs- und Erwerbsbeteiligung auch der Frauen stehen dabei an erster Stelle. Die Infrastruktur und die sozialpolitische Lage westlicher Prägung stellt aber nicht die Mittel bereit, die daraus erwachsenen schwerwiegenden Vereinbarkeitsprobleme der individuellen Akteure zu lösen. In diesem Zusammenhang sind die *folgenden Entwicklungen* zu nennen:

Zukünftige Entwicklungen und Probleme

- Männer *und* Frauen wollen das mittlerweile selbstverständliche Ziel einer vom Partner unabhängigen ökonomischen Basis ihrer Lebensführung nicht gefährden. Die damit einhergehende Parallelisierung der Lebensverläufe von Frauen und Männern kollidiert mit den geschlechtsspezifisch immer noch unterschiedlichen Vorstellungen zur Lebenslaufplanung und dessen Organisation.
- Die Probleme der Vereinbarkeit von Familie und der Partizipation am öffentlichen gesellschaftlichen Leben, insbesondere die Probleme der Vereinbarkeit der Erwerbstätigkeit von Frauen mit der Kindererziehung sind immer noch groß. Ihre Lösung erweist sich als sehr kostspielig. Kinderbetreuung muss häufig über private Arrangements gewährleistet werden.
- Für die Frauen ist eine Ehe unattraktiv, solange sie annehmen müssen, dass sie damit in traditionelle Partnerschaftsbeziehungen mit einer sie besonders belastenden Arbeitsverteilung im Haushalt gedrängt werden. Für die Männer wird die Ehe gerade in dem Maße unattraktiver, in dem sie nicht mehr die entlastenden Vorteile einer innerpartnerschaftlichen Arbeitsteilung in Anspruch nehmen können, wie es in den traditionellen Regimes noch fraglos der Fall war.
- Die Ansprüche an die Partnerschaft haben sich gleichzeitig vergrößert. Eine scheinbar paradoxe Folge ist, dass sowohl die Bereitschaft zu langfristigen Bindungen als auch die Stabilität von Partnerschaften abnimmt, da die (gestiegenen) Ansprüche an eine Partnerschaft – bzw. die Voraussetzungen für eine Familiengründung – immer schwieriger zu erfüllen sind.
- Die Offenheit des eigenen Lebensverlaufs und des Lebensverlaufs der möglichen Partner lässt eine frühzeitige Festlegung in einer Ehe oder Elternschaft nicht mehr sinnvoll bzw. unnötig risikoreich erscheinen. Zusätzlich wird die Einigung auf ein gemeinsames Zeitfenster für die Elternschaft erschwert. Das gilt umso mehr, als die Trennungs- bzw. Scheidungskosten hoch sind.

- Bei vielen Menschen hat angesichts unsicherer beruflicher Perspektiven und steigender Ansprüche an die individuelle Lebensführung die Bereitschaft abgenommen, die langfristige Verantwortung einer Elternschaft zu übernehmen.
- Auch durch die neu entstandene ökonomische Unabhängigkeit der Partner voneinander werden die familialen- oder partnerschaftlichen Beziehungen instabiler, was wiederum den Zwang zur eigenständigen Absicherung der Lebensgrundlagen erhöht.

Die Situation von Ehe und Familie in unserer Gesellschaft weist also eine Reihe von Widersprüchen im Hinblick darauf auf, wie sie in der Bevölkerung wahrgenommen und gelebt wird. Die gestiegenen Ansprüche an Elternschaft tragen zu einer Steigerung der materiellen und immateriellen Kosten der Familie bei. Gleichzeitig steigen die Bindungskosten, eine Folge der Enge der Beziehungen, ohne die sich ihr Wert für die Menschen nicht entfalten könnte. Nimmt man die Kosten hinzu, die durch die private Lösung der Vereinbarkeitsprobleme entstehen, kann man behaupten, dass sich die Familie in unserer Gesellschaft immer mehr als ein *Luxusgut* erweist, welches man sich erst erlauben kann, wenn finanzielle Sicherheit erreicht wurde.

Elternschaft als Luxusgut

Lernkontrollfragen

1 Welche Veränderungen haben dazu geführt, dass das bürgerliche Familienideal zunehmend infrage gestellt wird?

2 Nennen Sie die wichtigsten Trends des Wandels der Lebensformen im Deutschland der Nachkriegszeit.

3 In welchen größeren historischen Rahmen ist der aktuelle Wandel eingebettet?

Infoteil

Die Familienentwicklung und der Wandel der Lebensformen in Deutschland sind Gegenstand zahlreicher Überblicksbände. Einen umfassenden Einblick gibt Rüdiger Peuckert in seinem Buch über »Familienformen im sozialen Wandel«, dessen aktuelle Auflage im Jahr 2012 erschienen ist.

Literatur

Beck, Grit (2004): Wandern gegen den Strom. West-Ost-Migration in Deutschland, in: Swiaczny, Frank/Haug, Sonja: Bevölkerungsgeographische Forschung zur Migration und Integration. Materialien zur Bevölkerungswissenschaft Heft 112, S. 95–111.

Bell, Martin/Muhidin, Salut (2009): Cross-National Comparisons of Internal Migration. Human Development Research Paper 2009/30, New York

BiB (2012): (Keine) Lust auf Kinder? Geburtenentwicklung in Deutschland, Wiesbaden

BiB (2008): Bevölkerung – Daten, Fakten, Trends zum demographischen Wandel in Deutschland, Wiesbaden.

BMI (Hg.) (2007): Migrationsbericht 2006, Nürnberg.

CIA (Hg.) (2013): The World Factbook 2013–14, Washington, DC, https://www.cia.gov/library/publications/the-world-factbook/index.html.

Engstler, Heribert/Menning Sonja (2003): Die Familie im Spiegel der amtlichen Statistik. Lebensformen, Familienstrukturen, wirtschaftliche Situation der Familien und familiendemographische Entwicklung in Deutschland, Berlin: BMFSFJ.

Esenwein-Rothe, Ingeborg (1982): Einführung in die Demographie. Bevölkerungsstruktur und Bevölkerungsprozess aus Sicht der Statistik, Wiesbaden.

Eurostat (2012a): Europe in Figures. Eurostat Yearbook 2012, Brüssel.

Eurostat (2012b): Eurostat Regional Yearbook 2012, Brüssel.

Eurostat (2014): Statistics Database, http://epp.eurostat.ec.europa.eu/portal/page/portal/statistics/search_database.

Grünheid, Evelin (2011): Wandel des Heiratsverhaltens in Deutschland. Analysen mit Tafelberechnungen, BiB Working Paper 2/2011, Wiesbaden.

Haas, Anette/Hamann, Silke (2008): Pendeln – ein zunehmender Trend, vor allem bei Hochqualifizierten, IAB-Kurzbericht 6/2008, Nürnberg.

Höpflinger, François (1997): Bevölkerungssoziologie. Eine Einführung in bevölkerungssoziologische Ansätze und demographische Prozesse, München.

Huinink, Johannes (1995): Warum noch Familie? Zur Attraktivität von Partnerschaft und Elternschaft in unserer Gesellschaft, Frankfurt/M.

Huinink, Johannes/Konietzka, Dirk (2007): Familiensoziologie. Ein Lehrbuch, Frankfurt/M.

Huinink, Johannes/Kreyenfeld, Michaela/Trappe, Heike (2012): Familie und Partnerschaft in Ost- und Westdeutschland. Eine Bilanz, in: dies. (Hg.): Familie und Partnerschaft in Ost- und Westdeutschland. Ähnlich und doch immer noch anders, Sonderheft 9 der Zeitschrift für Familienforschung, Seite 9–28.

Kalter, Frank (2000): Theorien der Migration, in: Müller, Ulrich/Nauck, Bernhard/Diekmann, Andreas (Hg.): Handbuch der Demographie, 2 Bände, Berlin, S. 438–475.

Kaufmann, Franz-X. (1995): Zukunft der Familie im vereinten Deutschland, München.

Klein, Thomas (2005): Sozialstrukturanalyse. Eine Einführung, Reinbek.

Mau, Steffen (1994): Der demographische Wandel in den neuen Bundesländern. Familiengründung nach der Wende: Aufschub oder Verzicht?, in: Zeitschrift für Familienforschung, Jg. 6, Heft 3, S. 197–220.

Müller, Ulrich (2000): Die Maßzahlen der Bevölkerungsstatistik, in: Müller, Ulrich/Nauck, Bernhard/ Diekmann, Andreas (Hg.): Handbuch der Demographie, 2 Bände, Berlin, S. 1–91.

Müller, Ulrich/Nauck, Bernhard/Diekmann, Andreas (Hg.) (2000): Handbuch der Demographie, 2 Bände, Berlin.

Nave-Herz, Rosemarie (2004): Ehe- und Familiensoziologie – Eine Einführung in Geschichte, theoretische Ansätze und empirische Befunde, München.

Niemeyer, Frank/Volt Hermann (1995): Lebensformen der Bevölkerung 1993, in: Wirtschaft und Statistik, Heft 6, S. 437–445.

Peuckert, Rüdiger (2012): Familienformen im sozialen Wandel, 8. Aufl., Wiesbaden.

Preston, Samuel H./Heuveline, Patrick/Guillot, Michel (2001): Demography: Measuring and Modeling Population Processes, London.

Statistisches Bundesamt (Hg.) (2006): Familien und Lebensformen – Ergebnisse des Mikrozensus 1996–2004, in: Statistisches Bundesamt, Leben und Arbeiten in Deutschland, Sonderheft 1, Reutlingen.

Statistisches Bundesamt (Hg.) (2009): Bevölkerung Deutschlands bis 2060. 12. koordinierte Bevölkerungsvorausberechnung. Annahmen und Berichte, Wiesbaden.

Statistisches Bundesamt (Hg.) (2010): Mikrozensus 2008 –Neue Daten zur Kinderlosigkeit in

Deutschland. Ergänzende Tabellen zur Pressekonferenz am 29. Juli 2009 in Berlin, überarb. und erw. Version, Stand: Dezember 2010.
Statistisches Bundesamt/WZB (Hg.) (2011): Datenreport 2011. Ein Sozialbericht für die Bundesrepublik Deutschland, Bonn.
Statistisches Bundesamt (Hg.) (2012a): Bevölkerung und Erwerbstätigkeit – Bevölkerung mit Migrationshintergrund. Ergebnisse des Mikrozensus 2011, Fachserie 1, Reihe 1.1, Wiesbaden.
Statistisches Bundesamt (Hg.) (2012b): Statistisches Jahrbuch 2012, Wiesbaden.
Statistisches Bundesamt (Hg.) (2012c): Geburten in Deutschland, Ausgabe 2012, Wiesbaden.
Statistisches Bundesamt (Hg.) (2013a): Statistisches Jahrbuch 2013 der Bundesrepublik Deutschland, Wiesbaden.
Statistisches Bundesamt (Hg.) (2013b): Bevölkerung und Erwerbstätigkeit – Natürliche Bevölkerungsbewegung 2011, Fachserie 1, Reihe 1.1, Wiesbaden.
Statistisches Bundesamt (Hg.) (2014): Bevölkerung und Erwerbstätigkeit – Vorläufige Ergebnisse der Bevölkerungsfortschreibung auf der Grundlage des Zensus 2011. Wiesbaden.
Stock, Günter u. a. (Hg.) (2012): Zukunft mit Kindern. Fertilität und gesellschaftliche Entwicklung in Deutschland, Österreich und der Schweiz, Frankfurt/M.
Zapf, Wolfgang u. a. (1987): Individualisierung und Sicherheit, München.

5 | Soziale Ungleichheit

Dieses Kapitel beschäftigt sich mit der sozialen Ungleichheit in unserer Gesellschaft und damit, wie sie sich in der sozialen Beziehungs- und Verteilungsstruktur niederschlägt (→ Kapitel 2.2). Wir erläutern, was unter sozialer Ungleichheit zu verstehen ist, in welcher Form sie sich äußert und wie sie gemessen wird. Außerdem untersuchen wir ihre Ursachen und präsentieren theoretische Erklärungsansätze. Schließlich gehen wir darauf ein, wie stabil Statuspositionen im Lebenslauf sind und wie stark sie von einer zur nächsten Generationen »vererbt« werden.

5.1 | Der Begriff der sozialen Ungleichheit

Formale Definition sozialer Ungleichheit

Wir können von *sozialer Ungleichheit* in einer Gesellschaft sprechen, wenn Gruppen von Mitgliedern dieser Gesellschaft in Bezug auf ein oder mehrere *Ungleichheitsmerkmale* verschieden sind (→ Kapitel 2.2). Beispiele für Ungleichheitsmerkmale sind der Bildungsabschluss, das Einkommen oder das soziale Prestige, das man in einer Gesellschaft genießt. Die sozialstrukturelle Position bezüglich eines Ungleichheitsmerkmals haben wir als *Status* eines Individuums, bezogen auf das Merkmal bezeichnet. Wir sagen also, dass Individuen einen unterschiedlichen Bildungs- oder Einkommensstatus haben. Statt vom Status kann man bei vielen Merkmalen auch von Niveau sprechen (z. B. Bildungsniveau).

Diese eher formale Definition sozialer Ungleichheit ist zwar einfach, erweist sich inhaltlich aber nicht als hinreichend spezifisch:

Defizite der formalen Definition

1. Es ist unklar, ob alle denkbaren Ungleichheitsmerkmale auch tatsächlich für soziale Ungleichheit in einer Gesellschaft bedeutsam oder charakteristisch sind. Insbesondere wird nichts darüber ausgesagt, anhand welcher Kriterien entschieden werden kann, ob ein bestimmtes Merkmal für soziale Ungleichheit relevant ist. Einkommensungleichheit als solche wäre zum Beispiel in einer Gesellschaft völlig belanglos, in der alles kostenlos zu haben ist. Die in einer Gesellschaft herrschende soziale Bedeutung von Statusdifferenzen bezüglich ungleichheitsrelevanter Merkmale wird also nicht genügend berücksichtigt.
2. Zweitens bleibt in dieser Definition offen, wie dauerhaft in einer Gesellschaft zu beobachtende Ungleichheitsphänomene sind. Sporadische oder nur vorübergehende Ungleichheiten interessieren weniger, denn es geht in der Sozialstrukturforschung um die Beschreibung und Erklärung gesellschaftlicher Ungleichheitsverhältnisse als soziologische Tatbestände, denen eine theoretisch begründete Stabilität und Systematik anhaftet.

In der Literatur werden daher soziologisch begründete Zusatzkriterien genannt, wenn man den Begriff der sozialen Ungleichheit definiert.

Einen interessanten Vorschlag zu einer Definition sozialer Ungleichheit macht der deutsche Sozialstrukturforscher Reinhard Kreckel (1997: 15 ff.). Er unterscheidet zunächst soziale Ungleichheit einerseits von bloß physisch bedingter Verschiedenartigkeit der Menschen (z. B. in Bezug auf Geschlecht oder die Haarfarbe) und andererseits von sozialer Differenzierung. Letztere versteht er, wie in der Soziologie üblich, als Ausdruck einer sozial verankerten Verschiedenartigkeit der Menschen, die sich aus der beruflichen Arbeitsteilung, aus kulturellen, religiösen, parteipolitischen, regionalen oder nationalen Unterschieden ergibt. Diese Vorgehensweise entspricht unserer formalen Unterscheidung zwischen Klassifikations- und Ungleichheitsmerkmalen (→ Kapitel 2.2). Reinhard Kreckel bestimmt dann einen Begriff der sozialen Ungleichheit im weiteren Sinne:

Inhaltliche Definition von Kreckel

> »*Soziale Ungleichheit im weiteren Sinne liegt überall dort vor, wo die Möglichkeiten des Zugangs zu allgemein verfügbaren und erstrebenswerten sozialen Gütern und/oder zu sozialen Positionen, die mit unterschiedlichen Macht- und/oder Interaktionsmöglichkeiten ausgestattet sind, dauerhafte Einschränkungen erfahren und dadurch die Lebenschancen der betroffenen Individuen, Gruppen und Gesellschaften beeinträchtigt bzw. begünstigt werden.*« (Kreckel 1997: 17)

Soziale Ungleichheit wird also allgemein als der Ausdruck strukturell angelegter Unterschiede in den Möglichkeiten von Akteuren, Zugang zu erstrebenswerten Gütern und sozialen Positionen zu erhalten, verstanden. Diese Unterschiede können durch die Zugehörigkeit der Akteure zu verschiedenen sozialstrukturellen Gruppen bedingt sein. Kreckel zählt dazu klassische Ungleichheitsmerkmale, wie Macht, Bildung und Einkommen und spricht diesbezüglich von »vertikaler Ungleichheit« bzw. »sozialer Ungleichheit im engeren Sinne«. Gleichzeitig aber und im gewissen Widerspruch zu seiner oben skizzierten Abgrenzung berücksichtigt er auch Klassifikationsmerkmale wie das Geschlecht, die Nationalität, die Wohnregion oder die Zugehörigkeit zu armen oder reichen, mächtigen oder ohnmächtigen Ländern. Er spricht in diesem Zusammenhang von »›neuen‹, nicht vertikalen Ungleichheiten«. In der Literatur findet man auch den Begriff der »horizontalen Ungleichheit« (Hradil 1987).

Ein so breites Verständnis sozialer Ungleichheit ist problematisch. Es vermischt Ungleichheits- und Klassifikationsmerkmale miteinander, die für die Analyse sozialer Ungleichheit eine unterschiedliche theoretische Bedeutung haben. Wir halten es für zweckmäßiger, soziale Ungleichheit enger zu fassen und ausschließlich Ungleichheitsmerkmale zu verwenden, die ein Mehr oder Weniger von etwas, das für das Erreichen erstrebenswerter Güter oder sozialer Positionen wichtig ist, messen. Wir werden sie als die *Dimensionen sozialer Ungleichheit* einführen (→ Kapitel 5.2). Soziale Ungleichheit ist danach für uns immer vertikale Ungleichheit, um mit Kreckels Begriff zu sprechen.

Dimensionen sozialer Ungleichheit

Wir leugnen damit nicht, dass Klassifikationsmerkmale wie das Geschlecht, die Nationalität oder die Wohnregion für Strukturen sozialer Ungleichheit in hohem Maße relevant sind. Sie selbst drücken jedoch für sich betrachtet noch keine Ungleichheit aus: Männer sind nicht »mehr« (in welchem Sinne?) als Frauen oder umgekehrt. Allerdings beeinflussen Merkmale dieser Art die Möglichkeiten, bestimmte Statuspositionen in Bezug auf Ungleichheitsmerkmale, wie Bildung oder Einkommen, zu erreichen. Sie sind aber immer nur als *Ursachen* und nicht als Ausdruck sozialer Ungleichheit anzusehen. Wir werden sie als *Determinanten sozialer Ungleichheit* (→ Kapitel 5.3) bezeichnen. Die Differenzierung zwischen Merkmalen, die Ungleichheit ausdrücken (Dimension sozialer Ungleichheit), und solchen, die sie (mit-)verursachen (Determinanten sozialer Ungleichheit), ist wichtig. Soziale Ungleichheit im engeren Sinne wird nach unserer Sichtweise ausschließlich durch die Dimensionen sozialer Ungleichheit bestimmt. Wir folgen daher dem in der jüngeren Sozialstrukturforschung zwar durchaus üblichen, aus unserer Sicht jedoch wenig schlüssigen Ansatz eines sehr weiten Begriffs von (vertikaler und horizontaler) sozialer Ungleichheit nicht.

Determinanten sozialer Ungleichheit

Soziale Ungleichheit und allgemein anerkannte Lebensziele

5.1.1

Man könnte der oben zitierten Definition eine schwache wertende Färbung vorwerfen, da von Begünstigung bzw. Benachteiligung von Akteuren und Bevölkerungsgruppen gesprochen wird, aber Kriterien dafür, was als Begünstigung oder Benachteiligung zu gelten hat, allenfalls indirekt angedeutet werden. So ist von »den Möglichkeiten des Zugangs zu allgemein verfügbaren und erstrebenswerten sozialen Gütern und/oder zu sozialen Positionen« die Rede. Wir folgen deshalb einem Definitionsvorschlag sozialer Ungleichheit, der diesen Aspekt noch expliziter und theoretisch begründeter aufgreift. Recht klar in dieser Hinsicht scheint uns eine Definition sozialer Ungleichheit zu sein, die der deutsche Sozialstrukturforscher Stefan Hradil in einer früheren Arbeit vorgelegt hat. Nach Hradil sind unter sozialer Ungleichheit »gesellschaftlich hervorgebrachte und relativ dauerhafte Lebens- und Handlungsbedingungen zu verstehen, die bestimmten Gesellschaftsmitgliedern die Befriedigung allgemein akzeptierter Lebensziele besser als anderen erlauben« (Hradil 1987: 144).

Definition

Soziale Ungleichheit
Gesellschaftlich bedingte, strukturell verankerte Ungleichheit der Lebens- und Handlungsbedingungen von Menschen, die ihnen in unterschiedlichem Ausmaß erlauben, in der Gesellschaft allgemein anerkannte Lebensziele zu verwirklichen.

Mit dem Verweis auf die allgemein akzeptierten oder, wie wir in der obigen Definitionsvariante formulieren, allgemein anerkannten Lebensziele will Hradil eine subjektivistische wie eine rein objektivistische Definition von Lebenszielen oder Begehrtem vermeiden. Die subjektivistische Variante höbe allein auf die persönlichen Ziele der Lebensplanung und -gestaltung einzelner Akteure ab. Die objektivistische Variante ließe nur allgemein geltende, abstrakte Lebensziele oder Zielhierarchien für alle Menschen zu. In »gesellschaftlich hervorgebrachten und relativ dauerhaften Lebens- und Handlungsbedingungen« äußert sich die Relevanz von Ungleichheitsmerkmalen, die es für eine bestimmte Gesellschaft im Einzelnen zu begründen gilt. Bevor wir das inhaltlich konkreter ausfüllen, wollen wir zunächst die vorgeschlagene Definition sozialer Ungleichheit theoretisch stärker untermauern.

Der Begriff der allgemein anerkannten Lebensziele erfährt in Essers Konzept der institutionellen Struktur einer Gesellschaft unter Bezug auf Robert K. Merton eine umfassendere Rechtfertigung (Esser 1993: 438; Merton 1995; → Kapitel 2). Wir skizzieren nur die wichtigsten Argumentationsschritte dieses Ansatzes: Esser geht von der Existenz *allgemeiner menschlicher Grundbedürfnisse* aus und nennt unter Bezug auf den schottischen Moralphilosophen und Mitbegründer der Soziologie Adam Smith (1723–1790) das physisch-psychische Wohlbefinden und die soziale Anerkennung. Allem Handeln liegt letztlich die Befriedigung dieser Bedürfnisse zugrunde. Sie steht als Motivationsbasis hinter allem Streben der Akteure in einer Gesellschaft.

Allgemeine Grundbedürfnisse

Diese Grundbedürfnisse sind aber nicht unmittelbar zu befriedigen. Die Menschen müssen dafür geeignete Lebensbedingungen finden oder herstellen und über die notwendigen Mittel und Ressourcen verfügen. Geeignete Lebensbedingungen und Ressourcen stellen daher selbst Ziele des menschlichen Strebens dar. Man kann sie auch als Zwischenziele verstehen, deren Verwirklichung die Befriedigung der Grundbedürfnisse ermöglicht bzw. fördert. Ein solches (Zwischen-)Ziel ist etwa, einen bestimmten materiellen Lebensstandard zu realisieren, der vor allem dem physischen Wohlbefinden dienlich, oft aber auch der sozialen Anerkennung förderlich ist. Materiellem Wohlstand wird in unserer Gesellschaft ein hoher Wert zugemessen, auch wenn er nicht an erster Stelle rangiert. Laut Umfragen, wie dem Sozio-ökonomischen Panel, zählen in Deutschland Gesundheit, eine glückliche Partnerschaft sowie für andere da zu sein, zu den mit Abstand wichtigsten Zielen im Leben (Statistisches Bundesamt 2006a: 454).

Wie der Bhutan National Development Report des Jahres 2005 zeigt, gibt es Länder, die explizit andere Ziele zur Maxime individuellen Handelns proklamieren und gar zum Staatsziel machen (vgl. den Exkurs).

Exkurs

Exkurs: Gross National Happiness (GNH)

Aus dem Bhutan National Development Report (Royal Government of Bhutan 2005):

- »GNH is being pursued through the four broad platforms of sustainable and equitable socioeconomic development; conservation of environment; preservation and promotion of culture; and enhancement of good governance.« (S. 15)
- »Whether the ultimate objective is GNH or human development, however, the practical strategic focus is on creating an enabling environment for a flourishing of human potential at its fullest. These enabling conditions basically share the same space. At the same time, more detailed elaboration and further exploration of the conceptual framework, subs-

tantive content and intellectual structures of GNH would greatly help in the development of practical guidelines for policy creation, implementation and evaluation to achieve the overall goal. Questions that were once asked about human development are being posed to GNH as it gains increased attention around the world and generates lively debate in the country. Is GNH operational, and can it be operationalised? Does it lend itself to measurement? Can it be planned for and monitored? Can specific policies and programmes be implemented to achieve it?« (S. 18)

- »Gross National Happiness is more important than Gross National Product. The ultimate purpose of government is to promote the happiness of its people« (His Majesty the King, Jigme Singye Wangchuch) (S. 4)

Die Regierung von Bhutan sieht sich mit diesem Konzept in der Tradition des »Human-Development«-Ansatzes, der auf das *capability*-Modell des indischen Ökonomen und Nobelpreisträgers Amartya Sen zurückgeht und ein vieldimensionales Verständnis von Entwicklung vertritt, das über den wirtschaftlichen Aspekt weit hinausgeht (Sen 1999).

Kulturelle Ziele

Es gibt also von Gesellschaft zu Gesellschaft oder auch innerhalb einer solchen in verschiedenen historischen Phasen unterschiedliche Vorstellungen darüber, welche (Zwischen-)Ziele zur mittelbaren Befriedigung der Grundbedürfnisse angestrebt werden sollen (vgl. Übersicht 5.1). Der amerikanische Soziologe Robert K. Merton spricht in diesem Zusammenhang von den *kulturellen Zielen* (1995: 128). Es hängt also von den gesellschaftlichen Verhältnissen ab, was konkret als anerkannt und erstrebenswert gilt, wobei die dahinter stehenden Grundbedürfnisse als allgemeingültig angesehen werden. Da in einer Gesellschaft über den Kanon der kulturellen Ziele weitgehende Einigkeit herrscht und sie als legitim anerkannt sind, beruhen sie aber nicht auf rein subjektiven Einzelauffassungen.

Legitime oder institutionalisierte Mittel

Das Gleiche gilt für die Frage, wie, d.h. mit welchen Mitteln, kulturelle Ziele angestrebt und erreicht werden können (Merton 1995: 128). Generell dürften Güter, Leistungen und Handlungsweisen, die der Realisierung kultureller Ziele dienen, als erstrebenswert und als etwas, wofür es sich einzusetzen lohnt, betrachtet werden. Wenn diese Mittel nicht unmittelbar verfügbar sind, wird man sie gewinnen wollen. Kulturelle Ziele könnten dann als Zwischenziele erster Ordnung verstanden werden, die die Befriedigung der Grundbedürfnisse befördern. Ein legitimes Mittel, mit dem sich ein kulturelles Ziel erreichen lässt, zu erlangen oder zu verbessern, wäre entsprechend ein Zwischenziel zweiter Ordnung, dem wiederum dafür dienliche Zwischenziele dritter und weiterer Ordnung nachgeordnet sein könnten. Beispielsweise lässt sich das kulturelle Ziel »materieller Wohlstand« (Zwischenziel erster Ordnung) mittels eines hohen Einkommens (Zwischenziel zweiter Ordnung) erreichen. Dafür muss man in einem gut bezahlten Job arbeiten (Zwischenziel dritter Ordnung), für den eine hochqualifizierte Ausbildung (Zwischenziel vierter Ordnung) erforderlich ist.

Übersicht 5.1

Kulturelle Ziele und institutionalisierte Mittel

- *Kulturelle Ziele einer Gesellschaft* sind Objekte, Ressourcen und Zustände, die für *alle* Mitglieder einer Gesellschaft von hohem Wert sind. Dazu gehört etwa wirtschaftlicher Wohlstand oder eine gute Gesundheit.
- *Institutionalisierte Mittel* sind erlaubte Ressourcen zur legitimen Erlangung der kulturellen Ziele. Auf legitime Weise kann man Wohlstand durch selbstständige bzw. nicht selbstständige Arbeit, Börsenspekulation oder auch die Teilnahme an einer Lotterie erlangen, nicht jedoch durch einen Banküberfall.

»Die Definition der *kulturellen Ziele* legt die *Interessen* der Menschen fest: Sie gibt an, was alle Menschen in einer Gesellschaft tun *müssen*, um an soziale Anerkennung und physisches Wohlbefinden zu gelangen. Die Art der *Institutionalisierung der Mittel* regelt die Verteilung der erlaubten und unerlaubten Ressourcen zur Erlangung dieser Ziele und damit: die Verteilung unterschiedlicher Grade von *Kontrolle* über die Mittel, die nötig sind, um an die kulturellen Ziele heranzukommen.« (Esser 1993: 440)

Welche Mittel und Verfahren sind aber legitim und in einer Gesellschaft institutionalisiert? Die Antwort auf diese Frage ist ebenfalls von Gesellschaft zu Gesellschaft und von Epoche zu Epoche verschieden. Geld ist heute als legitimes Mittel der Lebensführung fast universell institutionalisiert. Was jedoch legitime und was illegitime Wege sind, an Geld zu gelangen (siehe Übersicht 5.1), dies wurde und wird unterschiedlich gesehen. Man denke an die Möglichkeit, Glücksspiele zu betreiben. Ein anderes Beispiel: Es war in der DDR ein legitimes und probates, ja bisweilen unverzichtbares Vorgehen, durch Parteizugehörigkeit und Systemloyalität seine Chancen für eine bestimmte berufliche Position zu steigern (Solga 1995: 197 f.). Nach der Wende hat diese Strategie hingegen stark an Relevanz verloren. Die Förderung der individuellen Karriere durch politische Gefälligkeit wird in der Öffentlichkeit sogar eher als illegitimes Mittel beruflichen Fortkommens betrachtet, auch wenn es in der Realität natürlich in der Bundesrepublik ebenfalls nicht bedeutungslos ist.

Die kulturellen Ziele und mehr noch die Zwischenziele zweiter und folgender Ordnung, die Akteure für sich als erstrebenswert ansehen, und die Wege, auf denen sie versuchen, die Grundbedürfnisse zu befriedigen, sind durchaus unterschiedlich. Sie hängen von den jeweils bereits erreichten sozialen und sozialstrukturellen Positionen der Akteure ab. Ein Unternehmer etwa verfolgt das Ziel, einen möglichst hohen Profit mit seiner Firma zu erzielen, während seine Mitarbeiter eine möglichst hohe Entlohnung erreichen oder eine befriedigende Arbeit ausüben wollen. Ein Sportler wird an allem interessiert sein, was seinem sportlichen Erfolg dient, der ihm soziale Anerkennung verschafft. Diese Unterschiede in den konkreten Zwischenzielen von Akteuren in verschiedenen sozialen bzw. sozialstrukturellen Positionen drücken sich nach Esser in einer mehr oder weniger heterogenen *Interessenstruktur* in einer Gesellschaft aus (Esser 1993: 441 f.). Menschen verfolgen unterschiedliche Interessen im Hinblick auf mögliche anerkannte Lebensziele, um durch sie ihre Wohlfahrtsbedürfnisse zu befriedigen.

Akteursspezifische Interessenstruktur

Die prinzipielle Knappheit verfügbarer Ressourcen verlangt eine Regulierung der Formen der Zielverfolgung und der Wahl der Mittel. Damit geht einher, dass Menschen in einer Gesellschaft ein unterschiedliches Ausmaß an Kontrolle über legitime Mittel zur Verfolgung ihrer Ziele besitzen bzw. erreichen können – nicht nur die Interessen, auch die Mittel, sie zu realisieren, variieren akteursspezifisch. Sowohl der Unternehmer wie auch seine Angestellten haben das Ziel, viel Geld zu verdienen, aber der Unternehmer ist in einer Position, die es ihm erlaubt, bei hinreichendem Geschick und Durchsetzungsvermögen größere Mengen davon in seinen Besitz zu bringen als seine Angestellten. Mehr noch: Er hat Macht und Kontrolle darüber, was seine Mitarbeiter verdienen, und kann – zumindest bis zu einem gewissen Grad – seinen Gewinn auf ihre Kosten steigern. Esser spricht daher von einer gesellschaftlichen *Kontrollstruktur*, die beinhaltet, über welche Mittel Akteure in welchen sozialstrukturellen Positionen in einer Gesellschaft verfügen.

Gesellschaftliche Kontrollstruktur

Die in Hradils Definition genannten »allgemein akzeptierten Lebensziele« verweisen auf die »kulturellen Ziele« von Merton. Sie werden auf der einen Seite auf allgemeine menschliche Bedürfnisse zurückgeführt, sind andererseits historisch und gesellschaftlich spezifisch ausgeprägt. Soziale Ungleichheit verweist dann darauf, wo man sich innerhalb der Interessen- und Kontrollstruktur einer Gesellschaft befindet. Davon ist abhängig, wie viel Kontrolle man über den Einsatz von legitimen Mitteln bei der Verfolgung allgemein anerkannter Lebens- oder Wohlfahrtsziele hat. Die dafür notwendigen institutionalisierten Mittel verweisen auf die *Dimensionen sozialer Ungleichheit* und auf die mehr oder minder vorteilhaften Handlungs- und Lebensbedingungen der Mitglieder einer Gesellschaft. Sie werden durch bestimmte Ungleichheitsmerkmale repräsentiert.

Kontrollstruktur und soziale Ungleichheit

5.1.2 Soziale Ungleichheit und Lebenslage

Nach diesen Vorüberlegungen können wir ein genaueres Verständnis davon entwickeln, welche Ziele in einer Gesellschaft als allgemein akzeptiert und erstrebenswert gelten und mit welchen Mitteln sie zu erreichen sind. So sind Wohlstand und soziale Sicherheit in unseren modernen Wohlfahrtsstaaten nach wie vor Ziele von hohem Wert. Sie erlauben, unser Bedürfnis nach Komfort und physischem Wohlbefinden zu befriedigen. Legitime Mittel, diese Ziele zu erreichen, sind eine Schul- und Berufsausbildung als Qualifikation, und Einkommenserwerb in abhängiger Beschäftigung oder Selbstständigkeit.

Aber auch befriedigende soziale Beziehungen in Paargemeinschaften, Familien und Freundschaftsnetzwerken sind zentrale gesellschaftlich geteilte Lebensziele. Sie verschaffen Individuen persönliche Anerkennung, die für ihre Entwicklung wichtig ist und wiederum gewährleistet, dass sie sich unter den Bedingungen einer fortgeschrittenen industriellen Gesellschaft in ihrem Streben nach Wohlfahrt behaupten können (Huinink 1995).

Lebenslage und sozialer Status

Hradil fasst die »Gesamtheit ungleicher Lebensbedingungen eines Menschen, die durch das Zusammenwirken von Vor- und Nachteilen in unterschiedlichen Dimensionen sozialer Ungleichheit zustande kommen«, mit dem Begriff der Lebenslage zusammen (Hradil 2001: 44). Auch dem wollen wir folgen. In unserer Terminologie ist die Lebenslage durch den Teil des sozialstrukturellen Profils von Individuen charakterisiert, der die gesellschaftlich relevanten Ungleichheitsmerkmale (Dimensionen sozialer Ungleichheit) von Akteuren umfasst. Anders ausgedrückt: Die Lebenslage eines Menschen ist durch die Art und die Menge der legitimen Mittel, über die er bei der Verfolgung kultureller Ziele verfügt, bestimmt. Alternativ sprechen wir auch vom *sozialen Status* der Individuen.

Definition

Lebenslage
Gesamtheit der Handlungs- und Lebensbedingungen, die es den Menschen mehr oder weniger gut erlauben, allgemein anerkannte Lebensziele zu verwirklichen (sozialstrukturelles Profil bezogen auf Dimensionen sozialer Ungleichheit). Diese Bedingungen können kulturell bzw. gesellschaftsspezifisch variieren.

Der Lebenslagenbegriff hat eine lange Geschichte. Er wurde von dem österreichischen Philosophen und Ökonomen Otto Neurath (1882–1945) eingeführt, der über aussagekräftige, quantitative Indikatoren möglichst präzise die Lebenssituation und das Versorgungsniveau von Individuen erfassen wollte. In der weiteren Diskussion um den Begriff verstärkte sich die inhaltliche Fokussierung auf den Aspekt des vorhanden Spielraums, »den die äußeren Umstände dem Menschen für die Erfüllung der Grundanliegen bieten, die er bei unbehinderter und gründlicher Selbstbesinnung als bestimmend für den Sinn seines Lebens ansieht«, wie es Gerhard Weißer 1957 formuliert hat (zitiert nach Leßmann 2006: 33).

Hier kann man einen Bezug zum *capability*-Ansatz von Amartya Sen herstellen (vgl. den Exkurs weiter oben). Die Sozialforscherin Ortrud Leßmann sieht eine enge Beziehung zwischen dem Begriff der Lebenslage und Sens Konzept der *capability sets* oder der *Verwirklichungschancen* (Leßmann 2006). In den Worten des indischen Ökonomen und Nobelpreisträgers Armatya Sen selbst:

Lebenslage und die capability sets von Sen

> »*Attention is thus paid particularly to the expansion of the ›capabilities‹ of persons to lead the kind of lives they value – and have reason to value.*« (Sen 1999: 18)

Diesen Zusammenhang haben auch die Verfasser des zweiten Armuts- und Reichtumsbericht der Bundesregierung mit dem Titel *Lebenslage der Menschen in Deutschland* erfasst (BMAS 2005). Sie schlagen ein breites Konzept zur Analyse der Privilegierung und Deprivation von Menschen in der Bundesrepublik vor, das sich nicht allein auf die finanzielle Dimension beschränkt, sondern weitere Dimensionen der Lebenslage, welche die Verwirklichungschancen von Lebenszielen beeinflussen (vgl. Leßmann 2006), einbezieht. Die folgenden Dimensionen der Lebenslage werden in diesem und auch den folgenden Armuts- und Reichtumsberichten explizit behandelt:

Armuts- und Reichtumsbericht

- Einkommen, Vermögen, Überschuldung, Armutsrisiken und Sozialhilfebezug,
- Bildung,
- Erwerbstätigkeit und Arbeitslosigkeit,
- Versorgung mit Wohnraum,
- Gesundheitliche Situation und Pflegebedürftigkeit,
- politische und gesellschaftliche Partizipation.

Der deutsche Sozialstruktur- und Armutsforscher Wolfgang Voges fasst den »übereinstimmenden Kern« unterschiedlicher Lebenslagenkonzepte in der Literatur in den folgenden vier Punkten zusammen:

> »*a) Lebenslagenansätze sind bezogen auf die verschiedenen strukturellen Ebenen der Gesellschaft als Mehrebenenmodelle angelegt. b) Entgegen rein ökonomischen Ansätzen erheben sie den Anspruch der Multidimensionalität. c) Lebenslagen stehen damit auch quer zu den Auseinandersetzungen um objektive versus subjektive oder materielle versus immaterielle Dimensionen von Unter- oder Überver-*

sorgung. d) Schließlich können Lebenslagen nicht einfach in Ursache-Wirkungs-Relationen beschrieben werden. Vielmehr sind Lebenslagen sowohl die Ursache eines bestimmten Ausmaßes an gesellschaftlicher Teilhabe, als auch die Wirkung [...].« (Voges 2002: 263)

Anders als Voges, der auch *subjektive* Dimensionen wie Bewertungen und Zufriedenheiten in den Lebenslagenbegriff einbezieht, fassen wir darunter nur die *objektiven* Aspekte der Lebens- und Handlungsbedingungen, die durch den Status der Individuen in den Dimensionen sozialer Ungleichheit bestimmt sind, die wir in Kapitel 5.2 im Einzelnen einführen. Die subjektive Dimension wird häufig in anderer Weise berücksichtigt. Darauf gehen wir später noch ein (→ Kapitel 5.4).

Der Begriff der *Lebenslage* bezeichnet also die Gesamtheit der ungleichen Handlungs- und Lebensbedingungen, die sich in den Dimensionen sozialer Ungleichheit manifestieren (sozialer Status). Hradil schlägt vor, mit dem Begriff der *sozialen Lage* zusätzlich auf die Determinanten sozialer Ungleichheit zu verweisen, die für das individuelle Ausmaß sozialer Ungleichheit ursächlich verantwortlich sind (vgl. Hradil 2001: 43; → Kapitel 5.3).

Soziale Lage

Die beiden Begriffe werden allerdings von unterschiedlichen Autoren verschieden definiert. So greift Schwenk (1999) in seiner Systematik über »typische« soziale Lagen in der Bundesrepublik Deutschland hauptsächlich auf Dimensionen sozialer Ungleichheit zurück – also auf Merkmale, die eigentlich der Lebenslage zugerechnet werden. Um eine eindeutige Differenzierung zwischen den Begriffen der Lebenslage und der sozialen Lage zu gewinnen, schlagen wir vor, mit dem Begriff der sozialen Lage die *Gesamtheit der Dimensionen und Determinanten sozialer Ungleichheit* zu bezeichnen. Die Lebenslage – als allein auf die Dimensionen sozialer Ungleichheit bezogener Begriff – ist demnach ein Teilaspekt der sozialen Lage.

Definition

Soziale Lage

Sozialstrukturelles Profil eines Individuums bezogen auf die sozialstrukturellen Merkmale der Lebenslage (z. B. Bildung, Einkommen, Macht und Prestige) und die Faktoren, welche die Lebenslage determinieren (z. B. Beruf, Geschlecht oder Nationalität).

Im Sinne dieser Terminologie könnte man den Lagenbegriff noch weiter differenzieren, indem man damit typische Konstellationen sozialstruktureller Profile von Personen oder Personengruppen bezeichnet, die für die Erklärung und Beschreibung ihrer Chancen, allgemein anerkannte Lebensziele zu verfolgen, relevant sind. In dieses Konzept lassen sich alle Dimensionen sowie Ursachenfaktoren sozialer Ungleichheit einbeziehen; es kann daher näher an der konkreten Wirklichkeit der Akteure ansetzen. Wenn man von »Lagen« oder »sozialen Lagen« spricht, ist immer deutlich zu machen, welche Merkmale zur Bestimmung des sozialstrukturellen Profils einbezogen werden.

Lernkontrollfragen

1 Was ist mit der Kontroll- und Interessenstruktur gemeint?
2 Wie hängen allgemeine Grundbedürfnisse, kulturelle Ziele und institutionalisierte Mittel zusammen? Wie verhält sich dazu der Begriff der »Zwischenziele«?
3 Was ist die Kernidee des Lebenslagenkonzepts?
4 Was ist der Unterschied zwischen den Begriffen der Lebenslage und der sozialen Lage?

Infoteil

In seinem Konzept sozialer Ungleichheit ergänzt Esser die Interessen- und Kontrollstruktur um die Ebene der kulturellen Struktur. Sie schlägt sich als Korrelat sozialer Ungleichheit in gruppenspezifischen kulturellen Praktiken, Orientierungen und Verhaltensmustern nieder, ohne selbst eine klare Rangordnung zwischen entsprechenden sozialstrukturellen Gruppen zu bestimmen. Erst die sogenannte Prestigestruktur begründet wieder eine eigene Dimension sozialer Ungleichheit, da sich in ihr die unterschiedliche Bewertung sozialstruktureller Positionen in der Interessen- und Kontrollstruktur ausdrückt, soweit sie in unterschiedlichem Ausmaß mit der Kontrolle über knappe Ressourcen ausgestattet sind. Diese Positionen sind daher in der Gesellschaft auch unterschiedlich stark begehrt. Die Interessen- und Kontrollstruktur, die kulturelle Struktur und die Prestigestruktur bilden bei Esser das System der sozialen Ungleichheit (Esser 1993: 458).

Eine hochinteressante, über den Tellerrand unserer Industriegesellschaften hinaus schauende Analyse der Lebenslage von Menschen und Vorschläge zu ihrer Charakterisierung bietet Amartya Sen in seinem Buch »Development as Freedom« (1999).

5.2 | Dimensionen sozialer Ungleichheit

Ausgehend von der allgemeinen Definition sozialer Ungleichheit und der Lebenslage nach Hradil schauen wir uns nun an, in welchen Erscheinungsformen uns Erstere begegnet. Wir stellen eine Systematik von Dimensionen sozialer Ungleichheit vor, in denen sich ungleiche Lebens- und Handlungsbedingungen der Menschen auf verschiedene Weise äußern und die in der Summe ihre Lebenslage kennzeichnen. Gleichzeitig vermitteln wir einige Informationen zur sozialen Ungleichheit in der Bevölkerung der Bundesrepublik Deutschland und erläutern dabei, wie verschiedene Dimensionen sozialer Ungleichheit empirisch erfasst werden können.

Definition

Dimensionen sozialer Ungleichheit
Persönliche oder strukturbedingte Merkmale, welche die Erscheinungsformen ungleicher Lebens- und Handlungsbedingungen (Lebenslage) der Menschen charakterisieren (etwa das Einkommen oder das soziale Prestige einer Person).

5.2.1 | Eine Systematik von Dimensionen sozialer Ungleichheit

In einer instruktiven Übersicht hat Hradil Dimensionen sozialer Ungleichheit in drei Gruppen unterteilt. Zu diesem Zweck ordnete er sie unterschiedlichen Bedürfnisgruppen zu, die den Verweis auf allgemein akzeptierte Lebensziele erlauben (Hradil 1987: 147). Wir folgen diesem Modell, nehmen aber einige Änderungen und Ergänzungen vor. Der folgende Vorschlag umfasst mehr Ungleichheitsmerkmale, als es die gängigen Lebenslagenmodelle tun (→ Kapitel 5.1.2). Gleichwohl steht dieses erweiterte Konzept voll und ganz in Einklang mit der Idee der Lebenslage, die durch die Möglichkeiten, individuell zu handeln und allgemein anerkannte Lebensziele zu verwirklichen, gekennzeichnet ist.

Übersicht 5.2

Dimensionen sozialer Ungleichheit

Bedürfnisse/Lebensziele	Dimensionengruppe	Dimensionen sozialer Ungleichheit (Ungleichheitsmerkmale)
Wohlstand	Ökonomische Dimensionen	(Aus-)Bildung und Wissen Einkommen, Vermögen, materieller Besitz
Sicherheit Gesundheit	Wohlfahrtsstaatliche Dimensionen	Soziale Absicherung Erwerbschancen Gesundheitsrisiken Arbeitsbedingungen Freizeitbedingungen Wohn(umwelt)bedingungen
Integration Soziale Anerkennung	Soziale Dimensionen	Soziale Beziehungen Machtstellung und sozialer Einfluss Diskriminierungen und soziale Privilegien Soziales Prestige
Autonomie Selbstverwirklichung	Emanzipatorische Dimensionen	Soziale Rollen Selbstbestimmungschancen Gesellschaftliche Partizipation

Vier Gruppen von Dimensionen sozialer Ungleichheit

Unsere Gliederung unterscheidet vier Gruppen von Dimensionen sozialer Ungleichheit:

- die sogenannten *ökonomischen* Dimensionen: Sie beinhalten das Ausmaß, in dem Akteure über materielle und wissensbezogene Ressourcen verfügen;
- die sogenannten *wohlfahrtsstaatlichen* Dimensionen: Sie verweisen auf unterschiedlich starke erwerbsbezogene und andere soziale Chancen im Lebenslauf, ein unterschiedliches Ausmaß der sozialstaatlichen Absicherung sowie mehr oder weniger vorteilhafte infrastrukturelle Lebensbedingungen;
- die sogenannten *sozialen* Dimensionen: Sie heben auf soziale Aspekte individueller Handlungsbedingungen ab, wie die Einbettung in soziale Beziehungsstrukturen, Macht und sozialer Einfluss von Akteuren innerhalb derselben sowie das Ausmaß sozialer Anerkennung;
- die sogenannten *emanzipatorischen* Dimensionen: Sie betonen Ungleichheit bezüglich der Möglichkeiten, persönliche Emanzipation und individuelle Autonomie zu erreichen und am gesellschaftlichen Willensbildungsprozess teilzuhaben.

Diese vier Gruppen sind nicht vollkommen trennscharf zu konstruieren. Sie verweisen aber auf Aspekte sozialer Ungleichheit und damit verbundene Bedürfnisse bzw. Lebensziele, die sich analytisch klar unterscheiden lassen. Es ist nicht ganz zufällig, dass sie mit den Bedürfnisklassen korrespondieren, die in der Theorie des Psychologen Abraham Maslow (1954) gemäß ihrer Bedeutung in Form einer Pyramide hierarchisch geordnet sind: Es beginnt mit den physiologischen- und Sicherheitsbedürfnissen (Hunger, Durst und Schutz), nach deren Befriedigung Bedürfnisse nach sozialen Beziehungen und Liebe relevant werden (Defizitbedürfnisse). Zu den nachgeordneten Wachstumsbedürfnissen zählt Maslow sogenannte Individualbedürfnisse, wie das Streben nach sozialer Anerkennung und persönlicher Unabhängigkeit sowie das Bedürfnis nach persönlicher Selbstverwirklichung. Wie man schnell erkennt, lässt sich jedoch keine einfache Analogie herstellen, da insbesondere die ökonomischen Dimensionen sozialer Ungleichheit schon weit über die Mittel für rein physisches Überleben hinausgehen.

Maslows Bedürfnishierarchie

Hradil geht nicht zu Unrecht davon aus, dass sich das Spektrum allgemein anerkannter Lebensziele in unserer Gesellschaft während der letzten Jahrzehnte über die »klassischen« ökonomischen Dimensionen hinaus vergrößert hat, ohne dass diese ihre Bedeutung eingebüßt haben (Hradil 1987: 146). Viele der anderen Dimensionen sind erst in »fortgeschrittenen« Industrieländern virulent geworden (→ Kapitel 5.4). Allerdings kann man argumentieren, dass immer schon alle hier genannten Dimensionen für die Lebens- und Handlungsbedingungen der Menschen eine Rolle gespielt haben. Sie sind eher nur unterschiedlich stark im gesellschaftlichen Bewusstsein verankert gewesen.

Spätestens jetzt stellt sich grundsätzlich die Frage, in welcher Beziehung die verschiedenen Dimensionen sozialer Ungleichheit zueinander stehen. Ist die ökonomische Dimension immer die entscheidende für die Lebenslage insgesamt? Wie unabhängig sind die einzelnen Dimensionen voneinander? Kann man Nachteile bezogen auf eine Dimension durch Vorteile in anderen ausgleichen? Antworten auf diese Fragen sind für das Verständnis und die Erklärung sozialer Ungleichheit von zentraler Bedeutung. Wir werden daher darauf ausführlicher zurückkommen (→ Kapitel 5.3 und 5.4). An dieser Stelle wollen wir nur noch zwei für die folgenden Betrachtungen wichtige Begriffspaare einführen (→ Kapitel 2.2.2).

Das erste Begriffspaar bezieht sich auf die Frage, wie stark verschiedene Dimensionen sozialer Ungleichheit zusammenhängen. Wenn einige oder gar alle der Dimensionen sozialer Ungleichheit miteinander positiv korrelieren, d.h., dass ein Akteur oder eine Gruppe von Akteuren, die bezogen auf eine Dimension eine hohe Statusposition besitzen, auch bezogen auf allen anderen Dimensionen privilegiert sind, sprechen wir von einer *Statuskonsistenz*. Machtfülle ginge dann mit einem hohen Einkommen und dieses wiederum mit hohem Bildungsniveau, hohem Sozialprestige, sehr guten Arbeitsbedingungen und schließlich auch mit hohen Chancen, am politischen Willensbildungsprozess zu partizipieren, einher. Kurz: Die Hand-

Statuskonsistenz

lungs- und Lebensbedingungen wären in jeder Hinsicht für das Erreichen allgemein anerkannter Lebensziele förderlich.

Statusinkonsistenz

Trifft dieser Sachverhalt nicht zu und gehen hohe Statuspositionen bezogen auf eine Dimension mit niedrigen Statuspositionen in anderen Dimensionen einher, spricht man von *Statusinkonsistenz*. Die Lebenslage von Menschen ist dann durch Widersprüche gekennzeichnet. Vorteilhaften Lebensbedingungen auf der einen Seite stehen nachteilige Bedingungen, Risiken und Gefährdungen auf der anderen Seite gegenüber. Der Trainer eines Bundesligavereins etwa mag ein hohes Einkommen haben, muss aber immer den Verlust seines Jobs fürchten, ganz zu schweigen von den Arbeitsbedingungen. Man kann davon ausgehen, dass er einen langen Arbeitstag hat.

Zuweisungsmodi von Statuspositionen

Das zweite Begriffspaar bezieht sich auf die Frage, wie man Statuspositionen in einzelnen Dimensionen, also die Kontrolle oder Verfügbarkeit über individuelle Fähigkeiten, Einkommen und Vermögen, soziale Beziehungen, Macht und Prestige erlangen kann. Das geschieht auf verschiedene Weise. Man kann sie einerseits gleichsam in den Schoß gelegt bekommen, ohne dafür viel tun zu müssen, d. h. durch Zuschreibung erlangen (*Statuszuschreibung*). Kompetenzen und Talente mögen angeboren sein, materielle Güter kann man von seinen Eltern erben, institutionelle Vorschriften und Normen mögen die Vergabe von und den Zugang zu Statuspositionen regeln. Andererseits lassen sich Statuspositionen von den Akteuren als typische Zwischenziele individuellen Strebens durch eigene Anstrengung erwerben (*Statuserwerb*). Die Ausbildung oder die berufliche Karriere sind heute in deutlich stärkerem Maße Ausdruck individueller Leistung, als das noch vor 100 Jahren der Fall war.

In den Statuszuweisungsprozessen sind häufig beide Prinzipien virulent. Statuszuschreibung, die vor der Industrialisierung die Regel war, ist auch in unserer Gesellschaft noch von Bedeutung und an vielen Stellen wirksam. Die schon zitierten Determinanten sozialer Ungleichheit spielen dabei eine große Rolle. Die Möglichkeiten, die individuelle Lebenslage eigenständig zu gestalten, haben zwar zugenommen, doch von einer meritokratischen, also der individuellen Leistung gemäßen Verteilung oder Zuweisung von Statuspositionen ist unsere Gesellschaft weit entfernt (→ Kapitel 5.3, 5.5 und 6.1).

Die Sachverhalte der Statuskonsistenz und Statusinkonsistenz sowie die Logik der Statuszuweisung verweisen darauf, dass es Wechselwirkungen verschiedener Art zwischen den ungleichheitsrelevanten Handlungsbedingungen von Akteuren gibt. Die Dimensionen der Lebenslage können eine wechselseitig angeregte »Eigendynamik« entfalten, die für gesellschaftliche Strukturen sozialer Ungleichheit bestimmend ist. Welchen Prinzipien diese Wechselwirkungen unterworfen sind und welche Schlussfolgerungen man daraus ziehen muss, wird in den Kapiteln 5.3 und 5.4 genauer erläutert.

Zusammenfassung

Statuskonsistenz, Statusinkonsistenz und Statuszuweisung
Statuskonsistenz: Akteure besitzen, bezogen auf alle Dimensionen sozialer Ungleichheit, eine ähnlich vorteilhafte bzw. unvorteilhafte Statusposition.
Statusinkonsistenz: Akteure besitzen, bezogen auf manche Dimensionen sozialer Ungleichheit eine vorteilhafte und bezogen auf andere eine unvorteilhafte Statusposition.

Modi der *Statuszuweisung:*

- *Statuszuschreibung:* Statuspositionen sind durch zugeschriebene Ungleichheitsmerkmale bestimmt, kommen Akteuren also ohne deren Zutun zu.
- *Statuserwerb:* Statuspositionen sind durch erworbene Ungleichheitsmerkmale bestimmt, werden von den Akteuren durch eigene Anstrengung und Leistung erreicht (erworben).

Im Folgenden stellen wir einige zentrale Merkmale der in Übersicht 5.2 genannten vier Gruppen von Dimensionen sozialer Ungleichheit vor und präsentieren dazu aktuelle statistische Informationen für die Bundesrepublik Deutschland. Punktuell ergänzen wir wieder Befunde für andere europäische Länder.

5.2.2 | Ökonomische Dimensionen sozialer Ungleichheit

Die erste Gruppe von Dimensionen sozialer Ungleichheit bezieht sich auf Aspekte, denen vorrangig Bedürfnisse nach materiellem Wohlstand zugrunde liegen und die Ressourcen (legitime Mittel) für die Verfolgung auch anderer allgemein anerkannter Lebensziele beinhalten. Hier finden sich die Dimensionen sozialer Ungleichheit, in denen die ökonomischen und bildungsbezogenen Bedingungen einer erfolgreichen Lebensführung besonders erfasst werden: (Aus-)Bildung und Wissen, Geld und Besitz von Gütern (Einkommen und Vermögen).

5.2.2.1 | (Aus-)Bildung und Wissen

Bildung und Ausbildung ist in modernen Gesellschaften eine außerordentlich wichtige, für beruflichen Erfolg und Wohlstand zentrale Ressource von Frauen und Männern. Dazu gehören die kumulierten Bildungs-, Ausbildungs- und Berufserfahrungen, die man unter Anleihe bei der Ökonomie auch unter dem Begriff des *Humankapitals* zusammenfasst (Becker 1964). Der französische Soziologe Pierre Bourdieu (1983) spricht auch vom *institutionali-*

Humankapital

sierten kulturellen Kapital, wenn es darum geht, (marktrelevantes) Wissen in Form von Zertifikaten oder Zeugnissen auszuweisen.

Wir beziehen auch alle weiteren Formen von vermitteltem oder erworbenem Wissen im weiteren Sinne sowie Kompetenzen, angeborene Talente und Fähigkeiten ein. Damit gehen wir über die klassische Definition dieser Dimension sozialer Ungleichheit hinaus, die auf beruflich verwertbare Kompetenzen abhebt. Wir berücksichtigen also die Gesamtheit der individuellen Fähigkeiten und Fertigkeiten zur Problemlösung und Informationsverarbeitung, sei es im Kontext einer beruflicher Tätigkeit zum Zweck des Einkommenserwerbs oder sei es im Kontext anderer Aktivitäten wie der Freizeitgestaltung. Dazu gehören auch Fähigkeiten und Wissensbestände, die nicht in erster Linie dem wirtschaftlichen Erfolg zuträglich sind, sondern ebenso psychisches Wohlergehen und Lebensfreude befördern können. So wird die Fußballbundesliga erst interessant, wenn man über ein entsprechendes Hintergrundwissen zu den verschiedenen Vereinen und Spielern verfügt. Diese umfassenden Wissensbestände bezeichnet Bourdieu als *inkorporiertes kulturelles Kapital* (1983). Bourdieu bestimmt noch eine dritte Art kulturellen Kapitals, das er *objektiviertes kulturelles Kapital* nennt. Darunter versteht er, vereinfacht ausgedrückt, alle materiellen Erscheinungsformen von Wissen und Kultur, wie Bücher, Kunstwerke und andere kulturelle Güter. Der Besitz dieser Formen des kulturellen Kapitals gehört zweifellos zu den ökonomischen Dimensionen sozialer Ungleichheit.

Wissen

Wir stellen nun für den kleinen, aber für die soziale Ungleichheit zentralen Bereich zertifizierter Bildungsabschlüsse einige statistische Befunde für die Bundesrepublik Deutschland vor.

Die Bildungsbeteiligung (Schulbesuch) als Weg, über den ein bestimmter, zertifizierter Bildungsstatus – aber auch Wissen im weiteren Sinne (»Allgemeinwissen«) – erworben wird, hat sich in Deutschland in den letzten Jahrzehnten verändert. Im Zuge der sogenannten Bildungsexpansion in Westdeutschland wurde in den 1960er- und 1970er- Jahren der Zugang zu höheren Schul- und Ausbildungsgängen stark ausgeweitet, ohne das dreigliedrige Schulsystem mit Hauptschule, Realschule und Gymnasium grundlegend zu verändern (Hradil 2001: 157 f.; 176 ff.). Die Erwartung, dass damit nicht nur die Begabungsreserven des Landes besser ausgeschöpft werden, sondern sich auch die Chancengleichheit in der Bildungsbeteiligung erhöht, erfüllte sich allerdings nur begrenzt (→ Kapitel 5.5). In der DDR gab es im Rahmen des »einheitlichen sozialistischen Bildungssystems« die für alle Kinder grundsätzlich obligatorische zehnjährige Polytechnische Oberschule (POS) und die Erweiterte Oberschule (EOS), die in zwei Jahren zum Abitur führte. Der Zugang zur EOS wurde nach einer kurzen Expansionsphase Ende der 1960er-Jahre im Jahr 1971 auf zwölf Prozent eines Jahrgangs zurückgefahren und auf diesem Niveau eingefroren (Huinink/Mayer/Trappe 1995: 100).

Schulbesuch

Abb. 5.1 | *Bildungsabschlüsse der Bevölkerung 2011 nach Alter und Geschlecht*

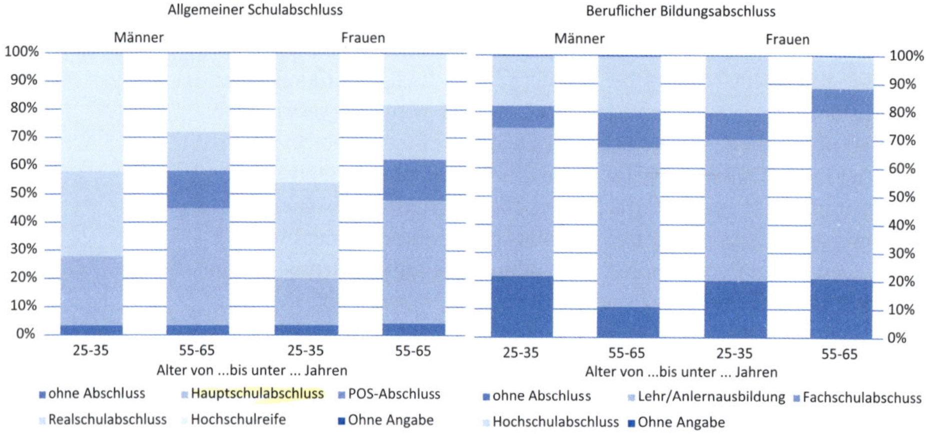

Quelle: Statistisches Bundesamt 2012a: 78, 80; eigene Berechnungen

Die Bildungsexpansion in Westdeutschland spiegelt sich in der Verteilung der Schulabschlüsse in unterschiedlichen Altersgruppen der Bevölkerung nieder, wie im linken Teil der Abbildung 5.1 zu sehen ist. Sie und die folgenden Zahlen sind auf der Basis von Statistiken aus dem Statistischen Jahrbuch 2012 berechnet worden, die auf dem Mikrozensus 2011 beruhen (Statistisches Bundesamt 2012a: 78).

Schulabschluss

Der Hauptschulabschluss hat danach seine dominierende Stellung verloren. Während im Jahr 2011 von den 55- bis 65-Jährigen noch etwa 43 Prozent einen Hauptschulabschluss hatten, traf das für nur noch 20,5 Prozent der 25- bis 35-Jährigen zu – Tendenz fallend. Knapp 44 Prozent der 25- bis 35-Jährigen verfügten dagegen im Jahr 2011 über eine Fachhochschul- oder Hochschulreife. Unter den 55- bis 65-Jährigen erreichten nur 23 Prozent die Fachhochschul- oder Hochschulreife, wobei der Anteil bei den Männern noch um 11 Prozentpunkte höher war als bei den Frauen. Knapp ein Drittel der 25- bis 35-Jährigen absolvierte die Realschule, 30 Prozent der 55- bis 65-Jährigen hatten einen Realschul- oder POS-Abschluss. Letzterer war in der DDR erworben worden. Weniger als 4 Prozent in beiden Altersgruppen hatten keinen allgemeinbildenden Schulabschluss.

Ausbildungsabschluss

Wie die rechte Seite in Abbildung 5.1 zeigt, spiegeln sich die Veränderungen in den Schulabschlüssen nur zum Teil in der Entwicklung der beruflichen Ausbildung wider. Die Angaben dazu sind wieder auf der Basis von Statistiken aus dem Statistischen Jahrbuch 2012 berechnet worden (Statistisches Bundesamt 2012a: 80). Die Lehrausbildung im dualen System ist nach wie vor mit über 50 Prozent die am stärksten genutzte Ausbildungsform, Tendenz leicht fallend. Der Anteil der 25- bis 35-Jährigen mit einem Fachhochschul- oder Hochschulabschluss lag 2011 noch unter der 20 Prozent-Marke, wobei einige Frauen und Männern diesen Alters ein Studium angefangen, aber noch nicht beendet haben dürften und sich der Anteil weiter erhöhen wird. Doch steigt nur bei den Frauen der Anteil der Fachhochschul- oder Hochschulabsolventen zwischen der älteren und der jüngeren Altersgruppe (auf über 20 Prozent) an, während er bei den Männern in beiden Altersgruppen relativ konstant bei knapp unter 20 Prozent liegt. Diese Befunde lassen vermuten, dass nur ein Teil der Personen mit erlangter (Fach-)Hochschulreife tatsächlich ein Studium absolviert. Bei den Männern hat sich dieser Anteil offensichtlich verringert.

Immerhin besaßen 2011 knapp 21 Prozent der 25- bis 35-Jährigen Frauen und Männer noch keinen Abschluss, was, wie schon erwähnt, dadurch bedingt ist, dass noch nicht alle eine begonnene Ausbildung zum Ende gebracht haben. In der älteren Altersgruppe der 55- bis 65-Jährigen fiel der Anteil der Männer ohne Ausbildung deutlich niedriger aus (ca. 10 Prozent). Etwa ein doppelt so hoher Anteil der Frauen dieser Altersgruppe ist dagegen ohne Ausbildungsabschluss geblieben.

Fazit ist, dass die Bildungsungleichheit in Deutschland immer noch hoch ist, dass aber bezogen auf Schulabschluss und Ausbildungsniveau die Frauen in den letzten Jahren nicht nur mit den Männern gleichgezogen, sondern sie sogar überflügelt haben.

Im Vergleich zu anderen Ländern in Europa scheint Deutschland im Hinblick auf die Quote akademischer Abschlüsse, die im Wesentlichen Ausbildungen an Universitäten und Fachhochschulen sowie Fachakademien und Promotionen umfassen (oder die »tertiäre« Ausbildung nach der international standardisierten Klassifikation von Bildungsabschlüssen ISCED; vgl. Statistisches Bundesamt 2012b: 7), hinterherzuhinken. Während im Jahr 2011 für Deutschland unter den 25- bis 35-jährigen Frauen und Männern 28 Prozent dieses Niveau erreicht haben, liegt der Anteil in fast allen westeuropäischen Ländern bei 40 Prozent und mehr. Eine Ausnahme ist Österreich mit nur 21 Prozent (Eurostat 2014). Der internationale Vergleich berücksichtigt aber nicht, dass die Ausbildungssysteme in einzelnen Ländern sehr unterschiedlich sind und dass daher eine echte Vergleichbarkeit nicht gegeben ist. Das duale System der beruflichen Bildung, wie es in Deutschland oder Österreich existiert, gibt es anderen Ländern zum Beispiel in dieser Form nicht.

5.2.2.2 Einkommen und Vermögen

Einkommen sowie Vermögen bilden die wesentliche Grundlage für materiellen Wohlstand und haben in vielfältiger Weise Einfluss auf die Möglichkeiten, auch nicht materielle Lebensziele zu befriedigen. Man mag im Detail darüber streiten, wie weitgehend sich die Chancen von Akteuren, ihre Ziele zu verwirklichen, auf ihre finanzielle Ausstattung zurückführen lassen. Dass diese eine zentrale Bedeutung hat, dürfte aber unbestritten sein. Die Tatsache, über wie viele materielle Ressourcen jemand verfügt, hat direkte oder indirekte Auswirkungen auf zahlreiche andere Dimensionen sozialer Ungleichheit. Einkommen und Vermögen tragen zur sozialen Absicherung der Menschen bei und mildern die Folgen vorübergehender Arbeitslosigkeit ab. Sie vergrößern die Chancen zu sozialer Teilhabe, fördern die Bemühungen, soziales Ansehen zu erlangen und erweitern die Spielräume für gesellschaftliche Partizipation (→ Kapitel 5.4).

Einkommensarten

Die wichtigsten Einkommensarten bzw. Einkommensquellen sind:

- Einkommen aus unselbstständiger Arbeit (*Erwerbseinkommen*),
- Einkommen aus Unternehmertätigkeit,
- Einkommen aus Vermögen, also Einnahmen aus Vermietung, Zinsen und Dividenden (*Besitz- oder Kapitaleinkommen*),
- Einkommen aus öffentlichen Einkommensübertragungen oder öffentliche *Transfereinkommen* (Kindergeld, Wohngeld, Arbeitslosengeld, Sozialhilfe, Renten, Pensionen) und
- Einkommen aus nichtöffentlichen Transferzahlungen (Werks- und Betriebsrenten, privaten Transfers, Unterhaltszahlungen u. a.).

Einkommen können bezogen auf unterschiedliche Zeiträume (Monat, Jahr) bestimmt werden. Man unterscheidet zwischen dem *persönlichen Einkommen* einzelner Individuen und dem *Haushaltseinkommen.* Das *persönliche Bruttoeinkommen* ergibt sich aus der Summe aller Beträge, die ein Individuum aus den genannten Einkommensquellen erwirtschaftet oder erhalten hat. Das *persönliche Nettoeinkommen* wird berechnet, indem die direkten Steuern und Sozialbeiträge, die jemand gezahlt hat, abgezogen werden.

Das *Haushaltsbruttoeinkommen* ist demgemäß die Summe der Bruttoeinkommen aller Haushaltsmitglieder zuzüglich aller weiteren an den Haushalt als ganzen – und nicht an die einzelnen Haushaltsmitglieder – adressierten Zahlungen und Erträge, wie das Kindergeld oder Wohnungsbeihilfen. Zum Haushaltsbruttoeinkommen werden seit 2005 auch »unterstellte Einkommen aus eigengenutztem Wohneigentum und Vermögenseinkommen aus Versicherungsverträgen, Erstattungen privater Krankenversicherungen sowie Beihilfezahlungen und Unterstützungen im Krankheitsfall« gezählt (Statisches Bundesamt 2006b: 5). Wenn man diese Beträge im Haushaltsbruttoeinkommen berücksichtigt, erhält man nach Abzug der direkten Steuern, der Pflichtbeiträge zur Sozialversicherung sowie regelmäßiger privater

Transferzahlungen das *verfügbare Einkommen;* dies ist das heute insbesondere in der europäischen Berichterstattung benutzte Konzept. Berücksichtigt man diese Beträge nicht, erhält man nach Abzug der direkten Steuern, der Pflichtbeiträge zur Sozialversicherung sowie regelmäßiger privater Transferzahlungen das *Haushaltsnettoeinkommen;* dieses Konzept wurde früher ausschließlich verwendet.

Im Folgenden stellen wir einige Befunde zur Einkommens- und Vermögensverteilung vor. Wir werden überwiegend möglichst aktuelle, vom Statistischen Bundesamt veröffentliche Zahlen verwenden. Dabei handelt es sich zumeist um Ergebnisse der Einkommens- und Verbrauchsstichprobe (Statistisches Bundesamt 2012c) und der EU-SILC-Befragung (European Union Statistics on Income and Living Conditions; Statistisches Bundesamt 2012b). Zu bedenken ist, dass andere Datenquellen (Einkommens- und Verbrauchsstichprobe, Mikrozensus, Sozio-ökonomisches Panel, Volkswirtschaftliche Gesamtrechnung, Laufende Wirtschaftsrechnungen) durchaus zu abweichenden Ergebnissen kommen können. Dieser Umstand und die Veränderung von Berechnungsgrundlagen in einigen Studien haben dazu beigetragen, dass die Einkommens- und Armutsberichterstattung nicht besonders übersichtlich ausfällt.

Einkommensniveau

Die Einkommen haben sich in Deutschland seit den 1950er-Jahren stark erhöht. Damit ging eine enorme Steigerung des durchschnittlichen materiellen Wohlstandsniveaus und damit auch des Lebensstandards in der alten Bundesrepublik und – in deutlich geringerem Ausmaß – in der DDR einher. Gleichzeitig nahm vor der Vereinigung das Wohlstandsgefälle zwischen den beiden deutschen Staaten kontinuierlich zu (Geißler 2014: 60). In Ostdeutschland ist auch heute das Einkommensniveau noch deutlich niedriger als in Westdeutschland. Die Schätzungen der laufenden Wirtschaftsrechnung des Statistischen Bundesamtes weisen bundesweit für das Jahr 2011 ein durchschnittliches Haushaltsnettoeinkommen von 2 988 EUR aus. Im früheren Bundesgebiet (ohne Berlin) lag es danach bei 3 144 EUR und in den neuen Bundesländern (inkl. Berlin) bei 2 424 EUR (Statistisches Bundesamt 2013a: 13, 15, 17).

In der Tabelle 5.1 finden sich Angaben zum monatlichen Haushaltsnettoeinkommen verschiedener Haushaltstypen und Bevölkerungsgruppen für das Jahr 2008. Die Zahlen sind auf Basis der Daten der Einkommens- und Verbrauchsstichprobe des Statistischen Bundesamts geschätzt worden. Die durchschnittlichen monatlichen Haushaltsnettoeinkommen unterscheiden sich erheblich nach Haushaltstyp, Geschlecht sowie »sozialer« Stellung und dem Erwerbstatus des Haupteinkommensbeziehers bzw. der Haupteinkommensbezieherin im Haushalt. Letzterer bzw. Letztere ist die Person mit dem höchsten Beitrag zum Haushaltsnettoeinkommen (Statistisches Bundesamt 2012c: 7). Das durchschnittliche Haushaltsnettoeinkommen stieg mit der Haushaltsgröße an. Waren die Haupteinkommensbezieher Beamte und Selbstständige, lag im Jahr 2008 das durchschnittliche Haushaltsnettoeinkommen bei deutlich über 4 000 Euro. In Haushalten, in denen der Hauptverdiener oder die Hauptverdienerin Arbeiter war, betrug es lediglich 3 000 Euro. Die Einkommen von Haushalten Arbeitsloser oder auch Studierender sind besonders niedrig. Dieser Vergleich ist allerdings irreführend, wenn man Genaueres über die finanzielle Situation der Haushalte aussagen will, weil das Haushaltseinkommen von der Zahl der Einkommensbezieher abhängt und diese, wie auch die Haushaltsgröße, systematisch zwischen den Gruppen variieren dürfte (vgl. Übersicht 5.4).

Tab. 5.1

Monatliche durchschnittliche Haushaltsnettoeinkommen im Jahr 2008 in Deutschland nach Geschlecht und der beruflichen Stellung bzw. dem Erwerbsstatus des Haupteinkommensbeziehers bzw. der Haupteinkommensbezieherin

Quelle: Statistisches Bundesamt 2012c: 32.

	Haushaltsnettoeinkommen im Monat (in Euro)
Geschlecht der Haupteinkommensbezieher/-innen	
Insgesamt	2 914
Männlich	3 426
Weiblich	2 146
Haushaltstyp	
Allein Lebende/r	1 726
Paare ohne Kinder	3 387
Paare mit Kindern	4 191
Alleinerziehende/r	1 943
Sonstige Haushalte	4 229
Soziale Stellung der Haupteinkommensbezieher/-innen	
Erwerbstätige/r	3 500
Selbstständige/r	4 181
Darunter:	3 764
Landwirt/in	3 420
Arbeitnehmer/in	4 366
Darunter:	3 484
Beamter/Beamtin	3 058
Angestellte/r	
Arbeiter/in	
Nichterwerbstätige/r	2 075
Darunter:	1 194
Arbeitslose/r	2 117
Rentner/in	4 322
Pensionär/in	1 078
Student/in	

Einkommensungleichheit

Mit der Relevanz des Einkommens für die Lebensführung der Menschen korrespondiert die Bedeutung der Einkommensungleichheit für das gesamte Gefüge der sozialen Ungleichheit. Wie sich diese statistisch darstellen lässt, zeigt Übersicht 5.3.

Übersicht 5.3

Messung der Einkommensungleichheit

Einkommensungleichheit lässt sich auf unterschiedliche Weise darstellen. Wir nennen drei Verfahren, die auf verschiedene Arten von Einkommen anwendbar sind:

1. Die Verteilung des Einkommens in der Bevölkerung nach Einkommensgrößenklassen;
2. Einkommensanteile von Quantilen der Einkommensverteilung einer Bevölkerung:
   Einkommens*quintile*: die ersten (ärmsten), zweiten, dritten, vierten und fünften (reichsten) Fünftel der nach dem Einkommen geordneten Bevölkerungsmitglieder;
   Einkommens*dezile*: die ersten (ärmsten), zweiten, ..., zehnten (reichsten) Zehntel der nach dem Einkommen geordneten Bevölkerungsmitglieder;
   Quintilsverhältnis oder *S80/S20-Rate*: das Verhältnis der Einkommensanteile des obersten und des untersten Einkommensquintils zueinander;
3. Gini-Koeffizient:
   Der Gini-Koeffizient liegt zwischen 0 (keine Ungleichheit) und 1 (maximale Ungleichheit). Je größer der Koeffizient ist, umso ungleicher sind die Einkommen verteilt.

Abbildung 5.2 verdeutlicht auf der Datenbasis der Einkommens- und Verbrauchstichprobe 2008 den Unterschied der Einkommensverteilung nach Einkommensgrößenklassen zwischen den alten und den neuen Bundesländern. Aus ihr geht hervor, dass in Ostdeutschland ein kleinerer Anteil der Bevölkerung über ein monatliches Haushaltsnettoeinkommen verfügt, das 3 000 Euro überschreitet. In Westdeutschland ist dieser Anteil höher. Umgekehrt sind die niedrigeren Einkommenspositionen im Osten häufiger vertreten.

Einkommensverteilung

In Westdeutschland sind die Einkommen zwischen 1 500 und 2 000 Euro mit mehr als 14 Prozent besonders stark vertreten. In Ostdeutschland ist die Einkommenskategorie 1 000 bis 1 500 Euro mit knapp 20 Prozent die am häufigsten genannte.

Bei der Analyse der Einkommensungleichheit ist die Frage, ob man persönliche Einkommen oder Haushaltseinkommen betrachtet, von großer Bedeutung. Da man davon ausgeht, dass Personen, die in einem Haushalt zusammenleben, gemeinsam wirtschaften, liegt es nahe, das Haushaltsnettoeinkommen zu betrachten. Augenscheinlich ist es aber nicht sinnvoll, einen Singlehaushalt und eine fünfköpfige Familie, die über dasselbe Einkommen verfügen, als gleichgestellt zu betrachten. Zur Charakterisierung der Einkommenssituation der Haushaltsmitglieder muss deshalb eine Normierung

Abb. 5.2 | *Verteilung des monatlichen Haushaltsnettoeinkommens 2008 im früheren Bundesgebiet einschließlich Berlin-West und in den neuen Ländern einschließlich Berlin-Ost*

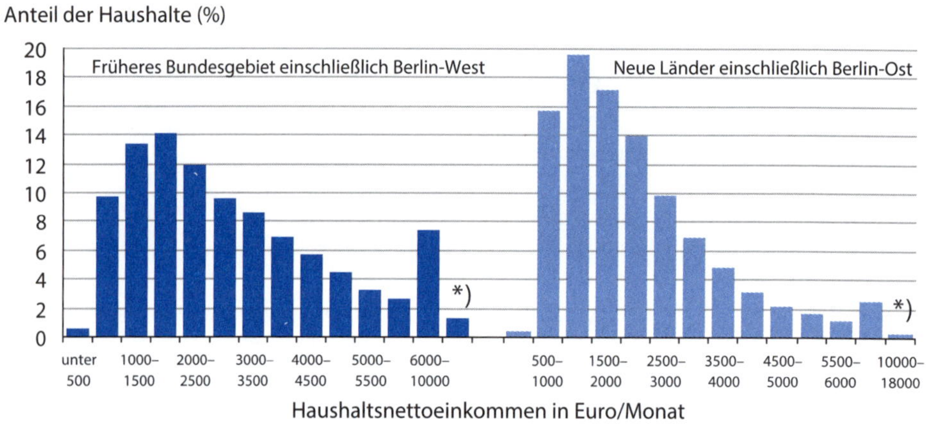

**) Ab 6 000 Euro wurden aus Darstellungsgründen größere Klassenbreiten gewählt.*

Quelle: Statistisches Bundesamt 2012c: 18.

Nettoäquivalenz-einkommen

durch die Haushaltsgröße vorgenommen werden. Dieses geschieht mittels der Berechnung des sogenannten Nettoäquivalenzeinkommens, das auch bedarfsgewichtetes Haushaltsnettoeinkommen genannt wird und vielen Analysen zur Einkommensungleichheit zugrunde liegt (vgl. Übersicht 5.4).

Übersicht 5.4

Nettoäquivalenzeinkommen oder bedarfsgewichtetes Haushaltsnettoeinkommen

Das Nettoäquivalenzeinkommen oder bedarfsgewichtete Haushaltsnettoeinkommen stellt eine Form des Pro-Kopf-Einkommens von Haushalten dar. Das Haushaltsnettoeinkommen wird dabei nicht durch die Zahl der Haushaltsmitglieder geteilt, weil Einspareffekte in Mehrpersonenhaushalten und der unterschiedliche Bedarf von Kindern und Erwachsenen berücksichtigt werden sollen. Die Haushaltsmitglieder erhalten ein Bedarfsgewicht, das auf unterschiedliche Weise festgelegt wird:

- *Alte OECD-Skala:* Die erste erwachsene Person im Haushalt geht mit dem Gewicht 1, weitere Erwachsene mit dem Gewicht 0,7 und Kinder unter 16 Jahren dem Gewicht von 0,5 in die gewichtete Haushaltsgröße ein.
- *Neue (modifizierte) OECD-Skala:* Die erste erwachsene Person im Haushalt geht mit dem Gewicht 1, weitere Erwachsene mit dem Gewicht 0,5 und

Kinder unter 16 Jahren mit dem Gewicht von 0,3 in die gewichtete Haushaltsgröße ein.

Betrachten wir nun das Beispiel eines Haushalts mit zwei Erwachsenen und drei Kindern im Alter von drei, sieben und elf Jahren, der insgesamt über ein Haushaltsnettoeinkommen von 3000 Euro verfügt. Das Nettoäquivalenzeinkommen wird dann wie folgt berechnet.

Berechnung nach der alten OECD-Skala:

$$\frac{3000 \text{ Euro}}{1+0{,}7+3\cdot 0{,}5} = \frac{3000 \text{ Euro}}{3{,}2} = 937{,}50 \text{ Euro}$$

Berechnung nach der neuen OECD-Skala:

$$\frac{3000 \text{ Euro}}{1+0{,}5+3\cdot 0{,}3} = \frac{3000 \text{ Euro}}{2{,}4} = 1250 \text{ Euro}$$

Man kann diese Werte so interpretieren: Wenn ein Einpersonenhaushalt über 937,50 bzw. 1250 Euro verfügt, erreicht er einen vergleichbaren Lebensstandard, wie der Fünfpersonenhaushalt bei einem Haushaltsnettoeinkommen von 3000 Euro. Das zu einem Einpersonenhaushalt äquivalente Pro-Kopf-Einkommen ohne Berücksichtigung von Bedarfsgewichten betrüge nur 600 Euro.

In Abbildung 5.3, deren Angaben wieder auf der Einkommens- und Verbrauchsstichprobe des Statistischen Bundesamts beruhen, wird das Nettoäquivalenzeinkommen der Berechnung der Anteile von Einkommensquintilen zugrunde gelegt, die auch Einkommensungleichheit veranschaulichen. Für das Jahr 2008 gibt es wieder einen Vergleich zwischen den alten und neuen Bundesländern.

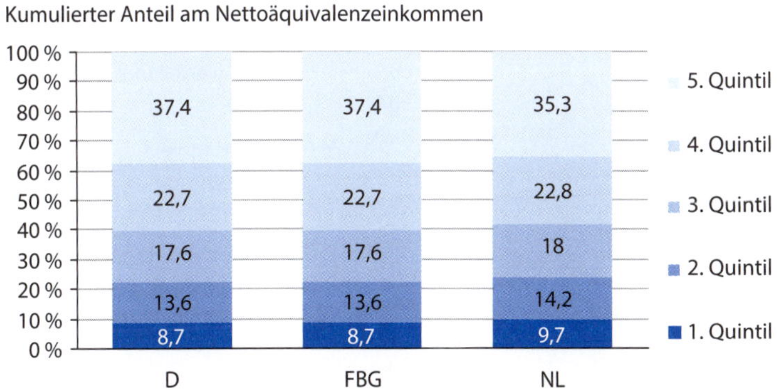

Abb. 5.3

Quintilsanteile am Nettoäquivalenzeinkommen im Jahr 2008 in Deutschland (D), im früheren Bundesgebiet einschließlich Berlin-West (FBG) und in den neuen Ländern einschließlich Berlin-Ost (NL)

Quelle: Statistisches Bundesamt 2012c: 20.

2008 betrug der Anteil des Nettoäquivalenzeinkommens des einkommensschwächsten Fünftels (20 Prozent) der Bevölkerung nach dieser Schätzung nur 8,7 Prozent des gesamten Nettoäquivalenzeinkommens der Bevölkerung in Deutschland. Der Einkommensanteil des einkommensstärksten Fünftels der Bevölkerung umfasste im Jahr 2008 dagegen 37,4 Prozent. Wieder wird ein Unterschied zwischen Ost und West deutlich. Die Einkommensungleichheit war in Ostdeutschland etwas geringer, da der Einkommensanteil des unteren Quintils höher und der Einkommensanteil des oberen Quintils niedriger war als in Westdeutschland. Ein einfacher Indikator dafür ist der Quotient der Einkommensanteile des obersten und des untersten Einkommensquintils, den man auch Quintilsverhältnis oder S80/S20-Rate nennt (Statistisches Bundesamt 2012c: 20). Das Quintilsverhältnis in Westdeutschland war demnach im Jahr 2008 gleich 4,3 und in Ostdeutschland nur 3,6. Das heißt, die Bevölkerung im oberen Einkommensquintil hatte 4,3- bzw. 3,6-mal so viel verdient wie die Bevölkerung im unteren Einkommensquintil.

Quintilsverhältnis

Einkommensungleichheit lässt sich auch mit dem Gini-Koeffizienten erfassen, der nach einem italienischen Statistiker benannt ist. Mit ihm ist die Darstellung von Einkommensungleichheit durch die sogenannte Lorenzkurve verknüpft. Betrachten wir dazu Abbildung 5.4. Darin ist die Lorenzkurve als grafische Veranschaulichung zur Einkommensungleichheit abgebildet. Auf der horizontalen Achse ist der kumulierte Anteil der nach dem Einkommen geordneten Bevölkerung an der Gesamtbevölkerung abgetragen. Die Lorenzkurve gibt für jeden Anteil der jeweils einkommensschwä-

Lorenzkurve

Abb. 5.4 | *Verteilung des Nettoäquivalenzeinkommens in Deutschland 2008 (Lorenzkurve)*

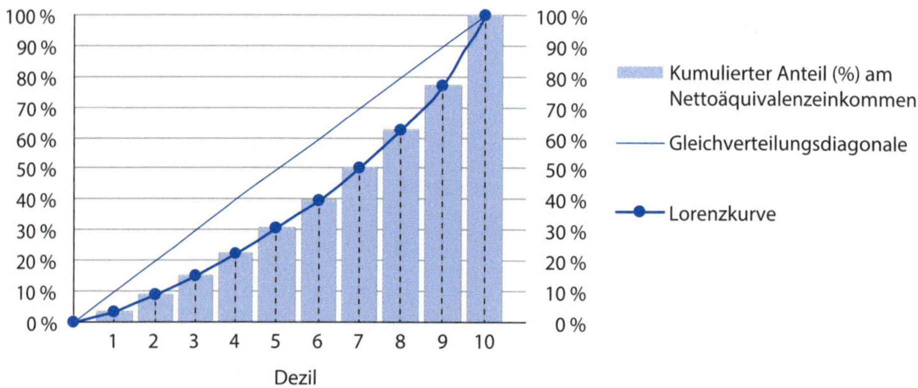

Quelle: Statistisches Bundesamt 2012c: 20.

cheren Bevölkerung an, wie viel Prozent des Nettoäquivalenzeinkommens der Gesamtbevölkerung sie erwirtschaftet hat. Beispielweise verdiente die einkommensschwächere Hälfte der deutschen Bevölkerung (erstes bis fünftes Dezil der Einkommensverteilung) laut Einkommens- und Verbrauchsstichprobe im Jahr 2008 nur 30 Prozent des kumulierten Nettoäquivalenzeinkommens der Gesamtbevölkerung (siehe Abb. 5.4). Im Umkehrschluss verdient die einkommensstärkere Hälfte der Bevölkerung 70 Prozent des gesamten Nettoäquivalenzeinkommens.

Der Gini-Koeffizient ist gleich dem Verhältnis der Fläche zwischen der Lorenzkurve und der so genannten »Gleichverteilungsdiagonale« zu der Fläche des gesamten Dreiecks unterhalb der »Gleichverteilungsdiagonale«. Erhielten alle Mitglieder der Bevölkerung ein identisches Nettoäquivalenzeinkommen, läge die Lorenzkurve auf der »Gleichverteilungsdiagonalen« und der Gini-Koeffizient wäre gleich 0. Würde ein Bevölkerungsmitglied alles und alle anderen Personen nichts verdienen, läge die Lorenzkurve auf der horizontalen Achse. Der Gini-Koeffizient wäre maximal hoch, nämlich gleich 1. Der Wert des Gini-Koeffizienten der Einkommensverteilung, die der Abbildung 5.4 zugrunde liegt, ist gleich 0,28.

Die Ungleichheit der verfügbaren Einkommen hat sich in Deutschland nach einer längeren Stabilitätsphase seit Anfang dieses Jahrhunderts bis 2005 beständig erhöht, scheint aber seitdem nach Auswertungen des Sozioökonomischen Panels gemessen am Gini-Koeffizienten nicht weiter gestiegen zu sein (Grabka/Goebel/Schupp 2012: 7). In der DDR war die Einkommensungleichheit erheblich geringer als heute in Deutschland. Im Jahr 1991 lag der Gini-Koeffizient in Ostdeutschland noch bei 0,208 (Geißler 2014: 77).

Ein anderer Blick auf die Veränderung der Einkommensungleichheit in Deutschland zwischen 1999 und 2010 zeigt, wie sich die monatlichen Bruttoarbeitsentgelte sozialversicherter Vollzeitbeschäftigter mit unterschiedlicher Einkommenshöhe im Jahr 1999 entwickelt haben.

In Abbildung 5.5 wird der prozentuale Lohnzuwachs der vier Einkommensgruppen ab 1999 (Index 1999 = 110 Prozent) gezeigt, die jeweils an der Grenze zwischen dem ersten und zweiten, dem zweiten und dritten usw. Quintil liegen. Das Bruttoarbeitsentgelt ist danach bei den Großverdienern (Grenze 4. zu 5. Quintil) im Beobachtungszeitraum um etwa 25 Prozent gestiegen, während es in der unteren Einkommensgruppe um weniger als 10 Prozent zugenommen hat. »Berücksichtigt man, dass sich die Lebenshaltungskosten im Beobachtungszeitraum um rund 18 Prozent erhöht haben, so mussten die unteren Einkommensgruppen reale Verdiensteinbußen hinnehmen, während die Vollzeitbeschäftigten mit höheren Entgelten noch Reallohnzuwächse verzeichnen konnten.« (DGB 2012: 10) Hier wirkt sich der Lohnrückgang im Niedriglohnsektor aus, der als ein direktes Ergebnis der ab 2003 in Kraft getretenen Hartz-Maßnahmen zur Reduzierung der

Abb. 5.5

Entwicklung der monatlichen Bruttoarbeitsentgelte sozialversicherter Vollzeitbeschäftigter 1999–2010 (in Euro), Index 1999 = 100 Prozent

Quelle: DGB 2012: 11.

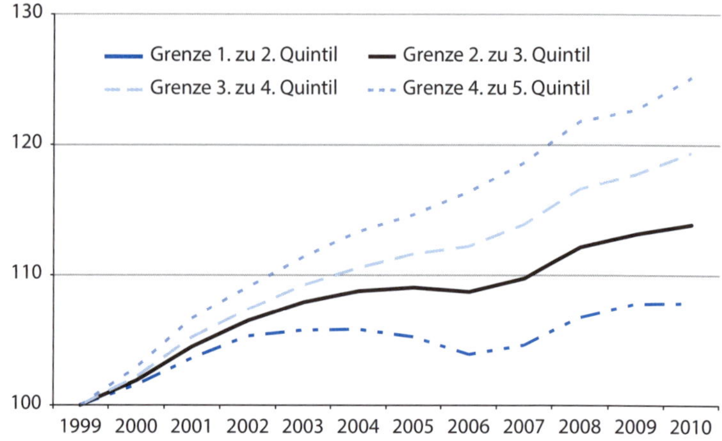

Arbeitslosigkeit anzusehen ist. Die Maßnahmen haben Beschäftigung im Niedriglohnsektor begünstigt (vgl. BMAS 2013: XXII ff.; → Kapitel 6.3).

Die Einkommensungleichheit ist in verschiedenen europäischen Ländern unterschiedlich hoch. Mit den Daten von EU-SILC wird dieser Sachverhalt anhand eines Vergleichs der Quintilsverhältnisse und auch der Gini-Koeffizienten deutlich. Danach betrug das Quintilsverhältnis im Jahr 2011 in Deutschland 4,5 und der Gini-Koeffizient lag bei 0,29 (Statistisches Bundesamt 2012b). Für Spanien mit einem Wert von 6,8, für Lettland mit 6,6, für Bulgarien mit 6,5, für Rumänien mit 6,2 und für Griechenland mit 6,0 wird ein deutlich höheres Quintilsverhältnis geschätzt. Unter den Mitgliedstaten der EU haben Slowenien und die Tschechische Republik mit einem Wert von 3,5 das kleinste Verhältnis der kumulierten Einkommen des einkommensreichsten Fünftels zu den kumulierten Einkommen des einkommensschwächsten Fünftels der Bevölkerung.

Die Befunde zum Gini-Koeffizienten im Jahr 2011 entsprechen ungefähr den Ergebnissen zum Quintilsverhältnis, auch wenn die Reihenfolge der EU-Länder nach der Größe des Gini-Koeffizienten etwas verändert ist. Der höchste Wert mit 0,35 wird für Lettland berichtet, der Wert für Spanien lag bei 0,34. In Slowenien betrug er lediglich 0,24 (Eurostat 2014).

Es gibt Länder, in denen die Einkommensungleichheit sehr viel größer ausfällt als in der EU. Dazu gehören in der Zeit nach dem Jahr 2000 zum Beispiel Chile und Mexiko mit Gini-Koeffizienten (bezogen auf das Nettoäquivalenzeinkommen) von 0,50 bzw. 0,48 und die Türkei mit ein einem Wert von 0,41, wobei für diese Länder kein genaues Bezugsjahr angegeben worden ist (OECD 2011: 67). Es gibt andere Länder, in denen die Einkommensungleichheit sogar noch größer ist (vgl. ILO 2013: 28 ff.).

Einkommensarmut

Die ungleiche Verteilung des Einkommens in der Bevölkerung wird auch anhand eines anderen Sachverhalts deutlich. Gemeint ist die Betroffenheit von monetärer *Armut* bzw. *Einkommensarmut*. Wenn wir im Folgenden von Armut sprechen, meinen wir bis auf Weiteres diese Form materieller Armut. Es gibt unterschiedliche Definitionen dazu, die in Übersicht 5.5 zusammengefasst sind.

Übersicht 5.5

Armutsdefinitionen

Nach dem Lebenslagenkonzept wird Armut umfassender verstanden, als es ein allein am Einkommen festgemachtes Kriterium ausdrücken kann. Dennoch wird – wie auch im Armuts- und Reichtumsbericht der Bundesregierung – in der Regel auf einkommensbasierte Maße zurückgegriffen.

1. *Absolute Armut:* »Personen gelten als »absolut arm«, wenn sie nicht genügend Mittel zum physischen Überleben haben. Die Grenze zur Armut wird hier dann überschritten, wenn die Versorgung unterhalb einer vorgegebenen Schwelle liegt (physisches Existenzminimum), d.h. wenn die Mittel zur Bestreitung des Lebensunterhalts nicht ausreichen.« (BMAS 2005: 6)
2. *Bekämpfte Armut*: Arm ist, wer über ein Einkommen verfügt, das den Mindestbedarf, der einer Person laut Bemessungsgrundlage für das Arbeitslosengeld II und Sozialgeld zusteht (»soziokulturelles Existenzminimum«), unterschreitet.
3. *Relative Armut*: Arm ist, dessen Nettoäquivalenzeinkommen einen bestimmten Anteil des durchschnittlichen Nettoäquivalenzeinkommens in der Bevölkerung unterschreitet. Heute wird meistens die folgende Spezifikation verwendet:
   - Das Einkommen beträgt weniger als 60 Prozent des Medians der Verteilung des Nettoäquivalenzeinkommens in der Bevölkerung (*Armutsrisikogrenze*). Der Median bezeichnet den Wert des Nettoäquivalenzeinkommens, den 50 Prozent der Bevölkerung unter- bzw. überschreiten (*Armutsrisiko- oder Armutsgefährdungsquote*).

Früher übliche Spezifikationen sind:

- Das Einkommen beträgt weniger als 50 Prozent des Durchschnitts des Nettoäquivalenzeinkommens in der Bevölkerung (*Armut*).
- Das Einkommen beträgt weniger als 40 Prozent des Durchschnitts des Nettoäquivalenzeinkommens in der Bevölkerung (*strenge Armut*).

Das Konzept der relativen Armut hat sich in der Armutsberichterstattung in Deutschland und Europa durchgesetzt. Gegenüber dem Konzept der absoluten Armut hat es den Vorteil, dass man damit die Unterschiede im durchschnittlichen Einkommensniveau der Bevölkerung eines Landes berücksichtigt und keine Setzungen vornehmen muss, wie es grundsätzlich auch beim Konzept der bekämpften Armut der Fall ist. Im zweiten Armuts- und Reichtumsbericht wird argumentiert: »In Gesellschaften wie der unseren liegt das durchschnittliche Wohlstandsniveau wesentlich über dem physischen Existenzminimum. Hier ist ein relativer Armutsbegriff sinnvoll, um Problemlagen angemessen zu erkennen. Armut wird als auf einen mittleren Lebensstandard bezogene Benachteiligung aufgefasst.« (BMAS 2005: 6)

International wird seit 2008 als absolute Armutsgrenze ein tägliches Mindesteinkommen von 1,25 US$ (in Preisen von 2005) festgelegt. Gegen Ende des ersten Jahrzehnts im neuen Jahrhundert lebten noch 1,4 Mrd. Menschen unterhalb dieser Einkommensgrenze (UN 2010: 14).

Ausgehend davon, dass für einzelne Länder, angepasst an den dort herrschenden Lebensstandard, ein Mindestbedarf an Geld bestimmt werden kann, der ein menschenwürdiges Leben sichert, wurde in Deutschland ein Betrag festgelegt, der dem Arbeitslosengeld II und dem Sozialgeld (Grundsicherung für Arbeitssuchende nach dem SGB II) sowie der Sozialhilfe (SGB XII) zugrunde liegt. Er ist nicht abstrakt gesetzt, sondern beruht auf einer statischen Schätzung der durchschnittlichen Ausgaben sogenannter Referenzhaushalte für den täglichen Bedarf, die mit Hilfe der Daten der Einkommens- und Verbrauchsstichprobe (Statistikmethode) ermittelt wird. Als Referenzhaushalte zählt man die 15 Prozent einkommensniedrigsten Einpersonen- und 20 Prozent einkommensniedrigsten Mehrpersonenhaushalte, in denen keine Bezieher von Mindestsicherungszahlungen leben und die weitere Kriterien erfüllen (Regelbedarfs-Ermittlungsgesetz – RBEG von 2011). In dem Gesetz wird zwar mit der Bestimmung dessen, was als täglicher Bedarf (regelungsbedarfsrelevante Verbrauchsausgaben) gilt, eine Setzung vorgenommen. Es ist aber gleichzeitig das Grundprinzip des relativen Armutskonzepts darin aufgenommen.

In Deutschland bezogen laut Sozialberichterstattung der Statischen Ämter des Bundes und der Länder Ende 2011 6,1 Mio. Personen Leistungen nach dem SGB II und knapp 0,95 Mio. Personen erhielten Sozialhilfe nach SGB XII (vgl. auch Statistisches Bundesamt 2012d).

Die Zahl derjenigen, die über ein Einkommen unterhalb der Armutsrisikogrenze verfügen, also von relativer Armut betroffen sind, ist größer. Ihr Anteil an der Gesamtbevölkerung, der auch als Armutsrisiko- oder Armutsgefährdungsquote bezeichnet wird, ist in Deutschland von der Jahrhundertwende bis 2005 deutlich und danach nur noch wenig angestiegen (Grabka/Goebel/Schupp 2012: 13).

Laut Schätzungen, die auf den Daten von EU-SILC beruhen, betrug die Armutsgefährdungsquote im Jahr 2011 in Deutschland 15,8 Prozent (Statistisches Bundesamt 2012b), während sie im Jahr 2007 noch 15,2 Prozent betragen hatte (Eurostat 2014). Die Armutsrisikoschwelle lag im Jahr 2011 bei

955 Euro. Andere Datenquellen, wie das Sozio-ökonomische Panel oder der Mikrozensus kommen zu leicht niedrigeren Schätzungen der Armutsrisikoquoten (Grabka/Goebel/Schupp 2012: 13).

Verschiedene Bevölkerungsgruppen sind unterschiedlich stark von Einkommensarmut betroffen. Die Armutsgefährdungsquoten unterscheiden sich vor allem nach dem Erwerbsstatus und dem Haushaltstyp. Aber auch das Alter, das Bildungsniveau und die Nationalität spielen eine Rolle.

In Tabelle 5.2 wird die Armutsgefährdungsquote vor und nach Berücksichtigung von Sozialleistungen für verschiedene Bevölkerungsgruppen gezeigt. Betrachtet man zunächst nur die letzten Spalte (Armutsrisikoquoten nach Sozialleistungen), sieht man, dass Arbeitslose besonders stark von Armut betroffen sind. Das gilt auch für Haushalte von Alleinerziehenden. Große Haushalte, d.h. in der Regel große Familien, sind nur etwas stärker armutsgefährdet als der Durchschnitt. Armut von Familien mit Kindern ist nicht generell ein Problem, sondern vor allem bei Familien mit relativ jungen Eltern anzutreffen (Buhr/Huinink 2011). Auch die ausgewiesene Armutsgefährdungsquote Alleinlebender ist auffallend hoch.

Die alterspezifischen Unterschiede in den Armutsrisikoquoten sind eher moderat. Als eine vergleichsweise stark gefährdete Altersgruppe kann man die 18 bis 28 Jahre alten Frauen und Männer ausmachen, die sich häufig noch in einer Ausbildung oder im Studium befinden, aber schon einen eigenen Haushalt haben. Die zweite besonders gefährdete Gruppe sind die 50- bis 64-Jährigen. Darin spiegelt sich das vergleichsweise hohe Risiko dieser Altersgruppe wider, den Arbeitsplatz zu verlieren und – immer noch – aufgrund des Alters keine neue Stelle zu finden. Arbeitslosigkeit aber macht arm, wie wir sehen konnten. Rentnerinnen und Rentner weisen dagegen eine unterdurchschnittliche Armutsgefährdungsquote auf.

Das unterschiedliche Arbeitslosigkeitsrisiko und die Gefahr, trotz Erwerbsarbeit unter den Armutsrisikogrenze zu bleiben, begründet die hohe Armutsrisikoquote bei den Frauen und Männern mit einem niedrigen Bildungsniveau, die höchstens eine zehnjährige Schulbildung und keine Berufsausbildung haben.

Im Vorgriff auf Darstellungen in Kapitel 6 sei hier schon darauf hingewiesen, dass die staatlichen Sozialleistungen das Armutsrisiko erheblich verringern, wie ein Vergleich der beiden Spalten in Tabelle 5.2 zeigt: im Gesamtmittel von 25,1 Prozent auf 15,8 Prozent. Die sehr hohen Armutsrisikoquoten einzelner Gruppen werden damit aber nur zum Teil erfolgreich bekämpft.

Ein Blick auf die Armutsrisikoquoten anderer Länder in Europa zeigt, dass Deutschland im mittleren Feld liegt. Im Jahr 2011 wurden in Osteuropa (Bulgarien, Kroatien und Rumänien) und in Südeuropa (Griechenland und Spanien) Quoten von mehr als 21 Prozent gemessen. Die Länder mit besonders niedrigen Armutsrisikoquoten sind geografisch nicht so eindeutig zu verorten: Island und Tschechische Republik mit Werten von 10 Prozent, Norwegen mit 10,5 und die Niederlande mit 11 Prozent (Eurostat 2014).

Tab. 5.2

Armut in verschiedenen Bevölkerungsgruppen Deutschlands im Jahr 2011 (in Prozent)

Quelle: Statistisches Bundesamt 2012b: 26.

	Armutsgefährdungsquote bezogen auf den 60 % Median	
	Vor[1] Sozialleistungen	Nach Sozialleistungen
Insgesamt	25,1	15,8
Nach Alter		
Bis 5	33,6	15,6
6 bis 10	32,0	15,0
11 bis 15	34,2	15,8
16 bis 17	30,6	(16,5)
18 bis 24	30,6	19,0
Männer	27,0	16,2
Frauen	34,1	21,8
25 bis 49	24,3	14,6
Männer	23,3	14,3
Frauen	25,3	14,9
50 bis 64	27,4	18,6
Männer	27,8	18,5
Frauen	27,1	18,6
65 und älter	15,4	14,2
Männer	13,3	12,0
Frauen	17,4	16,2
75 und älter	13,6	12,5
Männer	(11,6)	(11,0)
Frauen	15,8	(14,3)
In Haushalten nach dem Haushaltstyp[2]		
Haushalt ohne Kinder	22,4	17,5
Alleinlebende(r)	37,7	32,3
Zwei Erwachsene ohne Kinder, beide unter 65 Jahren	18,4	11,3
Zwei Erwachsene ohne Kinder, mindestens einer unter 65 Jahren	11,8	10,3
Andere Haushalte ohne Kinder	10,6	4,9
Haushalte mit Kindern	28,8	13,7
Alleinerziehende	61,4	37,1
Zwei Erwachsene mit Kind(ern)	24,5	10,5
Zwei Erwachsene mit 1 Kind	20,0	9,8
Zwei Erwachsene mit 2 Kindern	20,1	8,7
Zwei Erwachsene mit 3 und mehr Kindern	43,1	16,2
Andere Haushalte mit Kind(ern)	21,7	(8,9)
Personen ab 16 Jahren		
Insgesamt[3]	23,1	15,2

	Armutsgefährdungsquote bezogen auf den 60 % Median	
	Vor[1] Sozialleistungen	Nach Sozialleistungen
Nach überwiegendem Erwerbsstatus[4]		
Erwerbstätige	14,6	7,7
Nichterwerbstätige	32,3	23,5
Arbeitslose	86,8	67,8
Rentner/innen und Pensionäre/innen	16,2	14,0
Sonstige Nichterwerbstätige	39,9	24,7
Nach Bildungsstatus[5] (höchster erworbener Bildungsabschluss)		
ISCED 0 bis 2 (niedrig)	34,9	24,4
ISCED 3 bis 4 (mittel)	22,9	14,7
ISCED 5 bis 6 (hoch)	12,1	7,7

[1] Regelmäßig gezahlte staatliche Sozialleistungen an den Haushalt oder an einzelne Haushaltsmitglieder. Dazu zählen Kindergeld, Wohngeld, Arbeitslosenunterstützung und Leistungen der Grundsicherung, Waisen- und Witwenrenten, Leistungen im Rahmen von Bildung und Gesundheit sowie alle sonstigen, regelmäßigen staatlichen Sozialleistungen.
[2] Als Kind zählen Personen unter 18 Jahren sowie Personen zwischen 18 und 24 Jahren, die nichterwerbstätig oder arbeitssuchend sind und mit mindestens einem Elternteil zusammenleben.
[3] Personen ab 16 Jahren im Haushalt, die im Rahmen der Befragung einen Personenfragebogen ausgefüllt haben.
[4] Erwerbsstatus, der über einen Zeitraum von mehr als sechs Monaten im Einkommensreferenzjahr galt. In einigen Fällen ist der überwiegende Erwerbsstatus nicht feststellbar. Die Summe der Fallzahlen, die den Vorspaltenpositionen »Erwerbstätige« und »Nichterwerbstätige« zugrunde liegen, summiert sich daher nicht zu 100 % auf, d. h., sie liegt niedriger als die entsprechende Fallzahl in der Position »insgesamt«.
[5] Aktueller Bildungsabschluss nach ISCED – International Standard Classification of Education. ISCED bis 2: Vorschule, Primärschule und Sekundarstufe I, ISCED 3 bis 4: Sekundarstufe II und Post-Sekundarbereich, ISCED 5 bis 6: Tertiärbereich

Betrachten wir zum Abschluss der Darstellungen zu den ökonomischen Dimensionen der sozialen Ungleichheit noch Befunde zur Vermögensungleichheit in unserer Gesellschaft (→ Kapitel 6.1.1.1). Das Vermögen von Personen setzt sich grundsätzlich aus drei Komponenten zusammen: *Geldvermögen* (Spar- und Bausparguthaben, Wertpapiere, Termingeld und angesammeltes Kapital bei Lebensversicherungen), *Immobilien* (Verkehrswert) und *Betriebsvermögen*. Letzteres spielt hier keine Rolle; es werden nur Privatvermögen betrachtet.

Vermögensarten

Das Nettogesamtvermögen (Geld und Grund) ergibt sich aus dem Bruttogesamtvermögen abzüglich der Bau- und Konsumschulden (Statistisches Bundesamt 2010). Nach Schätzungen auf Basis der Daten der Einkommens- und Verbrauchsstichprobe aus den Jahren 2003 und 2008 verfügten Haushalte in den alten Bundesländern im Jahr 2003 über durchschnittlich 136 900 Euro Nettogesamtvermögen, in Ostdeutschland nur über durchschnittlich 54 700 Euro. Im Jahr 2008 waren es 132 000 Euro im Westen und 54 600 Euro im Osten. Zwischen 2003 und 2008 nahmen die Nettogesamtvermögen im Durchschnitt also nicht zu, in der Zeit von 1993 bis 2003 waren sie dagegen stark gestiegen. Schon zuvor, in der Nachkriegszeit ließ sich ein enormes Wachstum der Vermögenswerte beobachten (Geißler 2014: 59ff).

Vermögensungleichheit

In Deutschland gab und gibt es eine sehr starke und über die Zeit zunehmende Vermögenskonzentration, wie der vierte Armuts- und Reichtumsbericht eindrucksvoll zeigt (BMAS 2013). Im Jahr 2008 betrug der Anteil des vermögensstärksten Dezils der Haushalte (vermögensstärkste 10 Prozent) am Gesamtnettovermögen 53 Prozent, während die vermögensschwächsten 50 Prozent der Bevölkerung 1,2 Prozent des Nettogesamtvermögens besaßen (vgl. Tab. 5.3).

Sozioökonomischer Status

Fassen wir zusammen: In einem ungleichen Bildungsniveau sowie in der ungleichen Verteilung materieller Einkommen und Vermögen drückt sich soziale Ungleichheit insofern aus, als Menschen mehr oder weniger bildungs- bzw. wissensspezifische und materielle Ressourcen für die Realisierung ihrer Lebensziele zur Verfügung haben. Man spricht diesbezüglich auch vom ungleichen *sozioökonomischen Status* eines Akteurs, der damit einen bestimmten Teilaspekt des sozialen Status ausmacht. Der sozioökonomische Status hängt in unserer Gesellschaft eng mit der beruflichen Position und der beruflichen Qualifikation eines Akteurs zusammen.

Es sind Skalen entwickelt worden, mit denen der sozioökonomische Status summarisch gemessen werden soll. Dazu gehören zum Beispiel die Skala von Handl (1977), die SES-Skala des US-amerikanischen Bureau of Census oder die internationale Skala des sozioökonomischen Status (ISEI) von Ganzeboom u. a. (1992).

Tab. 5.3

Verteilung des Nettogesamtvermögens

Quelle: BMAS 2013: 465.

Indikator	Jahr		
	1998	2003	2008
Verteilung der Nettovermögen auf die oberen 10 % der Haushalte	45,1 %	49,4 %	52,9 %
Verteilung der Nettovermögen auf die unteren 50 % der Haushalte	2.9 %	2,6 %	1,2 %
Gini-Koeffizient	0.686	0.713	0,748

Wohlfahrtsstaatliche Dimensionen sozialer Ungleichheit

5.2.3

Die zweite Gruppe der Dimensionen sozialer Ungleichheit bezieht sich auf Bedürfnisse bzw. Lebensziele, die den Übergang von der Wohlstands- zur Wohlfahrtsgesellschaft markieren. Sie fokussieren auf Lebensbedingungen, die nachhaltig Lebenskomfort und soziale Sicherheit garantieren. Dabei wird eine zunehmende Bedeutung von Leistungen wohlfahrtsstaatlicher Institutionen und Regelungen offenkundig.

Soziale Sicherung und Erwerbschancen

5.2.3.1

Der Grad der sozialen Absicherung ist unter anderem durch die Erwerbschancen, die Sicherheit des Arbeitsplatzes, Schutz gegen Armutsrisiken, die materielle Absicherung im Fall von Arbeitslosigkeit, Arbeitsunfähigkeit und Krankheit sowie die Qualität der Alterssicherung von Individuen bestimmt. Auf diese Aspekte werden wir in Kapitel 6 noch eingehen, in dem die Bedeutung des Arbeitsmarkts und der wohlfahrtsstaatlichen Institutionen für die Strukturen sozialer Ungleichheit in unserer Gesellschaft behandelt wird. Zum Ausmaß, in dem unterschiedliche Bevölkerungsgruppen von Armutsrisiken betroffen sind, haben wir schon im vorangegangenen Abschnitt informiert.

Gesundheitsrisiken

5.2.3.2

Zahlreiche Studien konnten die ungleiche Verteilung der Gesundheits- und Mortalitätsrisiken in der Bevölkerung belegen. Menschen haben ungleiche Chancen, ein gesundes Leben zu führen (Richter/Hurrelmann 2007, Statistisches Bundesamt 2011, Kap 9.). Damit verbindet sich auch eine unterschiedlich hohe Lebenserwartung (Lampert/Kroll/Dunkelberg 2007). Richter und Hurrelmann (2007) heben als gesicherte Erkenntnis hervor, dass das Ausmaß der Gesundheitsrisiken, denen jemand ausgesetzt ist, eng mit ökonomischen Dimensionen sozialer Ungleichheit verbunden ist. Je höher der sozioökonomische Status eines Individuums ausfällt, desto besser ist sein Gesundheitszustand.

Zusammenhang zwischen Gesundheitsrisiken und sozioökonomischem Status

Warum dies so ist, ist wegen der komplizierten Zusammenhänge nicht bis ins Detail geklärt. So kann man annehmen, dass Akteure mit höherem sozioökonomischem Status eine aufwändigere Lebensführung realisieren können. Mit ihr sind geringere Krankheits- und Sterberisiken verbunden und sie erlaubt, im Krankheitsfall eine bessere Gesundheitsversorgung in Anspruch zu nehmen (*Verursachung besserer Gesundheit*). Doch können umgekehrt eine höhere Morbidität, d.h. größere Krankheitsrisiken oder krankheitsbedingte Behinderungen, die Chancen auf den Erwerb eines höheren sozioökonomischen Status einschränken (*Selektion*). Dieser Zusammenhang ist, so meinen Richter und Hurrelmann, nur adäquat aufzuklären, wenn man der Lebenslaufperspektive folgend ganze Status- und Gesundheitsverläufe untersucht. In Bezug auf beide Bereiche existieren zahlreiche Möglichkeiten der Kumulation oder Kompensation von Risiken und Gefährdungen (vgl. auch Dragano 2007).

5.2.3.3 | Arbeits-, Freizeit- und Wohn(umwelt)bedingungen

Als Teil der Opportunitätsstrukturen (→ Kapitel 3.1) individuellen Handelns bestimmen diese Art von Bedingungen individueller Lebensführung die Gelegenheiten und Beschränkungen bei der Verfolgung individueller Ziele.

Arbeitsbedingungen

Arbeitsbedingungen kann man im Hinblick auf Arbeitszeiten, Arbeitsbelastungen und Sicherheit am Arbeitsplatz und daraufhin unterscheiden, ob die Tätigkeit einseitig oder abwechslungsreich ist, welche Kreativitätsanforderungen es gibt usw. Sie können durchaus quer zu anderen Dimensionen sozialer Ungleichheit liegen. Typisches Beispiel sind die schon angesprochenen langen Arbeitszeiten eines Bundesligatrainers oder eines Topmanagers, die eher wenig Raum für andere Aktivitäten lassen. Fragen des Verhältnisses zwischen der beruflichen und nicht beruflichen Sphäre werden unter der Überschrift der »Work-Life-Balance« soziologisch untersucht. Eine zentrale These, die den Wandel dieser Balance zwischen verschiedenen Lebensbereichen (→ Kapitel 3.2) betrifft, ist die einer zunehmenden »Entgrenzung von Arbeit und Leben« in unserer Gesellschaft (Gottschall/Voß 2005, Hochschild 2006).

In Tabelle 5.4, deren Angaben wir dem Bericht der Bundesregierung über »Sicherheit und Gesundheit bei der Arbeit 2005« entnommen haben, wird für einige konkrete Belastungsfaktoren angegeben, wie stark sich Erwerbstätige in unterschiedlichen beruflichen Positionen (berufliche Stellung; → Kapitel 5.2.3) von ihnen betroffen und wie sehr sie sich durch sie belastet fühlen. Die Angaben beruhen auf einer Befragung von Beschäftigten (BIBB-BAuA Erwerbstätigenbefragung), durchgeführt vom Bundesinstitut für Berufsbildung und der Bundesanstalt für Arbeitsschutz und Arbeitsmedizin 2005/2006.

Die Ergebnisse zeigen, dass Menschen in verschiedenen beruflichen Stellungen (→ Kapitel 5.2.4.2) in unterschiedlichem Maße von Belastungen betroffen sind. Arbeiter sind überdurchschnittlich stark unvorteilhaften Arbeitsbedingungen ausgesetzt. Das Gleiche gilt für unterschiedliche Berufsgruppen (z. B. Bauberufe im Vergleich zu Verwaltungsberufen).

Wohn- und Umweltbedingungen

Neben den Arbeitsbedingungen sind die Freizeit, Wohn- und Umweltbedingungen für die Realisierung der Lebensziele relevant (vgl. Hradil 2001: 300 ff., Statistisches Bundesamt 2011, Kap. 8 und 13). Die Eigentümerquote für Wohnungen lag im Jahr 2010 in Deutschland bei 46 Prozent, wobei sie in Ostdeutschland niedriger als in Westdeutschland ausfiel. Die durchschnittliche Wohnfläche pro Person lag insgesamt bei 45,1 qm, bei Eigentümerhaushalten betrug sie 51,1 qm (Statistisches Bundesamt 2012a: 155). Die durchschnittliche Wohnfläche pro Person sinkt mit der Größe des Haushalts. Sie korreliert außerdem stark positiv mit dem Haushaltseinkommen (Statistisches Bundesamt 2011: 210).

Tab. 5.4

Arbeitsbedingungen und Belastungen nach Wirtschaftszweigen

Quelle: BMAS 2006: 118.

Arbeitsbedingungen und Belastungen dadurch		Arbeiter	Angestellte	Beamte	Selbstständige	Gesamt
Arbeiten im Stehen	1)	82,7	42,6	53,1	53,9	56,4
	2)	28,9	24,8	20,5	20,1	25,7
Arbeiten im Sitzen	1)	24,0	66,4	71,7	59,7	53,3
	2)	17,4	20,1	22,0	18,3	19,6
Arbeit unter Lärm	1)	45,2	14,1	23,2	13,8	24,0
	2)	51,4	56,7	76,8	39,7	54,0
Rauch, Gase, Staub, Dämpfe	1)	28,4	7,5	3,8	12,0	13,9
	2)	61,3	53,6	*	44,1	57,3
Kälte, Hitze, Nässe, Feuchtigkeit, Zugluft	1)	39,4	12,2	13,1	20,5	21,2
	2)	55,9	51,0	48,7	47,2	53,1
Stückzahl, Leistung oder Zeit vorgegeben	1)	41,5	26,5	27,3	27,6	31,1
	2)	42,4	47,0	57,5	41,6	45,1
Starker Termin- und Leistungsdruck	1)	49,6	55,2	57,5	58,4	53,5
	2)	57,6	59,5	72,5	55,5	59,5
Verschiedenartige Arbeiten gleichzeitig betreuen	1)	44,9	65,2	70,9	60,5	58,6
	2)	24,6	26,1	40,5	21,2	26,5
Bei der Arbeit gestört, unterbrochen	1)	34,5	54,4	49,9	38,7	46,0
	2)	56,3	59,9	67,8	59,4	59,8
Konfrontation mit neuen Aufgaben	1)	29,1	41,4	54,1	46,5	39,1
	2)	15,4	15,2	26,6	10,6	15,8
Verfahren verbessern, Neues ausprobieren	1)	17,8	30,2	40,1	38,3	27,8
	2)	–	–	–	–	–
Stichprobengröße		**5969**	**10 300**	**1465**	**1476**	**20 000**

1) Von der Arbeitsbedingung sind ...% betroffen.
2) Davon fühlen sich ...% belastet.
*) Häufigkeit zu klein.

Befunde des zweiten Reichtums- und Armutsberichts zufolge haben Bevölkerungsgruppen mit geringerem sozioökonomischen Status zwar kaum noch unter einer unzureichenden Wohnraumversorgung und Wohnungsausstattung zu leiden, doch leben sie typischerweise in unattraktiveren Wohngebieten mit einer schlechteren Bausubstanz (BMAS 2005: 119). Weitere wichtige Faktoren zur Beurteilung der Wohn- und Umweltbedingungen sind demnach auch die Art, der bauliche Zustand und die Ausstattung von Wohnungen sowie die Wohnlage (infrastrukturelle Verhältnisse am Wohnort und Umweltsituation). Zu den Wohnverhältnissen und den Umweltbedingungen in Deutschland werden regelmäßig Indikatoren erhoben und sozialstrukturell differenzierte Auswertungen vorgestellt, so zum Beispiel auf der Basis des Sozio-ökonomischen Panels des Deutschen Instituts für Wirtschaftsforschung oder den Zusatzerhebungen »Bauen und Wohnen« des Mikrozensus (Statistisches Bundesamt 2012g; vgl. auch Statistisches Bundesamt/WZB 2013: 166f). Mittlerweile veröffentlichen auch die Medien verschiedenartige Darstellungen zu Indikatoren regional unterschiedlicher Lebensqualität (*Lebensqualitätatlas*, *Wohnatlas*).

Freizeitbedingungen

Freizeit, als Zeit, die frei von beruflichen Tätigkeiten und Arbeiten in und um den Haushalt ist, ist attraktiv. In ihr ist es für viele eher möglich, selbstbestimmt zu handeln, als im Beruf – auch wenn in Gesellschaften wie der unsrigen die Freizeit stark von den Angeboten der Konsumgesellschaft geprägt ist. Da die Verfügbarkeit über Freizeit zugenommen hat, ist sie für die Lebensführung immer wichtiger geworden. Aber auch hier gibt es erhebliche Unterschiede in den Möglichkeiten, die eigenen Interessen befriedigend zu verwirklichen. Diese Unterschiede sind daher eine Quelle sozialer Ungleichheit.

5.2.4 Soziale Dimensionen sozialer Ungleichheit

Als dritte Gruppe allgemeiner Lebensziele hatten wir Bedürfnisse nach Integration und sozialer Teilhabe, sozialem Einfluss und sozialer Anerkennung genannt. Hier rückt die Verfügbarkeit und persönlich befriedigende Gestaltung sozialer Beziehungen in den Fokus der Betrachtung.

5.2.4.1 Soziale Beziehungen

Die mehr oder weniger gelungene Integration in Primärbeziehungen (Familie) und soziale Netzwerke anstelle von sozialer Isolation und die Qualität dieser Beziehungen bilden eine wichtige Rahmenbedingung für eine befriedigende Lebensgestaltung. Wir verstehen diesen Aspekt hier in einem umfassenderen Sinne als Hradil, der nur auf die Integration von sozialstrukturellen Gruppen (insbesondere Migranten) in die sozialen Beziehungsnetze der Bevölkerung abhebt (Hradil 1987: 147).

Die Bedeutung sozialer Beziehungen

Soziale Beziehungen sind eine wichtige Quelle von instrumentellen Unterstützungsleistungen und persönlicher Anerkennung; sie begleiten die Menschen durch ihr ganzes Leben. Am Anfang steht die spezifische Form der Eltern-Kind-Beziehung, in der die Eltern das persönliche und soziale Werden des Kindes ermöglichen und begleiten.

Wenn es darum geht, als junger Mensch einen Platz im sozialen Positionengefüge der Gesellschaft zu besetzten, ist man auf Ressourcen anderer Personen angewiesen, also auf Ressourcen, die man nicht durch eigene Anstrengungen gewonnen hat. Ihr Ausmaß hängt vor allem von den wirtschaftlichen, kulturellen und sozialen Bedingungen des Aufwachsens im Elternhaus und damit von den Statuspositionen der Eltern ab. Man kann abkürzend von der *sozialen Herkunft* einer Person sprechen, wenn man sich auf den sozioökonomischen Status und andere relevante Statuspositionen der Eltern bezieht. Je nach sozioökonomischem Status der Eltern wird das Elternhaus Kindern den Zugang zu mehr oder weniger attraktiven sozialen Statuspositionen erleichtern können. Es hat einen großen Einfluss auf die Chancen junger Menschen, in der Gesellschaft anerkannte Lebensziele zu verwirklichen. Die Zusammenhänge zwischen Statuspositionen der Eltern und den Lebens- und Statuserwerbschancen der Kinder, vor allem im Hinblick auf Ausbildung und Beruf, werden als soziale Vererbung bezeichnet und sind Gegenstand der Forschung zur (intergenerationalen) *sozialen Mobilität*, auf die wir in Kapitel 5.5 eingehen.

Soziale Herkunft

Das soziale Unterstützungspotenzial im Elternhaus gehört zu dem, was Bourdieu (1983) oder Coleman (1991) als *soziales Kapital* bezeichnen. Man erkennt den Bezug zum sprichwörtlichen »Vitamin B« oder »Beziehungen« im alltagssprachlichen Sinn. Es steckt sozusagen in den sozialen Beziehungen zu anderen Menschen, die über Güter, Informationen oder Handlungsmöglichkeiten verfügen, welche unter bestimmten Voraussetzungen bei Bedarf »abgerufen« werden können, um sie für eigene Interessen einzusetzen. Soziale Beziehungen (Verwandtschaftsbeziehungen, Freundschaften, Bekanntschaften, persönliche Bindungen) oder die Teilhabe an sozialen Organisationen (z.B. Vereine) ermöglichen so einen Zugang zu Ressourcen, Gütern und Leistungen materieller und nicht materieller Art, die man selbst nicht hat.

Soziales Kapital

Das soziale Kapital als Quelle für potenziell aktivierbare Ressourcen ist daher ein bedeutsamer Bestandteil der Lebensbedingungen von Akteuren. Die Voraussetzung dafür ist, dass die Beziehungspartner bereit und in der Lage sind, Unterstützung zu gewähren. Verpflichtungen und soziale Normen, ein erwartetes Gleichgewicht des Gebens und Nehmens (Reziprozität), Autoritätsverhältnisse oder die Bereitschaft zu altruistischem Verhalten spielen dabei eine wichtige Rolle (Coleman 1991: 395 ff.). Ebenso generieren informelle Beziehungen und die Mitgliedschaft in sozialen Organisationen oder organisierte Kooperation soziales Kapital.

Zusammenfassung

Soziales Kapital

Soziale Ungleichheit bezogen auf soziale Beziehungen bedeutet, über ein unterschiedliches Ausmaß an *sozialem Kapital* zu verfügen. Das heißt unter anderem:

- unter unterschiedlich vorteilhaften wirtschaftlichen, kulturellen und sozialen Bedingungen im Elternhaus aufzuwachsen (»soziale Herkunft«);
- in unterschiedlich hohem Maße durch soziale Beziehungen Zugang zu Ressourcen, Gütern und Leistungen materieller und nicht materieller Art zu bekommen, über die man selbst nicht verfügt;
- in seinem Beziehungsleben ein unterschiedlich hohes Maß an persönlicher Anerkennung zu erfahren.

5.2.4.2 | Macht und sozialer Einfluss

Soziale Beziehungen zwischen Akteuren können »asymmetrisch« sein. Ein Akteur mit sozialem Einfluss oder sozialer Macht genießt Handlungsbedingungen, die ihn in verschiedener Hinsicht privilegieren können, da er Möglichkeiten besitzt, eigene Interessen gegenüber seinen Beziehungspartnern durchzusetzen bzw. diese für seine Interessen zu instrumentalisieren. Max Weber hat den Machtbegriff wie folgt definiert:

Macht bei Max Weber

> *»Macht bedeutet jede Chance, innerhalb einer sozialen Beziehung den eigenen Willen auch gegen Widerstreben durchzusetzen, gleichviel worauf diese Chance beruht.«* (Weber 1972: 28)

Macht kann sehr unterschiedlich begründet sein, sie ist soziologisch amorph, wie Weber sagt. Soziologisch relevanter sind daher die Begriffe der Herrschaft und der Autorität.

> *»Herrschaft soll heißen die Chance, für einen Befehl bestimmten Inhalts bei gegebenen Personen Gehorsam zu finden.«* (Weber 1972: 28)

Herrschaft und Autorität

Den Begriff der Autorität benutzt Weber synonym dazu. Andere sehen im Herrschaftsbegriff eher den institutionellen Aspekt einer asymmetrischen sozialen Beziehung und im Autoritätsbegriff eher den personalen Aspekt thematisiert (Büschges u. a. 1995: 32). Herrschaft bedarf einer institutionellen Regelung, die sie auf einen bestimmten Bereich bezogen legitimiert oder zumindest durchsetzt. Gehorsam ist (ohne den permanenten Einsatz von Zwangsmitteln) gewährleistet, wenn die Untergebenen Herrschaft als legitim anerkennen: Diese Legitimität kann nach Weber auf einer legal gesatzten Ordnung (legale Herrschaft), auf Tradition (traditionale Herrschaft) und auf Hingabe an eine charismatische Führerpersönlichkeit (charismatische Herrschaft) beruhen (Weber 1972: 124).

Büschges u.a. definieren Autorität »als durch freiwilligen Gehorsam gerechtfertigte Macht, die auf dem als legitim geglaubten oder verstandenen Verhältnis von Befehl und Gehorsam beruht«. Autorität kann in besonderen persönlichen Eigenschaften, zuerkannter oder zugewiesener Kompetenz oder Expertenschaft, in der Position oder dem Amt begründet liegen (Büschges u.a. 1995: 32; → Kapitel 5.3.2).

Soziale Ungleichheit heißt bezogen auf diese Dimension, in sozialen Beziehungsstrukturen mehr oder weniger Macht oder Autorität zu haben und eine bestimmte Position im Herrschaftsgefüge einer Gesellschaft zu bekleiden. Soziale Ungleichheit bedeutet hier Ungleichheit bezogen auf sozialen Einfluss sowie auf Kontroll- und Entscheidungsbefugnisse.

Eliten

Akteure, die aufgrund der mit ihren sozialen bzw. beruflichen Positionen verbundenen formalen Befugnisse und Einflussmöglichkeiten über ein besonders hohes Maß an Macht verfügen (Positionsansatz), werden zur gesellschaftlichen *Elite* gezählt (Macht- und Funktionseliten). Sie bekleiden in der Regel Spitzenpositionen innerhalb korporativer Akteure verschiedenster Art und besitzen daher weitreichende Entscheidungsbefugnisse in den Bereichen der funktional differenzierten Gesellschaft wie Politik, Verwaltung, Justiz, Militär, Wirtschaft, Öffentlichkeit (ausführlich dazu Geißler 2014: 131ff; Hartmann 2004).

Berufsstatus

Bezogen auf die Machtposition, die man qua Beruf in einer Hierarchie beruflicher Positionen in einer Arbeitsorganisation bekleidet, spricht man auch vom *Berufsstatus* oder *beruflichen Status* eines Akteurs. Eine Form der Operationalisierung, d.h. der empirischen Messung des Berufsstatus, bietet die seit 1971 erstmalig im Mikrozensus verwendete Klassifikation der *beruflichen Stellung*. Darin unterscheidet man zunächst Arbeiter, Angestellte, Beamte, Selbstständige, freie Berufe, Landwirte und mithelfende Familienangehörige. Innerhalb dieser Teilgruppen wird dann noch einmal eine hierarchische Gruppierung nach dem Ausmaß der Verfügungsgewalt über Dinge und Menschen vorgenommen (Hoffmeyer-Zlotnik/Geis. 2003).

Zusammenfassung

Macht und soziale Ungleichheit

Soziale Ungleichheit heißt bezogen auf die Machtdimension, in sozialen Strukturen mehr oder weniger Entscheidungsbefugnisse und sozialen Einfluss zu haben und eine mehr oder weniger hohe Position im Herrschaftsgefüge einer Gesellschaft zu bekleiden. Sie wird insofern als eine Ungleichheitsdimension betrachtet, als sich soziale oder sozialstrukturelle Positionen nach dem Grad des ihren Inhabern gegebenen Einflusses auf andere Akteure »ordnen« lassen.

5.2.4.3 Diskriminierungen und Privilegierungen

In sozialen Beziehungen erleben wir die Ungleichbehandlung von Mitgliedern bestimmter Bevölkerungsgruppen aufgrund von Vorurteilen, Stigmatisierungen und Diskriminierungen, die sich oft an askriptiven, also zugeschriebenen Merkmalen festmachen. Dazu gehören das Geschlecht, Religion, Migrationshintergrund oder auch eine körperliche oder geistige Behinderung. Wir kommen auf diesen Sachverhalt zurück, wenn wir uns mit den Ursachen und Determinanten sozialer Ungleichheit beschäftigen (→ Kapitel 5.3). Allgemein verweist dieser Sachverhalt auf gesellschaftliche Randgruppen, die von der Mehrheit der Bevölkerung an der gleichberechtigten Teilhabe am gesellschaftlichen Wohlstand gehindert werden oder zu denen der soziale Kontakt gemieden wird.

5.2.4.4 Soziales Prestige

Das *soziale Prestige* ist die soziale Wertschätzung, die jemand durch andere Menschen in einer Gesellschaft erfährt. In der Bevölkerung werden sozialstrukturelle Positionen (und darüber ihre Inhaber) gewissermaßen in eine bestimmte Rangordnung gebracht, die den Grad der sozialen Wertschätzung, die man mit einer solchen Position verbindet, ausdrückt. Im Allgemeinen bezieht sich die Prestige-Analyse auf den Beruf.

Symbolische Dimension sozialer Ungleichheit

Das soziale Prestige stellt eine symbolische Dimension sozialer Ungleichheit dar (Hradil 2001: 275). Es basiert auf sozialen Zuschreibungen, die Akteure sozialstrukturellen Positionen (bzw. deren Trägern) aufgrund damit verbundener Merkmale oder Verhaltensmustern zuweisen. Das Prestige ist in der Regel nicht an konkrete Personen gebunden, sondern haftet sozialstrukturellen Positionen, wie einem bestimmten Beruf, an.

Was beeinflusst das soziale Prestige?

Es gibt zahlreiche Faktoren, die die soziale Wertschätzung einer sozialstrukturellen Position in einer Gesellschaft beeinflussen. Dazu gehören das Ausmaß wirtschaftlich relevanter Kapitalien, über das jemand verfügt, sowie die mit einer sozialstrukturellen Position verbundenen Einkommensmöglichkeiten und die dafür erforderlichen Qualifikationen. Auch spielt eine Rolle, für wie wichtig diese Position mit Blick auf das Funktionieren einer Gesellschaft gehalten und welcher Einfluss Inhabern dieser Position zugemessen wird. Weitere Faktoren sind mit der Vorstellung von wünschenswerten Zielen (»kulturelle Ziele«, → Kapitel 5.1) verbunden, die in verschiedenen sozialstrukturellen Positionen unterschiedlich gut zu erreichen sind. In modernen Gesellschaften gehört dazu insbesondere der Grad an Autonomie, der mit einer sozialstrukturellen Position verbunden ist. Schließlich kann bedeutsam sein, wie nützlich eine soziale Beziehung zu einer Person in einer bestimmten sozialstrukturellen Position sein könnte. Gute Beziehungen zu Personen, die über knappe Güter und hohen sozialen Einfluss verfügen, sind den eigenen Handlungsinteressen dienlich. Deshalb wird solchen Personen eine besondere Wertschätzung zuteil. Vorstellungen zum Prestige sozialstruktureller Positionen werden weitgehend von den Mitgliedern einer Gesellschaft geteilt. Sie sind zudem über die Zeit hin relativ stabil.

Berufsprestige

In der Praxis der Sozialstrukturforschung wird das soziale Prestige von Individuen häufig an ihrem Beruf festgemacht. Man spricht dann auch vom *Berufsprestige*. In der Soziologie sind eine Vielzahl unterschiedlicher Skalen zur Messung des Berufsprestiges entwickelt worden. Zu den wichtigsten gehören in der internationalen Forschung die Treiman-Skala (Treiman 1977) sowie im deutschen Sprachraum die Skala von Scheuch und Daheim (1961) und die Magnitude-Skala von Wegener (Wegener 1985).

Eine einfache Version einer Rangliste von Berufen nach ihrem Prestige erstellt in regelmäßigen Abständen das Institut für Demoskopie Allensbach (vgl. Abb. 5.6). Die Befragten werden gebeten, sich aus einer vorgegebenen Liste von Berufen die fünf herauszusuchen, vor denen sie »am meisten Achtung haben«. Der Arzt steht hier weit vorne mit 82 Prozent der Nennungen, gefolgt von der Krankenschwester und, schon weit abgeschlagen, dem Lehrer.

Abb. 5.6

Die Allensbacher Berufsprestige-Skala 2011

Quelle: IfD 2011: 2.

Soziale Distinktion

Soziales Prestige ist eng mit dem Phänomen der *sozialen Distinktion* verbunden; sie äußert sich in einer auf gegenseitiger sozialer Wertschätzung und Anerkennung beruhenden Ab- und Ausgrenzung sozialstrukturellen Gruppen in der Gesellschaft. Wir sprechen von *Prestigegruppen* (vgl. die Stände bei Weber, → Kapitel 5.4). Ihre Mitglieder zeichnen sich durch eine vergleichsweise hohe Ähnlichkeit in ihrem Denken, ihren Einstellungen und ihren kulturellen Vorlieben und Praktiken aus. Eine vertikale Ordnung von Prestigegruppen ist dabei weniger von Belang, die Abgrenzung ist das Entscheidende.

Statussymbole

Distinktion verlangt *Statussymbole*. Hradil definiert sie als »äußerlich erkennbare Gegebenheiten, die den Prestigestatus eines Menschen anzeigen« (Hradil 2001: 292 f.). Statussymbole haben einen Exklusivcharakter für bestimmte Statusgruppen, sollen also nur für sie erreichbar sein, sei es aus ökonomischen, institutionellen oder anderen Gründen. Hradil nennt als Beispiele Rangabzeichen, Wohngegenden, Haustypen und Wohnungseinrichtungen, Konsumgüter, Ernährungsstile, Lokalitäten (Restaurants u. Ä.), Sprachstile, Kleidung, Sportarten, Gesten, Rituale, Titel. Sie können offiziell eingeführt und damit institutionalisiert sein oder sich informell eingebürgert haben. Außerdem sind sie nicht immer unmittelbar und allen in gleicher Weise zugänglich und bekannt.

Statussymbole geben Orientierung und vermitteln das Gefühl der Zugehörigkeit. Wie kulturelle Symbole generell, so können auch sie als Mittel individueller Identitätssicherung oder -stabilisierung dienen und Handlungssicherheit bieten. Dasselbe Symbol kann eine subgruppenspezifisch unterschiedliche Bedeutung haben. Während beispielsweise einerseits der Mercedes als Symbol für individuellen Erfolg und Reichtum stand, wurde andererseits mit einem abgebrochenen Mercedesstern die Ablehnung des Establishments ausgedrückt.

Statussymbole signalisieren Ungleichheit und eignen sich damit als Machtsymbole und zur Durchsetzung von Machtinteressen. Sie können ihre Bedeutung verändern oder ihre Distinktionsfunktion mit der Zeit verlieren. Der Mercedes als solcher ist heute sicher nicht mehr ein Statussymbol der Reichen, da muss es schon ein besonders exklusives Modell sein. Den Tennissport hat das gleiche Schicksal ereilt, der Golfsport ist ebenfalls dabei, seinen Exklusivstatus zu verlieren.

Statussymbole hoch angesehener Prestigegruppen sind begehrte Güter, auch für andere Teile der Bevölkerung – so erfreuen sich exakte Kopien prestigeträchtiger und teurer Modemarken einer konstant hohen Beliebtheit. Sobald ihre Exklusivität für eine Prestigegruppe nicht mehr gesichert ist, verlieren sie ihre distinguierende Wirkung. So werden Prestigegruppen immer wieder gezwungen, nach neuen Statussymbolen Ausschau zu halten, wenn sie erkennbar und exklusiv bleiben wollen.

Zusammenfassung

Prestige und soziale Ungleichheit
Soziale Ungleichheit ist gemäß der Dimension des sozialen Prestiges durch mehr oder weniger *soziale Wertschätzung* seitens der anderen Mitglieder der Gesellschaft gekennzeichnet. Sie wird insofern als eine Ungleichheitsdimension betrachtet, als sich soziale oder sozialstrukturelle Positionen nach dem Grad des ihren Inhabern gewährten sozialen Ansehens »ordnen« lassen.

Soziales Prestige ist mit *sozialer Distinktion* verbunden; diese äußert sich in einer auf gegenseitiger sozialer Wertschätzung und Anerkennung beruhenden Ab- und Ausgrenzung sozialstruktureller Gruppen in der Gesellschaft und wird durch Statussymbole signalisiert.

Selbstbestimmung und Partizipation | 5.2.5

Die vierte und letzte Gruppe von Dimensionen sozialer Ungleichheit steht für die unterschiedlichen Chancen zu individueller Selbstverwirklichung, Emanzipation, Entfaltung von individueller Autonomie sowie Partizipation an gesellschaftlichen Willensbildungs- und Entscheidungsprozessen.

Soziale Rollen und Selbstbestimmungschancen

Menschen unterliegen in ihrem privaten und beruflichen Umfeld grundsätzlich einer mehr oder minder starken Verhaltenskontrolle. Der Verweis auf soziale Rollen und Selbstbestimmungschancen zielt auf das unterschiedliche Ausmaß ab, in dem man von sozialen Rollenvorgaben (Verhaltens- und Handlungserwartungen) und Einschränkungen selbstbestimmten Handelns im Alltag betroffen ist. Ein besonderes Beispiel dafür sind Berufe, in denen Menschen dazu angehalten sind, ganz bestimmten Verhaltensnormen zu folgen (Arbeitsbedingungen) oder in denen sogar ihre emotionalen Regungen präzisen Vorgaben unterworfen sind. Besonders gilt das für Berufe, die ein hohes Maß an persönlicher Interaktion – wie etwa bei Stewardessen – erfordern (Hochschild 1990). Sie verlangen ein großes Maß an Selbstkontrolle und »Gefühlsarbeit«.

Ein anderes Beispiel ist das unterschiedliche Maß an Verantwortung, das Individuen im Zusammenhang mit familialen Verpflichtungen übertragen ist. Auch wenn die Familie in der modernen Gesellschaft als ein höchst privater und intimer Interaktionsraum verstanden wird, so ist die interne Organisation und Verteilung von Zuständigkeiten von gesellschaftlichen Institutionen in einer Gesellschaft abhängig. Deutlich wird das etwa an dem gesellschaftlichen Verständnis der Mutterrolle, das weitreichende Auswirkungen auf die Möglichkeiten der Lebensgestaltung von Frauen mit Kindern hat. Im privaten Lebensbereich scheint die Relevanz sozialer Rollenerwartungen zwar an Bedeutung zu verlieren. Untersuchungen etwa zur innerfamilialen Arbeitsteilung belegen aber, dass die traditionellen Muster der geschlechtsspezifischen Aufteilung von Tätigkeiten im Haushalt und die höhere zeitliche Belastung der Frauen mit Hausarbeit und Kinderbetreuung immer noch der Normalfall ist. Spätestens dann, wenn ein Kind geboren wird, ist die innerfamiliale Arbeitsteilung nahezu unweigerlich auf dem Weg in die traditionellen Strukturen – mit nur kleinen Unterschieden zwischen West- und Ostdeutschland (Huinink/Röhler 2005).

Gesellschaftliche Partizipation

Die Beteiligung an gesellschaftlichen und insbesondere politischen Willensbildungs- und Entscheidungsprozesse ist in der Bevölkerung ebenfalls sehr unterschiedlich verteilt. Darauf gehen wir in Kapitel 6.3 ein.

5.2.6 | Ein mehrdimensionaler Armutsbegriff: Lebenslagenarmut

Nachdem wir wichtige Dimensionen sozialer Ungleichheit, gegliedert in die in Übersicht 5.2 angegebenen vier großen Bereiche, vorgestellt haben, stellt sich die Frage, ob man nicht eine Erweiterung des Armutsbegriffs vornehmen muss. Neben der Ressourcen- oder Einkommensarmut kann man auf die Unterversorgung oder Deprivation in Bezug auf andere Dimensionen, wie Bildung, Erwerbsbeteiligung und soziale Sicherheit, Wohnsituation, Gesundheit, soziale Integration und soziale Teilhabe als weitere Kennzeichen von Armut verweisen. Alle Aspekte der Lebenslage von Menschen, d.h. alle Dimensionen der sozialen Ungleichheit, lassen sich im Prinzip berücksichtigen. Man spricht dann auch von *Lebenslagenarmut* (Hradil 2001, Groh-Samberg 2009). Für jede Dimensionen sozialer Ungleichheit gilt es dann festzulegen, wo die Armutsschwelle anzusiedeln ist, bei welchem Grad der Unterversorgung man also in Bezug auf diese Dimension als arm zu gelten hat.

Mittlerweile besteht in der Armutsberichterstattung Konsens, dass das eindimensionale Konzept der Einkommensarmut die Bedürftigkeit von Menschen nicht hinreichend gut erfasst (vgl. BMAS 2005, 2013). Viele neuere Armutsstudien zeichnen ein mehrdimensionales Bild von Armut, zu dem neben der Einkommensarmut auch Bildungsarmut, unzulängliche Wohnbedingungen, geringe Erwerbsbeteiligung und schlechter Gesundheitszustand herangezogen werden (vgl. Buhr/Huinink 2011).

Mehrdimensionale Armutskonzepte

Auf internationaler Ebene wird ebenfalls ein umfassenderes Verständnis von sozialstruktureller Deprivation verfolgt. Das Entwicklungsprogramm der UN (UNDP) hat einen mehrdimensionalen Armutsindex entwickelt (UNDP 2011).

Übersicht 5.6

Soziale Ausgrenzung (Social Exclusion)
Eurostat hat für die europäische Armutsberichterstattung ein mehrdimensionales Armutskonzept eingeführt und bezeichnet es als »soziale Ausgrenzung«. Danach ist man sozial ausgegrenzt, wenn eines der drei folgenden Kriterien erfüllt ist:

- man ist einkommensarmutsgefährdet,
- man erfährt gravierende materielle Entbehrungen,
- von den Mitgliedern eines Haushalts im Alter von 18 bis 59 Jahren sind nur 20 Prozent erwerbstätig.

Sozial ausgegrenzt in diesem Sinne wären in Deutschland etwa 20 Prozent der Bevölkerung (Statistisches Bundesamt 2012b: 8 f.).

Die subjektive Zufriedenheit mit der Lebenslage | 5.2.7

Wir haben weiter oben vorgeschlagen, mit dem Begriff der Lebenslage nur die Gesamtheit der objektiven Handlungs- und Lebensbedingungen zu bezeichnen, wie sie sich in den verschiedenen Dimensionen sozialer Ungleichheit manifestieren. Die subjektive Befindlichkeit der Menschen, die von Autoren wie Voges auch als Teil der Lebenslage verstanden wird (Voges 2002), haben wir um der klaren Abgrenzung willen davon ausgenommen (→ Kapitel 5.1.2)

Zum Abschluss dieses Kapitels über die Dimensionen sozialer Ungleichheit (Lebenslage) wollen wir dennoch in einem kurzen Intermezzo Befunde zur subjektiven Bewertung des eigenen Lebens durch die Menschen in Deutschland vorstellen. In Abbildung 5.7 wird für das Jahr 2009 gezeigt, wie zufrieden die Menschen in Ost- und Westdeutschland laut den Daten des Sozio-ökonomischen Panels durchschnittlich mit ihrem Lebens insgesamt (allgemeine Lebenszufriedenheit), mit ihrer Arbeit und mit anderen, zum Teil ungleichheitsrelevanten Lebensumständen (Freizeit, Haushaltseinkommen u. a.) waren. Danach lag die allgemeine Lebenszufriedenheit (gemessen auf einer Skala von 0 bis 10) in Westdeutschland bei 6,9, in Ostdeutschland bei 6,5. Am wenigsten zufrieden waren die Befragten offensichtlich mit ihrer finanziellen Situation, gefolgt von der Gesundheit. Offensichtlich können auch viele ihre Vorstellungen, wie sie ihre Freizeit verbringen möchten, bzw. ihre Ansprüche an ihre Freizeitgestaltung nicht verwirklichen– auch wenn der Zufriedenheitswert hier noch vergleichsweise hoch ist (7,1). Die Wohnzufriedenheit weist die höchsten Werte auf.

Abb. 5.7

Zufriedenheit in Lebensbereichen und allgemeine Lebenszufriedenheit 2009

Quelle: Statistisches Bundesamt/WZB 2011: 377.

Datenbasis: SOEP 2009.

Lernkontrollfragen

1. Begründen Sie die Relevanz der vier Gruppen von Dimensionen sozialer Ungleichheit.
2. Diskutieren Sie verschiedene Formen der Messung sozioökonomischer Deprivation (Armut).
3. Worin begründen sich Macht und soziales Prestige?
4. Welche Sachverhalte drücken soziale Ungleichheit im Hinblick auf Selbstbestimmung und Partizipation aus?
5. Eruieren Sie verschiedene Konzepte von Lebenslagenarmut und deren Operationalisierung in der Literatur.

Infoteil

Die empirischen Befunde zu allen hier genannten Dimensionen sozialer Ungleichheit bzw. zur Lebenslage der Menschen sind außerordentlich umfangreich und vielfältig. Einführende Übersichten mit ausführlicheren Informationen, als wir hier präsentieren konnten, findet man in Geißler (2014) oder Rössel (2009). Die Datenreports 2011 und 2013 bieten zu allen Bereichen statistische Informationen (Statistisches Bundesamt/WZB 2011, 2013). Nicht zu vergessen sind die zahlreichen Veröffentlichung des Statistischen Bundesamts, Eurostat, der OECD und ILO, die alle im Internet verfügbar sind (→ Kapitel 8). Gleiches gilt für die Berichte der Bundesregierung. Außer den schon erwähnten Armuts- und Reichtumsberichten und dem

Bericht zur Sicherheit und Gesundheit bei der Arbeit seien die Kinder- und Jugendberichte, die Familienberichte, die Gesundheitsberichte und die Bildungsberichte genannt. Zu den im Text genannten Datenquellen verweisen wir auf den Anhang.

Ursachen und Theorien sozialer Ungleichheit | 5.3

Zur Erinnerung: Definiert haben wir soziale Ungleichheit als Ausweis gesellschaftlich bedingter Unterschiede in den Chancen, allgemein anerkannte Lebensziele in einer Gesellschaft zu realisieren. Die Lebensziele wurden in vier Gruppen zusammengefasst, ausgehend von allgemeinen Grundbedürfnissen, die alle Menschen in unserer Gesellschaft teilen (vgl. Übersicht 5.2). Die ungleichen Handlungsbedingungen, welche die Realisierung dieser Ziele erschweren oder erleichtern, haben wir als *Dimensionen sozialer Ungleichheit* eingeführt und in ihrer Gesamtheit als die *Lebenslage* eines Individuums bezeichnet. Beispielsweise steigen mit dem Einkommen, der Arbeitsplatzsicherheit oder der sozialen Anerkennung auch die Möglichkeiten, ein behagliches und finanziell abgesichertes Leben zu führen.

Während wir im vorangegangenen Kapitel Aspekte der Lebenslage beschrieben und erläutert haben, legen wir im Folgenden dar, wodurch diese Aspekte beeinflusst werden und welche sozialstrukturellen Faktoren man als Determinanten der Lebenslage von Individuen ansehen kann. Auch daran sei noch einmal erinnert: Die Determinanten sozialer Ungleichheit, die wir im Folgenden erläutern, und die Dimensionen sozialer Ungleichheit, die wir im vorangegangen Kapitel 5.2 eingeführt haben, haben wir unter dem Begriff der sozialen Lage zusammengefasst (→ Kapitel 5.1)

Determinanten sozialer Ungleichheit | 5.3.1

Um Unterschiede zwischen den Lebenslagen von Individuen zu erklären, gilt es, die Bedingungen und Ursachen für die Zuweisung von Statuspositionen in den Dimensionen sozialer Ungleichheit zu identifizieren. So hängen etwa das Einkommen oder das soziale Ansehen eines Akteurs stark davon ab, welchen Beruf er ausübt. Der Beruf kann daher als eine »Determinante« des Einkommens oder des sozialen Prestiges angesehen werden. *Determinanten sozialer Ungleichheit* müssen in ihren Wirkungen theoretisch begründet werden. Man muss zum Beispiel die Frage beantworten, auf welche Weise der Beruf das soziale Ansehen einer Person beeinflusst. Nur dann lässt sich

Bestimmungsfaktoren sozialer Ungleichheit

erklären, warum sich das Ansehen von Berufsgruppen verändert, warum etwa das Ansehen von Politikern in der Bevölkerung in den letzten Jahren stark abgenommen hat, wie durch Umfragen des Allensbacher Instituts belegt zu werden scheint (vgl. Abb. 5.7). Nur 6 Prozent der Befragten nannten im Jahr 2011 Politiker unter den fünf Berufen, vor denen sie am meisten Achtung hatten. Im Jahr 1972 waren es noch 27 Prozent gewesen – ebenfalls kein berauschender Wert.

Definition

Determinanten sozialer Ungleichheit
Individuell zurechenbare Umstände und sozialstrukturelle Merkmale, welche die Chancen beeinflussen, bestimmte Statuspositionen in den Dimensionen sozialer Ungleichheit zu erreichen, und die selbst keine Ungleichheitsmerkmale (Dimensionen sozialer Ungleichheit) sind.

Determinanten sozialer Ungleichheit sind Merkmale, die ursächlich dafür sind, welche Statuspositionen in einzelnen Dimensionen sozialer Ungleichheit erreicht werden, die jedoch selbst keine Ungleichheitsmerkmale sind. Wir haben in Kapitel 5.1 erläutert, dass sie von einigen Autoren auch als Aspekte sozialer Ungleichheit angesehen und als Merkmale *horizontaler Ungleichheit* (vgl. zum Beispiel Kreckel 1997; Hradil 1987) begriffen werden.

Abb. 5.8

Berufliches Prestige der Politiker im historischen Wandel: Anteil der Befragten, die Politiker zu den fünf am meisten geschätzten Berufen zählen

Quelle: IfD 2011: 4.

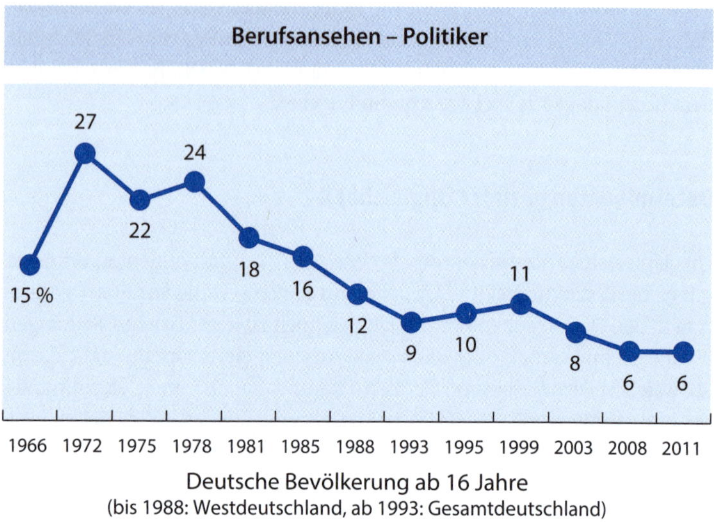

Bezogen auf die Dimensionen sozialer Ungleichheit spricht man dann abgrenzend von *vertikaler sozialer Ungleichheit.* Da sich aber Determinanten und Dimensionen sozialer Ungleichheit theoretisch auf unterschiedliche Wirkungszusammenhänge beziehen, schließen wir uns dieser Terminologie nicht an und empfehlen die Unterscheidung zwischen Dimensionen und Determinanten sozialer Ungleichheit, wie sie Hradil später auch vorsieht (Hradil 2001: 34f.).

Unterschied zwischen Dimensionen und Determinanten sozialer Ungleichheit

Determinanten sozialer Ungleichheit messen selbst kein Mehr oder Weniger an Mitteln zur Verfolgung allgemein anerkannter Lebensziele. Sie haben aber einen Einfluss darauf, wie viel jemand von diesen Mitteln zur Verfügung hat oder erreicht. Berufe sind beispielsweise selbst noch kein Ausdruck von Ungleichheit; denn der Beruf ist ein Klassifikationsmerkmal. Er kann aber Ursache oder eben »Determinante« ungleich hoher Einkommen, ungleich großer Einflussmöglichkeiten oder ungleich guter Arbeitsbedingungen sein.

Wie für Dimensionen sozialer Ungleichheit gilt aber auch für die Determinanten, dass sie *erworben* oder *zugeschrieben (askriptiv)* sein können. So gehören der Beruf oder die Lebensform heute – anders als in vormodernen Zeiten – eher zu den erworbenen sozialstrukturellen Merkmalen. Das Geschlecht oder die ethnische Zugehörigkeit sind zugeschriebene Merkmale, an denen man nichts oder nur in seltenen Fällen etwas ändern kann.

Zugeschriebene und erworbene Determinanten

Kapitel 5.2. hat gezeigt, wie unterschiedlich in Deutschland und Europa die Lebenslage in den zentralen Dimensionen ausgeprägt ist. Bei den empirischen Beispielen wurden bereits sozialstrukturelle Merkmale wie das Geschlecht, die Lebensform oder die Wohnregion (Ost-West-Unterschiede) erwähnt, die in der hier eingeführten Terminologie als Determinanten sozialer Ungleichheit anzusehen sind (s. Übersicht 5.7).

Übersicht 5.7

Zentrale Determinanten sozialer Ungleichheit

Als zentrale Determinanten sozialer Ungleichheit bezeichnen wir jene sozialstrukturellen Merkmale, die auf vielfältige Weise einen theoretisch begründbaren Einfluss auf Dimensionen sozialer Ungleichheit haben. Hierzu gehören:

- der Beruf,
- das Geschlecht,
- das Alter (auch als Geburtsjahrgang oder Kohorte bezeichnet),
- die Wohnregion (insbesondere Stadt/Land- oder speziell in Deutschland Ost/West-Unterschiede),
- die Familienverhältnisse oder die Lebensform,
- die ethnische Zugehörigkeit, Staatsangehörigkeit und »Migrationshintergrund«.

Im Folgenden stellen wir einige Beispiele für den Einfluss der Determinanten Beruf, Geschlecht, Alter, Wohnregion, Lebensform und Migrationshintergrund auf Dimensionen sozialer Ungleichheit vor. Wir illustrieren sie exemplarisch an den ökonomischen Dimensionen sozialer Ungleichheit (insbesondere dem Einkommen) mit empirischem Material (zu weiteren Befunden → Kapitel 5.2, 6.1 und 6.2).

5.3.1.1 | Beruf

Als wichtigste Determinante sozialer Ungleichheit wird der *Beruf* eines Individuums angesehen (vgl. Geiger 1963). Er ist ein wesentlicher Bestimmungsfaktor für zahlreiche Aspekte der Lebenslage von Menschen:

Beruf als Bestimmungsfaktor der Lebenslage

- Berufe verschaffen Individuen unterschiedlich gute Erwerbschancen und Einkommen. Sie verlangen eine Ausbildung, die zu unterschiedlich hohen, in Deutschland oft zertifizierten Qualifikationsniveaus führt. Der Beruf hat also nicht nur einen wesentlichen Anteil an der wirtschaftlichen Situation von Akteuren, sondern er hängt auch eng mit dem Niveau ihres über die Zeit hin angesammelten, »marktverwertbaren« Humankapitals zusammen.
- Die Struktur der berufsbezogenen Tätigkeitsfelder hat einen großen Einfluss auf wohlfahrtsstaatliche Dimensionen sozialer Ungleichheit, wie Erwerbschancen, Arbeitsbedingungen, Arbeitsplatzsicherheit oder Regelungen zur Alterssicherung.
- Aspekte der sozialen Dimensionen sozialer Ungleichheit hängen ebenfalls stark mit dem Beruf zusammen. Über ihn lassen sich soziale Beziehungen, persönliche Macht und sozialer Einfluss aufbauen und mehr oder weniger soziales Prestige genießen – dem Arzt bieten sich hier mehr Möglichkeiten als der Arzthelferin, dem Handwerksmeister mehr als seinem Gehilfen.
- Ähnlich verhält es sich mit emanzipatorischen Dimensionen sozialer Ungleichheit. Auch die Partizipation am gesellschaftlichen Leben sowie die Möglichkeiten zur Selbstbestimmung können durch die Art der beruflichen Tätigkeit beeinflusst werden.

Beruf und Einkommen

Um die Bedeutung des Berufs für das Einkommen zu illustrieren, zeigt Tabelle 5.5, wie sich im Jahr 2011 die durchschnittlichen Bruttomonatsverdienste von weiblichen und männlichen Arbeitnehmern im produzierenden Gewerbe nach Wirtschaftszweigen in Deutschland unterschieden haben.

Der durchschnittliche Bruttomonatsverdienst schwankt je nach Wirtschaftszweig erheblich. Insgesamt wurden im produzierenden Gewerbe und Dienstleistungsbereich durchschnittlich 3 661 Euro brutto im Monat verdient. Im Gastgewerbe war das durchschnittliche Verdienstniveau mit

2045 Euro am niedrigsten, in der Energieversorgung mit 5071 Euro am höchsten.

Tab. 5.5

Durchschnittliche Bruttomonatsverdienste vollzeitbeschäftigter Arbeitnehmer (Männer und Frauen) in Deutschland nach Wirtschaftsabschnitten 2011

Quelle: Statistisches Bundesamt 2012e: 8, 11.

Wirtschaftsabschnitt	Bruttoverdienst (in Euro)		
	Gesamt	Frauen	Männer
Produzierendes Gewerbe und Dienstleistungsbereich	3661	3110	3901
Privatwirtschaft (Produzierendes Gewerbe und marktbestimmte Dienstleistungen)	3716	3055	3926
Produzierendes Gewerbe	3779	3049	3931
Bergbau und Gewinnung von Steinen und Erden	4137	3954	4149
Verarbeitendes Gewerbe	3888	3018	4095
Energieversorgung	5071	4218	5254
Wasserversorgung	3185	3083	3201
Baugewerbe	2947	2808	2958
Dienstleistungsbereich	3586	3128	3875
Marktbestimmende Dienstleistungen	3646	3060	3919
Handel	3413	2824	3693
Verkehr und Lagerei	3033	2949	3051
Gastgewerbe	2045	1844	2252
Information und Kommunikation	4993	3861	5427
Erbringung von Finanz- und Versicherungsleistungen	5235	4155	6028
Grundstücks- und Wohnungswesen	3928	3450	4262
Erbringung von freiberuflichen, wissenschaftlichen und technischen Dienstleistungen	4787	3531	5531
Erbringung von sonstigen wirtschaftlichen Dienstleistungen	2275	2168	2318
Nichtmarktbestimmte Dienstleistungen	3509	3186	3804
Öffentliche Verwaltung, Verteidigung Sozialversicherung	3332	3152	3425
Erziehung und Unterricht	4035	3739	4366
Gesundheits- und Sozialwesen	3468	3043	4267
Kunst, Unterhaltung und Erholung	–	2796	–
Erbringung von sonstigen Dienstleistungen	3248	2667	3880
Investitionsgüterproduzenten	4342	3557	4466

Geschlecht

5.3.1.2

Soziale Ungleichheit zwischen Männern und Frauen ist in Gesellschaften, in denen die Gleichstellung der Geschlechter ein gesellschaftspolitisches Ziel darstellt, zu einem zentralen Thema sozialer Gerechtigkeit geworden. Seit Anfang der 1970er-Jahre gelangte es – nicht zuletzt mit Erstarken der »neuen« Frauenbewegung – in der alten Bundesrepublik in die Öffentlichkeit und innerhalb der sozialstrukturellen Forschung zunehmend stärker auf die Tagesordnung. Zwar ist die Gleichstellung von Mann und Frau im Grundgesetz der Bundesrepublik Deutschland (Art. 3 Abs. 2) festgeschrieben, die rechtlich-formale Umsetzung dieses Grundrechts ist jedoch trotz

Gleichstellung von Mann und Frau

großer Fortschritte in vielen Bereichen der Gesellschaft bis heute nicht erreicht (Geißler 2014: 374 ff.). Insbesondere die unterschiedlichen Berufschancen von Frauen und Männern und die ungleiche Aufteilung der Zuständigkeit für Kinder und Haushalt zwischen den Geschlechtern sind für die Realisierung gesellschaftlich geteilter Lebenschancen weiterhin von großer Bedeutung.

In der DDR war die Gleichstellung der Geschlechter in Politik, Recht und Alltag sehr viel weiter vorangeschritten, ohne dass sie auch hier jemals in Gesetz und Praxis vollständig realisiert wurde (Trappe 1995).

Geschlecht und Schulabschluss

Bis vor einiger Zeit waren Mädchen schon im Hinblick auf die schulische und berufliche Ausbildung gegenüber den Jungen benachteiligt. Mittlerweile sind geschlechtsspezifische Unterschiede im allgemeinbildenden Schulwesen nicht mehr vorhanden bzw. Mädchen erreichen heute im Durchschnitt bessere Bildungsabschlüsse als Jungen. Unter den 25- bis 35-Jährigen lagen die Frauen im Jahr 2011 beim Realschulabschluss (34 Prozent im Vergleich zu 30 Prozent bei den Männern) und bei der Hochschulreife (46 Prozent im Vergleich zu 42 Prozent bei den Männern) vorne (vgl. Abb. 5.1; Statistisches Bundesamt 2012a: 78).

Geschlecht und Ausbildung

Auch in der beruflichen Ausbildung ist bei den formalen Abschlüssen eine Gleichstellung von Frauen und Männern erreicht. Von den 25- bis 35-jährigen Frauen hatten im Jahr 2011 20 Prozent einen Hochschulabschluss (Männer 18 Prozent) und 50 Prozent haben eine Lehrausbildung (Männer 52 Prozent) absolviert. 20 Prozent der Frauen dieser Altersklasse hatten (noch) keine Ausbildung, bei den Männern waren es 21,5 Prozent (vgl. Abb. 5.1; Statistisches Bundesamt 2012a: 80). Beim Bildungsabschluss gibt es in Deutschland also mittlerweile eine weitgehende Angleichung der Geschlechter. Dieser Trend gilt europaweit: Der Anteil der Frauen an den Studierenden liegt heute zum Beispiel in nur wenigen Ländern Europas noch unter 50 Prozent (Eurostat 2014).

Dennoch bestehen in Deutschland und international weiterhin gravierende Unterschiede zwischen den Geschlechtern, die eine große Bedeutung für die Einkommens- und Karrierechancen von Frauen und Männern haben. Es gibt einen stark geschlechtsspezifisch segregierten Ausbildungs- und Arbeitsmarkt (→ Kapitel 6.1). Bei der Ausbildung im dualen System (gewerbliche und handwerkliche Lehre) sind Frauen unterrepräsentiert bzw. vornehmlich in traditionell weiblich dominierten Berufen vertreten. In Ausbildungsberufen, die in einer schulischen Vollzeitausbildung erlernt werden (z. B. Erzieher(in), Pfleger(in)), sind Frauen dagegen deutlich in der Mehrheit (Cornelißen 2005: 58). Entsprechend ist der Arbeitsmarkt geschlechterspezifisch segregiert (Statistisches Bundesamt/WZB 2011: 104, 2012e: 27).

Neben dieser horizontalen Gliederung der Arbeitswelt in eher frauentypische und eher männertypische Berufe, gibt es nach wie vor eine große

Ungleichheit im beruflichen Erfolg von Frauen und Männern. Europaweit erreichen Frauen im Durchschnitt nicht den gleichen beruflichen Status wie die Männer und sind seltener in Führungspositionen zu finden (Statistisches Bundesamt 2012f: 27, 29). Das sei an einem Beispiel aus der universitären Ausbildungs- und Berufswelt dokumentiert.

Geschlecht und beruflicher Status

Wie Tabelle 5.6 zeigt, gibt es auf der universitären Karriereleiter starke geschlechtsspezifische Unterschiede. Je höher ein Abschluss ist, desto weniger sind die Frauen vertreten. Bei den Studienabschlüssen entspricht der Anteil der Frauen in etwa der Geschlechterproportion in der Bevölkerung der jeweiligen Altersgruppe. Dies gilt aber nicht mehr für die Promotionen oder gar Habilitationen, wo er im Jahr 2011 bei 45 bzw. 26 Prozent lag. Bei den Professuren geht ihr Anteil noch weiter zurück, 2011 betrug er etwa 20 Prozent.

Tab. 5.6

Frauenanteile in verschiedenen Stadien der akademischen Laufbahn

	2008	2009	2010	2011
	in %			
Studienanfänger	49,7	49,8	49,7	49,4
Studierende	47,8	47,8	47,8	47,3
Absolventen	52,9	52,3	52,3	51,1
Promotionen	41,9	44,1	44,1	44,9
Habilitationen	23,4	23,8	24,9	25,5
Hochschulpersonal insgesamt	52,1	51,8	51,7	51,9
Hauptberufliches wissenschaftliches und künstlerisches Personal	34,3	35,0	35,8	36,4
Wissenschaftliche und künstlerische Mitarbeiter	38,5	39,0	39,6	40,1
Professoren	17,4	18,2	19,2	19,8
C4/W3-Professoren	13,3	13,6	14,6	15,5
Bevölkerung insgesamt	51,0	51,0	50,9	50,9

Quelle: Zahlen zusammengestellt von Center of Excellence Women and Science (CEWS); http://www.gesis.org/cews/fileadmin/cews/www/statistiken/01_t.gif.

Frauen sind auch in anderen Berufssparten im Hinblick auf ihre Karrierechancen nach wie vor gegenüber den Männern im Nachteil. In einflussreichen beruflichen Positionen sind sie deutlich unterrepräsentiert und haben im Durchschnitt ein geringeres Einkommen als ihre männlichen Kollegen. Weitere Unterschiede finden sich in der sozialen Anerkennung der typischerweise von Frauen gewählten Berufe bzw. Tätigkeiten (etwa: Haushaltsführung, Pflegeberufe). Ähnlich verhält es sich mit wohlfahrtsstaatlichen Dimensionen sozialer Ungleichheit. Da die Kinderbetreuung in der Regel immer noch den Frauen obliegt, werden diese aufgrund der oft schwierigen Vereinbarkeit von Beruf und Familie gezwungen, auf Vollzeittätigkeiten zu verzichten, sich mit einfacheren Tätigkeiten und schlechten Arbeitsbedingungen zufriedenzugeben und bei der sozialen (Alters-)Absicherung Abstriche hinzunehmen. Sie erfahren aufgrund der Mehrfachbelastung durch Beruf, Kind und Haushalt auch vergleichsweise hohe Einbußen in der Freizeit.

Geschlecht und Einkommen

Die Unterschiede zwischen den Bruttomonatsverdiensten von Arbeitnehmerinnen und Arbeitnehmern sind beträchtlich. Laut Tabelle 5.5 verdienten Männer im Jahr 2011 in allen beruflichen Bereichen deutlich mehr als Frauen, allerdings variieren diese Unterschiede: Während die Frauen im produzierenden Gewerbe anteilsmäßig etwa 78 Prozent des Verdienstes der Männern erhalten, sind es im Dienstleistungsbereich 81 Prozent.

Ursachen der Einkommensunterschiede

Die Einkommensunterschiede sind erstens dadurch bedingt, dass erwerbstätige Frauen im Vergleich zu Männern zu einem höheren Anteil in geringer qualifizierten Tätigkeiten arbeiten, die schlechter bezahlt werden. Die Verdienstunterschiede sind zweitens auf die unterschiedliche Berufswahl von Frauen und Männern innerhalb der einzelnen Wirtschaftsbereiche zurückzuführen: In von Frauen dominierten Berufszweigen wird generell weniger verdient. So werden beispielsweise im Handel Kassierer und Kassiererinnen relativ schlecht bezahlt und 80 Prozent der diese Tätigkeit ausübenden Arbeitnehmer sind Frauen (vgl. Statistisches Bundesamt 2012e).

Diese Gründe allein sind jedoch nicht automatisch als Ausdruck einer Lohndiskriminierung von Frauen zu bewerten, solange der Grundsatz »gleicher Lohn für gleiche Arbeit« eingehalten wird. Einkommensunterschiede wären dann auf (frühere) Benachteiligungen der Frauen im Ausbildungssystem, ein höheres Risiko, unterqualifiziert arbeiten zu müssen, und auf einkommensrelevante Auswirkungen eines geschlechtsspezifisch segregierten Arbeitsmarkts zurückzuführen. Auch die schlechte Vereinbarkeit von Beruf und Familie spielen hierbei eine Rolle. Studien zeigen aber, dass Frauen drittens auch heute noch in vergleichbaren Tätigkeiten im Durchschnitt weniger verdienen als Männer (Hinz/Gartner 2005; Weber-Menges 2004).

Eine Schätzung der Einkommensdifferenz zwischen den Geschlechtern (Gender Pay Gap) nach Berücksichtigung einkommensrelevanter struktureller Faktoren vermittelt Tabelle 5.7. Der sogenannte bereinigte Gender Pay Gap lag im Jahr 2010 bei 7 Prozent. Das bedeutet, dass der unbereinigte Gender Pay Gap um 15 Prozentpunkte sinkt, nachdem Faktoren wie »die potenzielle Berufserfahrung, der Ausbildungsabschluss, die Leistungsgruppe (Arbeitsplatzanforderungen hinsichtlich Führung und Qualifikation), die Beschäftigungsart (Vollzeit/Teilzeit), die Art des Arbeitsvertrags (befristet/unbefristet), der Beruf, der Wirtschaftszweig, die Tarifbindung des Betriebs, der Einfluss der öffentlichen Hand auf das Unternehmen, die Unternehmensgröße, die Dauer der Unternehmenszugehörigkeit und die regionale Verortung des Betriebes (Ost/West; Ballungsraum/kein Ballungsraum)« berücksichtigt wurden (Statistisches Bundesamt 2013b).

Gebietsstand	2006		2010	
	Unbereinigter GPG	Bereinigter GPG	Unbereinigter GPG	Bereinigter GPG
	in %			
Deutschland	23	8	22	7
Früheres Bundesgebiet (einschl. Berlin)	24	8	24	7
Neue Länder	6	12	7	9

Tab. 5.7

Unbereinigter und bereinigter Gender Pay Gap (GPG) nach Gebietsstand in den Jahren 2006, 2010

Quelle: Statistisches Bundesamt 2013b.

Einen Gender Pay Gap gibt es in allen Ländern Europas (Statistisches Bundesamt 2012f: 41) Deutschland liegt bei den unbereinigten Einkommensunterschieden mit seinen 22 Prozent allerdings mit an der Spitze in Europa. Sehr viel kleiner ist der unbereinigte Verdienstunterschied zum Beispiel in Slowenien, Polen (!) und Italien (!), wo für das Jahr 2012 nur etwa 5 Prozent geschätzt worden sind (vgl. auch ILO 2013: 4f).

Alter

5.3.1.3

Mit dem Alter ändert sich die Lebenslage von Individuen. Während typischerweise zunächst Bildung, Berufserfahrung und finanzielle Möglichkeiten mit zunehmendem Alter steigen, verringert sich das Einkommen mit dem Übergang ins Rentenalter und das akkumulierte Humankapital wird entwertet. Mit zunehmendem Alter nimmt in der Tendenz die Abhängigkeit von wohlfahrtsstaatlichen Sicherungssystemen zu, gleichzeitig steigen die gesundheitlichen Risiken. Allerdings sind Veränderungen im Alter bezogen auf alle Dimensionen sozialer Ungleichheit äußerst vielfältig und hängen stark vom bisherigen Lebenslauf des Individuums ab. Dass mit zunehmendem Alter das Risiko von Benachteiligungen wächst, kann pauschal jedoch nicht bestätigt werden (Kohli/Kühnemund 2000, Tesch-Römer/Engstler/Wurm 2006).

Alter und Einkommen

Es ist belegt, dass das Armutsrisiko mit dem Alter variiert. Kinder und junge Erwachsene sind stärker von Armut betroffen als Personen in mittlerem und hohem Alter. Laut Tabelle 5.8 stieg im Jahr 2011 das jährliche Nettoäquivalenzeinkommen mit zunehmendem Alter zunächst an, um dann wieder – hauptsächlich aufgrund des Ruhestands – zu sinken. Das durchschnittliche jährliche Nettoäquivalenzeinkommen im Rentenalter liegt nur wenig unter dem Einkommen in der Erwerbsphase. Daher konnte bisher auch keine höhere Armut bei Menschen im Rentenalter beobachtet werden (vgl. Tab. 5.2).

Alter und Arbeitslosigkeit

Der alleinige Blick auf die Einkommenssituation liefert nur ein unvollständiges Bild der altersspezifischen Ungleichheit auf dem Arbeitsmarkt. So

Tab. 5.8 | *Durchschnittliches Jahresnettoäquivalenzeinkommen in Deutschland nach Altersgruppen 2011*

Quelle: Statistisches Bundesamt 2012b: 22.

Altersgruppen	Durchschnittliches Jahresnettoäquivalenzeinkommen (in Euro)
18 bis 24	20 238
25 bis 49	22 708
50 bis 64	22 726
65 und älter	20 420
75 und älter	20 435

steigt das Risiko der Langzeitarbeitslosigkeit mit dem Alter an. Die Arbeitslosenquote der 50- bis unter 65-Jährigen lag im Jahr 2011 immer etwa 1 Prozentpunkt über der Quote der 15-bis unter 65-Jährigen (Bundesagentur für Arbeit 2012: 23). Zudem zeigen die Zahlen der Bundesagentur für Arbeit, dass der Anteil der Langzeitarbeitslosen im höheren Alter vergleichsweise hoch ist. Während die älteren Arbeitslosen, die im Januar 2012 eine Stelle fanden, durchschnittlich 53 Wochen arbeitslos waren, gelang es allen Arbeitslosen im Mittel, in »nur« 35 Wochen die Arbeitslosigkeit zu beenden. Über 41 Prozent der im Januar 2012 arbeitslosen über 50-Jährigen waren länger als ein Jahr und 21 Prozent länger als zwei Jahre arbeitslos (Bundesagentur für Arbeit 2012: 35 f).

5.3.1.4 Wohnregion

Spätestens seit der Wiedervereinigung stößt die regional bedingte Ungleichheit wieder auf ein verstärktes Interesse in der Sozialstrukturforschung. Neben Ost-West-Unterschieden findet sich soziale Ungleichheit auch zwischen der Stadt- und der Landbevölkerung sowie im Vergleich der Bundesländer und im internationalen Vergleich (BBR 2005, IfL 2006, Statistisches Bundesamt 2006a, Mau 2004). Regional bedingte soziale Ungleichheit reflektiert unter anderem Standortvorteile bzw. -nachteile von Regionen; diese können sich in einer unterschiedlichen Infrastruktur im Bildungs-, Erwerbs- und Freizeitbereich oder unterschiedlich vorteilhaften Lebensbedingungen für Familien mit Kindern äußern. Die regionalspezifischen Disparitäten schlagen sich vor allem in den ökonomischen und wohlfahrtstaatlichen, aber auch in den sozialen Dimensionen sozialer Ungleichheit nieder.

Regional bedingte Ungleichheit

Soziale Ungleichheit zwischen Ost- und Westdeutschland zeichnet sich dadurch aus, dass Ungleichheitsstrukturen – wie im Falle der Infrastruktur oder der Erwerbsmöglichkeiten – durch die Nachwirkungen des strukturellen Wandels in der Zeit nach der Vereinigung Deutschlands bedingt sind. Andererseits sind sie auch institutionell begründet, etwa beim Verdienst, der in vielen Fällen tariflich festgeschrieben ist. Tabelle 5.9 vergleicht für das Jahr 2011 den durchschnittlichen Bruttomonatsverdienst von Arbeitnehmern und Arbeitnehmerinnen aus Ost- und Westdeutschland. Dabei wird nach denselben Wirtschaftsbereichen differenziert wie in Tabelle 5.5. Im

Einkommen in Ost- und Westdeutschland

Ergebnis zeigt sich, dass im Jahr 2011 der Verdienst in den ostdeutschen Bundesländern im produzierenden Gewerbe etwa 65 Prozent und im Dienstleistungsbereich etwa 78 Prozent des Niveaus in Westdeutschland (inkl. Berlin) erreichte. Deutlich sind auch immer noch die regionalen Unterschiede in der Arbeitslosenquote, die 2011 in Ostdeutschland bei 11,3 Prozent lag, in Westdeutschland hingegen nur bei 6 Prozent.

Tab. 5.9

Durchschnittliche Bruttomonatsverdienste vollzeitbeschäftigter Arbeitnehmer in Ost und Westdeutschland nach Wirtschaftsabschnitten 2011

Quelle: Statistisches Bundesamt 2012e: 14, 23.

Wirtschaftsabschnitt	Bruttoverdienst (in Euro)	
	Westdeutschland (einschl. Berlin)	Ostdeutschland
Produzierendes Gewerbe und Dienstleistungsbereich	3804	2786
Privatwirtschaft (Produzierendes Gewerbe und marktbestimmte Dienstleistungen)	3890	2577
Produzierendes Gewerbe	3973	2601
Bergbau und Gewinnung von Steine und Erden	4236	3694
Verarbeitendes Gewerbe	4074	2583
Energieversorgung	5206	4259
Wasserversorgung	3363	2651
Baugewerbe	3114	2350
Dienstleistungsbereich	3696	2904
Marktbestimmende Dienstleistungen	3798	2546
Handel	3529	2417
Verkehr und Lagerei	3147	2449
Gastgewerbe	2135	1600
Information und Kommunikation	5111	3551
Erbringung von Finanz- und Versicherungsleistungen	5337	3998
Grundstücks- und Wohnungswesen	4095	3248
Erbringung von freiberuflichen, wissenschaftliche und technische Dienstleistungen	4981	3309
Erbringung von sonstigen wirtschaftlichen Dienstleistungen	2372	1773
Nichtmarktbestimmte Dienstleistungen	3560	3246
Öffentliche Verwaltung, Verteidigung Sozialversicherung	3355	3228
Erziehung und Unterricht	4069	3843
Gesundheits- und Sozialwesen	3527	3149
Kunst, Unterhaltung und Erholung	–	2956
Erbringung von sonstigen Dienstleistungen	3414	2189
Investitionsgüterproduzenten	4517	2862

Lebensform

5.3.1.5

Die Lebensform eines Individuums hat zweifellos einen gewichtigen Einfluss auf seine Lebens- und Handlungsbedingungen. Dabei sind typischerweise Vor- und Nachteile im Hinblick auf verschiedene Wohlfahrtsdimensi-

Partnerschaft

onen miteinander verbunden (Huinink/Konietzka 2007: 138 ff.). Eine enge Partnerschaft bietet einen besonderen Raum für Intimität und emotionale Befriedigung, persönliche Anerkennung und Möglichkeiten der gemeinsamen Freizeitgestaltung. Sie bringt aber auch soziale Kontrolle bzw. Hindernisse für eine autonome Lebensgestaltung mit sich.

Familie

Stärker noch sind die widersprüchlichen Effekte von Elternschaft in unserer Gesellschaft. Die Familie bietet Eltern und Kindern eine geschützte Umwelt, in der sie sozialen Zusammenhalt und persönliche emotionale Zuwendung erfahren können. Sie impliziert aber gleichzeitig hohe zeitliche und psychische Anforderungen und steht zum Engagement in anderen Lebensbereichen in harter Konkurrenz. Wie schon erwähnt, bedeutet es für Frauen in Deutschland immer noch ein gravierendes Hemmnis für die beruflichen Chancen, wenn sie Kinder haben. Da damit zumeist ein zumindest zeitweiliger oder teilweiser Erwerbsverzicht verbunden ist, ist die wirtschaftliche Unabhängigkeit, die traditionell die Männer beanspruchen konnten und nun auch von den meisten Frauen angestrebt wird, gefährdet.

Wirtschaftliche Konsequenzen einzelner familialer Lebensformen haben wir schon bei der Betrachtung der Armutsrisikoquoten kennengelernt (vgl. Tab. 5.2). Familien mit vielen Kindern und Alleinerziehende erfahren in Deutschland ein vergleichsweise hohes materielles Armutsrisiko. Aber auch Single-Haushalte liegen über dem Durchschnitt bei den Armutsrisikoquoten. Hier sind vor allem alleinstehende Männer hervorzuheben. Dass sie höhere Armutsquoten aufweisen, ist allerdings weniger Folge ihres Single-Daseins als dessen Ursache (Buhr/Huinink 2011).

5.3.1.6 | Staatsangehörigkeit und Migrationshintergrund

Schließlich ist die Staatsangehörigkeit, die ethnische Zugehörigkeit bzw. das, was man den Migrationshintergrund von Personen nennt, eine hoch relevante Determinante der Lebenslage von Individuen in Deutschland. Dabei muss man zwischen Personen, die selbst nach Deutschland zugewandert sind (»erste Generation«), und den Kindern oder Kindeskindern von Zuwanderern (»zweite« und »dritte Generation«) unterscheiden (→ Kapitel 4.2.3). Auch ist zu beachten, dass der Zuwandererstatus oder die Tatsache, dass jemand Kind von Zuwanderern ist, und die Staatsangehörigkeit von Personen zweierlei Dinge sind. Spätaussiedler aus Osteuropa bekommen unmittelbar nach der Zuwanderung die deutsche Staatsbürgerschaft und Zugewanderte sowie deren Kinder können diese erwerben. Im Jahr 2011 haben laut Statistischem Bundesamt immerhin 106 897 Personen davon Gebrauch gemacht.

Die Zugehörigkeit zu der Gruppe der Zugewanderten oder zu der von Personen mit Migrationshintergrund hat Effekte auf alle Dimensionen sozialer Ungleichheit; sie hier sämtlich vorzustellen, ist nicht möglich (vgl.

Statistisches Bundesamt/WZB 2011: 190ff.). Dabei sind die ungleichheitsrelevanten Effekte auch davon abhängig, aus welchem Herkunftsland die Zugewanderten bzw. die Eltern der zweiten Generation stammen.

Bildungsbenachteiligung

Zahlreiche Studien belegen die Benachteiligung von Kindern mit Migrationshintergrund im Bildungssystem. In Tabelle 5.10 ist die Verteilung der Schulabschlüsse unter jungen Erwachsenen im Alter von 25 bis 35 Jahren mit und ohne Migrationshintergrund für das Jahr 2011 dargestellt. Grundlage ist der Mikrozensus und die Zahlen beziehen sich auf die Personen, die eine Angabe zu ihrem Schulabschuss gemacht haben. Bei den Zahlen zur Bevölkerung mit Migrationshintergrund ist zu berücksichtigen, dass auch Kinder aus den europäischen Nachbarländern oder den USA erfasst sind, die über gute Bildungschancen verfügen.

Schulabschlüsse 25- bis unter 35-Jähriger nach Migrationshintergrund 2011 (in %) | **Tab. 5.10**

Noch in schulischer Ausbildung	Haupt(Volks-) schulabschluss	Realschul- oder gleichwertiger Abschluss	Fachhochschul- oder Hochschulreife	Ohne Angabe zur Art des Abschlusses	Ohne Allgemeinen Schulabschluss	Insgesamt
Bevölkerung ohne Migrationshintergrund						
0,4	20,5	31,8	43,6	0,2	3,4	99[1]
Bevölkerung mit Migrationshintergrund						
0,5	28,7	23,6	38,6	0,4	8,2	100

[1]Differenz zu Hundert durch Rundungsfehler bedingt

Quelle: Statistisches Bundesamt 2012a: 78; eigene Berechnungen

Auch wenn insgesamt ein positiver Trend im Bildungsstatus zu verzeichnen ist, haben junge Erwachsene mit Migrationshintergrund die Schule zu einem größeren Anteil ohne Abschluss oder mit einem Hauptschulabschluss verlassen. Dabei sei noch einmal darauf hingewiesen, dass es große Unterschiede innerhalb der Gruppe der Personen mit Migrationshintergrund gibt (Siegert 2008, Stürzer u.a. 2012: 26f).

Die Diskrepanz zwischen Deutschen und Personen mit ausländischer Staatsangehörigkeit fällt noch größer aus. Diese Unterschiede haben sich in den letzten Jahren nicht verringert (Autorengruppe Bildungsberichterstattung 2012: 96).

Erwerbsstatus

Abbildung 5.9 stellt dar, wie sich im Jahr 2011 Personen mit und ohne Migrationshintergrund im Hinblick auf ihre Erwerbsbeteiligung unterscheiden. Die Schätzungen wurden mit Daten des Sozio-ökonomischen Panels vorgenommen.

Personen im erwerbsfähigen Alter (15–64 Jahre alt) mit Migrationshintergrund sind danach häufiger nichterwerbstätig oder von Arbeitslosigkeit betroffen als Personen ohne Migrationshintergrund. Besonders die Men-

Abb. 5.9 | *Erwerbsstatus von Personen mit und ohne Migrationshintergrund im Jahr 2011*

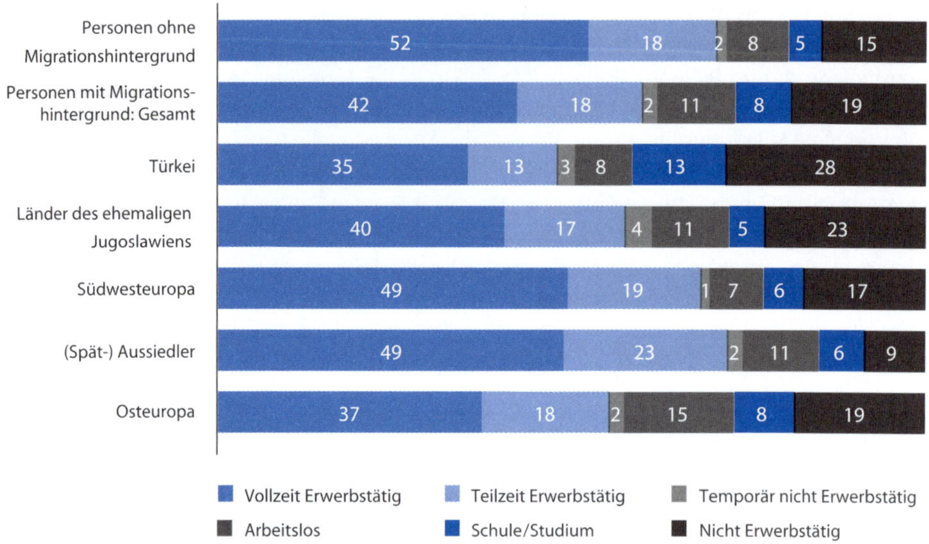

Datenbasis: SOEP 2011.

Quelle: Statistisches Bundesamt/WZB 2013: 201; modifiziert

schen türkischer Herkunft und Migranten aus Osteuropa sind zu einem vergleichsweise geringen Anteil erwerbstätig.

Auch im Hinblick auf die berufliche Stellung, die als Indikator für den Berufsstatus verwendet werden kann, unterscheiden sich Personen mit und ohne Migrationshintergrund in charakteristischer Weise, wie Tabelle 5.11 zeigt, die ebenfalls auf Daten des Sozio-ökonomischen Panels beruht.

Der Anteil der als Arbeiter erwerbstätigen Personen ist unter den Migranten deutlich höher als unter den Personen ohne Migrationshintergrund (28 Prozent zu 14 Prozent). Beamte gibt es dagegen unter den Migranten kaum. Die Unterschiede in den anderen Statusgruppen (Ausnahme Mittlere Angestellte) sind zwar insgesamt moderat. Jedoch lässt sich deutlich erkennen, dass Person aus der Türkei, Osteuropa und dem ehemaligen Jugoslawien in erheblichem Ausmaß niedrigere berufliche Stellungen einnehmen. Gründe für diese Disparitäten sind mittlerweile vielfach untersucht worden. Eine eingehende Erklärung dafür kann an dieser Stelle aber nicht erfolgen (vgl. Esser 2000, Granato/Kalter 2001, Kley 2004).

Die soziale Ungleichheit, bezogen auf Bildungs- und Berufserfolg zwischen Einheimischen und Individuen mit Migrationshintergrund, ist in

Deutschland im Vergleich zu vielen anderen europäischen Ländern relativ hoch (Stanat/Rauch/Segeritz 2010).

Tab. 5.11

Berufliche Stellung erwerbstätiger Personen mit und ohne Migrationshintergrund im Jahr 2011

Berufliche Stellung	Personen ohne Migrationshintergrund	Personen mit Migrationshintergrund					
		Gesamt	Türkei	Länder des ehemaligen Jugoslawien	Südwesteuropa	(Spät-) Aussiedler	Osteuropa
	in %						
Arbeiter	14	28	39	38	27	34	34
Facharbeiter/ Meister	14	14	17	20	25	14	11
Einfache Angestellte	14	19	20	18	20	14	18
Mittlere Angestellte	25	18	13	17	14	18	21
Höhere Angestellte	16	11	3	2	10	10	9
Selbstständige	10	8	8	5	5	5	7
Beamte	7	3	0	0	1	5	1

Quelle: Statistisches Bundesamt/WBZ 2011: 203, modifiziert

Weitere Determinanten sozialer Ungleichheit

5.3.1.7

Die klassische Sozialstrukturforschung geht davon aus, dass soziale Ungleichheiten vor allem durch Chancen und Einschränkungen bestimmt werden, die auf die berufliche Position zurückzuführen sind. Gegenwärtig jedoch scheinen sich die strukturellen Ursachen sozialer Ungleichheit zu verändern und vielfältiger zu werden. So haben nach Hradil die Institutionen des Wohlfahrtsstaats in modernen Wohlstandsgesellschaften an Gewicht gewonnen (Hradil 1987: 47 f.). Ein anderer Ursachenkomplex, der zunehmend in den Fokus gerät, steht mit der fortschreitenden Globalisierung im Zusammenhang. Deren Folgen verändern die Gewichtung bzw. Bedeutung einzelner Determinanten sozialer Ungleichheit und tragen, so die verbreitete These, zu einer Vergrößerung von Unsicherheiten in der Lebensplanung, einem höheren Risiko von diskontinuierlichen Erwerbsverläufen und erhöhten Flexibilitätsanforderungen bei (Blossfeld u. a. 2005). Erwähnt sei auch, dass sich *Lebensrisiken* selbst »globalisieren«. So sind beispielsweise die Auswirkungen eines GAUs in einem Atomkraftwerk nicht lokal begrenzt. Solchen Risiken ausgesetzt zu sein, ist immer weniger eine Frage der Zugehörigkeit zu bestimmten, beruflich geprägten sozialen Statusgruppen (Beck 1986).

5.3.2 | Die Eigendynamik sozialer Ungleichheit

Wenn wir die Ursachen und Dynamik sozialer Ungleichheit untersuchen, sind nicht nur deren Determinanten als Bestimmungsfaktoren zu beachten. Ein einmal erreichtes Niveau bezüglich verschiedener Dimensionen der Lebenslage kann auf die weitere Entwicklung dieser oder anderer Dimensionen sozialer Ungleichheit – wir werden diesbezüglich in Kapitel 5.5 von *sozialer Mobilität* sprechen – einen gewichtigen Einfluss haben.

Wechselwirkungen zwischen den Dimensionen

Bezug nehmend darauf haben wir bereits in Kapitel 5.1 angemerkt, dass die Ungleichheitsmerkmale der einzelnen Dimensionen mehr oder weniger stark zusammenhängen können: Während im Fall einer Statuskonsistenz die Statuspositionen in den Dimensionen sozialer Ungleichheit ähnlich sind, korrelieren sie im Fall der Statusinkonsistenz nicht oder nur teilweise miteinander. Im Folgenden werden einige typische Wirkungszusammenhänge zwischen den verschiedenen Dimensionen eingehender dargestellt (vgl. Hradil 1987: 148 ff.).

Komplementaritäts- oder Matthäus-Prinzip

1. Nach dem *Komplementaritäts-* oder *Matthäus-Prinzip* fördern die Vorteile bzw. behindern die Nachteile in Bezug auf eine Ungleichheitsdimension die Verbesserung von Statuspositionen in Bezug auf diese und andere Ungleichheitsdimensionen. Die Ungleichheitsdimensionen werden dann als komplementär bezeichnet. Es gilt, was im Matthäus-Evangelium, Kapitel 25, Vers 29 (im Gleichnis vom anvertrauten Geld) steht: »Denn wer hat, dem wird gegeben, und er wird im Überfluss haben; wer aber nicht hat, dem wird auch noch weggenommen, was er hat.« Wenn das Komplementaritäts- oder Matthäus-Prinzip wirksam ist, werden die Reichen immer reicher und auch in Bezug auf andere Dimensionen sozialer Ungleichheit privilegierter. Die Armen werden immer ärmer und bezogen auf andere Dimensionen sozialer Ungleichheit zunehmend deprivierter – man kann also Statuskonsistenz erwarten.

Sonderfall: Dominanzprinzip

2. Beim Sonderfall des *Dominanzprinzips* wird angenommen, dass die Statuspositionen aller Dimensionen sozialer Ungleichheit durch den Status in einer Dimension bestimmt werden. So kann man etwa annehmen, dass Wissen heute immer entscheidender dafür ist, welche Handlungschancen man bezogen auf die wohlfahrtsstaatlichen, sozialen und emanzipatorischen Lebensziele erreichen kann.

Kompensations- oder Substitutions-Prinzip

3. Nach dem *Kompensations-* oder *Substitutionsprinzip* können Beschränkungen im Hinblick auf eine Ungleichheitsdimension durch Vorteile in einer anderen Dimension kompensiert werden. Fehlende Mittel, die für die Realisierung bestimmter Lebensziele notwendig sind, werden durch andere Mittel ersetzt. Eine hohe Arbeitsplatzunsicherheit oder schlechte Arbeitsbedingungen können zum Beispiel durch eine gute Bezahlung erträglich gemacht werden. Das hohe Einkommen würde dann die

gesundheitsbedrohlichen Folgen der Arbeitssituation in gewissem Sinne kompensieren oder die Folgen eines Arbeitsplatzverlustes abfedern. Gerade in modernen Gesellschaften können die kulturellen Ziele auf sehr unterschiedliche Weise realisiert werden; so lässt sich soziale Anerkennung beispielsweise durch hohes Einkommen, Wissen und Kompetenz, Hilfsbereitschaft oder soziales Engagement erreichen. Individuen können also – wenn dies schon nicht in allen Dimensionen gelingt – gezielt versuchen, bei bestimmten Zielen erfolgreich zu sein, und dafür Nachteile bei der Realisierung anderer Ziele in Kauf nehmen. Dort, wo das Kompensations- oder Substitutionsprinzip gilt, ist Statusinkonsistenz durchaus normal und dem Erfolg im Hinblick darauf, sich Lebensziele zu erfüllen, nicht unbedingt abträglich.

Zusammenfassung

Wirkungszusammenhänge zwischen den Dimensionen sozialer Ungleichheit
Die verschiedenen Handlungsbedingungen sozialer Ungleichheit beeinflussen sich gegenseitig auf unterschiedliche Weise:

- Die verschiedenen Ungleichheitsdimensionen verstärken sich gegenseitig (Komplementaritätprinzip).
- Eine Ungleichheitsdimension beeinflusst alle anderen Dimensionen (Dominanzprinzip).
- Nachteile in einer Ungleichheitsdimension werden durch Vorteile in anderen Dimensionen ausgeglichen (Kompensationprinzip).

Innerhalb der Dimensionen sozialer Ungleichheit kann sich also aufgrund von Wechselwirkungen eine Eigendynamik entwickeln, die Ungleichheit verstärken oder Kompensationseffekte zeitigen kann. Im Folgenden soll die Komplexität dieser Wechselwirkungen am Beispiel einiger Dimensionen sozialer Ungleichheit veranschaulicht werden.

Bildung als zentrale Ressource

Ein hohes Ausbildungsniveau fördert nicht nur die Realisierung erstrebenswerter Lebensziele, sondern bestimmt entscheidend mit, welche beruflichen Karrierechancen man hat. Bildung und Weiterbildung sind auch Bestimmungsfaktoren für weitere Dimensionen sozialer Ungleichheit, etwa die Möglichkeiten der Freizeitgestaltung, die Gestaltung sozialer Beziehungen und die Wahrnehmung von Partizipationsrechten. Sie stellen also eine wichtige *Ressource* dar, die über die im Lebenslauf erreichbaren sozialen Statuspositionen mitentscheidet.

Man könnte die These formulieren, dass Bildung in der heutigen Wissensgesellschaft sogar eine dominante Funktion für die Entwicklung der

Lebenslage von Menschen insgesamt zukommt. Bildung schafft Einkommen sowie – vermittelt über den Beruf – weitere Bildungs- bzw. Weiterbildungschancen. Sie verbessert die Möglichkeiten der sozialen Sicherung, geht mit sozialer Anerkennung einher und fördert soziale Kontakte und Chancen zu gesellschaftlicher Teilhabe und Mitbestimmung.

Soziale Herkunft

Die Lebenslage des Elternhauses, wir sprechen abkürzend von der »*sozialen Herkunft*«, ist ebenfalls von besonderer Bedeutung. Das Elternhaus erleichtert und fördert, je nach Ressourcenlage der Eltern, den Zugang zu mehr oder weniger attraktiven sozialen Statuspositionen. Der Zusammenhang zwischen der Lebenslage der Eltern und den Chancen der Kinder, vor allem im Hinblick auf deren Ausbildungs- und Berufsstatus, ist Gegenstand der intergenerationalen Mobilitätsforschung, auf die wir in Kapitel 5.5 zurückkommen werden.

In vormodernen Gesellschaften war der soziale Status einer Person durch die soziale Herkunft weitgehend festgelegt. In modernen Industriegesellschaften wird das Ausmaß der Ungleichheit in Statuspositionen zunehmend durch die erworbene berufliche Position und den zuvor erreichten Ausbildungsstatus bestimmt. In dem Maße, wie in den modernen Gesellschaften der selbst gewählte Beruf das Vehikel ist, eine bestimmte Lebenslage bzw. Statusgruppe zu erreichen, werden die entsprechenden Statuspositionen weniger qua reiner Zuschreibung (durch Herkunft) zugewiesen, sondern immer mehr qua (Eigen-)Leistung und Qualifikation erreicht. Das ist das Kennzeichen eines meritokratisch geprägten Systems der Statuszuweisung bzw. des Statuserwerbs (→ Kapitel 5.1 und 5.4).

Einkommen und weitere Dimensionen

Auch andere Dimensionen sozialer Ungleichheit, wie sozialer Einfluss und Autorität, materielles Vermögen und soziales Kapital sind potenzielle Bestimmungsfaktoren für eine weitere Verbesserung der Lebenslage von Individuen. Darüber sind wichtige Ressourcen und nutzbare Handlungsrechte mobilisierbar. Umgekehrt kann ein niedriger sozialer Status das Risiko eines weiteren sozialen Abstiegs vergrößern, wie das Matthäus-Prinzip besagt. Geld schafft mehr Geld – das ist das Prinzip kapitalistischen Wirtschaftens. Ein großes Vermögen verbessert die Möglichkeiten, sich weitere Quellen des Einkommenserwerbs, etwa in Form von Zinserträgen, zu erschließen. Umgekehrt kann materielle Armut in einen Teufelskreis von Benachteiligung und sozialem Abstieg führen, wie wir ihn bei sozialen Randgruppen erleben.

Erweiterungen und kritische Diskussion

Es ist in der Sozialstrukturforschung umstritten, in welchem Ausmaß sich ungleiche Lebensbedingungen von Menschen reproduzieren oder gegenseitig verstärken. Theoretiker, die eher von kompensatorischen Effekten zwischen den Dimensionen ausgehen, weisen auf die Bedeutung immer vielfältigerer Chancen, Lebensziele zu realisieren, hin (Beck 1986: 121 f.). Andere Autoren argumentieren, dass nach wie vor das Matthäus-Prinzip oder das Dominanzprinzip Gültigkeit besitzen, und wenden ein, dass trotz aller Vielfalt soziale Ungleichheit in wesentlichen Aspekten immer noch durch den Beruf und das davon abhängende Einkommen bestimmt ist (vgl. Geißler 1996).

Die verschiedenen Sichtweisen stützen sich – neben Hinweisen auf eine empirische Evidenz – auf unterschiedliche theoretische Erklärungen sozialer Ungleichheit, mit denen die Determinanten sozialer Ungleichheit und unterschiedliche Annahmen über die Wechselwirkungen zwischen Dimensionen sozialer Ungleichheit begründet werden.

Theorien sozialer Ungleichheit | 5.3.3

Theorien sozialer Ungleichheit versuchen, diese zu erklären, indem sie Mechanismen postulieren, die soziale Ungleichheit hervorbringen und stabilisieren. Die Ansätze variieren dabei durchaus stark. Im Folgenden werden wir einige der Theorietraditionen, die soziale Ungleichheit als universelles Phänomen in Gesellschaften begründen, kurz vorstellen (vgl. Burzan 2004, Groß 2008). Wir unterscheiden:

- konflikttheoretische Ansätze,
- funktionalistische Ansätze,
- markttheoretische Ansätze,
- austausch- und machttheoretische Ansätze,
- milieu- und lebensstiltheoretische Ansätze.

Auch wenn die hier ausgewählten Theorien nur einen Ausschnitt gegenwärtiger Erklärungskonzepte sozialer Ungleichheit darstellen, so können sie doch als exemplarisch für die wichtigsten derzeit gebräuchlichen Theorievarianten gelten. Bevor wir uns den verschiedenen Theorien zuwenden, stellen wir die Frage, warum es sinnvoll ist, bei der Erklärung sozialer Ungleichheit verschiedene Theorien einzubeziehen, statt sich auf eine »beste« Theorie zu beschränken.

Warum Theorienvielfalt? | 5.3.3.1

Im Verlauf der wissenschaftlichen Beschäftigung mit dem Strukturphänomen der sozialen Ungleichheit wurden diverse Theorien zur Erklärung vorgeschlagen, die nicht nur unterschiedliche Begründungszusammenhänge postulieren, sondern soziale Ungleichheit auch in unterschiedlicher Weise definieren. Theorien sind immer als modellhafte Vereinfachungen komplexer Realität zu verstehen – daher kann soziale Ungleichheit inhaltlich unter sehr verschieden Aspekten vereinfacht, betrachtet und erklärt werden. So lässt sich der Fokus etwa auf (für die Gesellschaft) funktionale Vorteile oder auf soziale Konflikte richten, die mit sozialer Ungleichheit

Theoriespezifisch unterschiedliche Themenschwerpunkte

einhergehen. Mit der jeweiligen Fragestellung variiert auch der Begründungszusammenhang: Für die Analyse des Verhältnisses von Arbeitgeber- und Arbeitnehmerschaft ist sowohl die konflikttheoretische als auch die funktionalistische Perspektive sinnvoll. Dabei wird ein konflikttheoretisch argumentierender Ansatz andere Aspekte in den Vordergrund stellen und andere Erklärungen anbieten als ein funktionalistischer Ansatz.

Theoriespezifisch unterschiedliche Geltungsbereiche

Unterschiede bestehen auch im Geltungsbereich der einzelnen Theorien: Während einige einen generellen Geltungsanspruch erheben (also alle Arten sozialer Ungleichheit zu allen Zeiten für alle Gesellschaften erklären wollen), betrachten andere lediglich einen bestimmten Zeitraum oder beschäftigen sich nur mit bestimmten Arten sozialer Ungleichheit oder einem bestimmten Gesellschaftstyp. Die Theorie kann dabei das Schwergewicht auf eine Erklärung makroanalytischer Prozesse legen oder aber sich mit den subjektiv wahrgenommenen Aspekten sozialer Ungleichheit und deren ständiger Reproduktion beschäftigen.

Theoriespezifischer Objektbereich

Wir können also festhalten, dass die Brauchbarkeit einer Theorie immer vor dem Hintergrund der jeweils interessierenden Fragestellung beurteilt werden muss. Stellt man die makro- und mikrotheoretischen Betrachtungsebenen zur sozialen Ungleichheit in Form einander umschließender Kreise dar, bei welchen der äußere Ring die Makroebene und der innere die Mikroebene sozialen Handelns repräsentiert, lassen sich die theoriespezifischen »Antworten« – man spricht auch vom *Objektbereich* einer Theorie – als Tortenstücke veranschaulichen, die unterschiedlich »tief« in Kreise hinein- bzw. aus ihnen herausreichen, die sich zum Teil aber auch selbst überschneiden können. Die Systematik der entsprechenden Zusammenhänge ist für die genannten Theorien in Abbildung 5.10 grafisch veranschaulicht. Dabei sind die Reichweiten der einzelnen Theorien und die bestehenden Überschneidungen zum Zwecke der Illustration vereinfacht wiedergegeben.

Aus den Theorien lassen sich unterschiedliche Antworten über akteurs- oder strukturbezogene Aspekte sozialer Ungleichheit ableiten. So thematisieren funktionalistische Ansätze hauptsächlich Phänomene auf der Makroebene, während die Aussagen austausch- und machttheoretischer Modelle eher die Mikro- bzw. Meso-Ebene betreffen. Die ebenfalls erkennbaren Überlappungen im Objektbereich deuten an, dass die betroffenen Theorien zum selben Thema ähnliche, ergänzende oder auch einander widersprechende Aussagen machen können. Während konflikttheoretische Ansätze soziale Ungleichheit auf die Besitzverhältnisse (insbesondere bezogen auf die Produktionsmittel) und auf Interessensgegensätze zurückführen, machen austauschtheoretische Modelle die asymmetrische Verteilung von Macht dafür verantwortlich.

Die Theorien unterscheiden sich also in ihrem Anwendungs- und in ihrem Geltungsbereich – gerade die Einzigartigkeit in der inhaltlichen

Schwerpunktsetzung macht dabei die verschiedenen Theorien für die jeweils »passenden« Fragestellungen wertvoll.

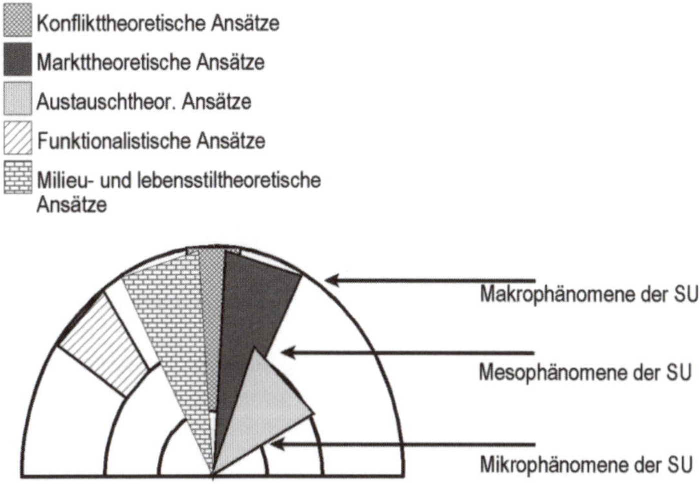

Abb. 5.10

Reichweiten und Überschneidungen von Theorien sozialer Ungleichheit

5.3.3.2 Ein konflikttheoretischer Ansatz: die marxistische Theorie

Karl Marx und Friedrich Engels haben das Faktum der Ausbeutung des Menschen (Proletariat) durch Menschen (Bourgeoisie) zur Grundlage der Erklärung sozialer Ungleichheit in einer Gesellschaft gemacht. Sie sehen die historischen gesellschaftlichen Verhältnisse und damit auch das menschliche Dasein als Ausdruck der materiellen und ökonomischen Verhältnisse an, unter denen die Menschen arbeiten und leben. In der Auseinandersetzung mit der Natur und durch deren Bearbeitung, also durch Arbeit, produzieren die Menschen Güter und Leistungen, um ihre Bedürfnisse zu befriedigen. Der Umgang mit der Natur verändert sich mit den ständig steigenden Möglichkeiten der Nutzung ihrer Ressourcen, d.h. dem Entwicklungsstand der *Produktivkräfte*. Hierzu zählen die (menschliche) Arbeitskraft und die *Produktionsmittel* (Ressourcen und Produktionstechnologie).

Eigentumsverhältnisse als Ursache sozialer Ungleichheit

Bei der gesellschaftlichen Produktion der Güter gehen die Menschen in einer Gesellschaft bestimmte, dem Entwicklungsstand der Produktivkraftentwicklung entsprechende *Produktionsverhältnisse* ein.

> *»Die Gesamtheit dieser Produktionsverhältnisse bildet die ökonomische Struktur der Gesellschaft, die reale Basis, worauf sich ein juristischer und politischer Überbau erhebt und welcher bestimmte gesellschaftliche Bewusstseinsformen entsprechen.«* (Marx 1971: 8)

Die Produktionsverhältnisse sind wesentlich durch die Eigentumsverhältnisse an den Produktionsmittel charakterisiert und bestimmen über die Verteilung und Aneignung der produzierten Güter und Leistungen in einer Gesellschaft. Sie prägen die Sozialstruktur in all ihren Dimensionen, darunter die politischen Macht- und Herrschaftsverhältnisse und die geltenden Ideen sowie ihre kulturellen Manifestationen. Auch das Bewusstsein der Menschen ist durch ihre ökonomisch bestimmte Position in dieser sozialen Struktur geformt.

Es wird also ein Grundprinzip (→ Kapitel 5.3.2) als Ursache sozialer Ungleichheit unterstellt, nach dem in der kapitalistischen Produktionsweise das Eigentum an Produktionsmitteln die dominante Dimension ist, aus der allen anderen Aspekte sozialer Ungleichheit abgeleitet sind. In der kapitalistischen Gesellschaft stehen sich die *Bourgeoisie* oder Klasse der Kapitalisten, die im Besitz der Produktionsmittel ist, und die *Arbeiterklasse* gegenüber

Grundwiderspruch der kapitalistischen Gesellschaft

Die Arbeiterklasse produziert durch die »Veredelung« von Gütern und Leistungen einen *Mehrwert*, welcher jedoch einseitig vom privilegierten Teil der Bevölkerung, in dessen Privatbesitz sich das notwendige Kapital und die technischen Mittel für die wirtschaftliche Produktion befinden, einbehalten wird (*Grundwiderspruch*). Die Kapitalisten können ihren Vorteil des Produktionsmittelbesitzes und die damit einhergehende Macht zur *Ausbeutung* der Arbeitskraft, die die Arbeiter als Ware in einem Arbeitsmarkt verkaufen müssen, nutzen; d. h., sie geben nur einen Teil der von den Arbeitern mit Hilfe der Produktionsmittel produzierten Werte an diese zurück. Die wahren Produzenten werden ihres unmittelbaren Verhältnisses zu ihren Produkten beraubt, die ihnen später in Warenform als Fremdes gegenübertreten.

Dieser grundsätzliche Interessenwiderspruch beherrscht die gesamte gesellschaftliche Struktur und Entwicklung (*Klassenantagonismus*). Die Kapitalisten kontrollieren zur Sicherung ihrer privilegierten Stellung alle Schaltstellen in der Gesellschaft, darunter das Recht, den Staat und die Kultur, und unterwerfen sie ihren Verwertungsinteressen. Die soziale Ungleichheit in einer Gesellschaft endet demnach erst, wenn die ungleiche Verteilung privaten Eigentums (etwa durch Verstaatlichung) beseitigt wird.

Zusammenfassung

Argumentation der Theorie von Marx und Engels

- Soziale Ungleichheit beruht auf ungleichen Eigentumsverhältnissen, die mit ungleichen Machtverhältnissen einhergehen (Produktionsverhältnisse).
- Entsprechend stehen sich zwei Klassen gegenüber: die Besitzer der Produktionsmittel (Kapitalisten oder Bourgeoisie) und die Besitzlosen (Prole-

tarier), die gezwungen sind, ihre Arbeitskraft an die Kapitalisten zu verkaufen.
- Zwischen den beiden Klassen besteht ein grundlegender Interessenswiderspruch (Klassenantagonismus), da die Kapitalisten den Arbeitern einen Teil der von ihnen durch Güterveredelung produzierten Werte, den sogenannten Mehrwert, vorenthalten (Ausbeutungsprinzp).
- Die Klasse der Kapitalisten kontrolliert alle Schaltstellen in der Gesellschaft, darunter das Recht, den Staat und die Kultur, und unterwirft sie ihren Verwertungsinteressen.

Kritische Diskussion

Schon früh zeigte sich, dass die Unterscheidung nach Besitz bzw. Nichtbesitz von Produktionsmittel sowie die daran gekoppelten Machtverhältnisse zu grob ist, um die im Zuge der Industrialisierung entstandenen Klassenverhältnisse hinreichend gut zu beschreiben. Beispielsweise ließ Marx die sich entwickelnde »Klasse« der Angestellten ebenso unberücksichtigt wie eine qualifikationsabhängige innere Strukturierung innerhalb der arbeitenden Klasse. Daher können Ungleichheitsstrukturen, die weitgehend unabhängig vom Produktionsmittelbesitz sind, theoretisch nur sehr ungenügend erfasst werden. Neuere marxistische Theorien ersetzen daher das einfache Zwei-Klassen-Schema durch eine differenziertere Klassenstruktur, ohne die grundlegende Idee des klassenspezifischen Grundkonflikts in einer Gesellschaft – also die durch die bestehenden Besitzverhältnisse verursachte Ausbeutung – als zentrales Erklärungsmoment für soziale Ungleichheit und ihren konflikthaften Charakter aufzugeben. Solche differenzierteren Klassenkonzepte werden in der zeitgenössischen Sozialstrukturanalyse noch genutzt, um die Ursachen sozialer Ungleichheit in der Gesellschaft herauszuarbeiten (→ Kapitel 5.4).

5.3.3.3 Funktionalistische Theorien

Funktionalistische Ansätze erklären Strukturen sozialer Ungleichheit ganz anders. Soziale Ungleichheit bedeutet nicht Konflikt und muss deshalb nicht überwunden werden, sondern sie erfüllt im Gegenteil eine unverzichtbare Funktion für den Erhalt der Gesellschaft. Die funktionalistische Sicht steht in der Tradition einer soziologischen Theorie, die als *Strukturfunktionalismus* bezeichnet wird und von dem amerikanischen Soziologen Talcott Parsons als umfassende Theorie der Gesellschaft und ihrer Anpassungs- wie Stabilitätsgrundlagen ausformuliert wurde. Kingsley Davis und Wilbert Moore (1973: 396 ff.) versuchen daran anknüpfend die funktionale Notwendigkeit sozialer Ungleichheit (sozialer Schichtung) in einer arbeits-

Soziale Ungleichheit als funktionale Notwendigkeit

teiligen Gesellschaft zu belegen. Dazu ein längeres Zitat der beiden Autoren, in dem die Idee des Ansatzes sehr gut zusammengefasst ist:

> *»Seltsamerweise liegt die funktionale Erklärung für die Allgegenwart der sozialen Schichtung genau darin, daß jede Gesellschaft die Individuen in ihre Sozialstruktur einordnen und sie mit Motivationen versorgen muß. Als funktionierender Mechanismus muß eine Gesellschaft ihre Mitglieder irgendwie auf soziale Positionen verteilen und sie veranlassen, die damit verbundenen Pflichten zu erfüllen. Sie muß sich also auf zwei verschiedenen Ebenen um Motivierung kümmern. [...] In Wirklichkeit ist es natürlich nicht einerlei, wer welche Position erhält; nicht nur weil manche Positionen an sich angenehmer sind als andere, sondern auch, weil einige spezielle Begabung und Ausbildung erfordern und einige größere funktionale Bedeutung als andere haben. [...] So erweist es sich als unumgänglich, daß eine Gesellschaft erstens eine Art von Belohnung haben muß, die sie als Anreiz verwenden kann, zweitens einen Modus braucht, um die Belohnungen unterschiedlich nach Positionen zu verteilen. Belohnungen und ihre Verteilung werden Bestandteil der sozialen Ordnung und verursachen so eine Schichtung.«* (Davis/Moore 1973: 397)

Soziale Ungleichheit als Folge unterschiedlich hoher Belohnungen für Tätigkeiten erfüllt also eine wichtige Anreiz- und Verteilungsfunktion. Belohnungen können Einkommen und soziales Ansehen sein. Sie entsprechen gemäß dem Leistungsprinzip den Leistungen, die in einer sozialen Position für die Gesellschaft erbracht werden, und dem Ausmaß der dafür erforderlichen Qualifikationen. Sie folgen damit dem sogenannten meritokratischen Prinzip: Jeder bekommt das, was er verdient. Funktionalistische Ansätze unterstellen eher eine komplementäre Beziehung zwischen Dimensionen sozialer Ungleichheit.

Zusammenfassung

Argumentation der funktionalistischen Ansätze

- Soziale Schichtung bzw. Ungleichheit ist ein funktional notwendiges Strukturmerkmal für die Stabilität eines sozialen Systems.
- Soziale Ungleichheit schafft eine Anreizstruktur für Leistung und stellt sicher, dass alle Positionen mit den dafür geeigneten Personen besetzt sind.
- In der Gesellschaft ist eine Rangordnung sozialer Positionen danach festgelegt, wie zentral diese für die arbeitsteilig organisierte Wohlfahrtsproduktion und -reproduktion in der Gesellschaft sind und wie hoch die Aufwendungen ausfallen, die der Erwerb der positionsspezifischen Qualifikation erfordert. Am Rang einer sozialen Position orientiert sich die Höhe der Belohnung für den Inhaber.

- Das Verteilungsprinzip von Belohnungen ist durch die Leistungen bestimmt, die in verschiedenen sozialen Positionen für die Gesellschaft erbracht werden (meritokratisches Prinzip).

Die funktionalistische Betrachtung sozialer Ungleichheit ist verschiedentlich kritisiert worden. Wichtige Kritikpunkte seien kurz genannt: Kritik

- Rein methodologisch ließe sich einwenden, dass eine »funktionale Erklärung« gar keine Erklärung ist (Esser 1993: 371 ff.). Man kann nicht von der möglichen Funktionalität sozialer Ungleichheit für die gesellschaftliche Arbeitsteilung darauf schließen, dass sie die einzige Lösung des Allokationsproblems darstellt.
- Die Annahme der meritokratischen Struktur des Entlohnungssystems ist problematisch und kann signifikante Abweichungen vom Prinzip leistungsbezogener Statuszuweisung in unserer Gesellschaft nicht erklären. Es besteht daher die Gefahr, soziale Ungleichheit in einer Gesellschaft »unbesehen« zu legitimieren.
- Es ist auch nicht richtig anzunehmen, dass in einer Gesellschaft in der Regel Einigkeit über die gesellschaftliche Bedeutung sozialer Positionen und die damit verbundene Entlohnung herrscht. Individuen können sich aufgrund einer privilegierten Machtposition durchaus ungebührlich hohe Belohnungen verschaffen. Die Diskussion um die Rechtmäßigkeit der Höhe von Managergehältern zeigt, dass dies in der Öffentlichkeit auch wahrgenommen wird.
- Die These, dass die funktional bedeutsamsten Positionen mit den höchsten Privilegien einhergehen, ist ebenfalls widerlegbar.
- Die Annahme, dass im Allgemeinen eine Knappheit an Talenten und geeigneten Personen herrscht, kann nicht bestätigt werden und unterstellt, wie Hradil in seiner Kritik hervorhebt, dass es gleichsam eine fixe Verteilung von Fähigkeiten gibt, die sich durch Training oder Erziehung nur begrenzt verändern lässt (Hradil 2001: 63).
- Eine Theorie, die soziale Ungleichheit als notwendigen – funktionalen – Bestandteil für eine stabile Gesellschaft betrachtet, hat auch Schwierigkeiten, die sich im historischen Verlauf stark wandelnden Ausdrucksformen sozialer Ungleichheit zu erklären.

5.3.3.4 Markttheoretische Ansätze

Angebot von und Nachfrage nach sozialen Positionen

Diese Ansätze gehen davon aus, dass soziale Ungleichheit das Ergebnis von Marktprozessen ist – eine Annahme, die auf den schottischen Moralphilosophen Adam Smith zurückgeht (Smith 1978). Die soziale Positionierung in einer arbeitsteiligen Gesellschaft unterliegt dabei dem Prinzip von Angebot und Nachfrage nach den verschiedenen Leistungen bzw. Tätigkeiten: Je größer die Nachfrage nach einer Tätigkeit ist und je weniger Menschen an der Ausübung dieser Tätigkeit interessiert sind, je geringer also das Arbeitskraftangebot für diese Tätigkeit ist, desto höher muss die dafür gebotene Belohnung sein – und umgekehrt. Je höher eine Belohnung für eine Tätigkeit ausfällt, desto attraktiver wird die entsprechende Position und desto mehr Bewerber wird es (zukünftig) geben. Dabei muss jedoch bedacht werden, dass mit den mit einer Tätigkeit verbundenen Anforderungen auch die Kosten der dafür notwendigen Qualifikation steigen, die wiederum mit der Höhe der beanspruchten Belohnung korrelieren (vgl. den ökonomischen Humankapitalansatz; Becker 1964). Nach diesen Überlegungen richtet sich die Höhe der Belohnung für eine bestimmte Tätigkeit also nach der dafür notwendigen Qualifikation *und* nach dem Angebot an qualifizierten Bewerbern. Auch für Tätigkeiten, die nur geringe Qualifikation erfordern, können hohe Belohnungen gezahlt werden, wenn die Zahl der Bewerber niedrig ist – umgekehrt sind auch niedrige Belohnungen für hoch qualifizierte Tätigkeiten möglich, wenn das Angebot an Bewerbern die Nachfrage übersteigt.

Schlussendlich stellt sich ein Gleichgewicht ein, in dem sich Angebot und Nachfrage nach sozialen Positionen die Waage halten. Zentral ist Smiths These von den Mechanismen der ordnenden »unsichtbaren Hand« eines freien Marktes: Dadurch, dass jeder Akteur seinen persönlichen Vorteil verfolgt, trägt er zur Maximierung des Gemeinwohls bei. Gleichzeitig, so können wir schließen, wird damit – ebenfalls weitgehend unintendiert – soziale Ungleichheit in der Gesellschaft erzeugt. Die Besonderheit von markttheoretischen Ansätzen im Vergleich zu den anderen Theorien liegt in der starken Betonung der individuellen – bzw. mikrotheoretischen – Komponente: Sozialstrukturelle Phänomene stellen die beschränkenden Rahmenbedingungen individuellen Handelns dar, werden aber gleichzeitig durch die Summe der individuell-eigennützigen Entscheidungen reproduziert (→ Kapitel 3.1). Die Höhe der Belohnung, die ein Akteur erreichen kann, richtet sich nach seiner Leistungsbereitschaft bzw. nach seinen Ausbildungsentscheidungen, aber auch danach, mit wie vielen anderen Akteuren er um eine soziale Position auf dem Markt der Tätigkeiten (Arbeitsmarkt) konkurriert.

Sozialer Ungleichheit aus Akteursperspektive

Exkurs

Exkurs zu Belohnung

Die Belohnung einer Tätigkeit in einer sozialen Position kann materieller und immaterieller bzw. symbolischer Art sein. Die Zusammensetzung der Belohnung nach materiellen und symbolischen Anteilen ist von weiteren, durch die gesellschaftlichen Rahmenbedingungen strukturierten Bedingungen abhängig. Ist eine materielle Entlohnung nicht angemessen möglich, kann das Defizit durch symbolische Entlohnungen, wie sozialer Einfluss oder soziales Prestige, kompensiert werden (Adam Smiths Theorem des Ausgleichs der Nettovorteile; Smith 1978; vgl. Preisendörfer 2002). Da neben materiellen Vorteilen soziales Ansehen ein wichtiges Ziel im eigennützigen Streben individueller Akteure ist, stellen solche immateriellen Belohnungen auch tatsächlich erstrebenswerte Nutzengrößen dar. Adam Smith verglich zum Beispiel Bergarbeiter und Soldaten seiner Zeit miteinander. Er nahm an, dass sie bezüglich der Risiken und der qualifikatorischen Anforderungen relativ gleichgestellt waren. Während Soldaten aber nicht nur materiell, sondern auch symbolisch (Ruhm, Ehre) entlohnt wurden, wurden die Bergarbeiter eher nur materiell entlohnt: Ihr Lohn sollte daher höher sein als jener der Soldaten.

Unterschiede zum funktionalistischen Ansatz

Anders als funktionalistische Ansätze, welche die Höhe der Belohnung vornehmlich durch den »funktionalen Nutzen« einer Tätigkeit für die Gesellschaft bestimmt sehen, berücksichtigen markttheoretische Modelle das Verhältnis von Angebot und Nachfrage für eine Tätigkeit. Strebt man nach einer empirisch zutreffenden Erklärung sozialer Ungleichheit, sind sie damit den funktionalistischen Ansätzen überlegen, da eine Bewertung von Tätigkeiten nicht vorgegeben ist, sondern als Ergebnis eines gesellschaftlichen Aushandlungsprozesses erklärbar wird.

Zusammenfassung

Argumentation der markttheoretischen Ansätze

- Soziale Ungleichheit ergibt sich aus dem »Marktwert« angebotener und nachgefragter Tätigkeiten und der Belohnung dafür, die auf der Basis dieses Marktwerts ausgehandelt wird. Die Belohnung richtet sich also nach der tätigkeitsspezifischen Qualifikation sowie dem Verhältnis von Angebot an und der Nachfrage nach entsprechenden Bewerbern.
- Die Belohnung kann materieller, immaterieller bzw. symbolischer Natur sein.
- Institutionelle Regelungen und Festlegungen sozialer Ungleichheitsverhältnisse strukturieren zwar die Aushandlungs- bzw. Marktbedingungen, spielen für die geschilderten Marktmechanismen aber nur eine untergeordnete Rolle.

Kritik

Von Seiten der Sozialwissenschaften wird kritisiert, dass bei den markttheoretischen Modellen wegen der starken Fokussierung auf die individuellen Aushandlungsprozesse die auf der Makroebene ablaufenden Strukturprozesse und deren funktionale Aspekte aus dem Blick geraten. Problematisch ist auch die theoretische Einbindung nicht intendierter Handlungsfolgen, wie etwa Wettbewerbsverzerrungen. Obwohl oft ein anderer Eindruck vermittelt wird, sind die empirischen Belege für die aus den markttheoretischen Modellen abgeleiteten Aussagen oftmals nicht sehr überzeugend oder beziehen sich auf triviale Sachverhalte (vgl. Green/Shapiro 1994). Schwierig ist zudem die Einbindung nicht monetärer Aspekte – d. h. neben soziokulturellen Aspekten auch Macht und Prestige –, da sie sich nicht im Sinne einer exakten Aufrechnung mit finanziellen oder zeitlichen Anreizen vergleichen lassen.

Klassische Ursachen sozialer Ungleichheit, wie die soziale Vererbung ungleichheitsrelevanter Merkmale von Eltern auf die Kinder, werden ebenso unterbewertet wie andere den Wettbewerb verzerrende Effekte, etwa Monopolbildung und eine ungleich verteilte Marktmacht. Umgekehrt bleibt unberücksichtigt, dass institutionelle Regelungen die unbegrenzte Anpassung von Belohnungen an die Verhältnisse des Arbeitsmarkts nicht zulassen (→ Kapitel 6.1). Insgesamt werden schließlich die Auswirkungen ungleich verteilter persönlicher bzw. sozialer Ressourcen (etwa soziale Beziehungen oder persönlicher Charme) zu wenig mitbedacht.

5.3.3.5 | Austausch- und machttheoretische Ansätze

Macht als Ursache sozialer Ungleichheit

Macht ist eine wichtige und eigenständige Dimension sozialer Ungleichheit. Einige Theoretiker behaupten, dass Macht die entscheidende – also dominierende – Dimension sozialer Ungleichheit sei, von der sich alles andere ableite (Lenski 1973). Der 1939 in die USA emigrierte Soziologe Peter M. Blau hat eine umfassendere Erklärung der Genese von Machtbeziehungen vorgelegt (Blau 1964; Blau 1994), indem er sie als Folge von Asymmetrien in sozialen (Austausch-)Beziehungen begreift. Macht – und damit soziale Ungleichheit – entstehen nach Blau in den Austauschprozessen zwischen Akteuren und kann dann im Laufe ihrer Entwicklung institutionell verankert und festgeschrieben werden.

Sozialer und ökonomischer Tausch

Die Genese von Machtbeziehungen erklärt Blau folgendermaßen: Die arbeitsteilige Reproduktion der gesellschaftlichen Strukturen, ob es sich um die Wirksamkeit von Institutionen oder die Relevanz von Ungleichheitsmerkmalen handelt, basiert auf sozialer Interaktion zwischen den Akteuren einer Gesellschaft. Sie kann als Austausch von materiellen und nicht materiellen Gütern, Leistungen und Belohnungen verstanden werden. Man unterscheidet dann zwischen zwei Formen des Tauschs:

- Beim *ökonomischen Tausch* geht es um einen meist klar geregelten, unmittelbar zu vollziehenden Tausch von materiellen Äquivalenten in einer Marktsituation. Das Ziel ist die effiziente Beschaffung von Gütern.
- Beim *sozialen Tausch* lassen sich Individuen gegenseitig materielle, vor allem aber auch nicht materielle Belohnungen wie Informationen, Zuneigung, soziale Anerkennung oder andere immaterielle Hilfen zukommen, ohne dass diese direkt entgolten werden müssen. Die wichtigste Belohnungsart bei dieser Form der sozialen Interaktionen ist nach Blau soziale Anerkennung.

Reziprozität von Austauschbeziehungen

Es wird angenommen, dass zwei Akteure dann Tauschbeziehungen aufnehmen, wenn sie beide davon ausgehen, durch den Tausch in den Genuss erstrebenswerter Güter und Leistungen zu kommen, die sie auf andere Weise nicht oder nur unter Inkaufnahme höherer Kosten erreichen könnten. Während beim ökonomischen Tausch unmittelbar eine Leistung und eine wertäquivalente Gegenleistung – meist auf Grundlage eines expliziten Vertrags – getauscht werden, existieren beim sozialen Tausch keine entsprechenden Regelungen. Im Allgemeinen wird aber auch hier eine symmetrische Tauschbeziehung geführt, d. h. ein Ausgleich der Leistungen erwartet. Man folgt dem Prinzip der Gegenseitigkeit – und spricht auch vom *Reziprozitätprinzip*. Hiernach wiegen sich die Leistungen, die sich die Beteiligten gegenseitig gewährleisten, im Zeitverlauf auf. Das Reziprozitätprinzip dient vor allem der Etablierung und Aufrechterhaltung dauerhafter Beziehungen des sozialen Tauschs; im Unterschied zum ökonomischen ist beim sozialen Tausch aber weder ein direkter Austausch von äquivalenten Belohnungen zwingend noch gibt es klare formale Regelungen.

Einseitiger Tausch

In sozialen Tauschbeziehungen kann es daher zeitweilig zu Ungleichgewichten kommen. Liegt eine Tauschbeziehung vor, in der, aus welchen Gründen auch immer, regelmäßig ein Tauschpartner Leistungen eines anderen Tauschpartners in Anspruch nimmt, ohne entsprechend »zurückzuzahlen«, spricht Blau von einem *einseitigen Tausch*. Vor dem Hintergrund einer geltenden Reziprozitätsnorm erwächst den Gebenden aus dieser Situation eine relative Machtposition gegenüber dem Nehmenden: Es entsteht eine Asymmetrie an sozialem Einfluss, d. h. soziale Ungleichheit, da sich der Nehmende zur »Rückzahlung« der empfangenden Leistungen verpflichtet sieht. Solche »Rückzahlungen« können in der Gewährung sozialer Anerkennung bestehen oder auch darin, dass sich der Nehmende bestimmten Anforderungen des Gebenden beugt.

Die Genese von Machtbeziehungen

Blau zeigt am Beispiel bürokratischer Organisationen, wie aus dauerhaft einseitigen Tauschbeziehungen institutionell abgesicherte Machtpositionen entstehen und sich verfestigen. Sie werden nicht mehr nur in persönlichen Austauschbeziehungen geltend gemacht, sondern sind über rechtliche Regelungen generalisiert und als Herrschaftsverhältnis auf Dauer gestellt (indirekte Tauschbeziehungen). Eine auf diese Weise legitimierte und privilegierte Stellung eines Akteurs kann zur Umsetzung und Durchsetzung eigener Interessen genutzt werden (vgl. auch Müller 1993: 87 f.). Machtbeziehungen in sozialen Interaktionen können sich also durch die Genese entsprechender institutioneller Strukturen als stabile Machtkonstellationen – Blau belegt sie mit dem Begriff der *impersonal power* (Blau 1994: 163) – etablieren und Ursache einer Ungleichheitsstruktur in einer Gesellschaft sein.

Zusammenfassung

Argumentation der macht- und austauschtheoretischen Ansätze

- Soziale Ungleichheit entsteht durch ungleich verteilte Machtverhältnisse, welche aus dauerhaft asymmetrischen Tauschbeziehungen resultieren.
- Die Machtausübung wird vom »Unterworfenen« im Tausch für die vom Mächtigen erhaltenen Leistungen zugelassen, d. h. legitimiert.
- Dauerhaft asymmetrische Tauschbeziehungen werden durch Institutionalisierung in stabile Herrschaftsverhältnisse überführt, die auf indirekten Tauschbeziehungen beruhen.

Kritische Diskussion

Das Verhältnis von Besitz (bzw. Einkommen) und Macht, das im marxistischen Ansatz eine zentrale Rolle spielt, und seine Auswirkungen auf soziale Ungleichheit bleiben in diesem Ansatz unklar. Generell werden die über den Austausch hinausgehenden Einflüsse unterschiedlicher Ressourcenausstattungen in ihren Effekten auf die Ausstattung mit oder Zuschreibung von Macht bzw. sozialer Ungleichheit zu wenig berücksichtigt. Auch sind die Wechselwirkungen zwischen Macht und anderen Handlungsbedingungen (bzw. Dimensionen) sozialer Ungleichheit nicht ausreichend integriert; so kann sich beispielsweise das Ansehen einer Person auch unabhängig von der Macht – etwa in Abhängigkeit vom Besitz – verändern. Ähnlich den konflikttheoretischen Modellen ist ein einseitig auf die Machtverteilung abhebendes Verständnis sozialer Ungleichheit schließlich zu undifferenziert.

5.3.3.6 Milieu- und lebensstiltheoretische Ansätze

Ein wichtiger theoretischer Ansatz, der zur Grundlage *milieu- und lebensstiltheoretischer Ansätze* geworden ist, ist die Klassentheorie des französischen Soziologen Pierre Bourdieu (Bourdieu 1982, Vester u. a. 2001). Seine Theorie lässt sich als eine Weiterentwicklung des klassentheoretischen Konzepts sozialer Ungleichheit verstehen (vgl. Überblick bei Müller 1993). Bourdieu

Bourdieus Klassentheorie

ergänzt die ökonomische Ungleichheitsdimension der Klassentheorien marxistischer Provenienz um die kulturellen und sozialen Dimensionen sozialer Ungleichheit (*kulturelles und soziales Kapital*, → Kapitel 5.2). Er nimmt an, dass das kulturelle und das soziale Kapital zwar relativ unabhängig vom ökonomischen Kapital sind, dass sich die Kapitalsorten aber grundsätzlich ineinander konvertieren lassen. Beispielsweise kann ökonomisches Kapital (Geld) in den Ausbau des kulturellen Kapitals (etwa durch Opernbesuche oder Bucherwerb) investiert werden. Ebenso können Kenntnisse der Opernszene über eine journalistische Tätigkeit in ökonomisches Kapital umgewandelt werden (vgl. Bourdieu 1983: 185).

Sozialer Raum und Raum sozialer Positionen

Konfigurationen ökonomischen und kulturellen Kapitals (Kapitalstruktur) und der Umfang verfügbaren Kapitals (Kapitalvolumen) spannen den von Bourdieu so genannten *sozialen Raum* auf. Man kann Individuen darin gemäß ihrer individuellen Lebenslage, wie wir sie definiert haben (→ Kapitel 5.1.2), verorten. Sie gibt darüber Auskunft, über wie viel ökonomisches und kulturelles Kapital sie verfügen und welche Kapitalsorte wie stark bei ihnen überwiegt (*Raum sozialer Positionen*). So werden typische Klassenlagen identifiziert, in denen sich spezifische Möglichkeiten der Lebensgestaltung niederschlagen.

Habitus und Raum der Lebensstile

Ganz wesentlich aber ist, dass nach Bourdieu mit der Klassenzugehörigkeit auch eine bestimmte Art des Denkens und Handelns einhergeht, welche die Klassen voneinander nicht nur materiell, sondern auch kulturell distinguiert. Bourdieu verbindet das so erweiterte Klassenkonzept mit seinem Begriff des *Habitus*. Der Habitus korrespondiert mit der zu der Kapitalausstattung gehörenden sozialen Position (Klassenzugehörigkeit) und drückt sich in sozial vorkonstruierten psychosozialen Dispositionen der Akteure aus, die ihre Handlungsmöglichkeiten und -grenzen subjektiv strukturieren: Der Habitus ist die Grundlage der individuellen Handlungspraxis und steuert gleichzeitig die Wahrnehmung und Bewertung von Mitmenschen und Umwelt (Müller 1993: 255). Unterschiedliche Vorlieben und entsprechend ausgeprägte Lebensstile von Individuen, damit auch soziale Distinktion wie etwa eine umweltbewusste Lebensweise, sind dann als Ausdruck des Habitus anzusehen (vgl. Bourdieu 1982). Der Raum sozialer Positionen lässt sich um einen damit korrespondierenden *Raum der Lebensstile* ergänzen.

Der Habitus ist stark durch die Erfahrungen des Aufwachsens in einem Klassenmilieu geprägt. Der Erwerb kulturellen Kapitals in der Herkunftsfamilie spielt eine große Rolle für die zukünftigen Lebenschancen der Kinder. Daher ist ein signifikanter Wechsel zwischen Klassen schwer möglich. Wer als Kind nicht gelernt hat, Kunst von Picasso oder moderne Musik zu verstehen und sich darüber auszutauschen, wird auch später diesen Werken gegenüber eher desinteressiert bleiben.

Obschon Pierre Bourdieu weiterhin von Klassen spricht, ist seine Theorie doch zu einer wichtigen Grundlage *milieu- und lebensstiltheoretischer Ansätze* geworden. Sie greifen die von ihm eingeführten neuen Dimensionen sozialer Ungleichheit auf und versuchen, die Existenz verschiedener Milieus und Lebensstile empirisch zu belegen (Vester u. a. 2001; → Kapitel 5.4.3.2)

Zusammenfassung

Argumentation der milieu- und lebensstiltheoretischen Ansätze

- Soziale Ungleichheit ergibt sich aus der ungleichen Ausstattung nicht nur mit ökonomischem, sondern auch mit kulturellem und sozialem Kapital.
- Das marxistische Klassenkonzept wird zum Konzept des »Raums sozialer Positionen« erweitert, in dem auch soziokulturelle Kapitalien für die Unterscheidung von Klassenpositionen eine wichtige Rolle spielen. Im Raum sozialer Positionen lassen sich typische Klassenlagen identifizieren, die sich beispielsweise in ihrer ökonomischen Position ähneln, aber gravierend in Wertehaltung und Lebensstil voneinander unterscheiden können.
- Korrespondierend dazu besteht der Habitus aus sozial vorkonstruierten Dispositionen und Denkmustern der Mitglieder einer Klasse, die ihre Handlungsmöglichkeiten und -grenzen strukturieren und ihre Vorlieben und Lebensstile bestimmen. Der Raum sozialer Positionen wird daher um einen damit korrespondierenden Raum der Lebensstile ergänzt.
- Weitreichende Veränderungen in der ökonomisch und kulturell bestimmten Klassenzugehörigkeit im Lebensverlauf und von einer Generation zur nächsten sind wenig wahrscheinlich.

Kritische Diskussion

Die Kritik an Bourdieus Theorie hebt hervor, dass diese einen eher beschreibenden Charakter habe und die theoretische Herleitung der konkret verwendeten (nicht ökonomischen) Klassifizierungsmerkmale (bzw. der verwendeten Kapitalien) zu kurz komme. Dabei bleibe oftmals unklar, inwieweit die verwendeten Merkmale tatsächlich für soziale Ungleichheit relevant sind oder ob sie lediglich – letztlich austauschbare – Unterschiede zwischen verschiedenen Gruppen bezeichnen (vgl. Geißler 1996). Auch die Annahme, dass die Individuen ihrer Herkunftsklasse relativ stark verhaftet bleiben, ist vielfach Gegenstand von Kritik gewesen.

Fazit | 5.3.3.7

Die knappe Darstellung unterschiedlicher theoretischer Ansätze hat deutlich gemacht, dass man unterschiedliche Prinzipien einer Erklärung sozialer Ungleichheit hervorheben kann. Die französischen Soziologen Boudon und Bourricaud (1992) postulieren daher, dass es keine allgemein gültige Theorie sozialer Ungleichheit oder Schichtung geben kann. Die Prinzipien der Genese und Reproduktion sozialer Ungleichheit können sehr unterschiedlich sein und von Gesellschaft zu Gesellschaft variieren. Zwar halten die beiden Autoren das Marktmodell für den fruchtbarsten Ansatz, da hierbei das soziale Schichtungssystem als nicht beabsichtigtes Ergebnis gezielten Handelns eigeninteressierter, individueller Akteure verstanden wird – und damit auf einen mikrofundierten theoretischen Kern zurückgegriffen werden kann. Allerdings hat auch dieses Modell Grenzen, wenn es um institutionelle Aspekte der sozialen Ungleichheit geht, welche nicht oder nur schwer mit der Marktlogik von Angebot und Nachfrage vereinbar sind.

Lernkontrollfragen

1 Wie unterscheiden sich Determinanten von den Dimensionen sozialer Ungleichheit?
2 Nach welchen Prinzipien können Dimensionen sozialer Ungleichheit aufeinander einwirken?
3 Was sind grundlegende Unterschiede zwischen unterschiedlichen Erklärungsversuchen sozialer Ungleichheit?
4 Was ist der Unterschied zwischen dem sozialen und dem ökonomischen Tausch?

Infoteil

Zu einzelnen Determinanten sozialer Ungleichheit finden sich ausführliche empirische Darstellungen in Geißler (2014) und in Publikationen des Statistischen Bundesamts, darunter den Datenreports 2011 und 2013. Außerdem existieren zahlreiche Berichte öffentlicher Institutionen, wie der Gender Report der Bundesregierung zur Gleichstellung der Geschlechter oder verschiedene Publikationen des Bundesamts für Migration und Flüchtlinge (BAMF) zu Integration von Migranten (Integrationsreport). Zu den im Text genannten Datenquellen verweisen wir auf den Anhang.

Eine letzte Anmerkung zu den Theorien. Es gibt auch makroanalytische Machttheorien sozialer Ungleichheit. Eine dieser Theorien stammt von Gerhard Lenski (1973). Er geht davon aus, dass die Machtposition eines

Akteurs in der Gesellschaft darüber entscheidet, wie viele von den Gütern, die nicht zur Existenzsicherung erforderlich sind, er sich aneignen kann. Lenski begründet seine These im Wesentlichen damit, dass es in jeder Gesellschaft eine Konkurrenz um die Erträge gibt, in der sich Akteure in Machtpositionen Vorteile verschaffen können. Die Mächtigen eignen sich die Überschüsse der gesellschaftlichen Produktion an. Das würde bedeuten, dass soziale Ungleichheit zunimmt, wenn die Produktivität einer Gesellschaft steigt. Allerdings haben sich diese Thesen empirisch als nicht haltbar erwiesen.

5.4 | Strukturen sozialer Ungleichheit

Strukturen sozialer Ungleichheit lassen sich beschreiben, indem man die Bevölkerung in relativ homogene Teilgruppen gliedert, deren Mitglieder sich ähnlichen Handlungs- und Lebensbedingungen gegenübersehen, sich also in einer ähnlichen Lebenslage befinden. Dabei wird in den meisten der im Folgenden vorgestellten Modelle von Strukturen sozialer Ungleichheit zusätzlich angenommen, dass sich die ähnlichen Lebenslagen auf der subjektiven Ebene auch in ähnlichen Orientierungen und Einstellungen (»psychosoziale Dispositionen« bzw. »Mentalitäten«) äußern, die mit der jeweiligen Lebenslage korrespondieren. Auch wird oft davon ausgegangen, dass Akteure vergleichsweise selten zwischen solchen sozialstrukturellen Gruppen wechseln – nicht nur im Verlauf ihres Lebens, auch im Vergleich mit ihren Eltern. Diese sozialstrukturellen Gruppen haben danach im Sinne Blaus eine hohe »salience« (→ Kapitel 3.1).

Die Teilgruppen der Bevölkerung können in einer hierarchischen Beziehung zueinander stehen, wenn die Mitglieder einer Gruppe jeweils durchgängig höhere oder niedrigere Statuspositionen einnehmen als die Mitglieder einer anderen Gruppe. Wir werden solche Teilgruppen im Folgenden ganz allgemein *soziale Schichten* nennen. Der »Gegenbegriff« zur Schichtung ist das *Milieu*, bei dem nicht mehr eine statuskonsistente Zuordnung von Individuen zu sozialen Schichten unterstellt wird.

5.4.1 | Schichtungskriterien sozialer Ungleichheit

Ausgehend vom Prinzip der Wechselwirkung zwischen den Dimensionen sozialer Ungleichheit haben wir in Übersicht 5.8 eine Systematik verschiedener Prinzipien erstellt, nach denen eine ungleichheitsrelevante sozialstrukturelle Gliederung der Bevölkerung erfolgen kann. Hierbei lassen sich zum Teil auch Bezüge zu den in Kapitel 5.3.3 erläuterten Theorien herstellen.

Übersicht 5.8

Systematik zu Prinzipien der Strukturierung sozialer Ungleichheit

- **Prinzip der stratifikatorischen Differenzierung**
  Es begründet eine Gliederung der Bevölkerung in vertikal übereinander gelagerte Schichten aufgrund durch Tradition festgelegter Regeln sozialer Ordnung.
- **Dominanzprinzip sozialer Ungleichheit**
  Es begründet eine Gliederung der Bevölkerung in vertikal übereinander gelagerte Schichten bei Geltung des Dominanzprinzips
- **Kongruenzprinzip sozialer Ungleichheit**
  Es begründet eine Gliederung der Bevölkerung in vertikal übereinander gelagerte Schichten gemäß statuskonsistenter Lebenslagen, bei Geltung des Komplementaritäts- oder Matthäus-Prinzips.
- **Milieuprinzip sozialer Ungleichheit**
  Es begründet eine Gliederung der Bevölkerung in Teilgruppen mit typischen Profilen von Statuspositionen und subjektiven Mentalitäten, bei Geltung des Komplementaritäts- oder Matthäus-Prinzips sowie des Kompensations- bzw. Substitutionsprinzips.

Prinzip der stratifikatorischen Differenzierung

Nach dem *Prinzip der stratifikatorischen Differenzierung* ist die Gesellschaft gemäß einer durch Tradition begründeten, von allen Gesellschaftsmitgliedern akzeptierten sozialen Ordnung in voneinander streng abgeschlossene soziale Schichten gegliedert. Diese stehen in der Regel in einer hierarchischen Beziehung zueinander. Die Mitglieder der einzelnen Schichten sind qua Geburt mit einem unterschiedlichen Maß an Machtbefugnissen, Ressourcen und sozialer Wertschätzung ausgestattet, die von einer Generation an die nächste weitergeben werden. Wechsel zwischen den Schichten sind nahezu ausgeschlossen. Beispiele dafür sind die Ständeordnung der mittelalterlichen Feudalgesellschaft oder die indische Kastenordnung.

Dominanzprinzip sozialer Ungleichheit

Nach dem *Prinzip eines dominanten Kriteriums* wird die Schichtung der Bevölkerung durch eine bestimmte (theoretisch begründete) Dimension sozialer Ungleichheit determiniert. Der Status in Bezug auf alle anderen ungleichheitsrelevanten Merkmale ist durch den Status in dieser dominanten Dimension zwingend bestimmt. Diesem Prinzip entspricht der Marx'sche Klassenbegriff. Hier entscheidet ein sozioökonomisches Kriterium über die Lebenslage von Menschen, und zwar der Besitz oder Nichtbesitz an Produktionsmitteln oder das Ausmaß der Verfügungsgewalt über sie.

Kongruenzprinzip sozialer Ungleichheit

In Abschwächung des Dominanzprinzips konstituiert sich eine soziale Schichtung gemäß dem *Kongruenzprinzip sozialer Ungleichheit* nur noch durch beobachtbare statuskonsistente Lebenslagen, also dadurch, dass in der Bevölkerung ein hoher Zusammenhang zwischen den Statuspositionen in den einzelnen Dimensionen sozialer Ungleichheit gegeben ist. Nach Blau herrscht demnach eine starke Kongruenz der sozialstrukturellen Gruppen im Hinblick auf die ungleichheitsrelevanten Merkmale vor. Akteure sind in ähnlicher Weise mit einem bestimmten Niveau an Macht, Ressourcen, sozialem Ansehen oder anderen Dimensionen sozialer Ungleichheit ausgestattet. Soziale Beziehungen über die Grenzen dieser »Blöcke«, wie Bahrdt es ausdrückt (Bahrdt 1994: 133), kommen selten vor, obwohl sie nicht institutionell unterbunden sind. Die modernen Konzepte der sozialen Schicht folgen in der Regel diesem Prinzip, wenn auch die Abgrenzung zum Dominanzprinzip oft nicht eindeutig vorzunehmen ist; denn häufig wird der beruflichen Position, die mit einem unterschiedlich hohen Ausmaß an Machtbefugnissen, unterschiedlichem Einkommen und verschieden hohem sozialen Ansehen verbunden sein kann, eine besondere Bedeutung bei der Schichtbestimmung zugebilligt. Die starke Zentrierung unserer Gesellschaften und der Lebensverläufe auf das Erwerbssystem hin bietet dafür den institutionellen Hintergrund.

Milieuprinzip sozialer Ungleichheit

Nach dem *Milieuprinzip sozialer Ungleichheit* werden homogene Teilgruppen mit bestimmten typischen Profilen von Lebenslagen und Mentalitäten identifiziert. Die Lebenslagen sind nicht mehr durch das Prinzip der Statuskonsistenz bestimmt. Einzelne Dimensionen sozialer Ungleichheit können in einer Kompensations- oder Substitutionsbeziehung zueinander stehen. So wird ein niedriger beruflicher Status möglicherweise durch Erfolge oder Anerkennung in anderen Lebensbereichen, etwa der Freizeitgestaltung, kompensiert. Als weitere Gliederungskriterien kommen Mentalitäten bzw. persönliche Werteinstellungen hinzu. Eine bestimmte Lebenslage kann also durchaus mit sehr unterschiedlichen Wertorientierungen einhergehen. Diese Form der Klassifikation wird in unterschiedlicher Weise in neueren Milieumodellen angewandt, die als Alternative zu den bisherigen Schichtungsmodellen angelegt sind. Die Merkmalsprofile einzelner Milieus werden meist explorativ, d. h. durch eine Auswertung empirischer Umfragedaten ermittelt und weniger theoretisch erklärt.

Viele Sozialstrukturforscher sehen dieses Klassifikationsprinzip seit einiger Zeit als das adäquate Konzept zur Charakterisierung der Ungleichheitsstruktur in fortgeschrittenen Industriegesellschaften an (Bolte 1990: 41; Hradil 1987: 158 f.). Bevor wir diesen Standpunkt weiter diskutieren, wollen wir uns zunächst die einzelnen Klassen-, Schicht- und Milieukonzepte genauer ansehen.

Klassen, Stände und Schichten

5.4.2

Der klassische Schichtungsbegriff, wie wir ihn heute kennen, ist vor allem von dem deutschen Soziologen Theodor Geiger (1891–1952) geprägt worden (Geiger 1967 [1932], 1963). Er betrachtet ihn als Oberbegriff für Gliederungskonzepte der Struktur sozialer Ungleichheit (Klassen, Kasten, soziale Schichten etc.) und lässt ihn in verschiedenen historischen Phasen als Strukturprinzip sozialer Ungleichheit zum Einsatz kommen.

Klassischer Schichtungsbegriff

Definition

Der Schichtungsbegriff von Geiger

Er ist durch drei Aspekte bestimmt:

- *Soziale Lagerung:* Schichtmitglieder befinden sich objektiv in einer ähnlichen »sozialen Lagerung« und unterscheiden sich dadurch von anderen Schichten in der Bevölkerung. Kriterien sind Lebensstandard, Chancen und Risiken, Glücksmöglichkeiten, Privilegien und Diskriminierung, Rang und öffentliches Ansehen (Geiger 1963: 186).
- *Schichtdeterminanten:* Sie sind ablesbar an der beruflichen Stellung, dem Verhältnis zu den Produktionsmitteln und der Ausbildung; hier geht es um die Position im Gefüge sozialer Einflussstrukturen sowie um die Verfügbarkeit von Ressourcen, die den Zugang zu bestimmten sozialstrukturellen Positionen erlauben.
- *Schichtmentalitäten:* Dazu zählen schichtspezifische Ausprägungen des Denkens, der Mentalitäten, Werte, Interessen und Handlungsmuster.

Wie man erkennt, entsprechen die ersten beiden Aspekte nur bedingt den in diesem Band eingeführten Dimensionen und Determinanten sozialer Ungleichheit; dies hat seinen Grund darin, dass Geigers Differenzierung weniger systematisch begründet ist.

In Erweiterung des Geiger'schen Schichtungsbegriffs versteht Bahrdt die soziale Schicht als einen *sozialen Binnenraum.* Er begründet das damit, dass unter den Mitgliedern einer Teilgesamtheit, die als soziale Schicht verstanden werden soll, die Dichte der sozialen Beziehungen größer ist als zwischen Mitgliedern verschiedener sozialer Schichten. Mehr noch:

Schicht als sozialer Binnenraum

> *»Es entsteht unter den Ranggleichen ein sozialer Binnenraum. In ihre Handlungsmuster geht ein, daß es ein begrenztes Feld gibt, innerhalb dessen das Handeln nach anderen Regeln verläuft als beim Interagieren mit Partnern, die jenseits dieses Feldes angesiedelt sind.«* (Bahrdt 1994: 134)

Im Zusammenhang mit den vorgeschlagenen Schichtungskriterien ist sich Geiger bewusst, dass man je nach Auswahl der Kriterien unterschiedliche Schichtungsmodelle aufstellen kann, die zu nicht übereinstimmenden Gliederungen der Gesellschaft in Schichten führen können. Geiger konzediert damit einerseits eine mehrdimensionale Schichtungsstruktur, andererseits nimmt er jedoch an, dass es immer eine dominante Schichtungsdimension gibt; er präferiert also das Dominanzmodell. Die Frage ist allerdings, nach welchem inhaltlichen Kriterium eine Schichtungsdimension als dominant angesehen wird.

Mehrdimensionale Schichtungsstruktur oder Dominanzprinzip?

Wenden wir uns nun einigen zentralen, klassischen Schichtungskonzepten und ihrem Umgang mit dem Phänomen der Statusinkonsistenz zu.

5.4.2.1 Klassen und Klassenlage

Eine erste wichtige Version des allgemeinen Schichtungskonzepts ist das *Klassenmodell*. Die *Klassenlage* ist zwar verschieden bestimmt worden, alle Definitionen gehen aber davon aus, dass soziale Ungleichheit auf einer unterschiedlich starken wirtschaftlichen Macht der Gesellschaftsmitglieder beruht, die diese aufgrund ihres Vermögens oder des Besitzes marktrelevanter ökonomischer Ressourcen innehaben. Bevor wir auf spezifischere Klassenmodelle eingehen, sei eine allgemeine Definition für den Begriff der Klassenlage vorausgeschickt.

Definition

Klassenlage

Die Klassenlage meint die Positionierung eines Individuums in einer Klassengesellschaft. Sie ergibt sich aus dem Ausmaß und der Art der Verfügungsgewalt über wirtschaftliche Güter und Produktionsmittel sowie weiteren Kriterien, wie etwa dem Ausmaß und der Art der Berufsqualifikation, sofern diese in der jeweiligen Wirtschaftsordnung für die Erzielung von Einkommen verwertbar ist.

Produktionsmittelbesitz als dominierendes Schichtungskriterium bei Marx

Nach Karl Marx besteht eine Klasse aus Individuen, die eine Beziehung zu den Produktionsmitteln, damit zur politischen Machtstruktur und den herrschenden Ideen, gemeinsam haben (»Klasse an sich«). Wie gesehen (→ Kapitel 5.3.3.2) liefert Marx eine Theorie, welche die Ursachen sozialer Ungleichheit in der Gesellschaft erklären soll. Wesentlich – im Sinne einer dominierenden Schichtungsdimension – ist die Beziehung zu den Produktionsmitteln.

Klassenbewusstsein

Der Schichtmentalität entspricht das Klassenbewusstsein, das sich durch die Erfahrung der gemeinsamen Klassenlage entwickelt und womöglich die Klassen zu kollektiven Akteuren gesellschaftlicher Entwicklung werden lässt (»Klasse für sich«). Die Arbeiterklasse wird zu einer Kraft, die durch eine Revolution die Transformation der Gesellschaft hin zu einer neuen, gerechteren Ordnung vorantreibt.

Klassenkriterien bei Wright

Wie in Kapitel 5.3.3.2 schon erwähnt, wurde dieses einfache Klassenkonzept in neo-marxistischen Konzepten modifiziert und ausdifferenziert, um den zunehmend komplexer werdenden Strukturen moderner Gesellschaften besser gerecht zu werden. Ein prominentes Beispiel ist das Modell des amerikanischen marxistischen Sozialstrukturforschers Erik Olin Wright (1985). Dieser schlägt ein erweitertes zwölfstufiges Klassenschema vor. Wright argumentiert, dass die Klassenstruktur neben dem Produktionsmittelbesitz durch weitere Merkmale geprägt wird. Insgesamt nennt er drei Arten von »Ausbeutungsmitteln«:

1. Besitz an Produktionsmitteln;
2. Organisationsmacht; sie kann auch als Ausmaß der Verfügungsgewalt über nicht im Eigentum der Betreffenden befindliche Produktionsmittel verstanden werden;
3. Qualifikation der Akteure.

Danach gibt es in modernen Gesellschaften neben den Ausbeuter- und den ausgebeuteten Klassen »neue« Klassen, die Merkmale sowohl der ausbeutenden als auch der ausgebeuteten Klassen tragen. Zusätzlich zu den von Marx beschriebenen Klassen der Bourgeoisie und der Proletarier findet Wright mithilfe seiner drei Differenzierungskriterien zehn weitere Klassen, welche in unterschiedlichem Ausmaß über »Ausbeutungsmittel« verfügen. Nach diesem Schema sind Schlüsselstellungen in der Wirtschaft ebenso wichtig wie der Besitz an Produktionsmitteln. Das leuchtet durchaus ein, wenn wir zum Beispiel an die mächtigen Manager in Konzernen und Aktiengesellschaften denken. Sie haben eine hohe Verfügungsmacht über Produktionsmittel, ohne sie zu besitzen. Tabelle 5.12 stellt Wrights Klassenmodell im Einzelnen dar.

Die Tabelle veranschaulicht, wie das klassentheoretische Modell von Marx durch entsprechende Erweiterungen genutzt werden kann, um die in modernen ausdifferenzierten Gesellschaften herrschenden Ausbeutungsprozesse – und die daran gekoppelten Konflikte – sichtbar zu machen und zu analysieren. Wrights »mehrdimensionales« Klassenkonzept berücksichtigt neben den Handlungsbedingungen der in Kapitel 5.2. vorgestellten »ökonomischen« Dimension sozialer Ungleichheit (Güterbesitz und Qualifikation) mit der Organisationsmacht auch eine zentrale Handlungsbedingung der »sozialen« Dimension sozialer Ungleichheit.

Tab. 5.12 | *Erik Olin Wrights Klassenmodell*

Besitz an Produktionsmitteln	Nichtbesitz an Produktionsmitteln (Lohnarbeit)			
1) Bürgertum (Bourgeoisie): Diese haben genügend Kapital, um Arbeitnehmer zu beschäftigen und nicht selbst arbeiten zu müssen.	4) Fachlich qualifizierte Manager	7) Fachlich teilweise qualifizierte Manager	10) Fachlich nicht qualifizierte Manager	
2) Kleine Arbeitgeber: Diese haben genügend Kapital, um Arbeitnehmer zu beschäftigen, müssen aber selbst mitarbeiten.	5) Fachlich qualifizierte Aufsichtspersonen	8) Fachlich teilweise qualifizierte Aufsichtspersonen	11) Fachlich nicht qualifizierte Aufsichtspersonen	**Ausstattung mit Organisationsmacht**
3) Kleinbürger: Diese haben genügend Kapital zur Selbstständigkeit, aber nicht zur Beschäftigung von Arbeitnehmern.	6) Fachlich qualifizierte Nichtmanager	9) Fachlich teilweise qualifizierte Arbeiter	12) »Proletarier« (Arbeiterklassen)	
	Ausstattung mit Qualifikation			

Quelle: Wright 1985; nach Übersetzung in Hradil 2001: 66.

Probleme mehrdimensionaler Klassenmodelle

Werden – wie von Wright vorgeschlagen – neben den Eigentumsverhältnissen weitere Klassifizierungskriterien verwendet, steigt die Zahl der möglichen Klassen. Hradil kritisiert, dass Wright eine theoretische Begründung der zwischen den nunmehr zwölf Klassen herrschenden Ausbeutungsprozesse schuldig bleibt und die mit diesen Ausbeutungsverhältnissen einhergehenden gesellschaftlichen Konsequenzen nicht ausführt. Er werde damit der theoretischen Tiefe des ursprünglichen Ansatzes von Marx nicht gerecht (Hradil 2001: 67). Hier stellen sich eine Reihe von Fragen: Beispielsweise wäre zu klären, in welchem Verhältnis die verwendeten Klassifizierungskriterien zueinander stehen und inwieweit sie für die Machtverhältnisse zwischen den durch sie generierten Klassen relevant sind. Außerdem stellt sich die Frage der Durchlässigkeit zwischen den Klassen (Klassenmobilität) in Abhängigkeit von der verwendeten Klassifizierungstypologie neu. Weiter ist zu fragen, ob ein Kriterium (etwa Qualifikation) ein anderes oder alle anderen dominiert oder ob die Kriterien unabhängig voneinander sind.

Klassenlage und Klassen bei Weber

Max Weber hält in seiner Definition der *Klassenlage* an der Idee des ökonomisch begründeten Unterscheidungsprinzips von Marx fest, differenziert es aber aus und relativiert die alleinige Relevanz der Eigentumsverhältnisse. Weber geht es um eine Klassifikation von Individuen nach identischen Lebenschancen oder präziser »Marktchancen«, wie sie sich aus Eigentum oder der wirtschaftlichen Verfügungsmacht – die nicht unbedingt über Eigentum vermittelt sein muss – ableiten lassen. Daneben berücksichtigt er Privilegien anderer Art. Weber definiert:

> *»Klassenlage soll die typische Chance 1. der Güterversorgung, 2. der äußeren Lebensstellung, 3. des Lebensschicksals heißen, welche aus Maß und Art der Verfügungsgewalt (oder des Fehlens solcher) über Güter oder Leistungsqualifikation und aus der gegebenen Art ihrer Verwertbarkeit für die Erzielung von Einkommen und Einkünften innerhalb einer gegebenen Wirtschaftsordnung folgt. ›Klasse‹ soll jede in einer gleichen Klassenlage befindliche Gruppe von Menschen heißen.«* (Weber 1972: 177)

Besitz- und Erwerbsklassen

Die Klassenlage kann durch Besitz (*Besitzklassen*) oder die Art der Position im Erwerbssystem und der Chancen zur »Marktverwertung von Gütern oder Leistungen« (*Erwerbsklassen*) begründet sein (Weber 1972: 177). Letzteres geht über das Marx'sche Klassenkonzept und auch den von Wright vorgelegten, ausschließlich ökonomische Aspekte berücksichtigen Erweiterungsvorschlag hinaus, ohne dabei jedoch die Grundidee einer eindimensionalen Klassenstruktur aufzugeben. Mehr noch gilt das für *soziale Klassen*, die wir in der Übersicht 5.9 vorstellen.

Übersicht 5.9

Soziale Klassen bei Max Weber

Als *soziale Klassen* fasst Weber Gruppen von Klassenlagen zusammen, zwischen denen ein Wechsel im Verlauf des Lebens oder in der Generationenfolge vergleichsweise leicht möglich ist. Er postuliert vier soziale Klassen:

- Arbeiterschaft,
- Kleinbürgertum,
- besitzlose Intelligenz und Fachgeschultheit,
- Besitzende und durch Bildung Privilegierte.

Zwischen diesen sozialen Klassen bzw. den ihnen zugehörigen Klassenlagen gibt es nach Weber kaum Mobilität (→ Kapitel 5.5), d. h., soziale Klassen sind sozial relativ stark voneinander abgegrenzt.

Mit diesem Konzept kann Weber die Idee einer hierarchisch geordneten Klassenstruktur beibehalten und gleichzeitig Annahmen über soziale Mobilität zwischen Klassenlagen formulieren.

Auf der Grundlage des Weber'schen Klassenbegriffs haben die Sozialstrukturforscher Robert Erikson, John H. Goldthorpe und Lucienne Portocarero

(1979) ein bekanntes und bis heute häufig verwendetes Klassenschema (Übersicht 5.10) entwickelt:

Übersicht 5.10

Das Klassenschema von Erikson, Goldthorpe und Portocarero (1979)
In diesem Klassenschema werden berufliche Positionen nach der Art des Beschäftigungsverhältnisses differenziert. Das Schema sieht unter anderem eine Dreiteilung zwischen Selbstständigen mit Beschäftigten, Selbstständigen ohne Beschäftigte und abhängig Beschäftigten vor. Letztere werden weiter nach Art der abhängigen Beschäftigung ausdifferenziert. Darin spiegelt sich wider, dass Privatunternehmen gegenüber korporativen Formen von Konzernen, Aktiengesellschaften etc. an Bedeutung verloren haben und zu hierarchisch stratifizierten, großen Arbeitsorganisationen geworden sind. Da also nur noch wenige Privatbesitzer sehr großer Unternehmen existieren, werden diese unter der Klasse I subsumiert:

	Klasse
I	Professional, administrative and managerial, higher (Obere Dienstklasse)
II	Professional, administrative and managerial, lower (Untere Dienstklasse)
III	Routine nonmanual (Nicht manuell Ausführende)
IVa	Proprietors and self-employed with employees (Selbstständige mit Beschäftigten)
IVb	Proprietors and self-employed without employees (Selbstständige ohne Beschäftigte)
IVc	Farmers and smallholders (Landwirte)
V	Lower technical and supervisory (Arbeiterelite)
VI	Skilled manual (Facharbeiter)
VIIa	Semi-skilled and unskilled manual (Un- und Angelernte)
VIIb	Agricultural workers (Landarbeiter)

5.4.2.2 Stände

Bei Weber ist die Klassenlage nicht das einzige wichtige Konstrukt sozialer Gruppierungen. Er führt auch den Begriff des *Standes* ein, der stark mit der Ungleichheitsdimension des »Prestige« korrespondiert.

Ständische Lage

> *»›Ständische Lage‹ soll heißen eine typisch wirksam in Anspruch genommene positive oder negative Privilegierung in der sozialen Schätzung begründet auf:*
> *a) Lebensführungsart [...],*
> *b) formale Erziehungsweise [...],*
> *c) Abstammungsprestige oder Berufsprestige [...],*
> *d) ständischen Konventionen (›Traditionen‹) anderer Art.«* (Weber 1972: 179 f.)

Weber bezeichnet mit der ständischen Lage die Zugehörigkeit zu einer relativ exklusiven Gruppe, die durch gegenseitige Hochachtung und Wertschätzung, die ständische Ehre der »Mitglieder«, begründet ist. Durch die Einführung des Ständekonzepts werden die verschiedenen Klassenlagen also in sich noch einmal aufgegliedert und gleichzeitig voneinander abgegrenzt.

Nach Weber kann die ständische Lage auf einer Klassenlage bestimmter oder mehrdeutiger Art beruhen, sie ist aber nicht durch sie alleine bestimmt. Sein Beispiel:

> *»Die Klassenlage eines Offiziers, Beamten, Studenten, bestimmt durch sein Vermögen, kann ungemein verschieden sein, ohne die ständische Lage zu differenzieren, da die Art der durch Erziehung geschaffenen Lebensführung in den ständisch entscheidenden Punkten die gleiche ist.«* (Weber 1972: 226)

Definition

Stand
Soziale Gruppierung, die durch gegenseitige Hochachtung, Wertschätzung und Privilegierung ihrer Mitglieder untereinander gekennzeichnet ist.

Ständische Lebensführung

Stände pflegen nach Weber in der Regel eine eigene ständische Lebensführung, wobei er die Art des Berufs hervorhebt (Berufsstände). Hier denkt man vielleicht an die »Wanderjahre« verschiedener Zimmermannszünfte, die sich bis in die heutige Zeit erhalten haben. Mit ihnen gehen eine bestimmte Kleiderordnung und Lebensweise einher. Stände können aber auch auf erfolgreichen Prestigeansprüchen kraft ständischer Abstammung beruhen (Geburtsstände) und auf ständischer Aneignung von politischen oder priesterlichen Herrschaftsgewalten (Weber 1972: 180). Weber versteht Stände also als Gruppierungen von Menschen, »die auf Grund gemeinsamer Eigenschaften sowie charakteristischer Gemeinsamkeiten des Denkens und Handelns eine spezifische positive oder negative Einschätzung erfahren« (Bolte/Hradil 1988: 44). Mit der Idee, dass den Mitgliedern eines Standes ein »typischer« Lebensstil gemeinsam ist, nimmt Weber gewissermaßen eine lebensstiltheoretische Ergänzung (→ Kapitel 5.4.3) des Klassenbegriffs vorweg. Diese wird von ihm jedoch nicht explizit ausgeführt und weiterentwickelt.

Soziale Schicht | 5.4.2.3

Der Schichtungsbegriff wurde als Oberbegriff für die vertikale Gliederung einer Bevölkerung in soziale Teilgesamtheiten verwendet. Als *soziale Schichten* bezeichnen wir im Folgenden Formen vertikaler und hierarchischer Strukturierung, die nicht allein auf ökonomischen Faktoren beruhen. Anders als beim Konzept der Klasse sind die Kriterien breiter angelegt.

Abgehoben wird auf die Lebenslage, in der alle Dimensionen sozialer Ungleichheit berücksichtigt sind – auch wenn faktisch wie beim Klassenkonzept berufliche Aspekte immer eine besondere Rolle spielen. Dabei wird dem Kongruenzprinzip gefolgt, demgemäß der soziale Status von Individuen in der Regel durch Statuskonsistenz gekennzeichnet ist.

Voraussetzungen für soziale Schichtung

Die Rechtfertigung eines Schichtungsmodells ergibt sich also aus der Annahme einer hohen Korrelation der Ungleichheitsmerkmale, die erst eine hierarchische Gliederung von Gruppen ermöglicht. Nur wenn ein bestimmter beruflicher Status mit entsprechendem Einkommen, Ansehen und sozialem Einfluss einhergehen, ist eine hierarchische Schichtung möglich. Aufgrund dieser – empirisch oft falschen – Vorannahme eignen sich Schichtungsmodelle eher zur Beschreibung als zur Erklärung sozialer Ungleichheit (Hradil 2001: 42). Die Übersicht 5.11 präsentiert die wichtigsten Unterschiede zwischen dem Klassen- und Schichtkonzept.

Übersicht 5.11

Klasse und Schicht – Der Vergleich zweier Begriffe bei Stefan Hradil

Mit der zunehmenden Industrialisierung einer Gesellschaft eignete sich das Klassenkonzept immer weniger, um die zunehmende Vielfalt sozialer Ungleichheit zu beschreiben. Innerhalb der arbeitenden Klasse differenzierten sich immer mehr Berufsstellungen heraus, die an bestimmte Qualifikationen gekoppelt und mit einer bestimmten Organisationsmacht, einem bestimmten Einkommen und Prestige verbunden waren; d. h., innerhalb der Arbeiterklasse bedurfte es eines Gliederungskonzepts, um die dort entstandene Ungleichheit adäquat zu erfassen.

Mit dem Schichtkonzept wurde ein Gliederungskonzept verwendet, welches den Status von Menschen entlang einer oder mehrerer berufsnaher Ungleichheitsdimensionen beschreibt, dabei aber gleichzeitig einige charakteristische Unterschiede zum Klassenkonzept aufweist. Einen Vorschlag von Hradil (2001: 42) aufgreifend, lassen sich die Unterschiede zwischen beiden Gliederungskonzepten im Groben wie folgt beschreiben:

Klasse	Schicht
Ist erklärender Bestandteil einer Theorie sozialer Ungleichheit	Beschreibt soziale Ungleichheit und wird durch eine erklärende Theorie ergänzt
Konflikttheoretisch unterlegt; d. h., verschiedene Klassen haben zumeist gegensätzliche Interessen	Integrationstheoretisch unterlegt; Schichten kommen durch legitime, gesellschaftliche Belohnungsprozesse zustande
Klassenunterschiede sind qualitativer Natur	Schichtunterschiede sind gradueller Natur
Klassengrenzen sind »undurchlässig«; kaum soziale Mobilität	Schichtgrenzen sind »durchlässig«, soziale Mobilität möglich

Klasse	Schicht
Relationales, auf Beziehungen zwischen Gruppierungen verweisendes Merkmal	Attributives, sich auf die individuelle Ausstattung beziehendes Merkmal
Bezeichnet potenziell kollektive Akteure mit gemeinsamen Interessen	Bestehen aus individuellen Akteuren, denen bestimmte Lebensbedingungen gemeinsam sind

Geigers Modell der sozialen Lagerung

Theodor Geiger hat ein *Modell sozialer Schichten* vorgelegt, das von der späteren Schichtungsforschung oft als Ausgangspunkt gewählt worden ist (vgl. Abb. 5.11). Im engeren Sinne unterscheidet es sich noch nicht substanziell von einem Klassenschema, erhebt allerdings nicht dessen theoretischen Anspruch. Geiger geht in seiner Rohgliederung von der Marx'schen Klassenkonstruktion aus, fügt aber eine mittlere Lage hinzu. Sie beinhaltet Mittel- und Kleinunternehmer sowie abhängig Beschäftigte in höheren Positionen. Dies wird auch aus Abbildung 5.11 deutlich.

In der Zeit nach dem Zweiten Weltkrieg gab es verschiedene Versuche, die Schichtstruktur der Bundesrepublik Deutschland zu bestimmen und die Verteilung der Bevölkerung in den Schichten anteilsmäßig zu beschreiben. Die vorgeschlagenen Modelle unterscheiden sich in den Merkmalen, welche zur Beschreibung der sozialen Lage berücksichtigt wurden, sowie in der Zahl der unterschiedlichen Schichten.

Bolte-Zwiebel

Eine bis heute besondere Bedeutung hat das von dem deutschen Soziologen Karl Martin Bolte und seinen Mitarbeitern für die bundesdeutsche Gesellschaft der 1960er-Jahre entworfene »Zwiebel-Modell« (vgl. Abb. 5.12). Es belegt, wie groß der Anteil der Mittelschicht an der Gesamtbevölkerung

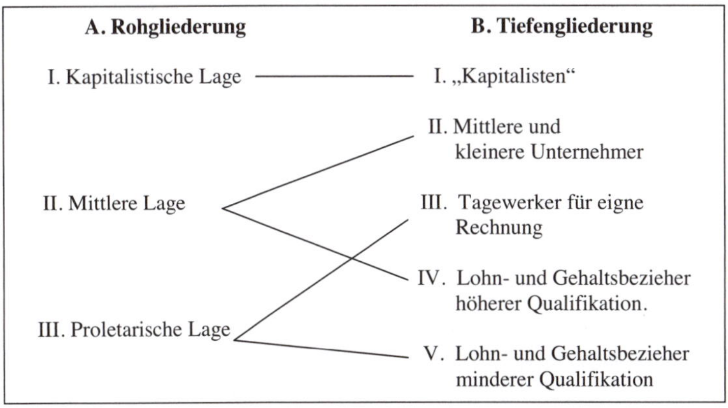

Abb. 5.11

Schema sozialer Lagerungen von Theodor Geiger (1932)

Quelle: Geiger 1967 [1932]: 24.

Abb. 5.12

Die Bolte-Zwiebel: Statusaufbau und Schichtung der westdeutschen Bevölkerung (1960er-Jahre)

Quelle: Bolte/Kappe/Neidhart 1967: 316.

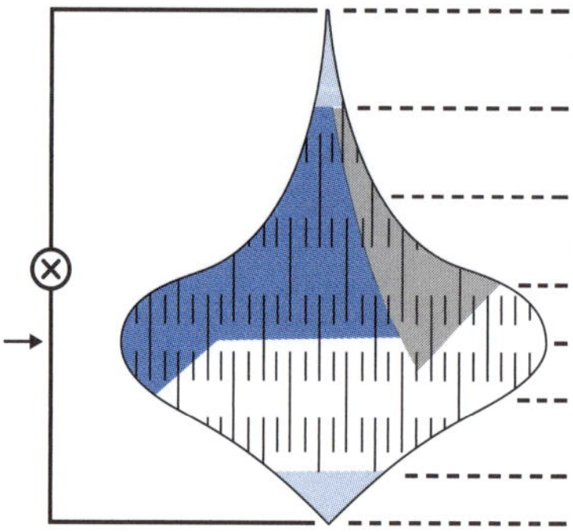

Bezeichnung der Statuszone	Anteil
Oberschicht	ca. 2 v. H.
obere Mitte	ca. 5 v. H.
mittlere Mitte	ca. 14 v. H.
untere Mitte	ca. (29) } 58 v. H.
unterste Mitte/oberes Unten	ca. (29) } 58 v. H.
Unten	ca. 17 v. H.
Sozialer Bodensatz	ca. 4 v. H.

Die Markierungen in der breiten Mitte bedeuten:

- Angehörige des sogenannten neuen Mittelstands
- Angehörige des sogenannten alten Mittelstands
- Angehörige der Arbeiterschaft

Punkte zeigen an, dass ein bestimmter gesellschaftlicher Status fixiert werden kann

Senkrechte Striche weisen darauf hin, dass nur eine Zone bezeichnet werden kann, innerhalb derer jemand etwa im Statusaufbau liegt

⊗ Mittlere Mitte nach den Vorstellungen der Bevölkerung

→ Mitte nach der Verteilung der Bevölkerung 50 v. H. liegen oberhalb bzw. unterhalb im Statusaufbau

ist, und unterstreicht die Notwendigkeit einer differenzierteren Gliederung nach oberer, mittlerer und unterer Mittelschicht. Auch dieser Schichtungsvorschlag orientiert sich an der beruflichen Stellung sowie an daran gekoppelten Ungleichheitsmerkmalen.

Zur Oberschicht gehört die Spitze der politischen und ökonomischen Elite. Zur oberen Mittelschicht gehören die nachrangigen Positionen aus Politik und Wirtschaft, etwa Angehörige von Familien, deren Hauptverdiener große und mittlere Selbstständige, freiberuflich tätige Akademiker, höhere Beamte und leitende Angestellte und Inhaber landwirtschaftlicher Großbetriebe sind. Die mittlere und untere Mittelschicht setzt sich wie folgt zusammen: Angehörige aus Familien, deren Hauptverdiener kleine Selbstständige (Handwerksbetrieb), qualifizierte Angestellte, gehobene und mittlere Beamte oder große und mittlere Landwirte sind. Zur oberen Unterschicht zählen Angehörige aus Familien, deren Hauptverdiener ausführende Angestellte, Facharbeiter, einfache Beamte oder kleine Landwirte sind. Die untere Unterschicht besteht aus Angehörigen aus Familien, deren Hauptverdiener un- und angelernte Arbeiter sind.

Das »Hausmodell« sozialer Schichtung von Dahrendorf

Ein anderes bekanntes Modell wurde 1960 von dem deutschen Soziologen Ralf Dahrendorf vorgelegt (»Hausmodell«). In Anlehnung an Geiger sieht sein Modell eine Einteilung der Bevölkerung in sieben Schichten vor (Dahrendorf 1965): die Elite (oberste Machtpositionen), die Dienstklasse (Verwaltungsangestellte), der alte Mittelstand (Selbstständige), die Arbeiterelite (Meister etc.), die Arbeiterschicht, der falsche Mittelstand (einfache Dienstleistungsberufe) und die Unterschicht (Geißler 2014: 100).

Die »Geißler-Residenz«

Als Anpassung des Hausmodells von Dahrendorf an die gegenwärtigen Verhältnisse hat Rainer Geißler ein modifiziertes Modell (vgl. Abb. 5.13) entwickelt, dessen Einteilung folgende Kriterien zugrunde liegen (Geißler 2014: 102):

- der Beruf; er bündelt verschiedene Faktoren wie Funktion in der gesellschaftlichen Arbeitsteilung, Qualifikation, Einkommen, Prestige und Einfluss;
- materielle Lage und ethnische Zugehörigkeit;
- die Position im schichtspezifischen Herrschaftsgefüge bei der Abgrenzung der »typischen« Mentalitäten, Subkulturen und Lebenschancen.

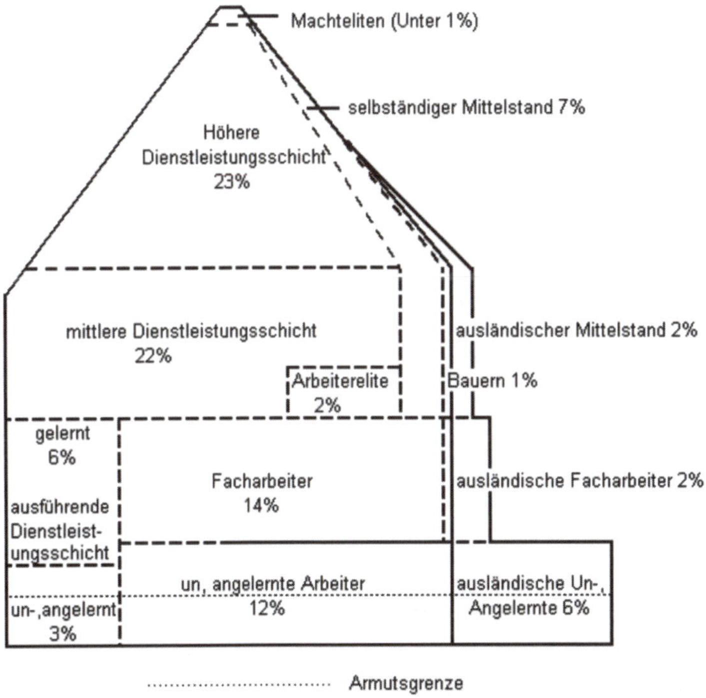

Abb. 5.13

Die »Geißler-Residenz«: Soziale Schichtung der westdeutschen Bevölkerung im Jahr 2000

Quelle: Geißler 2006: 100; zu einer Aktualisierung für das Jahr 2009 siehe Geißler 2014: 101

5.4.3 Milieus und Lebensstile

5.4.3.1 Kritik der klassischen Schichtungsmodelle

Ist das Schichtkonzept noch angemessen?

Es gibt einen lange andauernden Streit darüber, ob das Klassen- und Schichtkonzept die fortgeschrittene industrielle Gesellschaft noch angemessen beschreibt. Kritiker betonten, dass die klassischen Schichtmodelle einer vertikalen Gliederung der Sozialstruktur generell die Strukturen sozialer Ungleichheit in unserer Gesellschaft nicht hinreichend gut abbilden könnten. Sie seien zu grob und undifferenziert, betonten die falschen Ungleichheitskriterien und entsprächen nicht mehr den aktuell bestehenden Unterschieden in den Mentalitäten von Individuen (Beck 1986, Hradil 1987, 2001). Soziale Ungleichheit habe sich zwar nicht verringert, doch ihre Strukturen seien vielfältiger geworden. Klassenzugehörigkeit und Klassenbewusstsein fielen nicht mehr zusammen, einfache Korrespondenzen von Schichtzugehörigkeiten und Schichtmentalitäten seien nicht mehr vorhanden.

Es wurde weiterhin argumentiert, dass die klassischen Dimensionen sozialer Ungleichheit (Bildung, Geld, Macht, Prestige) relativ an Bedeutung verlören, daher Klassen- und Schichtmodelle zur Charakterisierung der Chancenstrukturen in Gesellschaften hinfällig würden und durch differenziertere Konzepte ersetzt werden müssten. Dabei wurde nicht abgestritten, dass die auf ökonomischen und beruflichen Aspekten beruhenden Ungleichheitsstrukturen weiterhin existieren. Sie bilden aber, so Stefan Hradil, nicht mehr die dominanten, geschweige denn die einzigen Strukturdeterminanten für soziale Ungleichheit in unserer Gesellschaft (Hradil 1987: 39).

Fahrstuhleffekt

Als populärer Beleg für den Bedeutungsverlust klassischer Ungleichheitsdimensionen wird oft auf den von Ulrich Beck als »Fahrstuhleffekt« bezeichneten zunehmenden allgemeinen Wohlstand in modernen Gesellschaften verwiesen, welcher die alten Klassenunterschiede relativiere. Ulrich Beck meint:

> *»Wir leben trotz fortbestehender und neu entstehender Ungleichheiten heute in der Bundesrepublik bereits in Verhältnissen jenseits der Klassengesellschaft, in denen das Bild der Klassengesellschaft nur noch mangels einer besseren Alternative am Leben erhalten wird. Auflösbar wird dieser Gegensatz, wenn man der Frage nachgeht, inwieweit sich in den vergangenen drei Jahrzehnten unterhalb der Aufmerksamkeitsschwelle der Ungleichheitsforschung die soziale Bedeutung von Ungleichheit gewandelt hat. Dies ist meine These: Auf der einen Seite sind die Relationen sozialer Ungleichheit in der Nachkriegsentwicklung weitgehend konstant geblieben. Auf der anderen Seite haben sich die Lebensbedingungen der Bevölkerung radikal verändert. Die Besonderheit der sozialstrukturellen Entwicklung in der Bundesrepublik ist der ›Fahrstuhleffekt‹: die ›Klassengesellschaft‹ wird insgesamt eine Etage höher gefahren. Es gibt – bei allen sich neu einpendelnden oder durchgehaltenen Ungleichheiten – ein kollektives Mehr an Einkommen, Bil-*

dung, Mobilität, Recht, Wissenschaft, Massenkonsum. In der Konsequenz werden subkulturelle Klassenidentitäten und -bindungen aufgelöst. Gleichzeitig wird ein Prozeß der Individualisierung und Diversifizierung von Lebenslagen und Lebensstilen in Gang gesetzt, der das Hierarchiemodell sozialer Klassen und Schichten unterläuft und in seinem Wirklichkeitsgehalt in Frage stellt.« (Beck 1986: 121 f.)

Mit dem zunehmenden Wohlstand gehen auch nach Beck keine Nivellierungs- oder Verschärfungstendenzen sozialer Ungleichheit einher, das Ausmaß ökonomischer sozialer Ungleichheit ist am ehesten durch Stabilität gekennzeichnet. Der allgemeine Einkommenszuwachs hat aber zu einem Bedeutungsverlust ökonomischer Schichtungskriterien geführt, da die grundlegenden materiellen Bedürfnisse befriedigt werden können. Gleichzeitig spielen »neue« Ungleichheitsstrukturen eine Rolle, die geeignet sind, die sich innerhalb einzelner Einkommens- oder Berufsklassen ausdifferenzierenden Lebensstile zu beschreiben (vgl. auch Hradil 1987: 55). Es wird also auf neue Verknüpfungs- und Erlebnisformen verwiesen, wobei Letztere verstärkt die subjektive Dimension sozialer Ungleichheit thematisieren; so gewinnen beispielsweise die Freizeitmöglichkeiten oder das Wohnumfeld für die subjektive Ungleichheitswahrnehmung an Bedeutung.

Bedeutungsverlust sozialer Ungleichheitsstrukturen

Die Dimensionen sozialer Ungleichheit korrelieren nach dieser Auffassung nicht mehr so stark wie früher. Wohlfahrtsstaatliche, soziale und emanzipatorische Dimensionen sozialer Ungleichheit beinhalteten weniger erworbene Ressourcen zur Sicherung der Handlungsfähigkeit des Einzelnen, sondern spiegelten vielfach auch vorteil- oder unvorteilhafte Lebensverhältnisse wider, denen man sich weniger gut entziehen könne. Die im Zusammenhang mit den genannten Trends entstandenen neuen sozialstrukturellen Gruppierungen ließen sich daher nicht mehr adäquat mit einem eindimensionalen Schichtungsmodell beschreiben, das von einem starken Zusammenhang der berücksichtigten Merkmale ausgehe.

Neue sozialstrukturelle Gruppierungen

Zusammenfassend lassen sich also eine Reihe von Argumenten anführen, die gegen die alleinige Verwendung eines ausschließlich vertikalen Schichtungsmodells sprechen. »Klassische« Ungleichheitsmerkmerkmale, wie das Einkommen und die Bildung, sind danach zwar immer noch bedeutsam. Sie spielen aber für die Realisierung allgemein akzeptierter Lebensziele eine weniger entscheidende Rolle, Kompensationseffekte durch vorteilhafte Lebensbedingungen anderer Art sind möglich. Daher, so die Kritiker weiter, müsse man das klassische Schichtkonzept aufgeben.

Fazit

5.4.3.2 Soziale Milieus und Lebensstile

Soziale Milieus werden als sozialstrukturelle Gruppen identifiziert, die sich nicht nur in ihren äußeren Lebensbedingungen – etwa dem Einkommen oder dem Wohnumfeld –, sondern auch in mehr oder weniger tief verankerten und stabilen subjektiven Werthaltungen, Motivlagen und Zielen ähnlich sind. Anders als im Konzept der sozialen Schichten angenommen, können Menschen trotz gleicher äußerer Lebensbedingungen sehr unterschiedlichen Wertorientierungen und Lebenszielen anhängen bzw. ihnen eine unterschiedliche Priorität zuweisen; ob sie etwa ihr (ähnlich hohes) Einkommen als »Spargut« ansehen oder es für »Genussmittel« in der Freizeitgestaltung ausgeben, hängt davon ab, ob sie eher sicherheits- oder selbstentfaltungsbezogenen Zielen den Vorzug geben (vgl. Hradil 1987: 161). Die milieu-typischen Werthaltungen äußern sich daher in einer ähnlichen Lebensführung und der Verfolgung ähnlicher Muster im sozialen Handeln.

Definition

Soziales Milieu
Teilgruppe der Bevölkerung, deren Mitglieder bezogen auf ihre Lebenslage (objektive Lebensbedingungen) sowie ihre Werthaltungen und Mentalitäten (subjektive Lebenseinstellungen) ein ähnliches Merkmalsprofil aufweisen.

Mikromilieus und Makromilieus

Soziale Milieus können in unterschiedlicher Differenziertheit und Reichweite konstruiert werden. Hradil (1987,:168) unterscheidet:

- *Mikromilieus*, die den engeren, lokalen (oder) sozialen Kontext von Personen betreffen (etwa die Fans eines bestimmten Fußballvereins), und
- *Makromilieus*, die ähnlich wie soziale Schichten große Teilgruppen der Gesellschaft beinhalten und sich durch ähnliche Werthaltungen und Mentalitäten sowie oftmals ähnliche Lebensstile auszeichnen.

Sinus-Milieus als Beispiel einer kommerziellen Anwendung

Die Überlegungen zum Zusammenhang zwischen der sozialen Lage, der Wertehaltung und damit einhergehender Lebens- oder Konsumstile (vgl. obiges Beispiel) hat auch das Interesse kommerzieller Unternehmen geweckt. Die sogenannten Sinus-Milieus sind ein Beispiel dafür. Sie sind auf Basis von Umfragedaten mit der Absicht ermittelt worden, Wirtschaftsunternehmen Informationen über den soziokulturellen Wandel in unserer Gesellschaft zur Verfügung zu stellen, die diese für eine zielgruppengerechte Marketingstrategie nutzen können.

In Abbildung 5.14 werden die Milieus visualisiert, indem ihre Verbreitung angegeben und ihre Beziehung zum klassischen Konstrukt der sozialen Schicht (vertikale Achse – auf Grundlage von Bildung, Beruf und Einkommen) und zur wertbezogenen Grundorientierung der Menschen (horizontale Achse – von traditionellen Werten bis zu solchen der Neuorientierung) veranschaulicht wird. Die Abbildung zeigt auch, dass dieselbe Schicht (z. B. Mittelschicht) aufgrund unterschiedlicher wertbezogener

Grundorientierungen in verschiedene Milieus (traditionelles Milieu, bürgerliche Mitte, adaptiv-pragmatisches Milieu und hedonistisches Milieu) aufgeteilt werden kann – die jeweils mit spezifischen Grundorientierungen einhergehen. Auf der Sinus-Internetseite (http://www.sinus-institut.de/loesungen/sinus-milieus.html) kann eine Charakterisierung der jeweiligen Milieus nachgeschlagen werden.

Die Sinus-Milieus® in Deutschland 2013

Soziale Lage und Grundorientierung

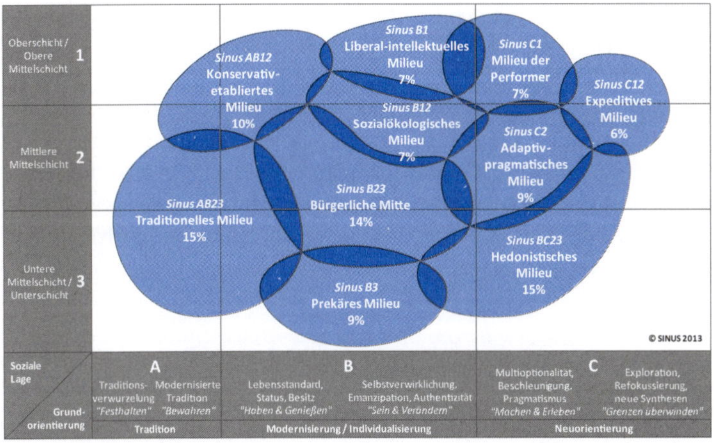

Abb. 5.14

Die Sinus-Milieus® in Deutschland 2013

Quelle: Sinus-Institut 2013: http://www.sinus-institut.de/loesungen/sinus-milieus.html.

Ein anderer, auf die Theorie von Bourdieu rekurrierender Ansatz zur Milieudifferenzierung wurde vom Milieuforscher Michael Vester und seinen Mitarbeitern vorgelegt (Vester u.a. 2001: 24ff.). Sie verstehen Milieus als »Gruppen mit ähnlichem Habitus, die durch Verwandtschaft oder Nachbarschaft, Arbeit und Lernen zusammenkommen und eine ähnliche Alltagskultur entwickeln«. Milieus werden als Orte im sozialen Raum und insofern als »Nachfahren der sozialen Klassen, Stände und Schichten verstanden« und nach zwei Dimensionen differenziert. Auf der vertikalen »Herrschaftsachse« werden drei Milieus durch »Trennlinien der Distinktion und Respektabilität« unterschieden: führende gesellschaftliche Milieus (Bildung, Macht, Besitz), mittlere Volksmilieus (Arbeiter, Angestellte und Dienstleistende, kleine Selbstständige) und unterprivilegierte Volksmilieus (gering Qualifizierte). Diese Unterteilung erinnert an die soziale Schichtung. Auf der horizontalen Differenzierungsachse unterteilt Vester die ersten beiden Milieus weiter nach »Traditionslinien der Autoritätsbindung und der Eigenverantwortung«, womit die Einstellung zu Autorität ausgedrückt wird. Auf der einen Seite steht eine Avantgarde, auf der anderen befinden sich die Hierarchiegebundenen und Autoritären. Es erfolgt schließlich eine weitere Unterteilung in Submilieus, die aus historisch gewachsenen Strukturen erwachsen sind. Auf diese Weise ergibt sich eine recht komplexe Konstruktion von Milieus und Submilieus. So sehr sie im Einzelnen einleuchten mag, so sehr ist sie aber letztlich gesetzt und nicht theoretisch abgeleitet. Daran ändert auch der Bezug auf die Bourdieu'sche Terminologie nichts.

Es fehlt noch ein Begriff, der die expressionistischen Elemente der Lebensführung, d.h. Verhaltensweisen und Gewohnheiten, erfasst: der Begriff des Lebensstils. Grundgedanke ist, dass die vom Milieukonzept identifizierten ähnlichen Lebensbedingungen und -einstellungen sich oft in ähnlichem Geschmack, vergleichbaren Konsumgewohnheiten oder gleichartigem Freizeitverhalten niederschlagen. Bei Hradil (2001: 46) ist der Lebensstil der »regelmäßig wiederkehrende Gesamtzusammenhang der Verhaltensweisen, Interaktionen, Meinungen, Wissensbestände und bewertenden Einstellungen eines Menschen«. Auch zu dieser Charakterisierung gibt es zahlreiche Alternativen. Dennoch scheint ein gemeinsamer Kern erkennbar, der ihn von den Begriffen der Lebensführung und Lebensweise, auf die wir hier nicht eingehen, absetzt und die Aspekte der Identifizierbarkeit und Stilisierung hervorhebt (vgl. Hartmann 1999; Lüdke 1990; Müller 1989).

Definition

Lebensstil

Spezifisches und als solches identifizierbares Muster alltäglich wiederkehrender Verhaltens-, Äußerungs- und Interaktionsweisen von Akteuren, in denen sich – bewusst oder unbewusst stilisiert – bestimmte, milieu- oder lebensphasentypische Formen des Denkens, Wissens und Beurteilens ausdrücken.

Lebensstile sind im Rahmen des Esser'schen Modells des Systems sozialer Ungleichheit Teil der kulturellen Struktur einer Gesellschaft (Esser 1993). Sie können als Instrument der (Selbst-)Stilisierung und Vehikel sozialer Distinktion verstanden werden, das neben Merkmalen der Lebenslage und Wertorientierung auch Verhaltenskomponenten umfasst und dazu dienen kann, eine bestimmte Gruppenzugehörigkeit zu signalisieren. Beispielsweise gehört es zum Lebensstil eines Fußballfans, sich zumindest die Heimspiele des Lieblingsvereins im Stadion anzuschauen und Kleidungsstücke mit den Vereinsfarben als Zeichen der Zugehörigkeit zu tragen.

Unterschiede zwischen Milieu und Lebensstil

Im Unterschied zu den stabilen, ein bestimmtes Milieu prägenden Wertehaltungen (z.B. eine materialistische oder eher postmaterialistische Orientierung) ist der Lebensstil der Menschen stärker von den sich im Lebensverlauf ändernden Lebenszielen, dem Zeitgeist, Modeerscheinungen oder der sich ändernden Ressourcenausstattung abhängig, d. h.: Lebensstile verändern sich im Lebensverlauf stärker als die in den Milieus verorteten Wertehaltungen (Hradil 2001: 46).

Ähnlich den Milieutypologien werden Lebensstiltypologien auf Grundlage von Umfragedaten erstellt, die neben Informationen zu Lebensbedingungen und -einstellungen auch Angaben zu Geschmäckern und Verhaltensweisen enthalten. Dazu gibt es wiederum zahlreiche Ansätze, die wir hier nicht detailliert vorstellen wollen (Hartmann 1999; Georg 1998; Konietzka 1994, Spellerberg 1996, Mühlichen/Blasius 2008).

Das Milieu- und Lebensstilkonzept sozialstruktureller Gruppierung greift einige der gegenüber dem vertikal ausgerichteten Schichtkonzept geäußerten Kritikpunkte auf, bringt aber auch eine Reihe neuer Probleme mit sich:

Diskussion des Milieu- und Lebensstilkonzeptes

Zum einen wird das Verständnis sozialer Ungleichheit durch die Aufwertung der nicht ökonomischen Dimensionen sozialer Ungleichheit wesentlich erweitert. Dabei wird die subjektive Komponente, die dem klassischen Schichtkonzept mit dem Begriff der Schichtmentalitäten schon inhärent war, deutlicher von den objektiven Lebensbedingungen abgesetzt. Das bedeutet, es sind verschiedene Milieus oder Lebensstile denkbar, deren Mitglieder sich in ähnlichen sozialen Lagen befinden. Milieus und Lebensstile lassen sich zwar bestimmten Lebenslagen oder gar sozialen Schichten zuordnen, sie sind damit aber nicht deckungsgleich. Der Lebensstilbegriff ermöglicht auch eine stärkere Berücksichtigung der Handlungs- und Erlebnisebene der einzelnen Akteure. Die daraus erwachsene theoretische Möglichkeit wird bisher allerdings kaum genutzt (vgl. Schulze 1992).

Zum anderen sind sowohl das Milieu- als auch das Lebensstilkonzept zumeist eher induktiv angelegt. Sie werden in der Regel theoretisch nicht gründlich hergeleitet, auch wenn es Versuche gibt, etwa unter Bezugnahme auf den Ansatz von Bourdieu, ihnen eine eigene theoretische Grundlage zu geben (Müller 1993: 259 ff, Otte/Rössel 2011, Vester u. a. 2001).

Insgesamt ist die mit den neuen Konzepten einhergehende Begriffsvielfalt analytisch vielleicht gerechtfertigt, praktisch wird sie fast nie konsequent durchgehalten; so gibt es zum Beispiel in der Literatur selten eine Unterscheidung zwischen Lebensstil und Milieu.

Gegenkritik

Die Kritik, die die Milieutheoretiker am klassischen Sozialstrukturkonzept geübt haben, ist nicht ohne Gegenkritik geblieben. Rainer Geißler kann anhand empirischer Daten zeigen, dass die Thesen zum Bedeutungsverlust der klassischen Dimensionen sozialer Ungleichheit teilweise überzogen und nicht gerechtfertigt sind. Die traditionell bedeutsamen Dimensionen und Determinanten sozialer Ungleichheit haben eine zentrale

Bedeutung für die Lebensverhältnisse der Menschen und damit für ihre Chancen, allgemein anerkannte Lebensziele zu verwirklichen, behalten. Geißler belegt, dass Lebenschancen und -risiken nach wie vor stark von sozialer Herkunft, Bildung und Beruf abhängen. Immer noch lassen sich Verteilungen von schichttypischen Orientierungen und Verhaltensweisen nachweisen. Milieus sind schichttypisch ausgeprägt, ihre Vielfalt ist schichtbezogen unterschiedlich, die Alltagpräsenz von Schichten ist nicht verschwunden und soziale Konflikte werden sehr wohl entlang klassischer Dimensionen sozialer Ungleichheit (arm – reich) wahrgenommen. Die neuen Ungleichheitsdimensionen korrelieren also durchaus deutlich mit den »klassischen« (Geißler 2014: 121 ff.).

Lernkontrollfragen

1. Skizzieren Sie die grundlegenden Kriterien von Schichtungsmodellen.
2. Beschreiben Sie Gemeinsamkeiten und Unterschiede zwischen den Konzepten der Klasse, der sozialen Schicht und des Milieus.
3. Wie unterscheiden sich Milieu und Lebensstil voneinander und welche Gemeinsamkeiten haben sie?
4. Aus welchen Gründen ist die Beschreibung von Strukturen sozialer Ungleichheit auf der Basis rein vertikaler Schichtungskonzepte der Gesellschaft unzureichend?

Infoteil

Die Begriffsvielfalt bei der Darstellung von Strukturen sozialer Ungleichheit ist groß. Dennoch führt Hradil zwei weitere Begriffe ein, die in seiner Abhandlung zur sozialen Ungleichheit aus dem Jahr 2001 eine Rolle spielen: *Lebensweise* und *Lebensführung*. Er definiert die Lebensweise als »gesellschaftliche typische Denk- und Verhaltensweisen«, in die Werthaltungen, Einstellungen, Meinungen und Verhaltensmuster eingehen«. Menschen, die sich in ihrer Lebensweise ähneln, bilden Milieus und verfolgen gemeinsame Lebensstile. Wir haben diesen Begriff nicht aufgegriffen. Wichtiger ist da schon der Begriff der Lebensführung. Darunter versteht Hradil die »typische Gestaltung des Alltags, insbesondere die Ausrichtung des Lebenswegs« (Hradil 2001: 147 f.).

Soziale Ungleichheit und Lebenslauf | 5.5

Sozialstrukturelle Positionen oder Zugehörigkeiten zu sozialstrukturellen Gruppen können sich im Verlauf des Lebens mehrfach verändern. In Kapitel 4 sind wir an verschiedenen Stellen auf Dynamiken von sozialstrukturellen Zugehörigkeiten und sozialen Positionen eingegangen, als wir die Komponenten der Bevölkerungsbewegung vorgestellt haben und auf Veränderungen bei den Formen privaten Zusammenlebens eingegangen sind. Dazu gehörten die Etablierung einer nicht ehelichen Lebensgemeinschaft, Eheschließungen, die Auflösung einer Paarbeziehung oder Scheidung, die Geburt von Kindern oder ein Wohnortwechsel.

Im Folgenden konzentrieren wir uns auf Veränderungen im Lebenslauf, die sich auf Ungleichheitsmerkmale, also Dimensionen sozialer Ungleichheit beziehen. Es geht um die Veränderung von Statuspositionen oder Schicht- und Klassenzugehörigkeiten.

Grundbegriffe der sozialen Mobilität | 5.5.1

Verändert ein Individuum seine Position bezogen auf ein sozialstrukturelles Merkmal, kann man allgemein davon sprechen, dass es *sozial mobil* ist – mobil im »Raum« der sozialstrukturellen Positionen einer Gesellschaft. *Sozial immobil* zu sein, bedeutet, die Position bezogen auf ein sozialstrukturelles Merkmal nicht zu verändern.

Definition

Soziale Mobilität
Veränderungen in der Ausprägung von sozialstrukturellen Merkmalen, also von sozialstrukturellen Positionen von Individuen. Dazu gehören Veränderungen des Wohnorts, der Lebensform, des Bildungsniveaus, des Berufs oder des Einkommens.

Diese allgemeine Definition gilt es, mit Leben zu erfüllen. Das wollen wir zunächst tun, indem wir in Übersicht 5.12 mehrere Formen sozialer Mobilität unterscheiden (vgl. Geißler 2014: 311 f.). Vorgestellt werden die derzeit gebräuchlichsten Mobilitätstypen. Sie betonen jeweils unterschiedliche Aspekte von Mobilität, auch wenn sie sich bezüglich der darunter gefassten Mobilitätsphänomene gelegentlich überschneiden.

Übersicht 5.12

Typen sozialer Mobilität

1. **Vertikale und horizontale Mobilität** (Sorokin 1927):
   - *Vertikale Mobilität:* soziale Mobilität bezüglich eines *Ungleichheitsmerkmals*, also die Veränderung einer Statusposition; die Verbesserung eines Status (z. B. höheres Qualifikationsniveau, höherer beruflicher Status, höheres Prestige) heißt *Aufstiegsmobilität*, eine Statusverschlechterung (z. B. Einkommens- oder Prestigeverlust) heißt *Abstiegsmobilität*.
   - *Horizontale Mobilität:* soziale Mobilität bezüglich eines *Klassifikationsmerkmals*; sie geht mit der Veränderung einer Zugehörigkeit zu einem nicht direkt ungleichheitsrelevanten Merkmal einher – allerdings kann vertikale Mobilität als Folge horizontaler Mobilität auftreten (etwa ein Berufs- oder Wohnortwechsel).
2. **Intragenerationale und intergenerationale Mobilität** (Weber 1972):
   - *Intragenerationale Mobilität:* soziale Mobilität im Lebenslauf; unter Bezug auf berufliche Statusveränderungen sprechen wir auch von *Karrieremobilität* (z. B. der Aufstieg vom Hotelpagen zum Manager der Hotels).
   - *Intergenerationale Mobilität:* soziale Mobilität in der Generationenfolge; dazu gehören Veränderungen von Statuspositionen im Vergleich zwischen Eltern und ihren Kindern (auch: *Generationenmobilität*). Hier wird vor allem Bildungs- und Berufsstatusmobilität betrachtet (z. B. ein Kind, dessen Eltern einen beruflichen Lehrabschluss haben, erreicht einen Hochschulabschluss).
3. **Individuelle und kollektive soziale Mobilität** (Geiger 1963, Bahrdt 1994)
   Individuelle soziale Mobilität: soziale Mobilität von Individuen, die auf ihrer individuellen Lebens*planung* und *-gestaltung* beruht (z. B. ein aus individuellem Interesse vollzogener Berufswechsel).
   - *Kollektive soziale Mobilität:* soziale Mobilität, die ganze sozialstrukturelle Gruppen, insbesondere Statusgruppen, etwa aufgrund wirtschaftlichen oder institutionellen Wandels *erfahren* (z. B. der Prestigeverlust eines ganzen Berufsstands, wie er etwa den Politikern nachgesagt wird).
4. **Strukturmobilität und Zirkulationsmobilität** (Yasuda 1964):
   - *Strukturmobilität:* soziale Mobilität, die durch die Veränderung der Zahl besetzbarer sozialer bzw. sozialstruktureller Positionen einer bestimmten Art (z. B. durch Strukturwandel im Arbeitsmarkt) oder durch die Veränderung der Zahl der Individuen, die soziale bzw. sozialstrukturelle Positionen einer bestimmten Art nachfragen (z. B. wegen schwankender Absolventenzahlen in einem Ausbildungsberuf oder Studienfach), hervorgerufen wird.

- *Zirkulationsmobilität*: soziale Mobilität, die nicht strukturell erzwungen ist, sondern eine Umgruppierung von Akteuren in einem vorhandenen Pool von Positionen bedeutet und daher mit einem Austauschprozess einhergeht (z.B. die Stellenmobilität von Politikern oder Managern, die zum Teil Rotationscharakter zu haben scheint).

Vertikale Mobilität, Klassen- und Schichtmobilität

Im Folgenden konzentrieren wir uns auf Formen vertikaler sozialer Mobilität und die Mobilität bzw. Immobilität zwischen sozialen Klassen bzw. Schichten. Wir werden uns also mit Veränderungen bzw. Stabilitäten in Bezug auf bestimmte Statusdimensionen beschäftigen und insbesondere Bildungs-, Berufs- und Klassenmobilität untersuchen. Berufliche Mobilität ist als horizontale Mobilität zu verstehen, bezogen auf den reinen Wechsel von Berufen oder auf Stellen- und Tätigkeitswechselwechsel. Sie geht aber mit vertikaler Mobilität einher, wenn sich als Folge des Berufswechsels gleichzeitig ungleichheitsrelevante Merkmale wie das Einkommen, die Klassenzugehörigkeit oder das mit dem Beruf verbundene Prestige ändern.

Grundsätzlich kann vertikale Mobilität für alle Dimensionen der Lebenslage von Individuen betrachtet werden, so etwa auch bezogen auf Arbeitsbedingungen in der Berufswelt. Technische Innovationen in der industriellen Produktion haben zum Beispiel für viele Erwerbstätige zu kollektiver Mobilität im Hinblick auf eine Verbesserung der Arbeitsbedingungen – etwa durch das Zurückdrängen einseitig belastender Fließbandarbeit – geführt. Technischer Fortschritt geht allerdings oft auch mit Rationalisierungsmaßnahmen in Produktionsprozessen einher, die zu einer Verringerung der Stellenzahl im Bereich der industriellen Produktion geführt und damit intra- und/oder intergenerationale Strukturmobilität hervorgerufen haben.

Phänomene sozialer Mobilität werden durch zahlreiche Faktoren bestimmt und sind in der Regel keiner einfachen Erklärung zugänglich. Allgemein kann man auf mindestens vier Faktorenbündel verweisen, die immer zu beachten sind. Sie sind in Übersicht 5.13 zusammengefasst und werden im Folgenden ausführlicher dargestellt.

Übersicht 5.13

Bestimmungsfaktoren sozialer Mobilität

1. Die soziale Lage individueller Akteure (sozialstrukturelles Profil bzgl. der Determinanten und Dimensionen sozialer Ungleichheit).
2. Die institutionelle Struktur, insbesondere die Kontrollstruktur, einer Gesellschaft.

3. Quantitative und qualitative Veränderungen des Gefüges sozialer Positionen in einer Gesellschaft, insbesondere im Bildungssystem oder im Arbeitsmarkt.
4. Veränderungen der Nachfrage nach Statuspositionen.

Das erste Faktorenbündel bezieht sich auf die Mikroebene der individuellen Lebensläufe. Die weiteren drei Faktorenbündel nehmen Bezug auf Aspekte der strukturgegebenen Handlungsbedingungen von Akteuren (also auf die Opportunitäten und Restriktionen auf der Makroebene).

Soziale Lage und Lebenslage

Die soziale Lage individueller Akteure: Aus den Ausführungen in Kapitel 5.3 leitet sich unmittelbar ab, dass Determinanten sozialer Ungleichheit Chancen zu vertikaler sozialer Mobilität nach oben wie nach unten direkt beeinflussen. Mit dem Verweis auf das Matthäus-Prinzip (→ Kapitel 5.3.2) lässt sich Gleiches auch für den jeweils schon erreichten Status bezogen auf einzelne Dimensionen sozialer Ungleichheit (Lebenslage) sagen, da zwischen ihnen ebenfalls determinierende Wechselwirkungen bestehen können.

Vertikale soziale Mobilität und ihre Richtung (aufwärts oder abwärts) ist also potenziell abhängig von erworbenen und zugeschriebenen sozialstrukturellen Positionen von Akteuren, wie im Hinblick auf persönliche Eigenschaften, Besitz investitionsfähiger Ressourcen und Handlungsrechte oder die soziale Herkunft. Diese erlauben Akteuren in unterschiedlichem Maße, einen einmal erreichten Status zu verbessern und beeinflussen das Risiko, Statusverluste zu erleiden. Durch die Umverteilung von individuellen Ressourcen verändern sich die Chancen von Akteuren im Wettbewerb um erstrebenswerte Positionen und die Risiken, aus solchen Positionen verdrängt zu werden: Angehörige unterschiedlicher Statusgruppen können sich unterschiedlich gut in Mobilitätsprozessen, die durch Strukturwandel erzeugt werden, behaupten oder sind unterschiedlich erfolgreich darin, Zirkulationsmobilität in Gang zu setzen.

Beispiel Bildungsungleichheit in der DDR

Ein historisches Beispiel aus den frühen 1970er-Jahren in der DDR mag Letzteres illustrieren. In dieser Zeit wurden auf Beschluss der Staatsmacht die Zugangsquoten zu einem Direktstudium drastisch gesenkt. Sie gingen von 11 Prozent pro Jahrgang im Jahr 1971 auf 8,3 Prozent im Jahr 1980 zurück (Solga 1995: 117 f.). Von dieser strukturell erzwungenen zunehmenden Konkurrenz um Studienplätze waren vor allem die Jahrgänge, die 1955 und später geboren wurden, betroffen. Unter ihnen setzten sich die Kinder aus der gesellschaftlich privilegierten Gruppe der sozialistischen Eliten und Kader durch. Das führte in der DDR zu einer steigenden Abhängigkeit der Bildungs- und Karrierechancen von der sozialen Herkunft der Kinder (vgl. auch Geißler 2014: 327).

Die institutionelle Struktur, insbesondere die Kontrollstruktur, einer Gesellschaft: Elemente der institutionellen Struktur bestimmen das Ausmaß der Rigidität und die Art von Statuszuweisungsprozessen, etwa in der Ausbildungs- und Berufsstruktur eines Landes. Damit gehen unterschiedlich hohe Mobilitätsbarrieren einher. Diese hängen davon ab, wie stark Bildungs- und Karrierechancen auf sozial offenen, meritokratischen Statuszuweisungsmechanismen beruhen. Dabei spielt es auch eine Rolle, welche Wirkung status-, klassen-, stand- oder schichtbezogen privilegierte Zugangsmöglichkeiten zu Statuspositionen noch entfalten können.

Institutionelle Rahmenbedingungen

In Deutschland entscheidet sich beispielsweise im dreigliedrigen (und in einigen Bundesländern zweigliedrigen) Schulsystem frühzeitig, d. h. ab dem 10. oder 12. Lebensjahr, welche weiterführende Schule die Kinder besuchen. Damit ist weitgehend festgelegt, welchen Schulabschluss sie erreichen, da ein Wechsel zwischen den Schulformen mit Schwierigkeiten verbunden und ein Nachholen höherer Bildungsabschlüsse aufwändig ist.

Ein Beispiel aus dem Erwerbsbereich sind die in Kapitel 6.1 noch ausführlicher dargelegten Mobilitätsbarrieren zwischen unterschiedlichen Segmenten des Arbeitsmarkts. Man kann auch auf die institutionell begründete Privilegierung hinweisen, die unbefristete berufliche Positionen im öffentlichen Dienst bieten. Inhaber solcher Stellen sind nicht nur im Hinblick auf das Arbeitslosigkeitsrisiko besonders geschützt, sondern genießen auch in einem gewissen Rahmen senioritätsbedingte Einkommensmobilität. Das bedeutet, dass die Höhe ihres Gehalts mit der Beschäftigungsdauer steigt.

Quantitative und qualitative Veränderungen des Gefüges sozialer Positionen in einer Gesellschaft, insbesondere im Bildungssystem oder im Arbeitsmarkt: Diese können durch ökonomischen und sozialstrukturellen Wandel hervorgerufen werden und die Möglichkeiten für den Zugang zu bestimmten Statuspositionen erweitern oder verengen. So kann Strukturwandel in einem Sektor des Arbeitsmarkts zu einer Vergrößerung oder Verminderung des Angebots an Stellen führen, die auf verschiedenen Statusniveaus angesiedelt sind. Damit geht auch eine Veränderung der Zugangs- sowie Aufstiegs- und Abstiegschancen in dem betroffenen Sektor einher.

Veränderungen im Angebot an Statuspositionen

Nach einer öffentlichen Diskussion um die deutsche »Bildungskatastrophe« (Picht 1964) in der zweiten Hälfte der 1960er-Jahre erfolgte ein Ausbau des Zugangs zu höheren Schul- und Ausbildungsabschlüssen. Die sogenannte Bildungsexpansion hat für Kinder aus allen Schichten deutlich verbesserte Chancen geschaffen, einen höheren Bildungsabschluss zu erreichen, weil mehr Plätze an höheren Schulen eingerichtet wurden. Auch bezogen auf den Arbeitsmarkt gibt es zahlreiche Beispiele. Die Ausweitung des Dienstleistungs- oder des staatlichen Sektors (z. B.: Stellenausweitung im öffentlichen Dienst während der 1970er-Jahre) führte zu einem steigenden

Beispiel Bildungsexpansion

Bedarf an Arbeitskräften. Neue Ausbildungsberufe wurden geschaffen. Damit ging gleichzeitig ein Stellenabbau im produzierenden Gewerbe einher. Solche Veränderungen im Arbeitsmarkt können Push- oder Pull-Effekte hervorrufen und sowohl vertikale als auch horizontale Mobilität zur Folge haben, da mit einem beruflichen Wechsel möglicherweise Statusveränderungen einhergehen.

Definition

Push- und Pull-Effekte

- *Pull-Effekte*: Sie treten auf, wenn sich in einem Bereich des Arbeitsmarkts die Erwerbschancen von Individuen verbessern, weil die Zahl der zu besetzenden Positionen zunimmt. In der Folge strömen zusätzliche Arbeitskräfte in diesen Bereich; Beispiel: Dienstleistungsbereich, Informationstechnologie.
- *Push-Effekte*: Sie treten auf, wenn ein wirtschaftlicher Sektor stark schrumpft. Da die Zahl der besetzbaren Positionen zurückgeht, verringern sich die Erwerbs- und Karrierechancen. Immer weniger Personen können in diesem Sektor Beschäftigung finden und werden aus ihm herausgedrängt; Beispiel: Landwirtschaft, industrielle Produktion.

Nachfrage nach Statuspositionen

Veränderungen der Nachfrage nach Statuspositionen: Ein wesentlicher Faktor ist hier die Größe der nachwachsenden Generationen. Größere Geburtsjahrgänge konkurrieren stärker um eine vorhandene Zahl sozialer Positionen, die mit einem mehr oder weniger hohen sozialen Status verbunden sind. Die zahlenmäßig großen Geburtsjahrgänge haben daher mit Nachteilen zu rechnen. Dieser Faktor führt zu struktureller Mobilität. Aber auch die Größe von Absolventenkohorten für unterschiedliche schulische und berufliche Ausbildungsabschlüsse muss beachtet werden.

Beispiel Bildungsinflation

Ein Beispiel verbindet sich mit dem Begriff der *Bildungsinflation* (Boudon 1974). Im Zuge der Verbesserung der allgemeinen Bildungschancen nimmt die Zahl der Individuen zu, die einen hohen Bildungsabschluss erreichen. Die Konkurrenz um berufliche Positionen, die eine hohe Qualifikation erfordern, wächst daher – vorausgesetzt die Anzahl solcher Positionen vergrößert sich nicht oder nur geringfügig. Das hat einen paradoxen Effekt. Auf der einen Seite bietet ein höherer Bildungsabschluss immer weniger die Garantie dafür, eine entsprechend statusträchtige berufliche Position zu erreichen. Auf der anderen Seite wird aus dem gleichen Grund ein höherer Bildungsabschluss aber immer unerlässlicher für den angestrebten beruflichen Erfolg, da man nur so in der Konkurrenz bestehen kann.

Ein Verhalten, das für den Einzelnen aus dem individuellen Eigeninteresse heraus naheliegt (Mikroebene), führt in der Gesellschaft (Makroebene) zu einer zunehmenden relativen Knappheit höherer Positionen im Berufssystem. Mehr und mehr Menschen wollen mit ihrem Bildungsabschluss einen optimalen Einstieg in eine berufliche Karriere erreichen. Indem dies zunehmend mehr Personen versuchen, vermindern sich aber ihre Chancen.

Es gibt typische zyklische Dynamiken von Ungleichgewichten zwischen der Nachfrage nach Stellen und dem Angebot an Bewerbern um diese Stellen. Das hat etwas mit der Trägheit in der Reaktion auf Ungleichgewichte zu tun. Eine »Lehrerschwemme« etwa führt zu einer abnehmenden Zahl von Frauen und Männern, die den Lehrerberuf noch erlernen wollen, da sie sich schlechte Erwerbschancen ausrechnen. Dies hat zur Folge, dass zu wenig Lehrer ausgebildet werden. Die anschließende Lehrerknappheit motiviert wiederum viele zu einem Lehramtsstudium, was eine neue Lehrerschwemme auslösen kann. Und der Zyklus beginnt von vorn.

Beispiel »Lehrerschwemme«

5.5.2 Intragenerationale Mobilität: Bildungs- und Erwerbsverläufe

Die Lebenslaufforschung hat sich umfassend mit Prozessen intragenerationaler sozialer Mobilität – und nicht nur vertikaler Mobilität – beschäftigt. Seit Langem gibt es eine Auseinandersetzung darüber, wie die heutige auf den Lebenslauf bezogene Dynamik sozialstruktureller Zugehörigkeiten und Statuspositionen (noch) mit der Vorstellung standardisierter, in abgrenzbare Phasen strukturierter Lebensläufe (Normalbiografien) zu vereinbaren ist. Zum einen wird behauptet, dass man eine »neue« Vielfalt von Verläufen beobachten kann, die durch ungeregelte, wechselhafte, institutionell weniger streng regulierte Biografien gekennzeichnet ist, und dass diese Vielfalt als ein charakteristisches Moment aktuellen Wandels in unserer Gesellschaft gelten kann. Zum anderen sind jedoch auch innerhalb dieser vielfältigen Verläufe bemerkenswerte Stabilitäten auszumachen (Kohli 2007, Brückner/Mayer 2005).

Abschied von der Normalbiografie?

Man ist sich darüber einig, dass der moderne Lebenslauf – für Frauen und Männer in unterschiedlicher Weise – durch institutionell geregelte, sich am Alter orientierende, Übergänge und Abfolgen biografischer Zustände im privaten und beruflichen Bereich charakterisiert war (Kohli 1985, Mayer/Müller 1986). Das wurde auch empirisch bestätigt. Während sich männliche Lebensläufe grob in drei Phasen rund um ihre Erwerbstätigkeit (Vorerwerbsphase, Erwerbsphase, Nacherwerbsphase) gliedern ließen, waren die Lebensläufe der Frauen durch ihre Zuständigkeit für Kinder und Familie bestimmt. Die soziale Herkunft, d.h. die Lebensbedingungen, unter denen die jungen Menschen aufwuchsen, hatte einen wesentlichen Einfluss darauf, wo sie ihre ersten vom Elternhaus unabhängigen sozialen Beziehungen eingingen und welche Statuspositionen sie in den unterschiedlichen Dimensionen sozialer Ungleichheit erreichten (Mayer/Blossfeld 1990). Das wog umso schwerer, als in Deutschland der Ausbildungs- und Einstiegsberuf für die weitere berufliche Karriere sehr wichtig war und immer noch ist. Umorientierungen waren und sind sowohl in der Ausbildung als auch in der beruflichen Karriere nur schwer möglich (Blossfeld 1989).

De-Institutionalisierung und De-Standardisierung von Lebensläufen

Es gibt viele Belege dafür, dass die Phase der Institutionalisierung von einer Phase der De-Institutionalisierung und De-Standardisierung von Ausbildungs-, Berufs- und Familienverläufen abgelöst worden ist (Berger 1996, Peuckert 2012). Vor allem die weibliche »Normalbiografie« hat sich demnach stark gewandelt; die Familienzentrierung von Frauen gehört immer mehr der Vergangenheit an (Beck/Beck-Gernseim 1990). Nicht mehr so sehr institutionelle Regeln, sondern individuelle Motive, die sich mehr oder weniger stark an Autonomie, Emanzipation und persönlicher Identität orientieren, steuern nunmehr den Lebenslauf (Kohli 1988). Gleichzeitig, so wird argumentiert, scheint eine individuelle Lebensplanung in der Bevölkerung Raum zu greifen, die sich nur an situationsspezifischen Opportunitäten und wohlfahrtsstaatlichen Offerten orientiert (Mayer/Müller 1986).

Globalisierung und Krise des Wohlfahrtsstaats

Darüber hinaus wird geltend gemacht, dass wichtige Bereiche gesellschaftlicher Strukturen, wie der Arbeitsmarkt und wohlfahrtsstaatliche Institutionen, angesichts ihrer Krisenhaftigkeit in Zeiten der Globalisierung zu Verwerfungen in individuellen Lebensläufen führen, die durch »Fluktuationen«, Instabilitäten und den Zwang, einen eingeschlagenen Lebensweg noch einmal zu überdenken, gekennzeichnet sind. Als Resultat dieser Veränderungen prägen biografische »Brüche« und Kehrtwendungen – einhergehend mit einer vergrößerten Flexibilität und Unsicherheit in der Lebensplanung – zunehmend die soziale Mobilität von Individuen in unserer Gesellschaft (Mayer 2004).

Alles in allem ist also eher mit einer Zunahme als mit einer Abnahme sozialer Mobilität im Lebenslauf zu rechnen. Vor dem Hintergrund dieser Thesen zum Wandel von individuellen Lebensläufen haben Analysen intragenerationaler sozialer Mobilität, die sich vor allem mit individuellen Erwerbsverläufen und Arbeitsmarkt- oder Karrieremobilität beschäftigen, an Bedeutung gewonnen. Weniger Studien gibt es zu Bildungsverläufen und der Inanspruchnahme von Weiterbildung (Schömann/Leschke 2004). Inzwischen ist das »lebenslange Lernen« in aller Munde und wird als notwendige Antwort auf die Herausforderungen der demografischen Entwicklung und der Globalisierung angesehen. In den aktuellen Empfehlungen des Initiativkreises Weiterbildung zum Beispiel finden wir dazu folgende Aussage:

»Die Globalisierung und die Wissensgesellschaft stellen die Menschen vor große Herausforderungen, die durch den demografischen Wandel noch erheblich ver-

stärkt werden: Wissen sowie die Fähigkeit, das erworbene Wissen anzuwenden, müssen durch Lernen im Lebenslauf ständig angepasst und erweitert werden. Nur so können persönliche Orientierung, gesellschaftliche Teilhabe und Beschäftigungsfähigkeit erhalten und verbessert werden.« (BMBF 2008: 7)

Intragenerationale berufliche Mobilität

Die zahlreichen Untersuchungen zur beruflichen Mobilität beschäftigen sich mit den Ursachen beruflicher Auf- und Abstiegsmobilität (Groß 2008). In Deutschland wird ein im internationalen Vergleich geringes Ausmaß an intragenerationaler Mobilität beobachtet. Sie nahm in den jüngeren Jahrgängen aber beständig zu. Dabei überwiegt die Aufstiegsmobilität. Die vergleichsweise geringe Karrieremobilität in Deutschland wird dem relativ starren Berufssystem und der engen Kopplung zwischen Berufs- und Ausbildungssystem zugeschrieben (Blossfeld 1989, Berger 1996).

Berufliche Mobilität in Ostdeutschland

Einen erheblichen Anstieg intragenerationaler Mobilität konnte man erwartungsgemäß in Ostdeutschland im Zuge der Wende und der Wiedervereinigung beobachten. Sie hat zu einem schnellen Wandel der Strukturen des Arbeitsmarkts und damit zu einem starken Anstieg struktureller Mobilität unter der ostdeutschen Erwerbsbevölkerung beigetragen (Diewald/Sørensen 1996). Man kann sie daher gleichsam als anschauliches Lehrbeispiel für den Effekt der Strukturmobilität verwenden.

Tabelle 5.13 zeigt, in welchen beruflichen Statusgruppen sich Mitte 1993 ostdeutsche Frauen und Männer aus verschiedenen Geburtsjahrgängen befanden, die Ende 1989 den in der linken Spalte angegeben Statusgruppen angehört hatten. Die Zeilenprozente beziehen sich auf Befragte, die im Jahr 1993 einer Erwerbstätigkeit nachgingen. Außerdem ist in den vorletzten beiden Spalten der Tabelle der Anteil der Befragten der verschiedenen Statusgruppen aus dem Jahr 1989 angegeben, die 1993 arbeitslos oder aus dem Arbeitsmarkt ausgeschieden waren. Landwirte waren bei der Befragung 1993 nicht mehr in der Stichprobe.

Die geringsten berufsgruppenspezifischen Verbleibequoten (Prozente in der Diagonalen im vorderen Teil der Tabelle) sind bei den oberen Leitungspositionen zu vermerken (37 Prozent). Bei allen anderen, die 1993 noch erwerbstätig waren, ist demgegenüber eine bemerkenswerte Stabilität im Hinblick auf den beruflichen Status festzustellen. Man kann diesen auf den ersten Blick überraschenden Befund des hohen Anteils von Personen, die ihren beruflichen Status beibehalten, dem DDR-Beschäftigungssystem zurechnen. Viele Berufsgruppen sind über die Systemgrenzen hinweg kompatibel bzw. anschlussfähig (Diewald/Sørensen 1996: 72). Damit bestätigt sich die Mobilität mindernde Wirkung des (gesamt-)deutschen Ausbildungs- und Berufssystems, das sich aufgrund seiner starken Berufsorientierung als ein Stabilitätsfaktor erweist.

Ein großer Anteil der Befragten war 1993 aus dem Erwerbsprozess ausgeschieden. Das galt vor allem für die unteren Statusgruppen (insgesamt

46 Prozent) und die Bauern (33 Prozent). Man kann auch zeigen, dass die Stabilität bei denjenigen besonders hoch ist, die eine Ausbildung haben und in ihrem Ausbildungsberuf erwerbstätig sind.

Tab. 5.13 *Berufliche Mobilität 1989 bis 1993 bei ostdeutschen Frauen und Männern der Jahrgänge 1939–41, 1951–53 und 1959–61*

Beruflicher Status 1989	Beruflicher Status 1993 (Prozentanteile an den 1993 Erwerbstätigen)							Nichterwerbstätige 1993 (in Prozent)		
	Leitungsposition	Professionen*	Semiprofessionen**	Qualifizierte Angestellte	Qualifizierte Arbeiter	Selbstständige	Un-/Angelernte	Arbeitslos	Sonstige Nichterwerbstätige	Fallzahl
Leitungsposition	37	17	28	11	2	3	3	9	5	71
Professionen*	7	72	6	6	1	9	0	5	1	92
Semiprofessionen**	8	1	75	10	1	2	3	11	6	164
Qualifizierte Angestellte	1	0	4	77	3	4	11	10	12	135
Qualifizierte Arbeiter	2	0	2	5	76	6	9	12	10	222
Bauern	0	10	0	0	60	0	30	13	20	15
Selbstständige	0	0	5	16	5	68	5	5	10	20
Un-/Angelernte	0	0	3	8	18	5	65	34	12	109
Fallzahl	44	72	133	124	156	41	75	111	72	828

*Professionen umfassen Angestelltenpositionen und freie Berufe mit akademischer Qualifikation (z. B. Ärzte, Rechtsanwälte, Richter); **Semiprofessionen umfassen Angestelltenpositionen und freie Berufe mit einer Qualifikation auf Fachschulniveau (z. B. Pflegekräfte, Kinderbetreuungspersonal).

Quelle: Lebensverlaufsstudie-Ost des Max-Planck-Instituts für Bildungsforschung; Diewald/Sørensen 1996: 83.

Die Tabelle zeigt nicht das ganze Ausmaß der Stellenwechsel zwischen 1989 und 1993. Ergänzende Auswertungen belegen, dass zwei Drittel aller Männer und Frauen der untersuchten Kohorten zwischen 1989 und 1993 eine Veränderung ihrer beruflichen Situation erfahren haben (Diewald/Sørensen 1996: 83). Damit war aber nicht immer auch eine Veränderung des beruflichen Status – also vertikale Mobilität – verbunden.

Intergenerationale Mobilität

5.5.3

In unserer Gesellschaft ist das Elternhaus nach wie vor für die Platzierung der Kinder im sozialstrukturellen Positionsgefüge von großer – wenn auch nicht ausschließlicher – Bedeutung. Dies gilt insbesondere für das Ausbildungs- und Erwerbssystem. Wir stellen fest, dass Kinder aus Familien mit unterschiedlichem sozioökonomischem Status oder sozialem Prestige unterschiedliche Chancen in der Bildungsbeteiligung und beim Zugang zu begehrten sozialen bzw. beruflichen Positionen haben.

Auch wenn wohlfahrtsstaatliche Regelungen zu einer größeren Unabhängigkeit der Ausbildungs- und Erwerbschancen der Kinder vom sozialen Status der Eltern beitragen sollen (kostenloser Schulbesuch, finanzielle Unterstützung von Studenten in Abhängigkeit vom Einkommen der Eltern etc.), bleiben soziale Disparitäten bestehen (Becker/Lauterbach 2010). Ursachen dafür fasst die Übersicht 5.14 zusammen.

Übersicht 5.14

Soziale Vererbung von Bildung

Die Bedeutung des Elternhauses für den Bildungserfolg der Kinder begründet sich durch:

- die Möglichkeiten bei der Bereitstellung von materiellen und zeitlichen Ressourcen zur Unterstützung des Statuserwerbs der Kinder;
- die Wissens- und Bildungskompetenzen der Eltern (kulturelles Kapital) und den Grad, zu dem im Elternhaus ein intellektuell anregendes Klima ermöglicht wird. Damit wiederum hängt der Grad der Kompatibilität des familiären und des schulischen sozialen Klimas zusammen, der als bedeutsam angesehen wird;
- die sozialen Beziehungen der Eltern (soziales Kapital), die den Kindern Tür und Tor für eine erfolgreiche berufliche Karriere öffnen können;
- die Diskriminierung von Eltern und Kindern, welche die gleichberechtigte Teilhabe an Bildungs- und Erwerbsmöglichkeiten aufgrund von bestimmten sozialstrukturellen Merkmalen beeinträchtigt und die durch Determinanten sozialer Ungleichheit ausgelöst wird. Zu nennen wären etwa das Geschlecht der Kinder oder ethnische Zugehörigkeit der Familie;
- unterschiedliche Bildungs- und Berufsziele, die Eltern aus unterschiedlichen sozialen Schichten für ihre Kinder haben.

Der letzte Punkt in Übersicht 5.14, die Bildungsaspiration der Eltern, ist durch verschiedene Ursachen bedingt (Esser 1999, Becker 2000).

Bildungsziele der Eltern für ihre Kinder

- Eltern mit einem hohen sozialen Status wollen einen Statusverlust für ihre Kinder vermeiden. Für Eltern aus statusniedrigen Schichten gilt das nicht – gleichzeitig bewerten sie den Statusgewinn durch einen höheren Bildungsabschluss der Kinder oft weniger hoch.
- Der Einkommensanteil, den statushöhere Familien langfristig für die Bildung und berufliche Zukunft ihrer Kinder aufwenden, ist geringer als in statusniedrigeren Familien. Letztere müssen relativ zu ihrer Wohlfahrtsposition auf mehr verzichten und streben eher nach einer Entlastung.
- In statusniedrigeren Familien werden die Risiken einer langen Ausbildung höher eingeschätzt und ihre Risikoaversität ist größer. Die Kinder müssen etwa vergleichsweise mehr leisten, damit ihre Eltern ihnen eine längere Ausbildung mit dem Ziel eines akademischen Abschlusses zugestehen.
- Es kann eine Tendenz zur »Vererbung« des eigenen Bildungs- und Berufsstatus, ja der Ausrichtung der Berufstätigkeit geben, welche dadurch motiviert ist, dass man die *soziale Distanz*, d.h. das Ausmaß sozialstruktureller Ungleichheit, zu den Kindern nicht zu groß werden lassen möchte (Boudon 1974: 29f.).

Somit ist soziale Mobilität der Kinder möglicherweise nicht oder nur begrenzt erwünscht, auch und gerade weil die Eltern für ihre Kinder (und für sich) das aus ihrer Sicht Optimale wünschen. Ohne diese Sachverhalte in Rechnung zu stellen, würde man die schichtspezifische Benachteiligung der Kinder überschätzen.

Soziale Selektivität als soziale Vererbung

Diese elternhausspezifischen Faktoren führen zu einer *sozialen Selektivität* der Bildungsbeteiligung, des Bildungs- und Berufserfolgs und damit der weiteren Lebenschancen der nachwachsenden Generation, soweit sie durch das Elternhaus vermittelt sind. Soziale Selektivität meint, dass der Bildungs- und Berufserfolg der nachwachsenden Generation nicht allein durch die Leistungsfähigkeit der Kinder bestimmt ist. Wir sprechen von *sozialer Vererbung* des Bildungs- oder Berufsstatus, wenn dieser von einer Generation an die nächste weitergeben wird.

Struktureller Wandel und intergenerationale Mobilität

Neben dem Elternhaus ist auch struktureller Wandel für das Ausmaß intergenerationaler Mobilität verantwortlich, wie wir am Beispiel der Kinder von Landwirten erkennen werden (→ Kapitel 5.5.3.2). Die quantitative und qualitative Veränderung des Gefüges sozialer Positionen in einer Gesellschaft kann den nachwachsenden Generationen völlig andere Chancen zum Statuserwerb bieten als der Elterngeneration.

5.5.3.1 | Bildungsmobilität

Die Analyse der Bildungsmobilität und der Bildungschancen ist ein zentrales Gebiet der Mobilitätsforschung. Gleiche Bildungschancen würden bedeuten, dass die Wahrscheinlichkeit, einen bestimmten Bildungsabschluss zu erreichen, von der Zugehörigkeit zu einer bestimmten sozialen Herkunftsschicht unabhängig ist. Das hieße, dass aus allen Herkunftsschichten derselbe Anteil von Kindern einen bestimmten Schulabschluss oder Ausbildungsabschluss erreichen würde.

Gleiche Bildungschancen in diesem Sinne hat es in Deutschland nie gegeben – auch nach der sogenannten Bildungsexpansion nicht (Müller 1998). Der Bildungsforscher Bernhard Schimpl-Neimanns (2000) hat den Zugang von Kindern zur Bildung (Schulbesuch) in Abhängigkeit von der beruflichen Stellung des Vaters untersucht. Er zeigt, dass 14- bis 18-jährige Jugendliche aus Familien unterer sozialer Schichten zwischen 1950 und 1989 in der alten Bundesrepublik im Hinblick auf den Zugang zur Realschule stark aufgeholt haben. Die Anteile der Jugendlichen dieser Altersgruppe, die 1989 die Realschule besuchten, lagen zwischen 27 und 37 Prozent. Auch beim Besuch eines Gymnasiums ist überall ein Anstieg der Quoten zu erkennen, der aber mit der Herkunft der Eltern stark variiert. Bei 14- bis 18-jährigen Jugendlichen aus Familien, deren Familienvorstand un- und angelernter Arbeiter war, stieg er von ein auf elf Prozent. Bei Kindern leitender Angestellter und Beamter erhöhte er sich im selben Zeitraum demgegenüber von 38 auf 65 Prozent. Der Abstand zwischen dem Anteil der Arbeiterkinder, die das Gymnasium besuchen, zu dem entsprechenden Anteil der Kinder von leitenden Angestellten und Beamten ist absolut betrachtet also deutlich größer geworden (Schimpl-Neimanns 2000: 653 f.). Die Zuwachsraten sind zwar in der ersten Gruppe größer, das hat aber mit dem äußerst niedrigen Ausgangsniveau bei Kindern un- und angelernter Arbeiter zu tun. Trotzdem hat sich dadurch insgesamt der Chancenunterschied zwischen beiden Gruppen verkleinert.

Soziale Herkunft und Schulbesuch

Die Bildungsexpansion hat in der alten Bundesrepublik also die Bildungsmöglichkeiten für alle sozialen Schichten verbessert, darüber ist man sich mittlerweile einig (Lörz/Schindler 2011). Doch hat sie die soziale Selektivität der Bildungschancen bis heute nicht beseitigt. Die soziale Selektionsschwelle ist nach oben verlagert worden. Auch wenn die Herkunftseffekte beim Zugang zum Abitur zurückgegangen sind, sind die Chancenunterschiede bei Kindern unterschiedlicher sozialer Herkunft im Hinblick auf den Zugang zum Gymnasium und das Studium weiterhin groß (Becker/Lauterbach 2010, Lörz/Schindler 2011). Diese Entwicklung spiegelt sich ebenso im Anteil der Arbeiterkinder an denjenigen wider, die eine Universität besuchen. Sehr anschaulich dokumentiert das Abbildung 5.15, die dem dritten Armuts- und Reichtumsbericht der Bundesregierung entnommen ist (BMAS 2008: 64) und auf Sonderauswertungen des Mikrozensus 2001 und 2005 und der HIS-Studienanfängerbefragung 2005 beruht.

Soziale Herkunft der Studierenden

Danach studieren 83 Prozent der Kinder von Vätern mit einem Hochschulabschluss, nachdem schon 88 Prozent die Schwelle zu Sekundarstufe II überschritten haben. Kinder von Vätern ohne Hochschulabschluss beginnen dagegen nur zu 23 Prozent ein Studium. Bemerkenswerterweise bleibt eine herkunftsbedingte Diskrepanz zwischen den Zugangsquoten zum Studium auch noch unter denjenigen bestehen, die die Sekundarstufe II erreichen und zum großen Teil das Abitur machen. Die Kinder mit einem Vater ohne Hochschulabschluss unter ihnen beginnen nur zu 50 Prozent ein Universitätsstudium, während Kinder mit einem akademisch ausgebildeten Vater fast alle ein Studium beginnen.

Abb. 5.15

Bildungsbeteiligung von Kindern nach akademischem Abschluss des Vaters

Quelle: BMAS 2008: 69.

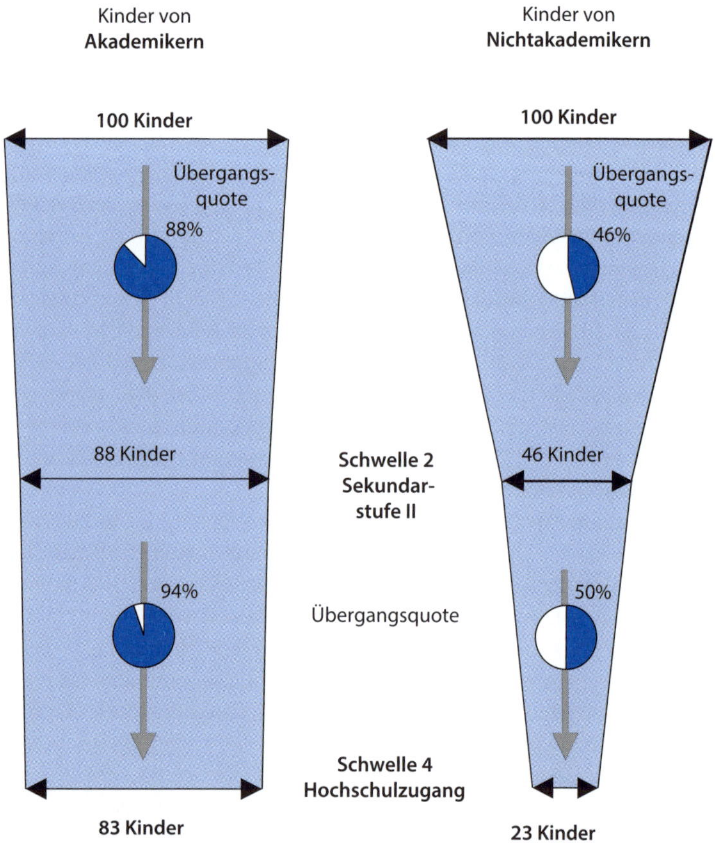

Die Unterschiede in den Bildungschancen nach der sozialen Herkunft sind in Deutschland auch im internationalen Vergleich hoch. Das belegen die Ergebnisse der PISA-Studien (Ehmke/Jude 2010) Nach einer neuen Veröffentlichung der OECD (2012) liegen in Deutschland die Chancen von Kindern (Alter 25–35) ein Studium zu absolvieren, wenn mindestens ein Elternteil einen Studienabschluss hat, oberhalb des OECD-Durchschnitts. In den skandinavischen Ländern ist der Vorteil der Kinder aus einem solchen Elternhaus geringer, in der Türkei oder Portugal allerdings noch erheblich größer als in Deutschland (OECD 2012: 105). Bei aller Heterogenität der Länder gilt (»highly educated« Personen haben mindestens einen Hochschulabschluss; »lowly educated« Personen haben nicht die Sekundarstufe II absolviert bzw. keine berufliche Ausbildung):

> *»On average across OECD countries, 66 % of individuals with at least one highly educated parent succeeded in attaining a tertiary degree, while 37 % of individuals whose parents attained upper secondary or post-secondary non-tertiary education (ISCED 3/4) completed a tertiary education. Only 20 % of individuals whose parents have low levels of education have a tertiary degree.« (OECD 2012: 107)*

Dass, wie schon argumentiert wurde, tatsächlich auch die Bildungsaspirationen der Eltern in Bezug auf ihre Kinder schichtspezifisch unterschiedlich ausgeprägt sind, zeigen Ergebnisse aus den Befragungen des Instituts für Schulentwicklungsforschung (IFS), das alle zwei Jahre Meinungen zu Fragen des Bildungswesen erhebt (Holtappels u. a. 2004). Im 13. Band des Jahrbuchs der Schulentwicklung werden für das Jahr 2004 entsprechende Befunde vorgestellt. In Tabelle 5.14 haben wir einige Zahlen dokumentiert.

75 Prozent der selbstständigen Eltern in Westdeutschland wünschten nach dieser Erhebung für ihre Kinder das Abitur. Bei den Beamten war der Anteil ähnlich hoch, bei den Arbeitern betrug er jedoch nur 54 Prozent. Von den Eltern, die selbst das Abitur absolviert haben, wünschten 86 Prozent auch für ihr Kind diesen Abschluss, bei Hauptschulabsolventen waren es dagegen nur 31 Prozent. Die Zahl der ostdeutschen Eltern, die das Abitur für ihre Kinder erstrebten, fiel durchweg geringer aus, aber die bildungs- und berufsstatusspezifischen Unterschiede sind auch hier vorhanden. Diese Zahlen sind zwar schon etwas älteren Datums, doch kann man annehmen, dass die sozialen Disparitäten im Bildungsabschluss selbst heute noch zum Teil auf unterschiedliche Bildungsaspirationen der Eltern der Schüler zurückzuführen sind.

Klassenmobilität

5.5.3.2

Die Analyse sozialer Mobilität geschieht häufig auf der Grundlage von sogenannten *Mobilitätsmatrizen*. Sie sind auch für die deskriptive Beschreibung und weitergehende Analyse der inter- aber auch intragenerationalen Mobilität zwischen Statusgruppen, wie Klassen und Schichten, etabliert. Die Mobilitätsmatrizen enthalten die in Übersicht 5.15 erläuterten Zustrom- und Abstromprozente und stellen diese einander gegenüber.

Mobilitätsmatrix

Tab. 5.14

Schulabschlusswunsch der Eltern für ihre Kinder nach Stellung im Beruf und Schulabschluss der Eltern

Quelle: Holtappels u. a. 2004: 19.

	Hauptschule	Realschule	Abitur	N*
	in %			
Schulabschlusswunsch nach Stellung im Beruf der Eltern (Westdeutschland)				
Selbstständige	1	23	75	56
Angestellte	7	39	54	514
Beamte	2	25	72	52
Arbeiter	19	45	36	170
Schulabschlusswunsch nach Schulabschluss der Eltern (Westdeutschland)				
Abitur	1	13	86	151
Mittlere Reife	3	40	57	342
Bis Hauptschule	19	50	31	320
Schulabschlusswunsch nach Stellung im Beruf der Eltern (Ostdeutschland)				
Angestellte	5	47	48	194
Arbeiter	17	62	21	129
Schulabschlusswunsch nach Schulabschluss der Eltern (Ostdeutschland)				
Abitur	5	21	75	40
Mittlere Reife	6	58	36	246
Bis Hauptschule	24	56	20	69

* Anzahl der Fälle.

Übersicht 5.15

Intergenerationale soziale Mobilität: Die Mobilitätsmatrix

Intergenerationale Mobilität zwischen Statusgruppen bezogen auf ein Ungleichheitsmerkmal kann aus zwei Perspektiven betrachtet werden:

- *Abstromprozente*: Statusgruppenverteilung der Nachkommen von Eltern, die einer bestimmten Statusgruppe angehören (beispielsweise die auf Klassen bezogene Verteilung der Söhne, deren Väter einer bestimmten Klasse angehören).

  Abstromprozente indizieren den *Vererbungsgrad* von Statuspositionen von einer Generation zu anderen (z.B. Berufsstatus, Klassenstatus): *Wie viel Prozent verlassen die Klasse der Eltern? Wie viel Prozent der Kinder verbleiben in der Klasse der Eltern?*
- *Zustromprozente:* Verteilung der Angehörigen einer bestimmten Statusgruppe nach der Statusgruppe ihrer Eltern (beispielsweise die Verteilung der Söhne in einer Klasse im Hinblick auf die Klassenzugehörigkeit ihrer Väter).

  Zustromprozente indizieren den *Grad der Selbstrekrutierung* bzw. der *Offenheit (Wie viel Prozent der Angehörigen einer bestimmten Statusgruppe entstammen einer anderen Statusgruppe?)* oder *Geschlossenheit* von Statusgruppen

(Wie viel Prozent der Angehörigen einer bestimmten Statusgruppe entstammen derselben Statusgruppe?).
Von der *sozialen Schließung* einer Statusgruppe spricht man, wenn diese sich weitgehend aus sich selbst heraus rekrutiert und daher Angehörigen anderer Statusgruppen verschlossen ist: Die Zustromprozente sind dann sehr hoch.
In dem Maße, wie sie auch Angehörigen anderer Statusgruppen zugänglich wird, lässt sich eine *soziale Öffnung* feststellen.

Intergenerationenmobilität in Deutschland

In Tabelle 5.15 wird die Mobilitätsmatrix zur intergenerationalen Klassenmobilität von nach 1950 geborenen, mindestens 30 Jahre alten Söhnen im Vergleich zu ihren Vätern in den alten Bundesländern dokumentiert. Datengrundlage ist der kumulierte ALLBUS 1980–2006 (→ Kapitel 8). Als Statusmerkmal verwenden wir die Zugehörigkeit zu einer der Kategorien des Klassenschemas von Goldthorpe, Erikson und Portocarero (EGP-Klassen, → Kapitel 5.4). Die oberen Prozentzahlen in jeder Zelle geben die Abstromprozente an, die unteren Zahlen die Zustromprozente.

Abstromprozente und Vererbungsquote

Betrachten wir zunächst die Abstromprozente. Die Söhne aus der oberen Dienstklasse (I) haben die besten Chancen, auch ihrerseits wieder darin zu landen. Die *Vererbungsquote* beträgt 47 Prozent. Die *Mobilitätsquote* beträgt demnach 53 Prozent. Auch die Söhne aus den anderen Dienstklassen haben gute Chancen, die obere Dienstklasse zu erreichen (32 Prozent). Diejenigen, deren Vater zur »Arbeitselite« (V) gehört, landen vergleichsweise häufig in der unteren Dienstklasse (II). Die Söhne aus Arbeiter- und Bauernfamilien (IVc bis VIb) haben dagegen geringe Chancen, die Dienstklassen (I und II) zu erreichen. Bei einigen Klassen ist der Anteil der Söhne, die in der Herkunftsklasse verbleiben, besonders hoch, die Mobilitätsquote also klein (I, VI). Das Ausmaß sozialer Vererbung ist groß. Das Gegenteil gilt für Söhne von »Nicht-manuell-Ausführenden« (III) oder der Arbeiterelite (V), Söhne von Landwirten – hier sind starke Zugänge zur Facharbeiter-Klasse (VI) zu verzeichnen – und Söhne von Landarbeitern (VIIb), von denen viele den Aufstieg zum Facharbeiter schaffen.

Zustromprozente und Selbstrekrutierungsquoten

Die Zustromprozente (zweite Prozentangabe) zeigen, dass selbstständige Landwirte (IVc) eine weitgehend geschlossene Klasse darstellen. Diese rekrutiert sich zu einem Anteil von 97 Prozent aus sich selbst (d. h. aus der jeweiligen Kindergeneration), weil sie im Verlauf der Jahrzehnte zahlenmäßig stark geschrumpft und die Zahl der Landwirte zurückgegangen ist. Das hat zum einen dazu geführt, dass Kinder aus nicht landwirtschaftlichen Elternhäusern sehr schlechte Chancen hatten, in diesen Berufssektor zu gelangen. Da aus den nachfolgenden Generationen auch immer weniger Söhne von

Tab. 5.15 | *Intergenerationale Klassenmobilität nach 1950 geborener westdeutscher Männer (Obere Prozentangabe: Abstromprozente; Untere Prozentangabe: Zustromprozente)*

		EGP-Klasse des Sohnes										Verteilung Väter
		I	II	III	IVa.	IVb.	IVc	V	VI	VIIa	VIIb	
EGP-Klasse des Vaters	I	47,1 % 26,9 %	19,9 % 8,7 %	4,4 % 10,7 %	5,8 % 12,0 %	5,8 % 13,2 %		4,9 % 3,5 %	8,3 % 3,2 %	3,4 % 3,2 %	0,5 % 4,2 %	**9,2 %**
	II	32,2 % 22,8 %	32,9 % 17,9 %	5,5 % 16,7 %	2,7 % 7,0 %	3,9 % 11,0 %		7,8 % 7,0 %	10,2 % 4,8 %	3,9 % 4,6 %	0,8 % 8,3 %	**11,4 %**
	III	25,4 % 5,0 %	36,6 % 5,5 %	7,0 % 6,0 %	1,4 % 1,0 %	5,6 % 4,4 %		8,5 % 2,1 %	11,3 % 1,5 %	4,2 % 1,4 %		**3,2 %**
	IVa.	22,7 % 7,5 %	26,9 % 6,8 %	2,5 % 3,6 %	21,0 % 25,0 %	7,6 % 9,9 %		3,4 % 1,4 %	8,4 % 1,9 %	7,6 % 4,1 %		**5,3 %**
	IVb.	6,3 % 1,1 %	28,6 % 3,8 %	1,6 % 1,2 %	12,7 % 8,0 %	17,5 % 12,1 %	1,6 % 1,7 %	14,3 % 3,2 %	11,1 % 1,3 %	6,3 % 1,8 %		**2,8 %**
	IVc	10,4 % 6,4 %	11,3 % 5,3 %	2,7 % 7,1 %	3,6 % 8,0 %	3,6 % 8,8 %	25,8 % 96,6 %	11,3 % 8,8 %	22,6 % 9,3 %	5,9 % 5,9 %	2,7 % 25,0 %	**9,9 %**
	V	12,2 % 10,0 %	27,1 % 17,0 %	3,1 % 10,7 %	5,4 % 16,0 %	3,4 % 11,0 %		19,0 % 19,6 %	20,3 % 11,1 %	9,2 % 12,3 %	0,3 % 4,2 %	**13,2 %**
	VI	8,2 % 14,7 %	16,7 % 23,0 %	3,9 % 29,8 %	2,6 % 17,0 %	2,9 % 20,9 %		15,3 % 34,7 %	37,4 % 44,9 %	11,6 % 34,2 %	1,4 % 37,5 %	**29,0 %**
	VIIa	5,1 % 4,4 %	16,0 % 10,6 %	3,8 % 14,3 %	1,9 % 6,0 %	2,6 % 8,8 %	,3 % 1,7 %	14,1 % 15,4 %	34,8 % 20,2 %	19,8 % 28,3 %	1,6 % 20,8 %	**14,0 %**
	VIIb	9,8 % 1,1 %	14,6 % 1,3 %					29,3 % 4,2 %	24,4 % 1,9 %	22,0 % 4,1 %		**1,8 %**
Verteilung Söhne		**16,1 %**	**21,1 %**	**3,8 %**	**4,5 %**	**4,1 %**	**2,6 %**	**12,8 %**	**24,2 %**	**9,8 %**	**1,1 %**	

Die EGP-Klassen: I Professional, administrative and managerial, higher (Obere Dienstklasse), II Professional, administrative and managerial, lower (Untere Dienstklasse), III Routine non-manual (Nicht-manuell Ausführende), IVa Proprietors and self-employed with employees (Selbstständige mit Beschäftigten), IVb Proprietors and self-employed without employees (Selbstständige ohne Beschäftigte), IVc Farmers and smallholders (Landwirte), V Lower technical and supervisory (Arbeiterelite), VI Skilled manual (Facharbeiter), VIIa Semi-skilled and unskilled manual (Un- und Angelernte), VIIb Agricultural workers (Landarbeiter).

Quelle: Kumulierter ALLBUS 1980–2006; daraus: alle 1950 und später geborenen Männer, die zum Zeitpunkt der Befragung mindestens 30 Jahre alt waren; eigene Berechnungen.

Landwirten als selbstständige Landwirte tätig sein konnten, war zum anderen strukturell induzierte soziale Mobilität von Bauernsöhnen die Folge (siehe unten). Bei den Facharbeitern (VI) ist ebenfalls noch eine relativ hohe Selbstrekrutierungsquote zu erkennen (45 Prozent). Aber auch andere Klassen »bedienen« sich aus dieser Berufsgruppe (V, VIIa, VIIb). In den Dienstklassen ist die Selbstrekrutierungsquote relativ niedrig – es gibt einen entsprechend hohen Zustrom aus anderen Klassen. Das ist ein Ausdruck der starken Expansion dieser Klasse, also auch eine Folge struktureller Mobilität.

Aufschlussreich ist es, die Verteilung der Väter und der Söhne in den verschiedenen EGP-Klassen miteinander zu vergleichen. Man setzt die Prozentangaben in der letzten Spalte der Tabelle 5.15 (Verteilung der Väter auf die EGP-Klassen) mit den Angaben in der letzten Zeile (Verteilung der Söhne auf die EGP-Klassen) in Beziehung. Dieser Vergleich belegt den schon erwähnten strukturellen Wandel zugunsten der Dienstklassen. Während von den Vätern nur ca. 21 Prozent zu den Klassen I und II gehörten, sind es bei den Söhnen gut 37 Prozent. Bei den Landwirten (IVc) dagegen ist der Anteil von zehn auf knapp drei Prozent gesunken.

Vergleich der Verteilungen von Vätern und Söhnen nach EGP-Klasse

Mit Hilfe geeigneter statistischer Auswertungsverfahren können diese Mobilitätstabellen auf eine Vielzahl unterschiedlicher Fragestellungen hin untersucht werden. Insbesondere kann analysiert werden, ob sich der Vererbungsgrad oder die Geschlossenheit der Klassenstruktur über die Zeit hin verändern oder zwischen verschiedenen Ländern unterscheiden.

Statistische Analysen von Mobilitätstabellen

Erikson und Goldthorpe (1992) haben in einer historisch und international vergleichenden Studie für zahlreiche Länder gezeigt, dass sich entgegen theoretisch begründeter Erwartungen die Mobilitätsquoten bei Männern, die in der ersten Hälfte des 20. Jahrhundert geboren wurden (gemessen anhand ihres eigenen EGP-Klassenschemas), nicht vergrößert hatten. Erst in jüngerer Zeit dürften sich in einigen europäischen Ländern die intergenerationalen Mobilitätsbarrieren etwas abgeschwächt haben und damit die Offenheit der Berufsklassen gestiegen sein (Breen 2004; Groß 2008).

Das Ausmaß intergenerationaler Mobilität im Hinblick auf den beruflichen Status hat sich in Deutschland bei Frauen und Männern in den letzten 30 Jahren nicht bedeutsam verändert. Das Gleiche gilt bei den Männern für das Verhältnis von Aufstiegs- und Abstiegsmobilität, wobei Erstere deutlich überwiegt. Unter den Frauen ist die intergenerationale Statusmobilität (im Vergleich zu ihren Vätern) aber höher als bei den Männern. Gleichzeitig ist bei ihnen mit der Zeit ein deutlicher Anstieg der Aufstiegsmobilität auf Kosten der Abstiegsmobilität zu beachten gewesen (Statistisches Bundesamt 2006a: 603).

Vor der auf Mobilitätsmatrizen basierenden Analyse sozialer Mobilität war eine andere Form der Mobilitätsanalyse etabliert. Gemeint sind die sogenannten Statuszuweisungsmodelle (*Status-attainment*-Modelle), die auf dem statistischen Analyse-Verfahren der linearen Regression bzw. der Pfadanalyse basieren, die beispielsweise den kausalen Zusammenhang zwischen dem Status des Vaters und des Sohnes beschreiben sollen. Der Klassiker dieses Ansatzes ist die Studie von Blau und Duncan *American Occupational Structure* (1967). Wir wollen ihn am folgenden Beispiel illustrieren, das einem

Status-attainment-Modelle

Beitrag der deutschen Soziologen und Lebenslaufforscher Karl U. Mayer und Hans P. Blossfeld (1990) entnommen wurde (vgl. Abb. 5.16).

In dem Modell werden die standardisierten Effekte (kausale Zusammenhänge) des väterlichen Berufsstatus – gemessen über das Berufsprestige – auf den Status des ersten Berufs sowie des Berufs im Alter von 30 Jahren ausgewiesen. Auch der Zusammenhang mit dem Ausbildungsniveau ist angegeben. Aus dem Modell geht hervor, dass das Berufsprestige des Vaters stark mit dem Ausbildungsniveau des Sohnes korreliert und dass es darüber hinaus positiv auf den Berufsstatus des Sohnes »wirkt«. Erstaunlich ist, dass dies nicht nur für den ersten Beruf gilt, sondern ebenso noch für den Beruf im Alter von 30 Jahren. Das bedeutet, dass die berufliche Statusposition des Vaters auch für die Erwerbslaufbahn des Sohnes bedeutsam ist. Auf der Basis der einbezogenen Merkmale des Vaters kann man also mit einer recht hohen Treffsicherheit das Berufsprestige der Söhne im Alter von 30 Jahren vorhersagen. 57 Prozent der Varianz im Berufsprestige der Söhne wird statistisch erklärt.

Auch die intergenerationale Bildungsmobilität wurde mit ähnlichen Modellen untersucht (educational achievement-Modelle). Mittlerweile sind sie durch methodisch überlegene Ansätze abgelöst worden, in denen geschätzt wird, welchen Effekt die soziale Herkunft auf die Chancen hat, den Schritt von einem Bildungsabschluss zum nächsthöheren zu tun (Mare 1981, Müller/Pollack 2004).

Abb. 5.16

Status-attainment-Modell: Effekte der sozialen Herkunft auf den Berufsstatus von Männern der Kohorte 1949–1951

Quelle: Deutsche Lebensverlaufsstudie; Mayer/Blossfeld 1990: 309.

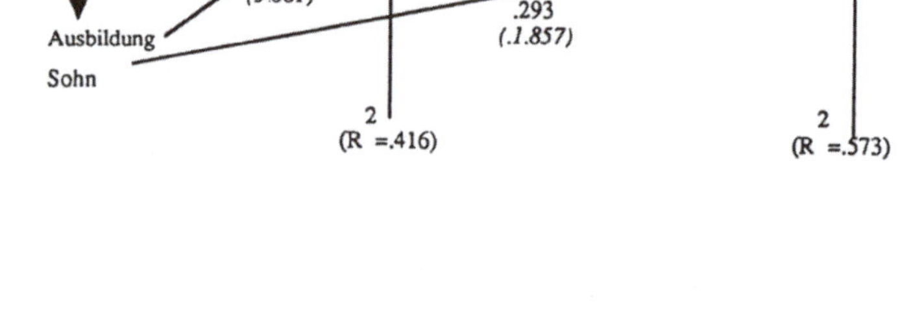

Lernkontrollfragen

1 Was sind die unterschiedlichen Typen sozialer Mobilität und welche Beispiele dafür kann man angeben?
2 Wie hat sich die Bildungsexpansion auf die Entwicklung der Schichtabhängigkeit des Bildungserfolgs ausgewirkt?
3 Was ist das Prinzip der Mobilitätstabelle? Was lässt sich damit beschreiben?

Infoteil

Die Mobilitätsforschung ist einer der methodisch anspruchsvollsten Bereiche der Sozialstrukturanalyse. Darin wird eine Vielzahl zum Teil recht fortgeschrittener statistischer Verfahren angewendet, zu denen es kein einheitliches Lehrbuch gibt. Wir empfehlen einschlägige Statistik-Lehrbücher der kategorialen Regressionsanalyse, der Ereignisdatenanalyse oder der Strukturgleichungsmodelle als Ausgangslektüre, wie zum Beispiel Andreß/Hagenaars/Kühnel 1997, Blossfeld/Rohwer 2002 oder Reinecke 2005.

Literatur

Andreß, Hans-Jürgen/Hagenaars, Jacques A. / Kühnel, Steffen (1997): Analyse von Tabellen und kategorialen Daten, Berlin/Heidelberg/New York.

Autorengruppe Bildungsberichterstattung (Hg.) (2012): Bildung in Deutschland 2012. Ein indikatorengestützter Bericht mit einer Analyse zur kulturellen Bildung im Lebenslauf, Bielefeld.

Bahrdt, Hans P. (1994): Schlüsselbegriffe der Soziologie, München.

BBR (Bundesamt für Bauwesen und Raumordnung) (2005): Raumordnungsbericht 2005, Bonn.

Beck, Ulrich (1986): Die Risikogesellschaft, Frankfurt/M.

Beck, Ulrich/Beck-Gernsheim, Elisabeth (1990): Das ganz normale Chaos der Liebe, Frankfurt/M.

Becker, Gary S. (1964): Human Capital, Chicago.

Becker, Rolf (2000): Klassenlage und Bildungsentscheidungen. Eine empirische Anwendung der Wert-Erwartungstheorie, in: Kölner Zeitschrift für Soziologie und Sozialpsychologie, 52, Heft 2, S. 450–475.

Becker, Rolf/Lauterbach, Wolfgang (Hg.) (2010): Bildung als Privileg? Erklärungen und Befunde zu den Ursachen der Bildungsungleichheit, 4. akt. Auflage, Wiesbaden.

Berger, Peter A./Hradil, Stefan (Hg.) (1990): Lebenslagen, Lebensläufe, Lebensstile (Sonderband 7 der Sozialen Welt), Göttingen.

Berger, Peter A. (1996): Individualisierung: Statusunsicherheit und Erfahrungsvielfalt, Opladen.

Blau, Peter M. (1964): Exchange and Power in Social Life, New York.

Blau, Peter M. (1994): Structural Contexts of Opportunities, Chicago/London.

Blau, Peter M./Duncan Otis D. (1967): The American Occupational Structure, New York.

Blossfeld, Hans-Peter (1989): Kohortendifferenzierung und Karriereprozeß, Frankfurt/M.

Blossfeld, Hans-Peter/Klijzing, Erik/Mills, Melinda/Kurz, Karin (Hg.) (2005): Globaliza-

tion, Uncertainty and Youth in Society, London.
Blossfeld, Hans-Peter/Rohwer, Götz (2002): Techniques of Event History Modeling. New Approaches to Causal Analysis, Mahwah.
BMAS (Hg.) (2005): Lebenslagen in Deutschland. Zweiter Armuts- und Reichtumsbericht der Bundesregierung, Bonn.
BMAS (Hg.) (2008): Lebenslagen in Deutschland. Dritter Armuts- und Reichtumsbericht der Bundesregierung, Bonn.
BMAS (Hg.) (2013): Lebenslagen in Deutschland. Vierter Armuts- und Reichtumsbericht der Bundesregierung, Bonn.
BMAS (Hg.) (2006): Bericht »Sicherheit und Gesundheit bei der Arbeit 2006«, Berlin.
BMBF (Hg.) (2008): Empfehlungen des Innovationskreises Weiterbildung für eine Strategie zur Gestaltung des Lernens im Lebenslauf, Berlin.
Bolte, Karl M. (1990): Strukturtypen sozialer Ungleichheit. Soziale Ungleichheit in der Bundesrepublik Deutschland im historischen Vergleich, in: Berger, Peter A./Hradil, Stefan (Hg.): Lebenslagen, Lebensläufe, Lebensstile (Sonderband 7 der Sozialen Welt), Göttingen, S. 27–50.
Bolte, Karl M./Hradil, Stefan (1988): Soziale Ungleichheit in der Bundesrepublik Deutschland, Opladen.
Bolte, Karl M./Kappe, Dieter/Neidhardt, Friedhelm (1967): Soziale Schichtung der Bundesrepublik Deutschland, in: Bolte, Karl M. (Hg.), Deutsche Gesellschaft im Wandel, 2. Auflage, Opladen, S. 233–343.
Boudon, Raymond (1974): Education, Opportunity, and Social Inequality, New York.
Boudon, Raymond/Bouricaud, Francois (1992): Soziologische Stichworte, Opladen.
Bourdieu, Pierre (1982): Die feinen Unterschiede. Kritik der gesellschaftlichen Urteilskraft, Frankfurt/M.
Bourdieu, Pierre (1983): Ökonomisches Kapital, kulturelles Kapital, soziales Kapital, in: Kreckel, Reinhard (Hg.): Zur Theorie sozialer Ungleichheiten (Sonderband 2 der Sozialen Welt), Göttingen, S. 183–198.
Breen, Richard (Hg.) (2004): Social Mobility in Europe, Oxford.
Brückner, Hannah/Mayer, Karl U. (2005): De-Standardization of the Life Course: What it might Mean? And if it Means Anything, whether it Actually Took Place?, in: Macmillan, Ross (Hg.): The Structure of the Life Course: Standardized? Individualized? Differentiated?, Amsterdam, S. 27–33.
Buhr, Petra/Huinink, Johannes (2011): Armut im Kontext von Partnerschaft und Familie, in: Berger, Peter A./Hank, Karsten/Tölke, Angelika S. (Hg.): Reproduktion von Ungleichheit durch Arbeit und Familie, Wiesbaden, S. 201–233.
Bundesagentur für Arbeit (2012): Analytikreport der Statistik. Analyse des Arbeitsmarktes für Ältere ab 50 Jahren, Januar, Nürnberg.
Büschges, Günter/Abraham, Martin/Funk, Walter (1995): Grundzüge der Soziologie, München.
Burzan, Nicole (2004): Soziale Ungleichheit. Eine Einführung in die zentralen Theorien, Wiesbaden.
Coleman, James S. (1991): Grundlagen der Sozialtheorie, Band 1, München.
Cornelißen, Waltraut (Hg.) (2005): Gender-Datenreport. 1. Datenreport zur Gleichstellung von Frauen und Männern in der Bundesrepublik Deutschland, München.
Dahrendorf, Ralf (1965): Gesellschaft und Demokratie in Deutschland, Stuttgart/Hamburg.
Davis, Kingley/Moore, Wilbert (1973): Einige Prinzipien der Sozialen Schichtung, in: Hartmann, Heinz (Hg.): Moderne amerikanische Soziologie, Stuttgart, S. 396–410
DGB (Hg.) (2012): Vollzeitbeschäftigte mit Niedriglohn, arbeitsmarkt aktuell Nr. 6/ September 2012, Berlin.
Diewald, Martin/Sørensen, Annemette (1996): Erwerbsverläufe und soziale Mobilität von Frauen und Männern in Ostdeutschland: Makrostrukturelle Umbrüche und Kontinuitäten im Lebensverlauf, in: Diewald, Martin/Mayer, Karl U. (Hg.): Zwischenbilanz der Wiedervereinigung, Opladen, S. 63–88.
Dragano, Nico (2007): Gesundheitliche Ungleichheit im Lebenslauf, in: Aus Politik und Zeitgeschichte, Heft 42, S. 18–25.
Ehmke, Timo/Jude, Nina (2010): Soziale Herkunft und Kompetenzerwerb, in: Klieme, Eckhard u. a. (Hg.): PISA 2009. Bilanz nach einem Jahrzehnt, Münster, 231–254.
Erikson, Robert/Goldthorpe, John H./Portocarero, Lucienne (1979): Intergenerational Class Mobility in Three Western European Societies, in: British Journal of Sociology, 30, Heft 4, S. 415–441.
Erikson, Robert/Goldthorpe, John H. (1992): The Constant Flux, Oxford.
Esser, Hartmut (1993): Soziologie. Allgemeine Grundlagen, Frankfurt/M.

Esser, Hartmut (1999): Soziologie. Spezielle Grundlagen, Band 1: Situationslogik und Handeln, Frankfurt/M.
Esser, Hartmut (2000): Soziologie. Spezielle Grundlagen, Band 2: Die Konstruktion der Gesellschaft, Frankfurt/M.
Eurostat (2014): Statistics Database, http://epp.eurostat.ec.europa.eu/portal/page/portal/statistics/search_database.
Ganzeboom, Harry B. G. u. a. (1992): A Standard International Socio-Economic Index of Occupational Status, in: Social Science Research, 21, Heft 1, S. 1–56.
Geiger, Theodor (1967 [1932]): Die soziale Schichtung des deutschen Volkes, Stuttgart.
Geiger, Theodor (1963): Schichtung, in: Geiger, Theodor: Arbeiten zur Soziologie, hg. von P. Trappe, Neuwied/Berlin, S. 186–205.
Geißler, Rainer (1996): Kein Abschied von Klasse und Schicht, in: Kölner Zeitschrift für Soziologie und Sozialpsychologie, 48, Heft 2, S. 319–338.
Geißler, Rainer (2006): Die Sozialstruktur Deutschlands, 4. überarb. und akt. Aufl., Wiesbaden.
Geißler, Rainer (2014): Die Sozialstruktur Deutschlands, 7. grundlegend überarbeitete Aufl., Wiesbaden.
Georg, Werner (1998): Soziale Lage und Lebensstil. Eine Typologie, Opladen.
Gottschall, Karin/Voß, Günther (Hg.) (2005): Entgrenzung von Arbeit und Leben: Zum Wandel der Beziehung von Erwerbstätigkeit und Privatsphäre im Alltag, München.
Grabka, Markus M./Goebel, Jan/Schupp, Jürgen (2012): Höhepunkt der Einkommensungleichheit in Deutschland überschritten?, DIW Wochenbericht, Nr. 43, Berlin.
Granato, Nadia/Kalter, Frank (2001): Die Persistenz ethnischer Ungleichheit auf dem deutschen Arbeitsmarkt: Diskriminierung oder Unterinvestition in Humankapital?, in: Kölner Zeitschrift für Soziologie und Sozialpsychologie, 53, Heft 3, S. 497–520.
Green, Donald P./Shapiro, Ian (1994): Pathologies of Rational Choice Theory. A Critique of Applications in Political Science, New Haven/London.
Groh-Samberg, Olaf (2009): Armut, soziale Ausgrenzung und Klassenstruktur. Zur Integration multidimensionaler und längsschnittlicher Perspektiven, Wiesbaden.
Groß, Martin (2008): Klassen, Schichten, Mobilität, Wiesbaden.
Handl, Johann (1977): Sozio-ökonomischer Status und der Prozeß der Statuszuweisung. Entwicklung und Anwendung einer Skala, in: Handl, Johann/Mayer, Karl U./Müller, Walter: Klassenlagen und Sozialstruktur. Empirische Untersuchungen für die Bundesrepublik Deutschland, Frankfurt/M., S. 101–153.
Hartmann, Michael (2004): Elitesoziologie. Eine Einführung, Frankfurt/M.
Hartmann, Peter H. (1999): Lebensstilforschung. Darstellung, Kritik und Weiterentwicklung, Opladen.
Hinz, Thomas/Gartner, Hermann (2005): Geschlechtsspezifische Lohnunterschiede in Branchen, Berufen und Betrieben, in: Zeitschrift für Soziologie, 34, Heft 1, S. 22–39.
Hochschild, Arlie R. (1990): Das gekaufte Herz. Zur Kommerzialisierung der Gefühle, Frankfurt/M.
Hochschild, Arlie R. (2006): Keine Zeit: Wenn die Firma zum Zuhause wird und zu Hause nur Arbeit wartet, 2. Aufl., Wiesbaden.
Hoffmeyer-Zlotnik, Jürgen H. P/Geis, Alfons (2003) Berufsklassifikation und Messung des beruflichen Status/Prestige, ZUMA-Nachrichten, Nr. 52, S. 125–138.
Holtappels, Heinz G. u. a. (2004): Jahrbuch der Schulentwicklung, Band 13, Weinheim/München.
Hradil, Stefan (1987): Sozialstrukturanalyse in einer fortgeschrittenen Gesellschaft, Opladen.
Hradil, Stefan (2001): Soziale Ungleichheit, 8. Aufl., Opladen.
Huinink, Johannes (1995): Warum noch Familie? Zur Attraktivität von Partnerschaft und Elternschaft in unserer Gesellschaft, Frankfurt/M.
Huinink, Johannes/Mayer, Karl U./Trappe, Heike (1995): Staatliche Lenkung und Karrierechancen: Bildungs- und Berufsverläufe, in: Huinink, Johannes/Mayer, Karl U. u. a. (Hg.): Kollektiv und Eigensinn. Lebensverläufe in der DDR und danach, Berlin, S. 89–143.
Huinink, Johannes/Konietzka, Dirk (2007): Familiensoziologie. Ein Lehrbuch, Frankfurt/M.
Huinink, Johannes/Röhler, K. Alexander (2005): Liebe und Arbeit in Paarbeziehungen. Zur Erklärung geschlechtstypischer Arbeitsteilung in nichtehelichen und ehelichen Lebensgemeinschaften, Würzburg.
IfD (Institut für Demoskopie Allensbach) (Hg.) (2011): Allensbacher Berichte 2011, Heft 2, http://www.ifd-allensbach.de/uploads/tx_reportsndocs/prd_1102.pdf.
IfL (Institut für Länderkunde) (2006): Nationalatlas BRD, Band 7: Arbeit und Lebensstandard, Heidelberg.

ILO (International Labour Organisation) (Hg.) (2013): World of Work Report 2013, Genf.
Kley, Stefanie (2004): Migration und Sozialstruktur. EU-Bürger, Drittstaater und Eingebürgerte in Deutschland, Berlin.
Kohli, Martin (1985): Institutionalisierung des Lebenslaufs. Historische Befunde und theoretische Argumente, in: Kölner Zeitschrift für Soziologie und Sozialpsychologie, 37, Heft 1, S. 1–29.
Kohli, Martin (1988): Normalbiographie und Individualität. Zur institutionellen Dynamik des gegenwärtigen Lebenslaufregimes, in: Brose, Hans-Georg/Hildenbrand, Bruno (Hg.): Vom Ende des Individuums zur Individualität ohne Ende, Opladen, S. 33–53.
Kohli, Martin (2007): The Institutionalization of the Life Course: Looking Back to Look Ahead, in: Research in Human Development, 4, Heft 3–4, S. 253–271.
Kohli, Martin/Kühnemund, Harald (Hg.) (2000): Die zweite Lebenshälfte. Gesellschaftliche Lage und Partizipation im Spiegel des Alters-Survey, Opladen.
Konietzka, Dirk (1994): Lebensstile und sozialstruktureller Kontext, Opladen.
Kreckel, Reinhard (1997): Politische Soziologie der sozialen Ungleichheit, Frankfurt/M.
Lampert, Thomas/Kroll, Lars E./Dunkelberg, Annalena (2007): Soziale Ungleichheit der Lebenserwartung in Deutschland, in: Aus Politik und Zeitgeschichte, Heft 42, S. 11–17.
Lenski, Gerhard (1973): Macht und Privileg. Eine Theorie der sozialen Schichtung, Frankfurt/M.
Leßmann, Ortrud (2006): Lebenslagen und Verwirklichungschancen (capability) – Verschiedene Wurzeln, ähnliche Konzepte, in: Vierteljahrshefte zur Wirtschaftsforschung, 75, Heft 1, S. 30–42.
Lörz, Markus/ Schindler, Steffen (2011): Bildungsexpansion und soziale Ungleichheit. Zunahme, Abnahme oder Persistenz ungleicher Chancenverhältnisse – eine Frage der Perspektive?, in: Zeitschrift für Soziologie, 40, Heft 6, S. 458–477.
Lüdke, Hartmut (1990): Lebensstile als Dimension handlungsproduzierter Ungleichheit, in: Berger, Peter A./Hradil, Stefan (Hg.): Lebenslagen, Lebensläufe, Lebensstile (Sonderband 7 der Sozialen Welt), Göttingen, S. 433–454.
Mare, Robert D. (1981): Change and Stability in Educational Stratification, in: American Sociological Review, 46, Heft 1, S. 72–87.
Marx, Karl (1971 [1859]): Vorwort zu Kritik der Politischen Ökonomie, in: Marx, Karl/Engels, Friedrich, Werke, Band 13, 7. Aufl., Berlin.
Maslow, Abraham (1954): Motivation and Psychology, New York.
Mau, Steffen (2004): Soziale Ungleichheit in der Europäischen Union, in: Aus Politik und Zeitgeschichte, Heft 38, S. 38–46.
Mayer, Karl U. 2004: Whose Lives? How History, Societies, and Institutions Define and Shape Life Courses, in: Research in Human Development, 1, Heft 3, S. 161–187.
Mayer, Karl U./Blossfeld, Hans-Peter 1990: Die gesellschaftliche Konstruktion sozialer Ungleichheit, in: Berger, Peter A./Hradil, Stefan (Hg.): Lebenslagen, Lebensläufe, Lebensstile (Sonderband 7 der Sozialen Welt), Göttingen, S. 297–318.
Mayer, Karl U./Müller, Walter (1986): The State and the Structure of the Life Course, in: Sørensen, Aage B./Weinert, Franz E./Sherrod, Lonnie R. (Hg.): Human Development and the Life Course, Hillsdale, NJ, S. 219–245.
Merton, Robert K. (1995): Soziologische Theorie und soziale Struktur, Berlin.
Mühlichen, Andreas/Blasius, Jörg (2008): Der »soziale Raum« der Lebensstile und Prominenten. in: Schrage, Dominik/Friederici, Markus (Hg.): Zwischen Methodenpluralismus und Datenhandel. Zur Soziologie der kommerziellen Konsumforschung, Wiesbaden, S. 113–139.
Müller, Hans-Peter (1989): Lebensstile. Ein neues Paradigma der Differenzierungs- und Ungleichheitsforschung?, in: Kölner Zeitschrift für Soziologie und Sozialpsychologie, 41, Heft 1, S. 53–71.
Müller, Hans-Peter (1993): Sozialstruktur und Lebensstile, 2. Aufl., Frankfurt/M.
Müller, Walter (1998): Erwartete und unerwartete Folgen der Bildungsexpansion, in: Friedrichs, Jürgen/Lepsius, M. Rainer/Mayer, Karl U. (Hg.): Die Diagnosefähigkeit der Soziologie. Sonderheft Nr. 38 der Kölner Zeitschrift für Soziologie und Sozialpsychologie, Wiesbaden, S. 82–112.
Müller, Walter/Pollack, Reinhard (2004): Weshalb gibt es so wenig Arbeiterkinder in Deutschlands Universitäten? in: Becker, Rolf/Lauterbach, Wolfgang (Hg.), Bildung als Privileg? Wiesbaden, S. 311–352.
OECD (2011): Society at a Glance 2011. OECD Social Indicators 2011, OECD Publishing.
OECD (2012): Education at a Glance 2012. OECD Indicators, OECD Publishing.

Otte, Gunnar / Rössel, Jörg (2011): Lebensstile in der Soziologie. In: Kölner Zeitschrift für Soziologie und Sozialpsychologie, Sonderheft, 51, S. 7–34.
Peuckert, Rüdiger (2012): Familienformen im sozialen Wandel, 8. Aufl., Wiesbaden.
Picht, Georg (1964): Die deutsche Bildungskatastrophe, Olten.
Preisendörfer, Peter (2002): Kompensation statt Kumulation? Soziale Ungleichheit aus der Sicht des Theorems des Ausgleichs der Nettovorteile, in: Zeitschrift für Soziologie, 31, Heft 1, S. 93–105.
Reinecke, Jost (2005): Strukturgleichungsmodelle in den Sozialwissenschaften, München.
Richter, Matthias / Hurrelmann, Klaus (Hg.) (2006): Gesundheitliche Ungleichheit. Grundlagen, Probleme, Perspektiven, Wiesbaden.
Richter, Matthias / Hurrelmann, Klaus (2007): Warum die gesellschaftlichen Verhältnisse krank machen, in: Aus Politik und Zeitgeschichte, Heft 42, S. 3–10.
Rössel, Jörg (2009): Sozialstrukturanalyse. Eine kompakte Einführung, Wiesbaden.
Royal Government of Bhutan (2005): Bhutan National Development Report.
Scheuch, Erwin K. / Daheim, Hansjürgen (1961): Sozialprestige und soziale Schichtung, in Glass, D. / König, R., (Hg.): Soziale Schichtung und soziale Mobilität, Opladen, S. 65–103.
Schimpl-Neimanns, Bernhard (2000): Soziale Herkunft und Bildungsbeteiligung, in: Kölner Zeitschrift für Soziologie und Sozialpsychologie, 52, Heft 4, S. 636–669.
Schömann, Klaus / Leschke, Janine (2004): Lebenslanges Lernen und soziale Inklusion: der Markt alleine wird's nicht richten, in: Becker, Rolf / Lauterbach, Wolfgang (Hg.): Bildung als Privileg? Erklärungen und Befunde zu den Ursachen der Bildungsungleichheit, Wiesbaden, S. 354–391.
Schulze, Gerhard (1992): Die Erlebnisgesellschaft. Kultursoziologie der Gegenwart, Frankfurt / M.
Schwenk, Otto G. (1999): Soziale Lagen in der Bundesrepublik, Opladen.
Sen, Amartya (1999): Development as Freedom, New York.
Siegert, Manuel (2008): Schulische Bildung von Migranten in Deutschland, Working Paper 13 des Bundesamts für Migration und Flüchtlinge, Nürnberg.
Smith, Adam (1978 [1789]): Der Wohlstand der Nationen. Eine Untersuchung seiner Natur und seiner Ursachen, München.
Solga, Heike (1995): Auf dem Weg in die klassenlose Gesellschaft? Klassenlagen und Mobilität zwischen den Generationen in der DDR, Berlin.
Spellerberg, Annette (1996): Soziale Differenzierung durch Lebensstile, Berlin.
Sorokin, Pitirim A. (1927): Social Mobility, New York / London.
Stanat, Petra / Rauch, Dominique / Segeritz, Michael (2010): Schülerinnen und Schüler mit Migrationshintergrund, in: Klieme, Eckhard u. a. (Hg.): PISA 2009. Bilanz nach einem Jahrzehnt, Münster, S. 200–230.
Statistisches Bundesamt (Hg.) (2006a): Datenreport 2002. Zahlen und Fakten über die Bundesrepublik Deutschland, Bonn.
Statistisches Bundesamt (2006b): Volkswirtschaftliche Gesamtrechnungen. Einkommensverteilung nach Haushaltsgruppen und Einkommensarten, Wiesbaden.
Statistisches Bundesamt (2010): Wirtschaftsrechnungen. Einkommens- und Verbrauchsstichprobe. Geld- und Immobilienvermögen sowie Schulden privater Haushalte, Fachserie 15, Heft 2, Wiesbaden.
Statistisches Bundesamt (2012a): Statistisches Jahrbuch 2012 der Bundesrepublik Deutschland, Wiesbaden.
Statistisches Bundesamt (2012b): Wirtschaftsrechnungen. Leben in Europa (EU-SILC). Einkommen und Lebensbedingungen in Deutschland und der Europäischen Union, Fachserie 15, Reihe 3, Wiesbaden.
Statistisches Bundesamt (2012c): Wirtschaftsrechnungen. Einkommens- und Verbrauchsstichprobe. Einkommensverteilung in Deutschland, Fachserie 15, Heft 6, Wiesbaden.
Statistisches Bundesamt (2012d): Soziale Mindestsicherung in Deutschland 2010, Wiesbaden.
Statistisches Bundesamt (2012e): Verdienste und Arbeitskosten Arbeitnehmerverdienste, Fachserie 16, Reihe 2.3, Wiesbaden.
Statistisches Bundesamt (2012f): Frauen und Männer auf dem Arbeitsmarkt. Deutschland und Europa, Wiesbaden.
Statistisches Bundesamt (2012g): Bauen und Wohnen. Mikrozensus – Zusatzerhebung 2010 Bestand und Struktur der Wohneinheiten Wohnsituation der Haushalte, Fachserie 5 Heft 1, Wiesbaden.
Statistisches Bundesamt (2013a): Wirtschaftsrechnungen. Laufende Wirtschaftsrechnungen. Einnahmen und Ausgaben privater Haushalte, Fachserie 15, Reihe 1, Wiesbaden.

Statistisches Bundesamt (2013b): Pressemitteilung vom 19. März 2013 – 108/13. Verdienstunterschiede von Frauen und Männern bleiben weiter bestehen, Wiesbaden.

Statistisches Bundesamt/WZB (Hg.) (2011): Datenreport 2011. Ein Sozialbericht für die Bundesrepublik Deutschland, Bonn.

Statistisches Bundesamt/WZB (Hg.) (2013): Datenreport 2013, Bonn.

Stürzer, Monika/Täubig, Vicki/Uchronski, Mirjam/Bruhns, Kirsten (2012): Schulische und außerschulische Bildungssituation von Jugendlichen mit Migrationshintergrund, München.

Tesch-Römer, Clemens/Engstler, Heribert/Wurm, Susanne 2006: Altwerden in Deutschland. Sozialer Wandel und individuelle Entwicklung in der zweiten Lebenshälfte, Wiesbaden.

Trappe, Heike (1995): Emanzipation oder Zwang? Frauen in der DDR zwischen Beruf, Familie und Sozialpolitik, Berlin.

Treiman, Donald (1977): Occupational Prestige in Comparative Perspective, New York.

United Nations (2010): Rethinking Poverty. Report on the Worlds Social Situation 2010, New York.

UNDP (2011): Bericht über die menschliche Entwicklung 2011. Nachhaltigkeit und Gerechtigkeit: Eine bessere Zukunft für alle, New York/Berlin.

Vester, Michael u. a. (2001): Soziale Milieus im gesellschaftlichen Strukturwandel, Frankfurt/M.

Voges, Wolfgang (2002): Perspektiven des Lebenslagenkonzepts in: Zeitschrift für Sozialreform, 48, Heft 3, S. 262–278.

Weber-Menges, Sonja (2004): »Arbeiterklasse« oder Arbeitnehmer. Vergleichende empirische Untersuchung zu Soziallage, Lebenschancen und Lebensstilen von Arbeitern und Angestellten in Industriebetrieben, Wiesbaden.

Weber, Max (1972 [1921]): Wirtschaft und Gesellschaft, Tübingen.

Wegener, Bernd (1985): Gibt es Sozialprestige?, in: Zeitschrift für Soziologie, 14, Heft 3, S. 209–235.

Wright, Erik Olin (1985): Classes, London.

Yasuda, S. (1964): A Methodological Inquiry into Social Mobility, in: American Sociological Review, 29, Heft 1, S. 16–23.

Sozialstruktur und gesellschaftliche Institutionen

6

In diesem Kapitel beschäftigen wir uns mit den Einflüssen des Arbeitsmarkts, der Familie und staatlicher Institutionen auf die Sozialstruktur – insbesondere auf die Strukturen sozialer Ungleichheit. Wir zeigen, wie die durch diese Institutionen strukturierten Rahmenbedingungen zahlreiche Aspekte der Lebenslage von Menschen, wie Erwerbs- und Konsummöglichkeiten, Arbeitsplatzsicherheit oder auch die Gelegenheit zu gesellschaftlicher Partizipation, berühren und damit direkt oder indirekt Einfluss auf das Ausmaß und die Struktur sozialer Ungleichheit haben.

Gesellschaftliche Institutionen nehmen auf vielerlei Weise Einfluss auf die Strukturen des sozialen Miteinanders (soziale Beziehungsstruktur) und auf die Strukturen sozialer Ungleichheit. Ein besonderes Augenmerk gilt dabei ihrer Bedeutung für die Lebenslage der Menschen – und hier insbesondere für ihre sozioökonomische Sicherheit. Neben Wirtschaft und Arbeitsmarkt sowie der Familie spielen auch staatliche Institutionen eine herausragende Rolle. Letztere fördern direkt die Entfaltung der *individuellen* Fähigkeiten der Menschen durch die Leistungen des Bildungssystems sowie die Bereitstellung von Infrastruktur und zahlreicher weiterer Dienstleistungen unterschiedlichster Art. Indirekt beeinflussen sie das Ausmaß sozialer Ungleichheit, indem sie Einfluss auf den Arbeitsmarkt nehmen (etwa durch Weiterbildungsmaßnahmen oder die Einführung eines Mindestlohns), familiäre Unterstützungsleistungen gewähren (etwa durch Betreuungseinrichtungen und das Kindergeld) oder eine *institutionelle* Absicherung der Menschen bei Arbeitslosigkeit, Krankheit und im Alter bereitstellen. Zusammen mit der Wirtschaft und der Familie hat der Wohlfahrtsstaat damit einen unmittelbaren Einfluss auf die soziale Ungleichheit in einer Gesellschaft.

In seinen stark beachteten Arbeiten unterscheidet der dänische Soziologe Gøsta Esping-Andersen (1990, 1999) verschiedene *Typen von Wohlfahrtsstaaten.* Diese unterscheiden sich darin, wie und mit welchen Mitteln die genannten Institutionen – Staat, Markt und Familie – dazu beitragen die Wohlfahrt der Menschen in einem Land zu sichern und zu vermehren und wie sie damit auf soziale Beziehungsstrukturen und das Gefüge sozialer Ungleichheit in Gesellschaften Einfluss nehmen. Esping-Andersen verwendet dabei drei Unterscheidungskriterien.

Esping-Andersens Typen von Wohlfahrtsstaaten

Das erste Kriterium besagt, wie stark die Wohlfahrt der Bürger von ihrem individuellen Erfolg im Arbeitsmarkt abhängig ist bzw. inwieweit sie umgekehrt durch anderweitige Unterstützungsleistungen und Regelungen staatlicher Sozialpolitik abgesichert wird. So können in verschiedenen Ländern familiale Unterhaltsverpflichtungen oder sozialpolitische Leistungen, wie eine Arbeitslosen- und Krankenversicherung oder eine Rentenversicherung, unterschiedlich stark zur arbeitsmarktunabhängigen Sicherung der materiellen Lebensgrundlagen der Akteure beitragen. Esping-Andersen spricht diesbezüglich von dem Grad der »Dekommodifizierung«. Ein zweites Kriterium besagt, wie stark die wohlfahrtsstaatliche Sozialpolitik die soziale Ungleichheit unter den Bürgern eines Landes – in den Worten Esping-Andersens das Ausmaß der sozialen Stratifizierung der Bevölkerung – eher abbaut oder aufrechterhält. So können Sozialleistungen durchaus bestehende Ungleichheiten erhalten. Andererseits lässt sich durch die Verbesserung der Bildungschancen der Menschen unabhängig von Geschlecht und Herkunft oder durch Maßnahmen zur Verminderung von Einkommensungleichheit, zum Beispiel durch die Steuergesetzgebung, die soziale Ungleichheit in der Bevölkerung verringern. Ein drittes Kriterium schließlich ist, wie groß die relative Bedeutung der drei Basisinstituionen Staat, Markt und Familie bei der Herstellung und Sicherug der Wohlfahrt der Bürger ist. So stellt sich zum Beispiel die Frage, ob die soziale Sicherung der Bürger vor allem als eine Angelegenheit der Familie betrachtet wird oder ob der Staat weitgehend dafür verantwortlich ist.

Drei Unterscheidungskriterien

Deutschland als »konservativer« Wohlfahrtsstaat

Deutschland zählt nach dieser Typologie zu den sogenannten *korporatistisch-konservativen Wohlfahrtsstaaten.* Diese sind durch ein ausgebautes System eines staatlich organisierten Sozialversicherungswesens charakterisiert (Bismarck-Modell), das durch Zwangsmitgliedschaft gekennzeichnet und in verschiedene Zweige gegliedert ist. Versorgungsansprüche an die Versicherung werden grundsätzlich durch Erwerbsarbeit erworben, was eine Markt- und Statusabhängigkeit sozialer Sicherung impliziert. Gleichzeitig bleibt die

Familie eine wichtige soziale Sicherungsinstanz. Der Staat greift in der Regel erst dann mit seinen Leistungen ein, wenn das Selbsthilfepotenzial der Familien oder Haushaltsgemeinschaften nicht ausreicht (Subsidiaritätsprinzip). Durch die starke Ankopplung an den mehr oder weniger großen Erfolg der Menschen im Arbeitsmarkt und die Bedeutung der Leistungsfähigkeit der Familien bleiben die Strukturen sozialer Ungleichheit relativ stabil, Umverteilungsprozesse sind eher gering ausgeprägt.

Weitere Wohlfahrtsstaatstypen

Esping-Andersen nennt zwei weitere Typen von Wohlfahrtsstaaten: In liberalen wohlfahrtsstaatlichen Regimen – dazu gehören etwa die USA oder England – wird eine Risikoabsicherung durch steuerlich finanzierte Sozialleistungen auf der Grundlage strenger Bedürftigkeitsprüfungen gewährt (Beveridge-Modell). Die von den Bürgern zu tragende Steuerlast bleibt moderat, da diese sozialpolitischen Leistungen nicht hoch ausfallen. Die soziale Sicherung ist daher auch stark an familiäre Unterstützungsleistungen sowie an den individuellen Erfolg im Arbeitsmarkt gekoppelt, ohne dass sich daraus staatlich geregelte Ansprüche an spätere Leistungen in Zeiten der Bedürftigkeit und im Alter ableiten würden. Statussicherung und Vorsorge sind vor allem eine private Angelegenheit. Es herrscht daher eine relativ hohe soziale Ungleichheit.

In sozialdemokratischen wohlfahrtsstaatlichen Regimen wie in Schweden oder Norwegen ist eine durch Steuern finanzierte, universelle soziale Sicherung der Staatsbürger die Grundlage des sozialen Sicherungssystems. Es gibt weitreichende Regelungen zum Schutz der Arbeitnehmer, zur Herstellung von Bildungsgerechtigkeit und zur Sicherung der gesundheitlichen Versorgung. Soziale Absicherung und das Ziel der Chancengleichheit – unabhängig von Familie und Markt – genießen einen hohen Stellenwert. Die Dekommodifizierung und der soziale Ausgleich sind hier also weit vorangeschritten. Das wird allerdings auf Kosten hoher Steuern erreicht.

Die Typologie von Esping-Andersen ist von unterschiedlicher Seite kritisiert worden, beispielsweise mit dem Argument, dass ein Typ eines wohlfahrtsstaatlichen Regimes fehlt, der als »rudimentärer Wohlfahrtsstaat« bezeichnet wird (Leibfried 1990: 301). Die sozioökonomische Absicherung ist in Ländern dieses Typs – man zählt Italien und Portugal dazu – weitgehend durch die Familie garantiert, da der Staat bei Weitem nicht alle Risiken abdeckt. Auch die postsozialistischen Staaten lassen sich nicht einfach in die von Esping-Andersen vorgeschlagene Typologie einordnen.

Kräftefeldmodell von Kreckel

Ein weiteres anschauliches Modell, das eher die Beziehung gesellschaftlicher Institutionen zueinander in ihrer Relevanz für soziale Ungleichheit illustriert, präsentiert Reinhard Kreckel. In seiner Theorie skizziert er ein Ungleichheit begründendes »Kräftefeld«, das durch Akteure bestimmt ist, die in unterschiedlichem Maße Einfluss auf die Ungleichheitstrukturen der Gesellschaft haben bzw. unterschiedlich stark in den Kampf um die Verteilung von Mitteln zur Realisierung von Lebenszielen eingreifen können (vgl. Abb. 6.1).

Im Zentrum des Kräftefelds sieht Kreckel die korporativen Akteure, die den Faktoren Lohnarbeit und Kapital sowie dem Staat zuzuordnen sind (»korporatistisches Dreieck«, Kreckel 1997: 161 ff.). Dazu gehören die Gewerkschaften, Unternehmerverbände und die staatlichen Institutionen der Legislative, Exekutive und Judikative. Um sie herum gruppieren sich »spezialisierte Interessenorganisationen« (Lobbyisten), die Belange bestimmter Bevölkerungsgruppen wahrnehmen (Kinderschutzbund, ADAC u.a.), um diese wiederum gruppieren sich »soziale Bewegungen«, die sich interessen- und themenspezifisch gesellschaftlich engagieren (etwa der WWF). Den äußeren Kreis des Kräftefelds bildet die »sozial strukturierte« Bevölkerung, die in der einen oder anderen Form – zumeist indirekt über die korporativen Akteure, in denen sie organisiert ist – in die inneren Kreise des Kräftefelds hineinwirken kann. Dazu gehören die quer zu den konzentrischen Kreisen liegenden politischen Parteien, die als »institutionelle Vermittlungsinstanzen« fungieren. Die Hierarchie der Kreise entspricht dem unterschiedlichen Grad der »Konfliktfähigkeit« der jeweils beteiligten Akteure, womit unterschiedlich weitreichendes Einfluss- und Durchsetzungspotenzial verbunden ist.

Durch die Thematisierung der typischen Verteilung von Kontrolle unterschiedlicher kollektiver und korporativer Akteure (→ Kapitel 2.1, Übersicht 2.2) über die Mittel, mit denen erstrebenswerte Lebensziele erreicht werden, stellt Kreckels Modell eine wertvolle inhaltliche Ergänzung zu dem eher

Abb. 6.1

Kreckels Modell des Ungleichheit begründenden Kräftefelds

Quelle: Kreckel 1997: 164.

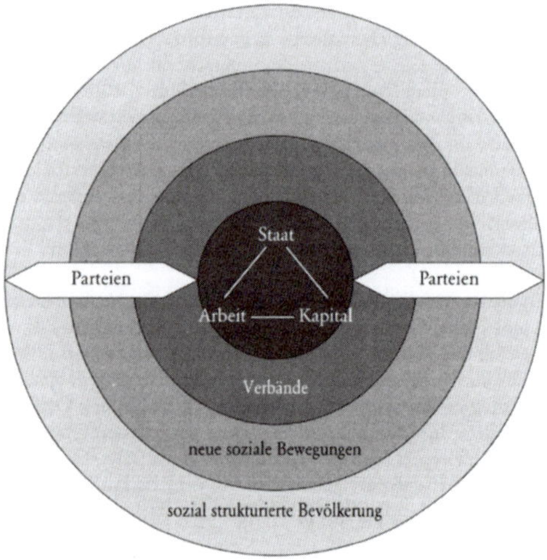

deskriptiv angelegten Ansatz von Esping-Andersen dar. Es zeigt, wie sehr soziale Ungleichheit – in den sie betreffenden Strukturen – zwischen den verschiedenen Akteuren immer wieder neu ausgehandelt und gestaltet wird. Wirtschaft und Staat spielen eine zentrale Rolle, die Kreckel auch im Einzelnen weiter untersucht.

Die Familie fehlt

Kreckels Modell ist allerdings nicht vollständig. Im Unterschied zum Konzept von Esping-Andersen etwa, in dem die Familie, neben Markt und Staat, als wichtiger Wohlfahrtsproduzent eine besondere Beachtung findet, bleibt die ungleichheitsbezogene Relevanz der Familie bei Kreckel unterbelichtet. Sie taucht in seinem Schema als eigenständige Institution bezeichnenderweise gar nicht erst auf. Esping-Andersen hat sich – auch in Reaktion auf die Kritik an seinem Konzept – in wichtigen Publikationen explizit mit der Frage der Beziehung von Familie und Markt und dem Wandel der Geschlechterrollen auseinandergesetzt (Esping-Andersen 1999, 2009). Wir können an dieser Stelle die beiden Ansätze hier nicht vertiefend ausarbeiten, sondern nutzen die Systematisierungen und empirischen Implikationen als Orientierung, um im Folgenden für Deutschland einige Befunde zum Einfluss von Wirtschaft und Arbeitsmarkt, der Institutionen des Wohlfahrtsstaats sowie der Familie auf Aspekte sozialer Ungleichheit vorzustellen.

6.1 Sozialstruktur, Arbeitsmarkt und Wirtschaft

Die Wirtschaftsordnung eines Landes und die mit ihr verbundenen Bereiche der gesellschaftlichen Wohlfahrtsproduktion haben, das sollte nach den Ausführungen in Kapitel 5 unmittelbar einleuchten, eine große Bedeutung für die Strukturen sozialer Ungleichheit.

Übersicht 6.1

Wirtschaftsordnung und Wirtschaftssystem (vgl. Gäfgen 1972: 59 ff.)
Die Wirtschaftsordnung beinhaltet die Gesetze, Normen und Institutionen, denen das wirtschaftliche Handeln in einer Gesellschaft unterworfen ist. Sie stellt einen wichtigen Teil der gesellschaftlichen Ordnung insgesamt dar und regelt die Herstellung, Verteilung und den Konsum von (knappen) Gütern und Dienstleistungen sowie die Formen wirtschaftspolitischer Intervention und Steuerung.

Wirtschaftssystem wird ein durch charakteristische Merkmale bestimmter Idealtyp einer Wirtschaftsordnung genannt. Beispiele dafür sind die »Marktwirtschaft« und – gleichsam als extremer Gegenpol – die »Zentralverwaltungswirtschaft« oder Planwirtschaft.

Die Wirtschaft spielt für alle anderen Teilbereiche einer Gesellschaft eine hervorgehobene Rolle und ist eng mit ihnen verwoben (vgl. Schäfers 2012: 177). Die wesentlichen Strukturelemente der Wirtschaftsordnung der Bundesrepublik sind, wie Bernhard Schäfers zusammenfasst:

Strukturelemente der Wirtschaftsordnung

1. Eigentum, Wettbewerb und Marktordnung;
2. Arbeit und Arbeitsteilung.

Eigentum

Eigentum, Wettbewerb und Marktordnung: In der Bundesrepublik stellt das Privateigentum eine wesentliche Grundlage der marktwirtschaftlich organisierten Wirtschaft dar. Es repräsentiert bekanntermaßen zugleich eine zentrale Dimension sozialer Ungleichheit (→ Kapitel 5.2) und ist für die Spezifikation des Klassenbegriffs konstitutiv (→ Kapitel 5.4).

Wettbewerb und Marktordnung

Der kapitalistischen Marktordnung liegt das Prinzip des Wettbewerbs zugrunde. Die Wettbewerbs- und Marktordnung verlangt ein effizientes Wirtschaften der beteiligten Akteure, d.h. zweckrationales Handeln und einen möglichst effektiven Umgang mit den eigenen Ressourcen, um nicht vom Markt verdrängt zu werden. Aufgrund der Konkurrenz um Marktanteile oder attraktive berufliche Positionen herrscht daher sowohl aufseiten der Arbeitgeber als auch aufseiten der Arbeitnehmer die Logik nutzenorientierten Handelns vor; denn die auf dem Markt zu erzielenden Warenpreise und Entlohnungen richten sich nach dem Verhältnis von Angebot und Nachfrage von Gütern und Dienstleistungen.

Leistungsprinzip

Um im marktwirtschaftlichen Wettbewerb bestehen zu können, ist eine hohe Leistungsbereitschaft der Akteure notwendig. Wettbewerb und Leistung werden als die »Motoren« der Wirtschaft angesehen (Schäfers 2012: 178). Das Leistungsprinzip ist in der bundesrepublikanischen Gesellschaft als legitimes Prinzip der Zuweisung von Mitteln zur Verfolgung allgemein akzeptierter Lebensziele verankert. Statuszuweisung soll grundsätzlich meritokratisch und nach dem Grundsatz der Chancengleichheit erfolgen: wie die Leistung, so der Ertrag.

Arbeitsteilung und Arbeitsmarkt

Arbeit und Arbeitsteilung: Die arbeitsteilige Organisation des Wirtschaftens wird als Ausdruck und Ergebnis eines fortschreitenden Prozesses funktionaler und sozialer Differenzierung verstanden. Man sieht diese auch als grundlegendes Struktur- und Entwicklungsprinzip moderner Gesellschaften an, da man annimmt, dass Arbeitsteilung eine effizientere und leistungsfähigere Produktion von Gütern und Dienstleistungen ermöglicht. So soll sie zur Steigerung gesellschaftlichen Wohlstands und zur Befriedigung der wachsenden Ansprüche der Menschen an ihre Lebensführung beitragen. Mit ihr geht eine zunehmende Ausdifferenzierung der Arbeitswelt und der durch die Berufsstruktur immer noch stark geprägten sozialen Schichten einher (vgl. Schäfers 2012: 180). Die arbeitsteilige Wirtschaft generiert berufliche Positionen und Tätigkeiten, die jeweils spezifische und unterschiedlich hohe Qualifikationen erfordern. Die Art und Ausgestaltung der

Arbeitsteilung und deren beständiger Wandel haben unmittelbaren Einfluss auf Arbeitsbedingungen und Erwerbsrisiken sowie auf inter- und intragenerationale Mobilitätschancen und -erfordernisse (→ Kapitel 5.5). Die Arbeitsteilung trägt somit zu sozialer Ungleichheit bei: Im Arbeitsmarkt, so Reinhard Kreckel, fallen, bezogen auf die Lebenschancen der Menschen, die entscheidenden Würfel (Kreckel 1997: 185).

Eine zunehmende Arbeitsteilung führt darüber hinaus zur Etablierung und Stabilisierung sozialer Austauschbeziehungen. Diese bilden einerseits einen wesentlichen Teil der sozialen Beziehungsstrukturen in der modernen Gesellschaft, andererseits hat ihre inhaltliche Ausgestaltung einen großen Einfluss auf die Verteilung ungleichheitsrelevanter Merkmale – insbesondere Macht und Prestige.

Im Folgenden gehen wir auf einige für die soziale Ungleichheit relevante Aspekte der Strukturmerkmale der Wirtschaft der Bundesrepublik noch etwas detaillierter ein.

Eigentum, Wettbewerb und Marktordnung | 6.1.1

Soziale Marktwirtschaft

Die Wirtschaftsordnung in der Bundesrepublik wird als eine Form kapitalistischer Marktwirtschaft verstanden. Sie war und ist von einem ideal funktionierenden Marktgeschehen aber weit entfernt. Das hat im Nachkriegsdeutschland bekanntlich dazu geführt, dass der Staat zahlreiche Reglungen und Mechanismen institutionalisiert hat, die es ihm erlauben, ordnend in Marktprozesse einzugreifen – weshalb die bundesdeutsche Marktwirtschaft (zumindest in der Politik immer noch) auch als *soziale Marktwirtschaft* bezeichnet wird. Die Kontrolle des Marktes soll eine widerrechtliche Nutzung wirtschaftlicher Macht verhindern und Marktverwerfungen entgegenwirken. Das geschieht etwa durch die Subventionierung von Wirtschaftsbereichen, Regelungen zum Arbeitsschutz oder die tarifrechtliche Bindung der Arbeitslöhne. Dazu gehört auch, mit staatlichen Maßnahmen dazu beizutragen, möglichst faire Aufstiegsmöglichkeiten, einen fairen Leistungswettbewerb, d. h. einen fairen Zugang zu Lebenschancen, sicherzustellen. Neben Steuergesetzen zum Schutz von Firmeneigentum zählen hierzu beispielsweise das Tarifrecht, das den Konflikt zwischen Kapital und Arbeit bei der Aushandlung von Entlohnungen reguliert. Auch gesetzliche Regelungen zur Chancengleichheit bei der Berufswahl und der beruflichen Karriere oder zur Gleichstellung von Mann und Frau sind hervorzuheben. Ein jüngeres Beispiel für diese Form der staatlichen Regulierung ist das Antidiskriminierungsgesetz von 2006.

Dennoch spielt eine durch das Privateigentum oder andere Faktoren bestimmte Marktmacht von Marktteilnehmern eine wichtige Rolle für den

Marktmacht

ökonomischen Erfolg und soziale Ungleichheit. Dies gilt umso mehr, als die Globalisierung eine zunehmende internationale Öffnung der Märkte mit sich bringt. Potente Unternehmen haben die Möglichkeit, ihre Produktion bzw. ihr Kapital ins Ausland zu verlegen und somit der heimischen staatlichen Kontrolle zu entziehen. Im heimischen Markt wiederum konkurrieren die Produzenten mit global agierenden Anbietern, die günstiger im Ausland produzieren können.

Wir haben schon gezeigt (→ Kapitel 5.3 und 5.5), dass das meritokratische Prinzip der Statuszuweisung in unserer Gesellschaft nicht durchgesetzt ist. Unterschiedlich gute Zugangschancen zu den für die verschiedenen beruflichen Positionen und Tätigkeiten erforderlichen Qualifikationen beeinflussen die inter- und intragenerationale Mobilität. Merkmale wie das Geschlecht, die soziale Herkunft oder der Migrationshintergrund entscheiden immer noch darüber, in welchem Ausmaß bestimmte berufliche Positionen erreichbar sind. Es zeigt sich, dass das Ungleichheitsgefüge in der Bundesrepubkik nur begrenzt »durchlässig« ist (→ Kapitel 5.5). Immer noch werden ökonomische und soziale Privilegien direkt durch Zuschreibung oder indirekt durch Vorgänge erreicht, in denen diese askriptiven Merkmale von Akteuren eine wesentliche Rolle spielen. Das Matthäus-Prinzip ist also immer noch wirksam.

In Ergänzung der Darstellungen in Kapitel 5 wollen wir auf zwei Entwicklungen hinweisen, die zeigen, wie das bundesrepublikanische Marktsystem in den letzten Jahren soziale Ungleichheit nicht nur nicht abgebaut, sondern sogar verschärft hat.

6.1.1.1 | Vermögen und Einkommen aus abhängiger und selbstständiger Beschäftigung

Einkommen aus abhängiger Arbeit ist nach wie vor die wichtigste Quelle des Lebensunterhalts der Menschen. Gleichzeitig stellt das Einkommen aus Unternehmertätigkeit und Vermögen einen erheblichen Teil am Volkseinkommen dar.

Vermögensungleichheit

Die Privatvermögen selbst sind in Deutschland deutlich ungleicher verteilt als die Einkommen (→ Kapitel 5.2.2.2). Wie schon Tabelle 5.3 gezeigt hat, hat sich die Ungleichverteilung im ersten Jahrzehnt des neuen Jahrhunderts zudem noch vergrößert. Eine umfangreiche Auswertung von Daten des Sozio-ökonomischen Panels aus dem Jahre 2007 bietet dazu differenzierte Einblicke (Frick/Grabka/Hauser 2010). Danach verfügte im Jahr 2007 das vermögensstärkste Zehntel der bundesrepublikanischen Bevölkerung über 61 Prozent des gesamten Vermögens der Bundesrepublik Deutschland. Umgekehrt besaß etwa jede vierte erwachsene Person entweder gar kein Vermögen oder war sogar verschuldet. Legt man das Gesamtvermögen auf die Bevölkerung um, hätte jeder Erwachsene im Durchschnitt ein

Nettovermögen von 88 000 Euro. Aufgrund der Ungleichverteilung verfügte die vermögenschwächere Hälfte der erwachsenen Bevölkerung (d. h. die unteren fünf Dezile) jedoch lediglich über ein Vermögen von durchschnittlich weniger als 15 000 Euro (Median). Rund zwei Drittel der Bevölkerung besaßen 2007 kein oder nur ein sehr geringes individuelles Nettovermögen. Der Gini-Koeffizient der Vermögensverteilung betrug nach diesen Daten 0,799. Interessant ist auch eine Aufschlüsselung des Nettovermögens nach der beruflichen Stellung. Selbstständige mit zehn oder mehr Mitarbeitern verfügten im Jahr 2007 über ein Nettovermögen von durchschnittlich rund 1,1 Millionen Euro, Selbstständige mit weniger Mitarbeitern noch über 346 000 Euro und Selbstständige ohne Mitarbeiter über immerhin noch 175 000 Euro. Das höchste Nettovermögen unter den Nichtselbstständigen hatten Angestellte mit umfassenden Führungsaufgaben (im Mittel 308 000 Euro).

Entwicklung von Unternehmensgewinnen und Bruttolöhnen

Das meritokratische Prinzip ist die legitimatorische Grundlage der sozialen Ungleichheit in Deutschland. Im Falle einer leistungsgerechten Entlohnung sollte man daher zumindest erwarten, dass sich in den letzten Jahren die Einkommen aus abhängiger Beschäftigung und Unternehmensgewinne in etwa gleich entwickelt haben. Wie Abbildung 6.2 zu entnehmen ist, war das aber nicht der Fall.

Entwicklung der Bruttolöhne und der Unternehmens- und Vermögenseinkommen 1991–2012 | **Abb. 6.2**

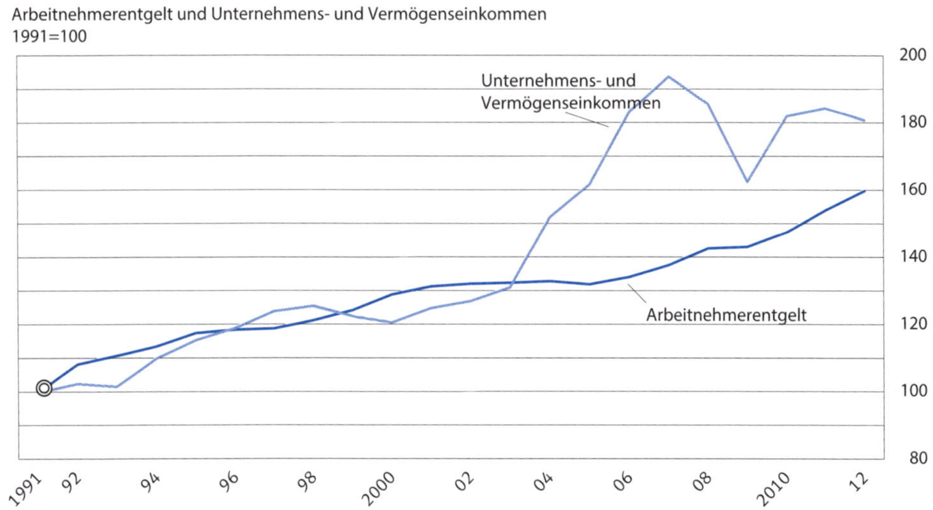

Quelle: Statistisches Bundesamt 2013: 13.

Beginnend vom Ausgangsjahr 1991 (Index= 100) entwickelten sich die Bruttolöhne und -gehälter sowie die Unternehmens- und Vermögenseinkommen zunächst recht ähnlich. Ab 2003 wuchsen Letztere jedoch überproportional um 57,5 Prozent an, während die Arbeitnehmereinkommen deutlich zurückblieben und lediglich um 36,9 Prozent anstiegen. Werden statt der absoluten die inflationsbereinigten Einkommenszuwächse betrachtet, zeigt sich, dass die Zuwächse des Erwerbseinkommens im ersten Jahrzehnt des neuen Jahrhunderts nicht einmal die Teuerungsrate ausgeglichen haben (Brenke/Grabka 2011).

6.1.1.2 | Entstehung des Niedriglohnsektors

Das Auseinanderdriften der Einkommen ist eine Folge der Arbeitsmarktreformen, die in der Öffentlichkeit als Hartz-Reformen bekannt sind. Sie wurden als Reaktion auf die seit 2000 deutlich steigenden Arbeitslosenzahlen beschlossen. Die hohen Arbeitslosenzahlen schwächten zudem die Position der Gewerkschaften als Partner bei den Tarifverhandlungen. Das hat zu einer Deregulierung und Flexibilisierung des Arbeitsmarktes und einem beschleunigten Ausbau des Niedriglohnsektors beigetragen. Aufgrund verbesserter Möglichkeiten, hohe Kapitalgewinne auf den Finanzmärkten zu realisieren, wurde zudem eine unternehmensinterne Reinvestition des Kapitals – und damit die Schaffung neuer Arbeitsplätze – unattraktiver. Die Unternehmer besaßen bei den Lohnverhandlungen damit einen weiteren Vorteil. All dies begünstigte eine unterdurchschnittliche Lohnentwicklung und eine Ausweitung des Niedriglohnsektors.

Niedriglöhne

Übersicht 6.2

Niedriglohn

Das Arbeitsentgelt für eine Vollzeitbeschäftigung, das sich in der Nähe der Armutsgrenze bewegt und dem Lohnempfänger keine angemessene Existenzsicherung gewährleistet, wird Niedriglohn genannt. Auch tariflich geregelte Löhne können so niedrig sein, dass sie in den Niedriglohnsektor fallen.

Nach der Definition der OECD und der Internationalen Arbeitsorganisation (ILO) sind im Niedriglohnsegment einer Beschäftigtengruppe jene Personen tätig, die weniger als zwei Drittel des Medians der statistischen Verteilung der Verdienste in der betrachteten Beschäftigtengruppe erreichen. Aufgrund des unterschiedlichen Lohniveaus in Ost- und Westdeutschland wird ein länderspezifisches Niedriglohnniveau berechnet (Statistisches Bundesamt 2012a: 16).

In den letzten Jahren ist eine kontinuierliche Ausweitung des Niedriglohnsektors in Deutschland zu beobachten. Nach Angaben des Statistischen Bundesamts ist der Anteil der Beschäftigten mit Niedriglohn gestiegen. 2010 arbeiteten 20,6 Prozent aller Beschäftigten in Betrieben mit zehn und mehr Beschäftigten für einen Niedriglohn. Tabelle 6.1 zeigt, dass der Anteil von Beschäftigten in diesem Sektor je nach Beschäftigungsform (siehe Übersicht 6.4) beträchtlich schwankt, dass Männer und Frauen unterschiedlich davon betroffen sind und dass zudem große regionale Unterschiede bestehen.

Unter den weiblichen Beschäftigten lag der Anteil mit 26,5 Prozent deutlich höher als unter den männlichen Beschäftigten (15,8 Prozent). Der Anteil unter atypisch Beschäftigten ist mit insgesamt 49,8 Prozent erheblich höher als bei den Normalarbeitnehmern (10 Prozent), wobei Niedriglöhne bei geringfügiger Beschäftigung (84,3 Prozent) und Zeitarbeit (67,7 Prozent) eher die Regel als die Ausnahme sind. Auffällig sind ebenfalls die Unterschiede zwischen Ost- und Westdeutschland, die mit dem geringeren Lohnniveau in Ostdeutschland und der schlechteren konjunkturellen Lage erklärt werden können. Hier beträgt der Anteil der Beschäftigten mit Niedriglohn insgesamt 36,8 Prozent. Unter den atypisch Beschäftigten liegt der Anteil sogar bei 67,5 Prozent.

Anteil der Beschäftigten mit Niedriglohn in Prozent nach Beschäftigungsform 2010 | **Tab. 6.1**

Gegenstand der Nachweisung	Insgesamt	Normal-arbeitnehmer/-innen	Atypisch Beschäftigte	Davon			
				Teilzeitbeschäftigte[1]	Befristet Beschäftigte	Geringfügig Beschäftigte	Zeitarbeitnehmer/-innen
Insgesamt	20,6	10,8	49,8	20,9	33,5	84,3	67,7
Frauen	26,5	15,1	47,6	19,2	35,5	84,8	72,9
Männer	15,8	8,1	53,7	34,3	31,6	83,4	65,4
Früheres Bundesgebiet einschl. Berlin	18,0	7,7	47,7	19,5	29,6	83,5	63,5
Neue Bundesländer	36,8	29,0	67,5	45,2	53,6	92,0	89,4

[1]Mit 20 oder weniger Arbeitsstunden pro Woche.

Statistisches Bundesamt 2012a: 20

Die Entwicklung im Bereich des Niedriglohns hat erhebliche Folgen für die soziale Ungleichheit in unserer Gesellschaft. Aus sozialstruktureller Sicht kann man argumentieren, dass sich Niedriglöhne in der Regel nur schwer mit dem meritokratischen Prinzip einer leistungsgerechten Entlohnung vereinbaren lassen. Niedriglöhne verstärken das Ausmaß sozialer Ungleichheit und gehen meist mit schlechten Arbeitsbedingungen und schlechter sozialer Absicherung im Falle von Arbeitslosigkeit und Krankheit einher.

Sie tragen auch zu mangelhafter Alterssicherung bei. Weiterhin besteht im Allgemeinen kein Anspruch auf Weiterbildungsmaßnahmen. Schließlich ist das Risiko, trotz einer Erwerbsbeteiligung unterhalb der Armutsgrenze zu bleiben und/oder auf den Bezug von Arbeitslosengeld II nach dem SGB II (»Hartz IV«) angewiesen zu sein, groß. Der Anteil der sogenannten Aufstocker an den erwerbsfähigen Leistungsbeziehern (eLb) steigt stetig an, wie Abbildung 6.3 zeigt.

6.1.1.3 | Zugang zum Güter- und Dienstleistungsmarkt

Konsumverhalten als Ungleichheitsindiz

Der Zugang zum Güter- und Dienstleistungsmarkt wird über materielle Ressourcen als klassische Dimensionen sozialer Ungleichheit geregelt. Konsumchancen hängen demnach vom sozioökonomischen Status der Akteure ab und sind ein zentraler Ausdruck sozialer Ungleichheit. Konsumverhalten dient auch der Distinktion zwischen sozialstrukturellen Gruppen bzw. der Stilisierung individueller Lebensweisen (→ Kapitel 5.2 und 5.4). Der Erwerb von Luxusgütern etwa, deren Preis durch ihren praktischen Nutzen kaum gerechtfertigt ist und deren Distinktionskraft mit dem Preis steigt, spielt dabei eine große Rolle. Die Bedeutung von Markenprodukten wird daher – unabhängig von der Produktqualität – zunehmend über den Preis geregelt. Mit dem so bezeichneten »demonstrativen Konsum« ist der Bezug zum Prestige als Dimension sozialer Ungleichheit hergestellt (Veblen 1997). Er verweist auch auf die steigende Bedeutung der öffentlichen Demonstration individueller Orientierungen, Geschmäcker usw. durch Konsumverhalten, die im Lebensstilkonzept besonders thematisiert wird (Lüdtke 2004).

Abb. 6.3 | *Erwerbstätige Arbeitslosengeld-II-Bezieher nach Art der Erwerbstätigkeit 2007–2013 (Januar)*

Bundesagentur für Arbeit 2013: 17.

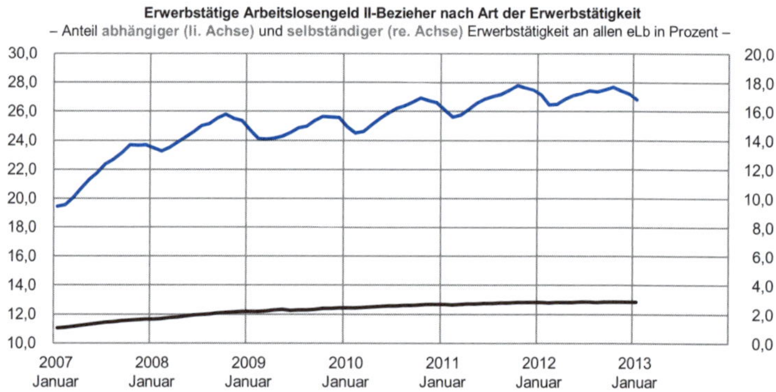

Wenn der allgemeine Wohlstand steigt, können aber mehr Konsumgüter günstiger angeboten werden und vielfältige Konsumbedürfnisse besser bedient werden. Umgekehrt hat das zunehmende Konsumgüterangebot auch eine sich ausdifferenzierende Bedürfnisstruktur zur Folge. Diese Bedürfnisstruktur wird durch Entwicklungen und Merkmale der Wirtschaftsordnung bzw. des Arbeitsmarkts beeinflusst. Während vor wenigen Jahrzehnten beispielsweise lediglich einige Tageszeitungen und Magazine das Bedürfnis nach Information befriedigten, existiert mittlerweile ein fast unüberschaubares Angebot, das ebenfalls unterschiedliche »Lebensstile« bedient. Diese und vergleichbare Entwicklungen auf dem Konsumgütermarkt gehen mit folgenden Konsequenzen einher:

- *Erstens* tragen der zunehmende Wohlstand und das differenzierte Angebot günstiger Konsumgüter dazu bei, dass neue Bedürfnisse und damit neue sozialstrukturelle Unterschiede entstehen. Da die individuellen Wahlmöglichkeiten auch an die Preise gekoppelt sind, entstehen neue Gelegenheiten zur Distinktion, die wiederum zu neuen sozialen Ungleichheiten führen. Dabei fallen zwar die Vermögens- und Einkommensunterschiede immer noch stark ins Gewicht, sie dürften aber relativ an Relevanz verlieren.
- *Zweitens* kann der allgemeine Anstieg des Wohlstands der Bevölkerung soziale Unterschiede auch einebnen, da sich eine zunehmende Zahl von Menschen im mittleren oder unteren Einkommenssegment Luxusgüter wie ein teures Auto oder eine bestimmte Kleidermarke leisten kann. Darüber hinaus wird postuliert, dass die Rationalisierung der Güterproduktion, die dem ökonomischen Gebot der Nutzenmaximierung folgt, und damit einhergehende Veränderungen der Angebotsstruktur im Konsumgütermarkt eher eine nivellierende Konsequenz auf die produzierten Konsumgüter haben. Die verschiedenen Automarken gleichen sich beispielsweise in Technik und Ausstattung immer mehr an. Soziale Distinktion durch demonstrativen Konsum wird also zu einem zunehmend teureren Unterfangen.

Arbeitsmarkt und Arbeitsteilung

6.1.2

Im Folgenden gehen wir auf Strukturen des Arbeitsmarkts und ihre Bedeutung für Strukturen sozialer Ungleichheit ein und erläutern zu diesem Zweck zunächst einige Grundbegriffe der Arbeitsmarkt- und Erwerbstätigenstatistik.

Erwerbsbeteiligung

6.1.2.1 Grundbegriffe der Arbeitsmarktstatistik und Erwerbsbeteiligung

Die Erwerbstätigkeit ist für die überwiegende Mehrheit der Bevölkerung die wichtigste Quelle des Lebensunterhalts. In Übersicht 6.3 sind Definitionen zum Bereich der Erwerbstätigenstatistik zusammengefasst.

Übersicht 6.3

Konzepte der Erwerbstätigenstatistik

Basis der Erwerbsstatistik in Deutschland sind die monatlichen Meldungen der regionalen Arbeitsagenturen der Bundesagentur für Arbeit. Hinzu kommen der Mikrozensus, eine jährlich vom Statistischen Bundesamt und den Statistischen Landesämtern durchgeführte Haushaltsbefragung (→ Kapitel 8), sowie eine gemäß den Vorgaben der International Labour Organisation (ILO) durchgeführte telefonische Bevölkerungsbefragung. Folgende Begriffe werden den Erfassungen zu einem Berichtszeitraum zugrunde gelegt:

- *Erwerbstätige*: Personen im erwerbsfähigen Alter (ab 15 Jahren), die gegen Entgelt oder im Rahmen einer selbstständigen Tätigkeit gearbeitet haben – unabhängig vom zeitlichen Umfang. Hierzu werden auch Personen gezählt, die ihre Erwerbstätigkeit vorübergehend nicht ausgeübt haben oder in einem Familienbetrieb mithelfend tätig gewesen sind (entsprechend ILO).
- *Erwerbslose*: Personen im Alter von 15 bis 74 Jahren, die keiner Beschäftigung nachgegangen sind und in den letzten vier Wochen vor der Befragung aktiv eine Tätigkeit gesucht haben. Sie müssen ggf. innerhalb von zwei Wochen eine Tätigkeit aufnehmen können (entsprechend ILO).
- *Arbeitslose*: Personen, die nach sozialgesetzlichen Vorgaben amtlich als solche gemeldet sind und der Arbeitsvermittlung zur Verfügung stehen (Bundesagentur für Arbeit). Arbeitslose können geringfügig beschäftigt sein (weniger als 15 Stunden pro Woche).
- *Erwerbspersonen*: alle Erwerbstätigen und Erwerbslosen; sie sind Grundlage für die Berechnung der Erwerbsquoten.
- *Nichterwerbspersonen* sind entsprechend alle, die nicht erwerbstätig sind und nicht zu den Erwerbslosen zählen. Dazu gehören zum Beispiel noch in Schulausbildung oder Studium befindliche Personen oder auch Rentner.
- *Stille Reserve*: Nichterwerbspersonen, die grundsätzlich bereit und in der Lage sind, eine Erwerbstätigkeit auszuüben, unter den gegebenen Lebensbedingungen aber nicht aktiv eine Beschäftigung suchen. Ein Beispiel sind Mütter, die zweitweise die Erwerbstätigkeit aufgegeben haben und dem Arbeitsmarkt erst wieder zu Verfügung stehen, wenn sie die Fürsorge für ihr Kind bzw. ihre Kinder mit einer Berufstätigkeit in befriedigender Weise vereinbaren können.
- *Erwerbsquote*: der prozentuale Anteil der Zahl der *Erwerbspersonen* in der Bevölkerung eines Landes oder in einem Teil dieser Bevölkerung (etwa unter den Männern) an der Zahl aller Mitglieder der Bevölkerung oder des Bevölkerungsteils.

- *Erwerbstätigenquote*: der prozentuale Anteil der Zahl der *Erwerbstätigen* in der Bevölkerung eines Landes oder in einem Teil dieser Bevölkerung an der Zahl aller Mitglieder der Bevölkerung oder des Bevölkerungsteils.

Abbildung 6.4 vermittelt einen Eindruck vom generellen Ausmaß der Erwerbsbeteiligung in Deutschland und ihre langjährige Entwicklung. Die Zahl der Erwerbstätigen lag danach im Jahr 2011 im jährlichen Mittel bei ca. 41 Mio. Personen, die Zahl der Erwerbspersonen war mit 43,5 Mio. höher und zwar genau um die 2,5 Mio. Erwerbslosen. Die Zahl der sozialversicherungspflichtig Beschäftigten belief sich auf 29,4 Mio. Personen. Etwa 89 Prozent der Erwerbstätigen sind Arbeitnehmerinnen und Arbeitnehmer.

Ausmaß der Erwerbsbeteiligung

Ein im Zusammenhang mit sozialer Ungleichheit oftmals vernachlässigtes Strukturmerkmal des Arbeitmarkts sind die durchschnittlichen Arbeitszeiten. Die Arbeitszeit bestimmt nicht nur, wie viel (Frei-)Zeit und finanzielle Mittel die Menschen für die Verfolgung nicht berufsspezifischer Lebensziele zur Verfügung haben, sondern liefert auch Hinweise darauf, welche Beschäftigungsverhältnisse in einem Arbeitsmarkt vorherrschen.

Arbeitszeit

Erwerbsbeteiligung in Deutschland 1991–2011 | **Abb. 6.4**

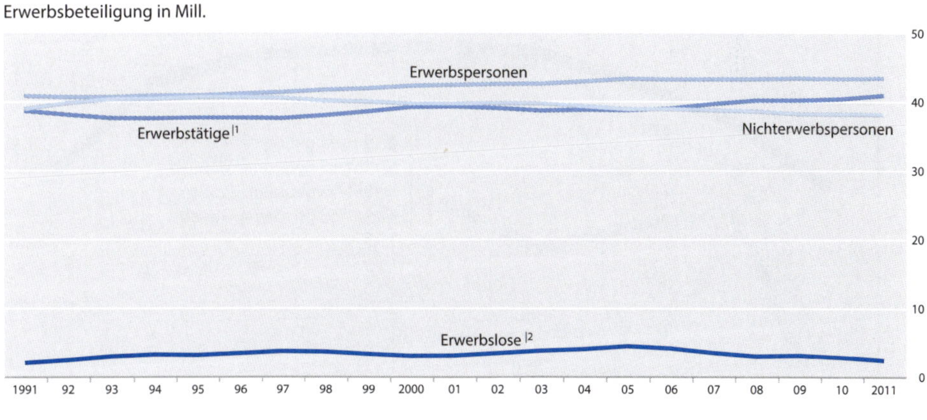

Ergebnisse der Erwerbstätigenrechnung – Jahresdurchschnitte.
[1] Erwerbstätige mit Wohnort in Deutschland (Inländerkonzept).
[2] Ergebnisse der Arbeitskräfteerhebung.

Quelle: Statistisches Bundesamt 2012b: 345.

In der Zeit zwischen 1991 und 2010 ist nach Angaben des Instituts für Arbeitsmarkt- und Berufsforschung ein kontinuierlicher Rückgang der durchschnittlichen Arbeitszeit pro Jahr zu erkennen. Die rückläufige durchschnittliche Arbeitszeit deutet auf einen stetig zunehmenden Anteil von Teilzeitbeschäftigten und geringfügig Beschäftigten hin. Frauen arbeiteten 2010 zu 52 Prozent in Teilzeit oder geringfügiger Beschäftigung. 1991 hatte dieser Anteil lediglich 32 Prozent betragen. Der Anteil der Frauen an den Erwerbstätigen im Jahr 2010 war auf nahezu 50 Prozent angewachsen, aber ihr Anteil am Arbeitsvolumen betrug nur 43 Prozent. Auch bei den Männern stieg die Teilzeitquote von nur 4 Prozent im Jahr 1991 auf 18 Prozent im Jahr 2010 an (Wanger 2011: 2).

Altersspezifische Erwerbsquoten

Um die Veränderung der Erwerbsbeteiligung von Frauen und Männern im Lebensverlauf zu ermitteln, betrachten wir die altersspezifischen Erwerbsquoten von Frauen und Männern für verschiedene Geburtsjahrgänge. In Abbildung 6.5 sind sie für die alten Bundesländer und die Geburtsjahrgänge 1941 bis 1945 und 1961 bis 1965 dokumentiert.

Die altersspezifischen Erwerbsquoten unterscheiden sich sowohl nach Geschlecht als auch nach Geburtsjahrgang erheblich voneinander. Bei den 15- bis 19-jährigen Frauen und Männern lag die Erwerbsquote bei der Kohorte 1941 bis 1945 deutlich höher (ca. 75 Prozent) als bei den Geburtsjahrgängen 1961 bis 1965 (unter 50 Prozent). Ursache dafür ist die mit der Bildungsexpan-

Abb. 6.5 | *Alterspezifische Erwerbsquoten von Frauen und Männern der Geburtsjahrgänge 1941/45 und 1962/65 in den alten Bundesländern (in %)*

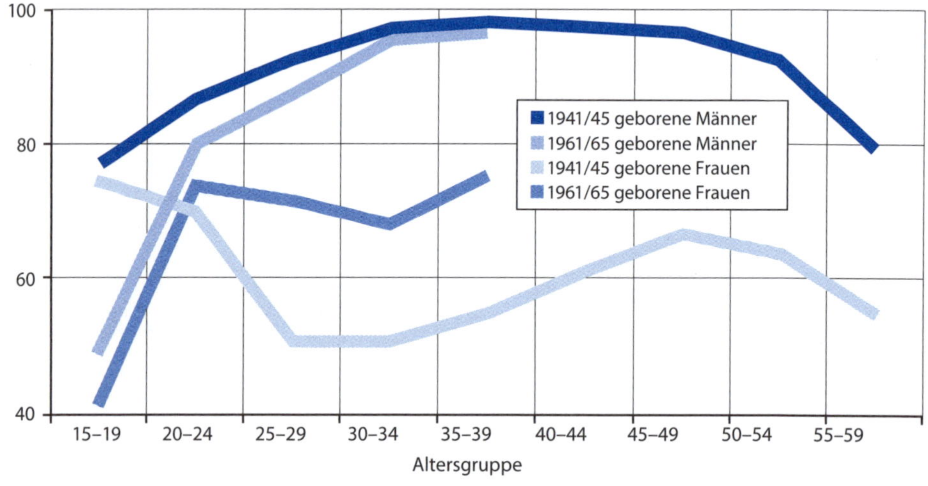

Quelle: Engstler/Menning 2003: 109.

sion einhergehende höhere Bildungsbeteiligung in der jüngeren Kohorte. In den folgenden Altersgruppen entwickeln sich die Erwerbsquoten der Männer beider Geburtskohorten ähnlich – schon bei den 25- bis 29-Jährigen liegt die Quote bei über 90 Prozent. Bei den 25- bis 29-jährigen Frauen der älteren Kohorte ist ein deutlicher Rückgang der Erwerbsquote auf 50 Prozent festzustellen. In späterem Alter steigt die Quote wieder. Das reflektiert das sogenannte Drei-Phasen-Modell einer durch die Kindererziehung unterbrochenen Erwerbsbeteiligung im Lebenslauf. Im alterspezifischen Verlauf der Erwerbsquote der 1961 bis 1965 geborenen Frauen lässt sich kaum noch ein Rückgang ausmachen, auch wenn ihre Erwerbsquoten unter denen der Männer liegen. Sie bekommen weniger Kinder und unterbrechen weniger lange familienbedingt die Erwerbstätigkeit. Sie sind dafür aber auch sehr häufig nur in Teilzeit erwerbstätig.

Für ostdeutsche Frauen ist das Drei-Phasen-Modell schon lange nicht mehr gültig. Sie weisen einen kaum von den Männern abweichenden Verlauf der Erwerbsbeteiligung auf (Cornelißen 2005: 113).

Frauen- und Mütter-Erwerbstätigkeit

Der Rückgang der weiblichen Erwerbsbeteiligung im mittleren Lebensverlauf hängt mit der Kinderbetreuung zusammen, die hauptsächlich von den Müttern geleistet wird und die nur schwer mit einer gleichzeitigen Erwerbsbeteiligung zu vereinbaren ist. Um den Effekt von Elternschaft auf die Erwerbsbeteiligung von Frauen genauer zu beleuchten, kann man Letztere in Abhängigkeit davon betrachten, ob sich Kinder im Haushalt befinden oder nicht. Dazu haben wir mit Daten des Mikrozensus 2001 untersucht, wie sich die Erwerbsbeteiligung von Frauen mit Kindern mit der Höhe des Bildungsniveaus verändert und welche Unterschiede es zwischen West- und Ostdeutschland gibt (vgl. Tab. 6.2). Auch wenn diese Zahlen schon etwas älter sind, geben sie die heutige Situation noch recht gut wieder.

Tab. 6.2

Erwerbstätigenquoten[1] west- und ostdeutscher Frauen im Alter von 25 bis 40 Jahren ohne Kinder und mit Kindern nach Ausbildungsniveau sowie Alter des jüngsten Kindes im Jahr 2001 (in %)

	Westdeutschland	Ostdeutschland
Kein Hochschulabschluss		
Ohne Kinder	92	79
Jüngstes Kind unter drei Jahre	33	45
Jüngstes Kind drei bis unter zehn Jahre	68	70
Jüngstes Kind zehn Jahre und älter	81	81
Hochschulabschluss		
Ohne Kinder	91	87
Jüngstes Kind unter drei Jahre	42	58
jüngstes Kind drei bis unter zehn Jahre	72	82
jüngstes Kind zehn Jahre und älter	84	91

[1] Erwerbstätige ohne vorübergehend Beurlaubte.

Quelle: Mikrozensus 2001; eigene Berechnungen.

Die Auswirkungen der Familiengründung auf die Erwerbsbeteiligung der Frauen sind in beiden Ausbildungsgruppen klar erkennbar: Die aktive Erwerbstätigkeit geht mit der Geburt eines Kindes deutlich zurück. Zwar steigt die Erwerbsquote der Mütter mit zunehmendem Alter der Kinder wieder an, das vorherige Niveau wird in Westdeutschland jedoch nicht mehr erreicht – gleichwohl hat sich der Anteil längerfristig erwerbsloser Frauen gegenüber früheren Geburtskohorten deutlich verringert. Der Rückgang der Erwerbsbeteiligung ist bei ostdeutschen Müttern geringer, da hier Kinderbetreuung und Erwerbstätigkeit aufgrund der günstigeren Rahmenbedingungen einfacher zu vereinbaren sind (vgl. Huinink 2002).

Zu erkennen ist außerdem, dass Frauen mit Hochschulabschluss in Ost- wie in Westdeutschland zu einem größeren Teil eher erwerbstätig bleiben als Frauen aus der niedrigeren Ausbildungsgruppe – hier liegt die Vermutung nahe, dass höher qualifizierte Frauen weniger bereit sind, den Beruf aufzugeben und gleichzeitig mehr Mittel und Möglichkeiten haben, eventuell eine private Betreuung für die Kinder zu gewährleisten. Allerdings sind auch hier Mütter im Vergleich zu den kinderlosen Frauen deutlich seltener erwerbstätig. Zudem sind sie in Westdeutschland zum überwiegenden Teil nur teilzeitbeschäftigt, was in dieser Tabelle nicht eigens ausgewiesen ist. In Ostdeutschland dagegen bilden die Teilzeitbeschäftigten in jeder Familiensituation noch die Minderheit (Kreyenfeld/Geisler 2006), auch wenn der Anteil der in Teilzeit erwerbstätigen Frauen in Ostdeutschland zunimmt.

Arbeitslosigkeit

Im Dezember 2012 wurden 2 840 000 Arbeitslose gezählt, von denen 46,0 Prozent weiblich und 54,0 Prozent männlich waren. Bezogen auf *alle* zivilen Erwerbspersonen insgesamt entspricht das einer Arbeitslosenquote von 6,7 Prozent. Dass die strukturellen Rahmenbedingungen des Arbeitsmarkts nicht nur geschlechts- und altersspezifische Auswirkungen haben, sondern sich auch regional unterscheiden, wurde bereits in Kapitel 5.3.1 thematisiert. Das lässt sich auch an den regionalen Arbeitslosenquoten ablesen. Die Arbeitslosenquote ist in Ostdeutschland deutlich höher, wie man Abbildung 6.6 entnehmen kann. Die überregionale Arbeitslosenquote wird vor allem durch wirtschaftliche Ereignisse beeinflusst. Die Abbildung zeigt die Veränderung der Arbeitslosenquote seit 1950 und ordnet die Schwankungen Ereignissen dieser Art zu.

Erkennbar ist, dass die Arbeitslosenquote in den letzten 60 Jahren beträchtlichen Schwankungen unterlag, die mit den wirtschaftlichen Boom- und Rezessionsbewegungen einhergingen. Die Ölpreiskrise Mitte der 1970er-Jahre etwa führte in der Bundesrepublik zu einem starken Anstieg der Zahl der Arbeitslosen. Die Tatsache, dass die Arbeitslosigkeit in den neuen Bundesländern deutlich höher ist als in den alten, wird mit der schlechteren wirtschaftlichen Lage dort erklärt. Umgekehrt ist der Zusammenhang zwischen der sich allmählich verbessernden wirtschaftlichen

Situation und dem Rückgang der Arbeitslosenquoten insgesamt seit 2005 deutlich sichtbar.

Entwicklung der Arbeitslosenquote in Deutschland 1950–2012 | **Abb. 6.6**

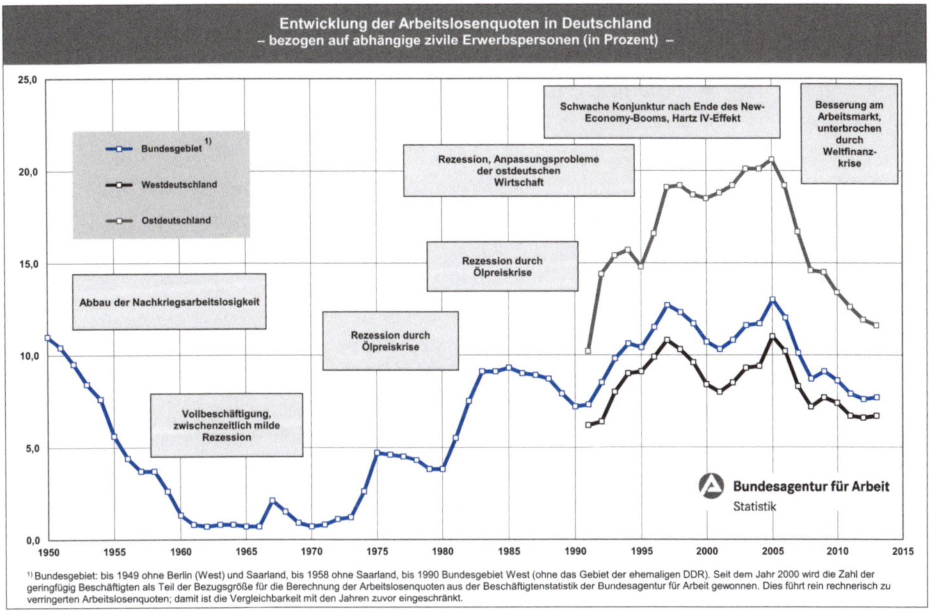

Quelle: Statistik der Bundesagentur für Arbeit, Statistische Analysen, Analyse in Grafiken, http://www.pub.arbeitsagentur.de/hst/services/statistik/000000/html/start/gif/b_aloq_zr.shtml (15.5.2014).

Erwerbsformen

Zur Sicherung einer durchschnittlichen Lebensqualität reicht es nicht, überhaupt Arbeit zu haben. Dieser Umstand sichert nicht mehr automatisch ein angemessenes Einkommen (vgl. Abb. 6.3). Er geht auch sehr häufig nicht mehr mit einem unbefristeten Beschäftigungsverhältnis inklusive aller Versicherungsleistungen für die Rente oder den Krankheitsfall einher.

Übersicht 6.4

Normalarbeitsverhältnis und atypische Beschäftigung (Statistisches Bundesamt 2012a: 5)

Ein **Normalarbeitsverhältnis** ist durch folgende Merkmale gekennzeichnet:

- eine Vollzeit- oder Teilzeittätigkeit mit einer Wochenarbeitszeit von mehr als 20 Stunden;
- ein unbefristetes Beschäftigungsverhältnis;
- die Integration in soziale Sicherungssysteme;

- die Identität von Arbeits- und Beschäftigungsverhältnis (also keine Leiharbeit).

Ein **atypisches Arbeitsverhältnis** ist vom Normalarbeitsverhältnis durch mindestens eines der folgenden Merkmale abgrenzbar:

- Befristung;
- Teilzeitbeschäftigung mit 20 oder weniger Stunden;
- Zeitarbeitsverhältnis;
- geringfügige Beschäftigung (lauf SGB IV eine geringfügig entlohnte Beschäftigung mit einem Entgelt von höchstens 450 Euro – bis zum 1.1.2013 galten 400 Euro – oder eine kurzfristige Beschäftigung, deren Dauer zwei Monate oder 50 Arbeitstage im Kalenderjahr nicht überschreitet).

Atypische Beschäftigungen sind im Vergleich zu Vollzeitbeschäftigungen mit einer deutlich geringeren Entlohnung, ungünstigeren Arbeitsbedingungen und einer schlechteren sozialen Absicherung verbunden. Aus sozialstruktureller Sicht geht damit ein deutlich niedrigerer sozioökonomischer Status einher. Tabelle 6.3 zeigt auf Grundlage der Mikrozensus-Daten, wie sich die Zusammensetzung der Erwerbsformen zwischen 2001 und 2011 verändert hat.

Tab. 6.3 | *Erwerbstätige in unterschiedlichen Erwerbsformen 1991–2011 (in %)*

Jahr[1]	Insgesamt	Normal-arbeitnehmer/-innen	Atypisch Beschäftigte[2]	Davon[3]			
				Befristet Beschäftigte	Teilzeit-beschäftigte[4]	geringfügig Beschäftigte	Zeitarbeit-nehmer/-innen
1991	100,0	86,3	13,7	5,7	8,2	2,1	–
1996	100,0	83,5	16,5	6,0	10,8	3,7	–
2001	100,0	79,9	20,1	7,0	13,9	6,1	–
2006	100,0	74,8	25,2	8,9	16,4	9,0	1,9
2007	100,0	74,5	25,5	8,8	16,4	9,2	2,0
2008	100,0	74,8	25,2	8,9	16,0	8,4	2,0
2009	100,0	75,2	24,8	8,6	16,0	8,4	1,8
2010	100,0	74,6	25,4	8,9	15,9	8,1	2,4
2011	100,0	74,9	25,1	8,9	15,9	8,5	2,5

[1] Bis 2004 Ergebnisse einer Bezugswoche im Frühjahr; ab 2005 Jahresdurchschnittswerte sowie geänderte Erhebungs- und Hochrechnungsverfahren.
[2] Vor 2006 ohne Zeitarbeitnehmer/-innen.
[3] Mehrfachzählungen möglich.
[4] Mit 20 oder weniger Arbeitsstunden pro Woche.

Quelle: Statistisches Bundesamt 2012a: 7.

Der Anteil der Normalerwerbstätigen ist auf 74,9 Prozent im Jahr 2011 zurückgegangen. Dabei waren in diesem Jahr mit 63,3 Prozent anteilsmäßig deutlich weniger Frauen normal erwerbstätig als Männer (85,7 Prozent). Der Anteil der atypisch Beschäftigten hat sich von 13,7 Prozent auf 25,1 Prozent vergrößert.

Ähnliche Unterschiede zwischen den Geschlechtern werden offenkundig, wenn man die Erwerbstätigen nach verschiedenen beruflichen Statusgruppen unterscheidet. Tabelle 6.4 zeigt die Verteilung nach der beruflichen Stellung, die ein guter Indikator für den beruflichen Status darstellt.

Bei den Männern waren im Jahr 2011 etwa 46 bzw. 35 Prozent Arbeiter und Angestellte, 14 Prozent waren selbstständig. Bei den Frauen überwogen die Angestellten mit 70 Prozent, was deutlich macht, dass Frauen vor allem in Dienstleistungsberufen tätig waren. Historische Vergleiche zeigen, dass sich der Anteil der Angestellten drastisch auf Kosten des Anteils der Arbeiter erhöht hat.

Tab. 6.4

Erwerbstätige in Deutschland nach Stellung im Beruf und Geschlecht 2011

Quelle: Statistisches Bundesamt 2012c: 145; eigene Berechnung.

Stellung im Beruf	Männer (in %)	Frauen (in %)
Selbstständige	14,0	7,6
Mithelfende Familienangehörige	0,3	0,9
Beamte	5,6	4,8
Angestellte[1]	45,5	70,2
Arbeiter[2]	34,5	16,5

[1] Einschl. Auszubildende in anerkannten kaufmännischen und technischen Ausbildungsberufen.
[2] Einschl. Auszubildende in anerkannten gewerblichen Ausbildungsberufen.

Strukturen des Arbeitsmarkts

6.1.2.2

Die individuellen Möglichkeiten beim Einstieg in den Arbeitsmarkt und für einen beruflichen Aufstieg sind nicht nur von den individuellen Qualifikationen und verschiedenen zugeschriebenen Merkmalen (z. B. Alter, Geschlecht) abhängig. Auch die Strukturen des Arbeitsmarkts (Arbeitsmarktsektoren, Branchen und Arbeitsmarktsegmente) haben einen unmittelbaren Effekt auf die soziale Ungleichheit. Dabei wird der Arbeitsmarkt seinerseits von der sich ständig wandelnden marktökonomischen Struktur und anderen gesellschaftlichen (bzw. staatlichen) Institutionen beeinflusst.

Zugangs- und Mobilitätschancen

Um die Effekte des Arbeitsmarkts auf soziale Ungleichheit zu analysieren, muss man die Chancen des Zugangs zum und die Mobilitätschancen im Arbeitsmarkt untersuchen. Die unterschiedliche Verortung im Arbeitsmarkt geht auch mit einer unterschiedlich hohen Arbeitsplatzsicherheit einher.

Mit Bezug auf die Einkommensmöglichkeiten haben wir bereits in Kapitel 5.3 darauf verwiesen, dass es erhebliche Unterschiede in den Verdienst-

Sektorspezifische Differenzierung des Arbeitsmarkts

möglichkeiten zwischen den Wirtschaftsbranchen und -sektoren gibt. Die arbeitsteilige Struktur der Wirtschaft (Branchen und Sektoren) ist aber auch für andere ungleichheitsrelevante Faktoren relevant. Dazu gehören etwa ungleiche Arbeitsbedingungen und Arbeitsbelastungen, wie die Untersuchungen im Bericht »Sicherheit und Gesundheit bei der Arbeit« zeigen (BMAS 2006, → Kapitel 5.2.3.3).

Erwerbsverläufe, Einkommens- und Karrierechancen hängen auch stark davon ab, in welchen Sektor des Arbeitsmarkts man zu Beginn der Erwerbslaufbahn eintritt. Zahlreiche Studien zeigen, dass dem Eintritt ins Erwerbsleben eine wichtige Funktion zukommt, weil damit Weichenstellungen vorgenommen werden, die später nur schwer zu verändern sind (vgl. Blossfeld 1989). Der Anteil der verschiedenen Sektoren und Branchen am Arbeitsmarkt hat – vermittelt über die Arbeitsmarktschancen – einen direkten Effekt auf die sozialstrukturelle Positionierung der Individuen. Der Wandel der Branchen- und Sektorstruktur ist in der Regel auch eine Ursache für strukturelle Mobilität (→ Kapitel 5.5).

In Theorien gesellschaftlicher Entwicklung wird häufig eine einfache Differenzierung zwischen drei Wirtschaftssektoren gewählt und die Veränderung in deren Gewichung betrachtet. Man unterscheidet mit dem französischen Ökonom Jean Fourastié (1969):

- den primären Sektor: Land- und Forstwirtschaft, Fischerei;
- den sekundären Sektor: das produzierende Gewerbe;
- den tertiären Sektor: alle Arten von Dienstleistungen mit den Bereichen Handel, Verkehr, Verwaltung.

Wandelnde Bedeutung der Sektoren

Die Bedeutung der drei Sektoren hat sich im Verlauf der letzten zwei Jahrhunderte stark verändert. Als Indikator für den Fortschritt auf dem Weg in die moderne oder fortgeschrittene Industriegesellschaft gilt nach Fourastié der starke Beschäftigungsrückgang im primären Sektor, damit einhergehend eine Ausweitung der Beschäftigungen zunächst im sekundären und dann immer mehr im tertiären Sektor. Während 1882 auf dem Gebiet des Deutschen Reiches noch nahezu jeder Zweite im primären Sektor beschäftigt war, galt dies 2012 im vereinten Deutschland für weniger als zwei Prozent aller Erwerbstätigen. Gleichzeitig stieg im Zuge der Industrialisierung der Beschäftigtenanteil im produzierenden Gewerbe von 34 Prozent auf einen Höchstwert von fast 47 Prozent in den 1970er-Jahren, um dann kontinuierlich zu sinken. 2012 war nur noch jeder Vierte im sekundären Sektor beschäftigt. Der tertiäre Sektor erlebte seit 1882 einen kontinuierlichen Anstieg von 23 Prozent auf fast 74 Prozent im Jahre 2012 (vgl. Statisches Bundesamt/WZB 2013: 122).

Von der Dienstleistungs- zur Informationsgesellschaft

Der Anteil der Beschäftigten im primären Sektor hat sich in den letzten zehn Jahren kaum noch verändert, während der sekundäre Sektor im vereinten Deutschland um etwa 12 Prozent geschrumpft ist. Der tertiäre Sektor konnte hingegen kontinuierliche Zuwächse verbuchen. Im wachsenden Dienstleistungssektor ist ein zunehmender Teil der Beschäftigten im Bereich einer sich rasant entwickelnden Kommunikations- und Informationstechnologie (Informationsdienstleistungen) beschäftigt. Aus der Dienstleistungsgesellschaft ist nach einer weiteren Phase der Umstrukturierungen eine Informationsgesellschaft geworden, welche die Mittel bereitstellen soll, um den immer komplexer werdenden Anforderungen gesellschaftlicher Entwicklung gerecht zu werden. Dabei hat die Einführung der modernen Computertechnologie zunächst industrielle Rationalisierungsprozesse beschleunigt und den Bedarf an Arbeitskräften auch im Dienstleistungssektor gedämpft. Im weiteren Verlauf der Entwicklung hat sich aber die Nachfrage nach Service- und Fachkräften in der Computer- und Informationsbranche vergrößert. Sie dürfte zum Teil mitverantwortlich für die Ausweitung des Niedriglohnsektors sein, gleichzeitig kann sie ihren steigenden Bedarf an Fachkräften nicht decken. Aufgrund der großen Bedeutung des Informationssektors wird von einigen Autoren vorgeschlagen, ihn als vierten Wirtschaftssektor hinzuzufügen (vgl. Geißler 2000: 19).

Zusammenfassung

Branchen und Sektoren der Wirtschaft
Die Beschäftigung in den drei (bzw. vier) Wirtschaftssektoren ist jeweils mit spezifisch ausgeprägten Ungleichheitsmerkmalen verbunden (etwa Einkommensmöglichkeiten, Arbeitsbedingungen). Veränderungen bei der Arbeitsproduktivität bzw. den Beschäftigungszahlen in den einzelnen Sektoren haben also einen direkten Effekt auf die Sozialstruktur eines Landes. Nach der »Drei-Sektoren-Hypothese« von Fourastié geht die zunehmende Bedeutung des tertiären Sektors (»Dienstleistungsgesellschaft«) mit einem umfassenden Wandel der Arbeitsbedingungen und einem Wohlstandsanstieg einher. Aufgrund seiner wachsenden Bedeutung wird der Bereich »Information« inzwischen als eigener Sektor behandelt.

Es gibt die These, dass sich der Arbeitsmarkt in relativ stark voneinander abgeschottete Segmente aufteile, die quer zu der branchenspezifischen und sektoralen Gliederung lägen und zwischen denen kaum berufliche Mobilität stattfinde (Szydlik 1990). Berufliche Positionen und Mobilitätschancen wären damit langfristig auf bestimmte Bereiche des Arbeitmarkts festgelegt, was etwa die Chancen eines beruflichen Aufstiegs vermindern, aber zugleich die Risiken eines beruflichen Abstiegs verringern könne. Diese sogenannte Arbeitsmarktsegmentation hätte dann eine große Bedeutung für die Strukturen sozialer Ungleichheit.

Arbeitsmarktsegmentation

Tatsächlich lässt sich anhand empirischer Ergebnisse zeigen, dass der Arbeitsmarkt in der Bundesrepublik in einzelne Segmente untergliedert ist, zwischen denen Mobilität erschwert wird. Entsprechende Konzepte behaupten eine Zwei- bzw. Dreiteilung des Arbeitsmarkts, die durch die Struktur des Gütermarkts bzw. die Produktionsstrukturen in einer Ökonomie bedingt ist (Theorie des dualen Arbeitsmarkts, Piore 1978, Kreckel 1997: 194 ff.). Die zwei bekanntesten sind in Übersicht 6.5 beschrieben.

Übersicht 6.5

Arbeitsmarktsegmentation
Konzept des dualen Arbeitsmarkts von Piore (1978):

- Im *primären Arbeitsmarkt* gibt es Tätigkeiten mit relativ guten Löhnen, guten Arbeitsbedingungen, Aufstiegschancen, Beschäftigungssicherheit, die Arbeitskräfte sind gut ausgebildet. Der primäre Arbeitsmarkt lässt sich grob noch einmal aufteilen:
  - in ein oberes Segment mit relativ hoher beruflicher Mobilität (z. B. Manager);
  - in ein unteres (Facharbeiter-)Segment mit relativ niedriger beruflicher Mobilität.
- Im *sekundären Arbeitsmarkt* sind die Tätigkeiten gering bezahlt, es gibt kaum Aufstiegschancen, die Beschäftigungsverhältnisse sind äußerst instabil, die Arbeitskräfte haben ein niedriges Qualifikationsniveau.

Konzept von Lutz und Sengenberger (Sengenberger 1987):

- Das *unstrukturierte Segment* oder der *»Jedermannsarbeitsmarkt«* entspricht dem sekundären Arbeitsmarkt bei Piore.
- Das *(berufs-)fachliche Segment* beinhaltet Arbeitskräfte, die über eine gute berufsspezifische, aber nicht betriebsspezifische Qualifikationen verfügen und eher zwischenbetrieblich mobil sind. Die Investitionen des Betriebs in die Ausbildung der Beschäftigten sind gering. Die berufsbezogene Mobilität ist eingeschränkt, die qualifikationsspezifische Mobilität ist innerhalb gewisser Grenzen möglich.
- Das *betriebsinterne Segment* ist durch Positionen gekennzeichnet, die eng an den Betrieb gebunden sind. Die Qualifikation der Arbeitskräfte ist betriebsbezogen. Die Bindung zwischen Arbeitskräften und Betrieb ist daher hoch. Sie stellen den Prototyp eines *internen Arbeitsmarkts* dar, d. h., die Besetzung von Vakanzen wird eher betriebsintern über Aufstiege realisiert. Einsteiger von außen (externer Arbeitsmarkt) kommen nicht zum Zuge. Neue Arbeitskräfte von außen treten auf den unteren Qualifikationsstufen in den Betrieb ein (*port of entry*) und machen dann innerbetrieblich Karriere.

Wie die Übersicht zeigt, postulieren Ansätze der Arbeitsmarktsegmentation eine strukturelle Gliederung des Arbeitsmarkts in Bezug auf Berufsfelder und Qualifikationsstufen, aus der sich Aussagen über unterschiedliche Formen des Zugangs zum Arbeitsmarkt und unterschiedliche Chancen zur beruflichen Mobilität ableiten lassen. Eine möglichst effiziente Bereitstellung von Ausbildungsplätzen und Arbeitskräften hat zum Ziel, den Qualifikations- und Arbeitskräftebedarf in den verschiedenen Wirtschaftsbereichen in optimaler Weise zu befriedigen. Dies liegt im Interesse von Arbeitgebern wie Arbeitnehmern. Das heißt zum einen, dass für entstehende Vakanzen und – im Fall strukturellen Wandels – für neue Berufsfelder in ausreichendem Maße geeignete Arbeitskräfte bereitstehen müssen. Es bedeutet zum anderen, dass die Ausbildungsinvestitionen angesichts des Arbeitskräftebedarfs und der bestehenden Arbeitskräftestruktur optimal angeboten bzw. nachgefragt werden müssen.

Ursachen

Sind diese Voraussetzungen gegeben, sollte der Einsatz von Arbeitskräften mit einer möglichst geringen Mobilität zwischen verschiedenen Berufsfeldern einhergehen, da die notwendigen Umschulungen einen Effizienzverlust bedeuten. Mobilität sollte nur innerhalb der Berufsfelder mit mittleren Aufstiegsdistanzen auftreten und nicht zu hohe zusätzliche Ausbildungsinvestitionen (Umschulungen) erfordern oder gar zu qualifikatorischen Abstiegen führen. Die beiden ersten Prinzipien gelten allerdings nicht für Positionen, die geringe berufsspezifische Qualifikationen benötigen.

Arbeitsmarktspezifische Merkmale – nämlich die Möglichkeiten des Zugangs zu bestimmten Arbeitssegmenten – sind jedoch eine zentrale Ursache sozialer Ungleichheit. Das ist unter anderem dadurch gegeben, dass die Zugehörigkeit zu einem Arbeitsmarktsegment sich mit den klassischen Dimensionen sozialer Ungleichheit in Verbindung bringen lässt:

Bezug zur Sozialstrukturforschung

- So gehören Menschen, die im Sinne von Piore (1978) im sekundären Segment tätig sind, eher unteren sozialen Schichten an, während im oberen primären Segment die statushöheren Schichten dominieren.
- Auf der anderen Seite begründet die Arbeitsmarktsegmentationstheorie die Bedeutung neuer Determinanten sozialer Ungleichheit. Es hängt also im Hinblick auf Einkommen, aber auch auf Arbeitsbedingungen, Arbeitsplatzsicherheit etc. viel davon ab, in welchem Segment man den Einstieg in eine berufliche Laufbahn vollzieht. Eine differenziertere Analyse und Ableitung typischer »arbeitsmarktstrategischer Lagen« nimmt etwa Kreckel vor (1997: 202).
- Letztlich haben die für sich genommen jeweils recht geschlossenen Arbeitsmarktsegmente selbst viele Eigenschaften, die bisher mit den verschiedenen Klassen oder Schichten verbunden waren. In diesem Sinne können sie dann auch als ein (weiteres) Argument für die nach wie vor hohe Relevanz vertikaler Gliederungsmerkmale gelesen werden.

Zusammenfassung

Arbeitsmarktsegmentation
Die Segmentierung des Arbeitsmarkts – bzw. der einzelnen Wirtschaftssektoren – trägt zur Verfestigung von Strukturen unterschiedlicher sozialer Positionen oder Karriereverläufe und damit zur Verfestigung sozialer Ungleichheit im Lebenslauf bei. Die verschiedenen Segmente gehen nicht nur mit unterschiedlichen Statuspositionen im Ungleichheitsgefüge (Einkommen, Arbeitsbedingungen) einher, sondern sie sind auch mit unterschiedlichen Aufstiegschancen verknüpft.

Lernkontrollfragen

1. Welche Ungleichheitsdimension wird in Kreckels Kraftfeldmodell thematisiert?
2. Welche für die Sozialstruktur relevanten gesellschaftlichen Institutionen unterscheidet Esping-Andersen in seinem Modell und welche Rolle spielen sie in den von ihm unterschiedenen Wohlfahrtsstaatstypen?
3. Nennen Sie die Grundelemente der Wirtschaftsordnung der Bundesrepublik Deutschland und ihre Bedeutung für Strukturen sozialer Ungleichheit.
4. Wie unterscheiden sich normale von atypischen Arbeitsverhältnissen?
5. Welche Ursachen hat die Zunahme des Niedriglohnsektors?
6. Auf welche Weise wird die Sozialstruktur von Arbeitsmarkt und Arbeitsteilung beeinflusst?

Infoteil

Zu diesem Themenkomplex kann man das Lehrbuch des deutschen Soziologen Bernhard Schäfers zur Sozialstruktur und zum sozialen Wandel in Deutschland empfehlen. Es bietet einen sehr systematischen Überblick über die funktional differenzierte Gesellschaft der Bundesrepublik und die damit korrespondierenden Gegebenheiten der Sozialstruktur. Im Jahr 2012 ist die 9. Auflage erschienen.

6.2 | Sozialstruktur und Familie

Die Familie ist ein fast universales Merkmal der sozialen Beziehungsstruktur von Gesellschaften. In Kapitel 4.5 haben wir in einem kleinen Exkurs verschiedene Versionen eines Familienbegriffs vorgestellt. Im Folgenden wird – allerdings nur sehr knapp – die Rolle der Familie im wohlfahrtsstaatlichen Gefüge der Bundesrepublik und ihre Bedeutung für soziale Ungleichheit behandelt. Ausführlichere Darstellung dazu gibt es in diversen Einführungen in die Familiensoziologie (z.B. Nave-Herz 2004, Huinink/Konietzka 2007, Schneider 2008).

Die Leistungen der Familie

6.2.1

Die Familie ist eine zentrale Instanz der Vermittlung und Sicherung sozialer Wohlfahrt und des sozialen Status von Menschen. Ein sehr instruktiver Ausgangspunkt für eine Bewertung dieser Bedeutung der Familie in unserer Gesellschaft ist die von Kaufmann vorgelegte systematische Auflistung der Aufgaben und Leistungen der Familie (Kaufmann 1995, Huinink/Konietzka 2007). Dem Mehrebenenmodell der Gesellschaft folgend (→ Kapitel 3), unterscheiden wir zwei Perspektiven der sozialwissenschaftlichen Beschäftigung mit der Familie. Aus der Mikroperspektive betrachten wir die Wohlfahrtseffekte der Familie für ihre Mitglieder, also für die individuellen Akteure, die in einem familialen Beziehungsgeflecht miteinander verbunden sind. Aus der Makroperspektive fokussieren wir auf die Leistungen, die Familien – genauer die in ihnen zusammenwirkenden Akteure – für die Gesellschaft erbringen. Kaufmann spricht auch von den Aufgaben der Familie und verweist damit auf die zum Teil rechtlich geregelten institutionellen Erwartungen und Pflichten, denen Familien und ihre Mitglieder zu genügen haben (Kaufmann 1995: 35).

Übersicht 6.6

Leistungen der Familie (Huinink/Konietzka 2007: 72)

Aus der **Mikroperspektive** können als Leistungen (und Aufgaben) der Familie für ihre Mitglieder genannt werden:

- Kohäsion und emotionale Stabilisierung;
- Sozialisations- und Bildungsleistungen und soziale Platzierung der Kinder;
- Haushaltsführung, Pflege, Regeneration und Erholung;
- gegenseitige Hilfe und Unterstützung.

Aus der **Makroperspektive** lassen sich als Leistungen (und Aufgaben) der Familie für die Gesellschaft benennen:

- biologische Reproduktion der Gesellschaft (Nachwuchssicherung);
- Bildung und Erhaltung des gesellschaftlichen Humanvermögens;
- Stabilisierung intergenerationaler Solidarität und Unterstützung.

Leistungen der Familie für die Individuen

Für die Menschen stellen Familienbeziehungen (Eltern-Kind-, Paar- und Geschwisterbeziehungen) eine besonders enge und emotional bedeutsame Form sozialer Beziehungen dar. In ihnen können die Beziehungspartner wie nirgendwo anders intim und vertraut miteinander interagieren, sich dabei gegenseitige, sehr persönliche Zuwendung bieten und ihr Bedürfnis nach Anerkennung als unverwechselbares Individuum befriedigen (vgl. Huinink 1995). Familienbeziehungen tragen allerdings nicht nur in emotionaler Hinsicht zu individuellem Wohlbefinden bei. Sie helfen auch, die Erfordernisse der alltäglichen Lebensführung zu bewältigen. Man erledigt arbeitsteilig Aufgaben miteinander und füreinander und kann in allen Lebensphasen und insbesondere in Notlagen mit der Unterstützung durch Familienmitglieder rechnen. Die Familie ist also auch in »instrumenteller« Hinsicht für die Individuen bedeutsam. Welche Funktionen Familie dabei in welchem Umfang übernimmt, hängt von der strukturellen Ausgestaltung des Wohlfahrtsstaates ab. Wie geschrieben, bleibt die Familie im deutschen eher konservativ orientierten Wohlfahrtsstaat eine wichtige soziale Sicherungsinstanz, auch wenn schon viele Funktionen, zum Beispiel im Bereich Bildung und Pflege, durch Angebote des Marktes ersetzt oder ergänzt worden sind.

Für Kinder bieten Familien den (Schutz-)Raum, in dem sie Sicherheit und Identität vermittelt bekommen sowie Pflege, Erziehung und Unterstützung beim Wissens- und Kompetenzerwerb für die Gestaltung ihres zukünftigen Lebenslaufs erfahren. Die Familie erweist sich so als ein entscheidender Einflussfaktor für die zukünftigen Lebenschancen der nachwachsenden Generation. Gleichzeitig ist sie für erwachsene und ältere Menschen zentraler Rückhalt bei der Bewältigung alltäglicher Aufgaben bis hin zur Betreuung und Pflege.

Leistungen der Familie für die Gesellschaft

Als Ort des menschlichen Fortpflanzungsgeschehens leistet die Familie den entscheidenden Beitrag zur Bestandssicherung einer Gesellschaft (→ Kapitel 4.4.1). Aber nicht nur die rein biologische, sondern auch die soziale Reproduktion der Gesellschaft wird zu einem großen Teil von den Familien getragen, da, wie schon erwähnt, in den Familien die Mitglieder der nachwachsenden Generation sozialisiert und zu handlungsfähigen Akteuren erzogen werden. Gleichzeitig ist gelebte innerfamiliale Solidarität eine bedeutsame Basis gesellschaftlicher Solidarität innerhalb und zwischen den Generationen und Altersgruppen der Bevölkerung überhaupt. Die Familie trägt damit zum Erfolg und zur Entlastung wohlfahrtsstaatlicher Politik bei, die darauf angewiesen ist, dass der Leistungstransfer zwischen den Generationen, wie er zum Beispiel durch den Generationenvertrag oder die Regelungen der Pflegeversicherung festgelegt ist, akzeptiert wird.

Bis heute hat sich an diesem Leistungsprofil eher wenig geändert, wobei vermutlich die instrumentellen Leistungen zugunsten der emotionalen

Dimensionen an Bedeutung verloren haben. Durch den Abbau sozialstaatlicher Leistungen könnte die Familie aber auch in materieller Hinsicht zukünftig wieder an Bedeutung gewinnen.

Familie und Sozialstruktur

6.2.2

Die Bezüge zwischen der Familie und den beiden Dimensionen der Sozialstruktur, der sozialen Beziehungs- und Verteilungsstruktur, sind also sehr vielfältig. Wie schon erwähnt, ist die Familie ein zentraler Bestandteil der sozialen Beziehungsstruktur der Gesellschaft. Sie kann in sehr unterschiedlichen Formen auftreten. Ihre traditionelle Form der bürgerlichen Familie hat dabei an Bedeutung verloren (→ Kapitel 4.5.4).

Ausbau von Kinderbetreuung

Im Zuge dieser Entwicklung und um die der Gleichstellung der Geschlechter zu gewährleisten, wird in den letzten Jahren in Deutschland versucht, in Politik und Wirtschaft die Bedingungen dafür zu verbessern, dass Eltern familialen und nicht familialen Interessen in gleicher Weise nachgehen können. Die Familienmitglieder sollen von Aufgaben in der Familie entlastet werden. Dazu gehört z.B. der Ausbau des Kinderbetreuungssystems für Kinder unter drei Jahren, aber auch eine umfassendere Neuordnung der Beziehung zwischen Familie und Berufswelt, die alle Bereiche der Gesellschaft tangiert (BMFSFJ 2012a). Die Zahl der genehmigten Betreuungsplätze für Kinder in Tageseinrichtungen hat sich in den letzten Jahren insgesamt von 3.2 Mio. (2006) auf 3.5 Mio. (2012) erhöht. Darunter ist die Zahl der genehmigten Plätze für Kinder unter drei Jahren von 11 000 (2006) auf 31 000 (2012) gestiegen. 28 Prozent der Kinder unter drei Jahre waren 2012 in Deutschland mit einen Betreuungsplatz versorgt, in Westdeutschland nur 22 Prozent und in Ostdeutschland fast 50 Prozent. Allerdings waren davon 2012 bundesweit nur 15 Prozent auch in ganztags betreut (Statistisches Bundesamt/WZB 2013: 57). Die Unterstützung durch die Großeltern scheint dagegen abzunehmen: Lag 1996 der Anteil der 55–69-Jährigen, die ihre Enkel betreuen, noch bei 41 Prozent, waren es 2008 nur noch 31 Prozent (BMFSFJ 2012b: 49).

Im Vergleich zu anderen Ländern in Europa hinkt Westdeutschland aber immer noch deutlich hinterher (Oláh/Fratczak 2013). Das Familienbild ist hier zudem weiterhin relativ traditionell geprägt. Für Ostdeutschland trifft das nicht zu (Huinink/Kreyenfeld/Trappe 2012). Für Westdeutschland gilt immer noch stärker als für Ostdeutschland, dass es keine ausreichende Unterstützung der Familie bei der Pflege und Erziehung der nachwachsenden Generationen durch Institutionen und Arbeitgeber gibt.

Fortbestehen traditioneller Arbeitsteilung

Dieser Umstand begünstigt das Fortbestehen der traditionellen Arbeitsteilung zwischen den Geschlechtern, d.h. die Frauen sind stärker durch

Haushalt- und Familienarbeit gebunden als die Männer, die als Haupternährer fungieren. Die Familien-, Steuer- und Sozialgesetzgebung in Deutschland ist seit jeher stark auf das Haupternährermodell ausgerichtet (Bertram 2006: 174). Die Folgen für die soziale Ungleichheit der Geschlechter wurden schon thematisiert (→ Kapitel 5.3.2.1). Wollen Frauen Mutterschaft und Familie realisieren, sind sie oft gezwungen, ihre beruflichen Ambitionen einzuschränken und sich gar in die ökonomische Abhängigkeit vom Mann zu begeben. Ihre Möglichkeiten, hinreichend hohe eigenständige Ansprüche an das Sozialversicherungssystem zu erwerben, werden dadurch beeinträchtigt.

Zwei weitere Aspekte des Zusammenhangs zwischen Familie und sozialer Ungleichheit sind ebenfalls schon in früheren Kapiteln behandelt worden. Zum einen haben wir ausgeführt, dass die Lebens- und Familienform als Determinante sozialer Ungleichheit anzusehen ist und dass bestimmte Familienformen ein erhöhtes Armutsrisiko mit sich bringen (→ Tab 5.2 und Kapitel 5.3.1.5, Huinink/Konietzka 2007: 168 ff.). Zum zweiten wurden Gründe dafür genannt und empirisch belegt, dass das Elternhaus einen großen Einfluss auf die Bildungschancen und den zukünftigen sozialen Status der Kinder hat (→ Kapitel 5.5.3) und dass durch die Familie soziale Ungleichheit weitergegeben wird (vgl. Berger/Hank/Tölke 2011).

Intergenerationale Unterstützungsbeziehungen

Ein letzter Aspekt sei an dieser Stelle noch einmal hervorgehoben. Er betrifft die zentrale Rolle von Familiensolidarität und intergenerationalen Unterstützungsbeziehungen in unserer Gesellschaft. Die Familie leistet ihren großen Beitrag zur Sicherung des Wohlfahrtsniveaus der Menschen und zur Hilfe in existenzielle Notlagen. Der Austausch von Ressourcen und Hilfeleistungen innerhalb von Familien ist in Deutschland wie in ganz Europa außerordentlich stark ausgeprägt (Albertini/Kohli/Vogel 2007). Intergenerationenbeziehungen sind nach wie vor eine äußerst bedeutsame Ressource für die individuelle Wohlfahrtsproduktion und daran wird sich auf absehbare Zeit auch nichts ändern. Typischerweise werden Geld und Sachleistungen überwiegend von den Eltern an die Kinder gegeben: Laut einer Studie gaben im Jahr 2008 26 Prozent der Eltern, aber nur vier Prozent der Kinder (BMFSFJ 2012: 48). Kinder leisten hauptsächlich instrumentelle Hilfe: 2008 gaben 20 Prozent der Kinder, aber nur sieben Prozent der Eltern. Die Zahlen sind insgesamt leicht rückläufig.

Sozialstruktur und Wohlfahrtsstaat

6.3

Die Genese des Wohlfahrtsstaats hängt mit zwei grundlegenden Entwicklungen seit der Neuzeit zusammen (Flora/Heidenheimer 1981: 23 f.):

Genese des Wohlfahrtsstaats

- Entstehung von Nationalstaaten mit demokratischen Verfassungen; sie begründete den Wohlfahrtsstaat als politische Antwort auf die zunehmenden Forderungen nach sozialer Gleichheit, sozialen Rechten sowie sozialer und existentieller Sicherheit;
- Entwicklung des Kapitalismus; sie forderte den Wohlfahrtsstaat als Regulationsinstanz für gesellschaftliche Interessenkonflikte sowie die Gewährleistung sozialer Sicherheit und Mindeststandards individueller Wohlfahrt, aber auch als wirtschaftspolitischen Akteur.

Wohlfahrtsstaat als Steuerungs- und Regulierungsinstanz

In Deutschland wurden in den letzten Jahrzehnten die wohlfahrtsstaatlichen Funktionen und Steuerungskompetenzen beständig erweitert. Die staatlichen Institutionen regulieren auf vielerlei Art die individuellen Lebensläufe (vgl. Mayer/Müller 1986) und nehmen massiv Einfluss auf die sozialen Beziehungsstrukturen und fast alle Dimensionen sozialer Ungleichheit. Wir haben in den vorangegangenen Abschnitten gesehen, dass die Familie und andere Lebensformen staatlichen Regelungen unterworfen sind und dass auch Bildungs- und Ausbildungswege sowie Weiterbildungswege vom Staat mitgestaltet werden. Staatliche Institutionen greifen regulierend in die Strukturen des Arbeitsmarkts und des Erwerbslebens ein. Sie regeln den Einstieg in und den Ausstieg aus dem Erwerbsleben und beeinflussen die Einkommens- und Erwerbschancen sowie die Arbeitsbedingungen der Berufstätigen.

Der Staat organisiert zudem die Absicherung im Krankheitsfall, die Pflege im Alter und die Altersversorgung. Kommunen, Länder und Bund gestalten auf verschiedene Weise Wohn-, Umwelt- und Freizeitbedingungen der Menschen mit. Der Staat ergreift auch Maßnahmen, um die Diskriminierung von Minderheiten und sozial Benachteiligten zu verhindern. Durch seine demokratische Ordnung schließlich gewährt er den Bürgern politische Partizipations- und Mitbestimmungsrechte. Die Rechtstaatlichkeit sichert die Wahrung der Würde und Entfaltungsmöglichkeiten jedes Einzelnen.

Direkte und indirekte Einflussnahme staatlicher Institutionen

Übersicht 6.7 verdeutlicht noch einmal die Doppelfunktion der staatlichen Institutionen in Bezug auf soziale Ungleichheit: Einerseits nimmt der Staat *direkt* – durch die Bereitstellung von Infrastruktur, Dienstleistungen und sozialen Sicherungsmaßnahmen – auf die Ausgestaltung von Lebensbedingungen Einfluss. Andererseits beeinflusst er diese Merkmale *indirekt*, über Gesetzgebung, Verordnungen und weitere Regulierungsmechanismen.

Übersicht 6.7

Aktivitätsfelder und Funktionen des Wohlfahrtsstaats

- *Kontrollfunktionen und Steuerungsaufgaben*: Beispiele sind die Möglichkeiten, auf den Wirtschaftsprozess einzuwirken, und die Bedeutung des Wohlfahrtsstaats als Globalsteuerungsinstanz der Wirtschaft.
- *Anbieten von Dienstleistungen*: Beispiele sind das Angebot im Bereich der Kinderbetreuung, das Bildungs- und Ausbildungswesen oder die Gewährleistung öffentlicher Sicherheit.
- *Bereitstellung von Infrastruktur*: Hier denke man etwa an die Bereiche Verkehr, Kommunikation und Energiewirtschaft.
- *Maßnahmen zur sozialen Sicherheit*: Zu nennen sind vor allem das Sozialversicherungssystem und das Gesundheitswesen. Auch die Zuständigkeit für die Sicherung vor wachsenden globalen Risiken und das Engagement im ökologischen Bereich und beim Umweltschutz gehören dazu.
- *Regulierung von Interessenkonflikten*: Gesellschaftliche Konflikte, wie der zwischen Kapital und Arbeit, sowie Interessenskonflikte auf lokaler und zwischenmenschlicher Ebene werden durch staatliche Gesetze reguliert.

Auch wenn es im Zuge des sogenannten Umbaus des Sozialstaats in Deutschland zu keiner Ausweitung der Staatsaufgaben mehr kommt und eher ein Rückzug erfolgt, wird sich an der großen Bedeutung staatlichen Handelns für die Sozialstruktur der Gesellschaft kaum Entscheidendes ändern – es ist sogar zu erwarten, dass im Zuge der Globalisierung oder der demografischen Entwicklung neue Aufgaben auf den Staat warten, um soziale Ungleichheiten innerhalb der Bevölkerung zu verhindern oder abzumildern. Betrachten wir anhand von fünf Punkten, wie staatliche Strukturen die Sozialstruktur beeinflussen.

6.3.1 | Sozialstruktur und staatliche Handlungsfelder

6.3.1.1 | Der Staat als Arbeitgeber

Beschäftigte im öffentlichen Dienst

Etwa 4,6 Millionen Menschen waren im Jahr 2011 in Deutschland im öffentlichen Dienst beschäftigt. Diese Zahl sank ab der Wiedervereinigung zunächst stetig, bleibt seit einigen Jahren aber relativ stabil. Die Verteilung der Beschäftigten auf verschiedene Aufgabefelder ist in Abbildung 6.7 dokumentiert.

Der öffentliche Dienst als Teil des Beschäftigungssystems zeichnet sich gegenüber privatwirtschaftlichen Beschäftigungsverhältnissen immer noch durch einige Besonderheiten aus, die ungleichheitsrelevant sind:

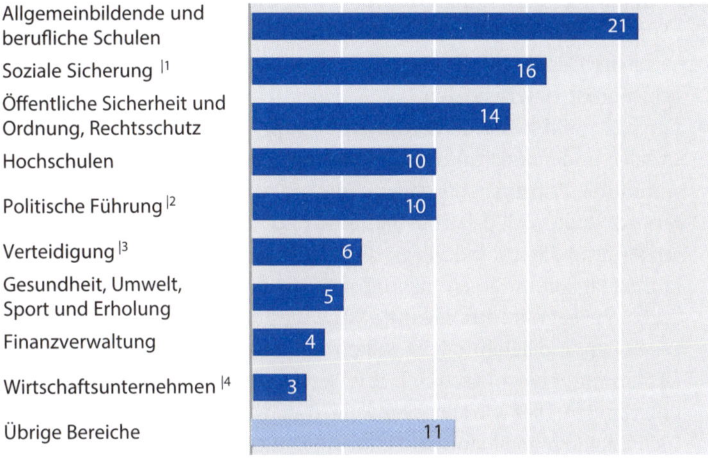

Ergebnisse der Personalstandstatistik.

1 Einschl. gesetzliche Krankenversicherung, Rentenversicherung, Unfallversicherung, Bundesagentur für Arbeit.
2 Einschl. zentraler Verwaltung und auswärtiger Angelegenheiten.
3 Einschl. Berufs-/Zeitsoldaten und -solda tinnen, ohne Grundwehrdienstleistende.
4 Einschl. Bundeseisenbahnvermögen, kommunale Versorgungs- und Verkehrsunternehmen.

Abb. 6.7

Beschäftigte des öffentlichen Dienstes nach Aufgabenbereichen am 30.6.2011

Quelle: Statistisches Bundesamt 2012b: 357.

- die vertragliche Gestaltung nicht befristeter Arbeitsverträge im öffentlichen Dienst (Arbeitsplatzgarantie, formal geregelte Karriere- und Einkommensentwicklung im Berufsverlauf) und Privilegien für Beamte, die seit den letzten Jahren allerdings sukzessive abgebaut werden (Geißler 2014: 201 f.);
- die Auswirkungen auf den Arbeitsmarkt: Die Erweiterung der wohlfahrtsstaatlichen Funktionen führte zu einem expansiven Ausbau des öffentlichen Dienstes. In der alten Bundesrepublik wirkte sich die Ausweitung des staatlichen Sektors in den 1970er-Jahren nachhaltig auf die gesamte Berufsstruktur aus und beschleunigte das Wachstum des tertiären Sektors. Sie erhöhte insbesondere in starkem Maße die Chancen von Frauen auf eine qualifizierte Erwerbsarbeit. Der Stellenabbau ab Beginn der 1990er-Jahre hat dagegen negative Auswirkungen auf die Karriere- und Mobilitätschancen in der Bevölkerung insgesamt gehabt und zum hohen Niveau der Arbeitslosigkeit beigetragen;
- der gesellschaftliche Einfluss: Positionen auf den mittleren und oberen Entscheidungsebenen in staatlichen Institutionen nehmen Einfluss auf die Gestaltung aller Bereiche allgemein-öffentlichen Interesses, die Top-Positionen zählen zur gesellschaftlichen Elite.

6.3.1.2 Der Staat als gesellschaftliche Steuerungsinstanz

Der Staat hat einen wesentlichen Anteil an und Einfluss auf die Kontrollstruktur der Gesellschaft (→ Kapitel 5.1). Auch hier lassen sich verschiedene Gesichtspunkte unterscheiden:

Staat und gesellschaftliche Kontrollstruktur

- Der Staat greift in die Mechanismen der Reproduktion und Veränderung sozialer und sozialstruktureller Positionen seiner Bürger ein und bestimmt die Prinzipien der Zuweisung von sozialen Positionen mit. Eine zentrale Rolle spielt dabei das Bildungs- und Ausbildungssystem und dessen strukturelle Anbindung an die Erwerbssphäre. Im modernen Wohlfahrtsstaat soll in diesen Institutionen die Statuszuweisung meritokratisch angelegt sein, d. h., legitime Prinzipien der Verteilung von sozialen Positionen und Belohnungen sollten dem Leistungsgrundsatz verpflichtet sein und eine allein durch Privilegien begründete Statuszuweisung unterbinden. Dies wird beispielsweise durch gesetzliche Regelungen zur Gleichstellung von Mann und Frau unterstützt.
- Der Wohlfahrtsstaat setzt relativ verlässliche, wenn auch zunehmend differenzierte Rahmenbedingungen, innerhalb derer die Individuen ihre Lebensperspektiven entwickeln und die zeitliche Struktur ihres Lebenslaufs organisieren können. Sie müssen sich daran aber auch orientieren (Mayer/Müller 1986). Ein sehr augenfälliges Beispiel sind die Regelungen zum Eintritt in das Bildungssystem, sprich die Schule, und zum Verlauf der Bildungsbeteiligung während der Schulzeit sowie der nachfolgenden Ausbildungsphase.

6.3.1.3 Der Staat als Regulierungsinstanz für gesellschaftliche und soziale Konflikte

Der Staat nimmt wichtige Aufgaben bei der Schlichtung bzw. Regulierung zentraler gesellschaftlicher Konflikte wahr:

> *»Die Entwicklung der politischen Ordnungen westlicher Industriegesellschaften in den letzten Jahrzehnten läßt sich charakterisieren durch die Ausbildung einer Vielzahl neuer Institutionen zur Bewältigung und Regelung sozialer Konflikte.«*
> (Lepsius 1990, S. 142)

Bezogen auf Klassenkonflikte gehören nach dem deutschen Soziologen M. Rainer Lepsius das Arbeitsrecht, die Sozialversicherungssysteme, die Tarifvertragsfreiheit, die Mitbestimmung auf der Unternehmensebene und das Betriebsverfassungsgesetz zu diesen Institutionen. Ein Effekt dieser Intervention ist die Disaggregierung, d. h. die Zerlegung und Zergliederung des Grundkonflikts zwischen Arbeit und Kapital in einzelne Konfliktlinien oder Konfliktthemen, die jeweils auf sehr konkrete Problemstellungen bezogen sind: Arbeitsbedingungen, Lohnhöhe, Sicherung im Krankheitsfall, Arbeitszeitregelungen. Der Klassenkonflikt hat damit, so Lepsius, seine politische Sprengkraft verloren (Lepsius 1990: 142 ff.).

Interessenverbände und Lobbyismus

Dazu gehört auch, dass in einer pluralistischen Wohlstandsgesellschaft Interessengruppen in Verbänden zusammengeschlossen sind, die zum Teil quer zu den Klassengrenzen liegen, zum Teil einzelnen Klassen zurechenbar sind (vom Bauernverband etwa bis zur kassenärztlichen Vereinigung). Wir erinnern in diesem Zusammenhang noch einmal an das Modell von Kreckel (vgl. Abb. 6.1), der in seiner Theorie sozialer Ungleichheit von einem Ungleichheit begründenden Kräftefeld ausging, in dem kollektive und insbesondere korporative Akteure agieren. Sie können in unterschiedlichem Ausmaß in den Kampf um die Verteilung von Lebenschancen eingreifen (Kreckel 1997: 161 ff.). In diesem Kräftefeld spielen neben den staatlichen Institutionen und wirtschaftlichen Machtzentren, Gewerkschaften und Unternehmerverbände sowie spezialisierte Interessenorganisationen (Lobbyisten) eine wichtige Rolle. Es gibt weitere Institutionen der gesellschaftlichen Öffentlichkeit, wie etwa kirchliche Verbände, Vereine und Wohlfahrtsorganisationen oder die Medien, die ebenfalls vielfältige Bezüge zu Aspekten der Sozialstruktur einer Gesellschaft aufweisen (intermediäre Instanzen, → Kapitel 6.3.2).

Verbände und Interessenorganisationen sind wichtige korporative Akteure, die sich als Sachwalter der Anliegen bestimmter sozialstruktureller Teilgruppen (Landwirte, Kassenärzte) oder Statusgruppen in der Bevölkerung verstehen. Indem sich diese Gruppen in Verbänden organisieren, vergrößern sie ihren Einfluss auf politische Entscheidungsprozesse und die gesellschaftliche Willensbildung. Das erlaubt ihnen, ihre Belange mit größerer Aussicht auf Erfolg zu vertreten. Dabei spielt ihre Marktmacht und die Größe der von ihnen vertretenen sozialstrukturellen Gruppe eine entscheidende Rolle. Wichtig ist aber auch, wie gut es ihnen gelingt, durch geeignete Aktivitäten einen funktionierenden »Draht« zu staatlichen Institutionen und Entscheidungsträgern aufzubauen (Lobbyismus) oder sich diese sogar zu verpflichten (Leif/Speth 2003).

Der Staat als sozialpolitische Instanz

6.3.1.4

Sozialpolitik ist ein Instrument zur Bereitstellung von Leistungen, deren Inanspruchnahme oder Nutzung allen Bürgern oder Mitgliedern von Teilgruppen der Bevölkerung, die nach Maßgabe bestimmter Berechtigungstitel bestimmt sind, angeboten oder gar vorgeschrieben wird (z. B durch Arbeitslosengeld I und II, Krankenversicherung). Nach dem deutschen Sozialökonom Heinz Lampert hat sie die folgenden expliziten Ziele (Lampert 1994):

Ziele der Sozialpolitik

- die Sicherung der Lebensgrundlagen im Fall des Eintretens vorhersehbarer und unvorhersehbarer, die Existenz gefährdender Risiken der Lebensführung (Arbeitslosigkeit und Einkommensverlust, Unfälle und Krankheiten etc.); das ist der Aspekt *sozialer Sicherheit*;

- die Verbesserung der Lebensgrundlagen wirtschaftlich und sozial benachteiligter Bevölkerungsgruppen – also der Ausgleich bestehender sozialer Ungleichheit: Damit ist der Aspekt *sozialer Gerechtigkeit* angesprochen.

Der Staat setzt dabei grundsätzlich drei verschiedene Interventionsformen ein:

- direkte Transferzahlungen (z. B. Kindergeld, Arbeitslosengeld, Renten);
- die Versorgung mit Dienstleistungen (z. B. Kinderbetreuung, Bildungssystem);
- indirekte Vergünstigungen (Steuerfreibeträge).

Sozialpolitik ist immer auch ein Steuerungsinstrument des Staates (vgl. Übersicht 6.8).

Übersicht 6.8

Soziale Sicherung

Sozialpolitik ist ein Instrument zur Sicherung und Verbesserung der Lebenslage aller Bürger eines Wohlfahrtsstaats (soziale Sicherheit und soziale Gerechtigkeit).

Sie ist ein Steuerungsinstrument des Staates, da ihm die Definitionsmacht über die Kriterien von Bedürftigkeit obliegt und er bestimmt, welches Niveau der Lebensstandard seiner Bürger mindestens haben sollte, damit diese ein menschenwürdiges Leben führen können (soziokulturelles Existenzminimum).

Sozialpolitik zeitigt nicht intendierte Konsequenzen, weil

- sozialpolitische Maßnahmen direkt oder indirekt über den Lebensbereich, auf den sie abzielen, hinaus handlungsrelevante Auswirkungen haben können (Beispiel: Sozialhilfe und Lebensform);
- Akteure sozialpolitische Maßnahmen und Angebote eigensinnig in ihrer Lebensplanung berücksichtigen können und damit nicht den Intentionen der politischen Akteure folgen müssen.

Finanzierung der Sozialleistungen

Das Sozialbudget der Bundesregierung listet jährlich die verschiedenen Leistungen des Sicherungssystems auf. Daraus lassen sich die unterschiedlichen Typen und Arten von Sozialleistungen ablesen. Außerdem wird die Art ihrer Finanzierung deutlich, die aus öffentlichen Zuweisungen, den Beiträgen der Versicherten und den Beiträgen der Arbeitgeber erfolgt; sie werden getrennt voneinander ausgewiesen. Die in Abbildung 6.8 gezeigten Leistungen des Sozialbudgets 2011 beliefen sich für Deutschland insgesamt auf rund 767,6 Mrd. Euro; davon waren 35,2 Prozent öffentliche Zuweisungen, Tendenz fallend. Die Sozialleistungsquote, also das Verhältnis der Sozialleistungen zum Bruttoinlandsprodukt, betrug 29,9 Prozent (BMAS 2012: 6). Den

Löwenanteil an den Gesamtleistungen stellen die Ausgaben für Krankheit und Invalidität (304,1 Mrd. Euro) für Alter und Hinterbliebene (297,3 Mrd. Euro), sowie für Kinder, Ehegatten und Mutterschaft (81,5 Mrd. Euro).

Soziale Mindestsicherung

Im Jahr 2005 wurden die Sozial- und Arbeitslosenhilfe für Arbeitssuchende zusammengelegt. Die Änderungen in der Sozialgesetzgebung in den letzten Jahren haben einen grundlegenden Umbau des System der sozialen Mindestsicherung nach sich gezogen, dazu gehören das Arbeitslosengeld II und Sozialgeld nach SGB II, die Grundsicherung im Alter und bei Erwerbsminderung und laufende Hilfe zum Lebensunterhalt außerhalb von Einrichtungen im Rahmen der Sozialhilfe nach SGB XII, Regelleistungen nach dem Asylbewerberleistungsgesetz und Leistungen der Kriegsopferfürsorge nach dem Bundesversorgungsgesetz (Statistische Ämter des Bundes und der Länder 2012: 7). Die Ausgaben für die Mindestsicherung sind also ein Bestandteil der staatlichen Sozialtransfers, die wiederum einen Teil des Sozialbudgets ausmachen. 9 Prozent der Gesamtbevölkerung oder

Abb. 6.8

Das Sozialbudget nach Sicherungszweigen im Jahr 2011: Anteile an den Gesamtausgaben einschließlich der Beiträge des Staates

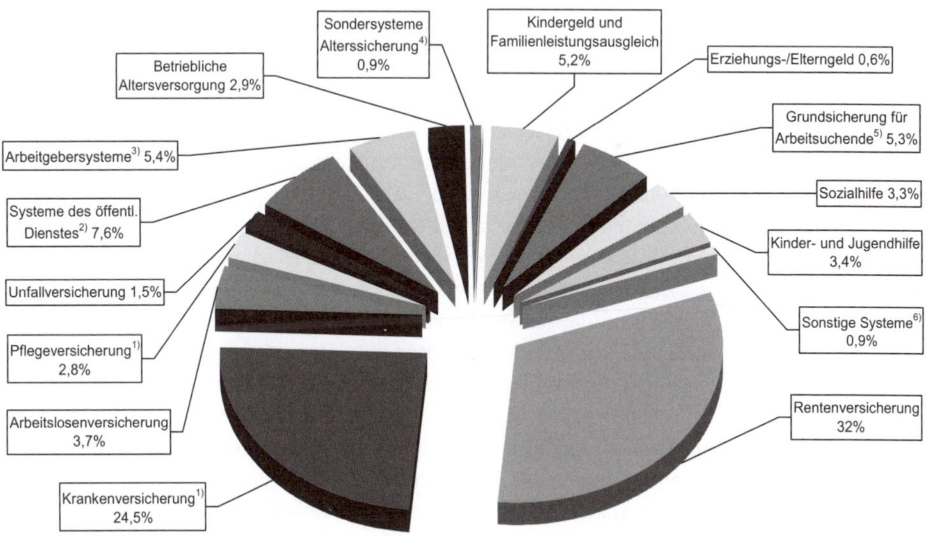

1) Gesetzlich und privat
2) Pensionen, Familienzuschläge, Beihilfen
3) Entgeltfortzahlung, Zusatzversorgung des öffentl. Dienstes u.a.m.
4) Alterssicherung der Landwirte, Versorgungswerke
5) einschließlich sonstige Arbeitsförderung
6) Ausbildungs- und Aufstiegsförderung, Wohngeld und Entschädigungssysteme

Quelle: BMAS 2012: 6.

7,25 Mio. Menschen bezogen 2012 Leistungen der Mindestsicherung, darunter 6 Mio. Leistungen nach SGB II.

Armutsreduktion

Ein Indikator für die ungleichheitsrelevante Wirkung von Sozialpolitik ist das Ausmaß der Armutsreduktion durch staatliche Transferleistungen (Sozialausgaben), wobei man die Renten, die als Einkommen gerechnet werden, hier nicht berücksichtigt. Man vergleicht die Armutsrisikoquote in einer Bevölkerung, die sich ohne die Sozialausgaben ergeben würde, mit der tatsächlichen, unter Berücksichtigung der Sozialausgaben beobachteten Armutsrisikoquote (vgl. Tab. 5.2). Die Armutsrisikoquote wurde in Deutschland durch die Transferleistungen im Jahr 2011 von 25,1 auf unter 16 Prozent gesenkt. Die Sozialleistungen wirkten sich besonders stark bei Alleinerziehenden und bei großen Familien aus, ohne allerdings die Armut entscheidend beseitigen zu können. Letzteres gelingt noch weniger bei den Arbeitslosen.

Durch Sozialpolitik bereitgestellte Leistungen verändern die Gesamtkonstellation der Rahmenbedingungen für die Lebensgestaltung bzw. die »Wohlfahrtsproduktion« individueller Akteure bzw. sozialer Gruppen von Akteuren. Mit sozialpolitischen Maßnahmen versucht der Staat, einen abmildernden Einfluss auf das Gefüge sozialer Ungleichheit in einer Gesellschaft auszuüben. Wie der Anstieg der Armutsquoten in den letzten Jahren zeigt (→ Kapitel 5.2), gelingt ihm das jedoch kaum. Es bleibt bei einer Absicherung gegen existentielle Risiken; ihre Ursachen werden nicht erfolgreich bekämpft. Doch sind sozialpolitische Maßnahmen auf der einen Seite durch dieses Motiv begründet.

Sozialpolitik als Steuerungsinstrument

Auf der anderen Seite ist die Sozialpolitik als ein wichtiges *Steuerungsinstrument des Staates* anzusehen. Sie soll seine Bürger in die Lage versetzen, so zu handeln, dass die gesellschaftliche Entwicklung und Reproduktion gewährleistet bleibt. Wo ein Interventionsbedarf besteht und wie hoch dieser ist, dies unterliegt wesentlich der Definitionsmacht des Staates. Bedürftigkeit und die Festlegung von Mindeststandards sowie die Etikettierung von Randgruppen der Bevölkerung gehen auf zweifellos oft notwendige staatliche Bestimmungen zurück (vgl. Übersicht 6.9).

Sozialpolitische Maßnahmen gelten dementsprechend immer auch als Instrument der jeweils Herrschenden, um kulturelle Bestände und Wertesysteme gemäß der eigenen politischen Ziele und Leitbilder durchzusetzen und zu stabilisieren. Sie stärken damit die Legitimationsbasis der Herrschaftsstruktur.

Doch sind aufgrund der komplexen Struktur sozialer Prozesse die Effekte sozialpolitischer Regelungen nicht vollständig vorhersehbar, geschweige denn kontrollierbar. So kann die Sozialgesetzgebung Auswirkungen auf die Wahl der Lebensform von Akteuren zeitigen, die so gar nicht beabsichtigt sind. Zum Beispiel wird das Einkommen eines Lebenspartners auf den

Anspruch auf Arbeitslosengeld II oder Sozialhilfe des anderen Lebenspartners angerechnet, wenn die Partner zusammenleben. Um keine Ansprüche zu verlieren, können Paare also entscheiden, nicht zusammenzuwohnen, sogar auch dann, wenn sie ein gemeinsames Kind haben.

Übersicht 6.9

Das soziokulturelle Existenzminimum

Das sogenannte soziokulturelle Existenzminimum ist der Betrag, der zur Sicherung eines minimalen Lebensstandards in der Bundesrepublik Deutschland notwendig ist (Bedarf an Ernährung, Unterkunft, Kleidung, Körperpflege, Hausrat, Heizung und persönliche Bedürfnisse des täglichen Lebens).

Es wird nach dem sogenannten Statistik-Modell berechnet. Der Betrag entspricht den durchschnittlichen Ausgaben des bezogen auf das Nettoeinkommen unteren Quintils der Einpersonenhaushalte (ohne Sozialhilfeempfänger), die auf der Basis der Einkommens- und Verbrauchsstichprobe ermittelt werden. Der Betrag wird jährlich angepasst.

Das soziokulturelle Existenzminimum wurde laut dem 9. Existenzminimumbericht im Jahr 2013 für eine alleinstehende erwachsene Person auf einen jährlichen Betrag von 8 124 Euro festgelegt. Auf diesen Betrag ist dann auch der Regelsatz für die Grundsicherungsleistungen der Sozialgesetzgebung (Arbeitslosengeld II, Sozialgeld und Grundsicherung bei Alter und Erwerbsminderung) festgelegt worden (Sozialgesetzbuch II und XII).

Dieses Beispiel zeigt, dass sozialpolitische Regelungen Teil der Opportunitätsstrukturen individuellen Handelns sind, im Rahmen derer Individuen eigensinnig, damit durchaus auch politischen Intentionen zuwiderhandeln. Sozialpolitische Maßnahmen können daher nicht vorhergesehene oder unerwünschte Zusatzwirkungen haben. Anders ausgedrückt handelt es sich um *nicht intendierte Effekte sozialpolitischer Intervention*.

Der Staat als Interessenverwalter

| 6.3.1.5

Nach neomarxistischen Theorien, wie der Theorie der »Disparität der Lebensbereiche« (Bergmann u. a. 1969, vgl. auch Hradil 2001: 84 f.), darf man nicht vergessen, welche Bedeutung die Eigeninteressen des Staates bzw. seiner Entscheidungsträger für staatliches Handeln haben. Dieses Faktum kann, so ist die These, eine Ungleichheit verstärkende Wirkung haben. Staatliche Institutionen orientieren nach diesen Theorien ihr Planen und Handeln in erster Linie an Zielen wie wirtschaftlicher Stabilität, Krisenvermeidung und politischem Machterhalt.

So lässt sich beispielsweise argumentieren, dass der Wirtschaft und ihren Interessen eine besondere Bedeutung im politischen Entscheidungsprozess zukommt. Die Belange der Kulturschaffenden oder gesellschaftlicher Randgruppen etwa werden dagegen weniger stark beachtet. Die Folge ist, dass Bereiche wie Gesundheit und soziale Sicherung oder - heute zunehmend deutlich - Kultur und sogar Bildung tendenziell ökonomischen Zwängen untergeordnet werden. Diese Zwänge sind angesichts der zunehmenden Globalisierung und der wirkungsvollen Drohpotenziale einer international agierenden, mobilen kapitalistischen Wirtschaft groß.

Staatliches Handeln verstärkt in dieser Situation soziale Ungleichheit, da die privilegierten und einflussreichen Teile der Bevölkerung weitere Privilegien erfahren und sie gleichzeitig - im Unterschied zu ärmeren Bevölkerungsgruppen - von neuen oder alten Defiziten gesellschaftlicher Entwicklung wenig betroffen sind bzw. diese problemlos verkraften können. Das gilt nicht nur für den monetären Bereich. So trifft eine durch zu laxe Bestimmungen zum Umweltschutz verursachte Verschlechterung von Umweltbedingungen in der Regel vor allem diejenigen, die sich ihrer Auswirkungen aufgrund einer beschränkten Mobilität nicht entziehen können. Dazu gehören diejenigen, die diese Bestimmungen zu ihrem ökonomischen Vorteil nutzen und die Umwelt durch ihr Tun belasten, häufig nicht.

Zusammenfassung

Wohlfahrtsstaat und soziale Ungleichheit

Der moderne Wohlfahrtsstaat beeinflusst Verhältnisse sozialer Ungleichheit, indem er

- sich als Arbeitgeber betätigt;
- auf die sozioökonomische Entwicklung einer Gesellschaft Einfluss nimmt;
- gesellschaftliche und soziale Konflikte reguliert;
- sozialpolitische Maßnahmen zur sozialen Sicherheit und sozialen Gerechtigkeit einführt;
- gesellschaftliche Partikularinteressen unterschiedlich gut befriedigt.

6.3.2 | Politische Teilhabe der Bevölkerung

In modernen demokratischen Wohlfahrtsstaaten haben wir es mit einer *pluralen Machtstruktur* zu tun, verfassungsmäßig repräsentiert mittels *Gewaltenteilung* zwischen Legislative, Exekutive und Judikative sowie der Existenz unabhängiger Organisationen der politischen Willensbildung, also im Allgemeinen mehrerer, miteinander konkurrierender politischer Parteien. Der deutsche Wohlfahrtsforscher Wolfgang Zapf spricht von *Konkurrenzdemo-*

Konkurrenzdemokratie

kratie, die er neben der Marktwirtschaft und der »Wohlstandsgesellschaft mit Massenkonsum und Wohlfahrtsstaat« als eine *Grundinstitution* moderner Gesellschaften betrachtet (Zapf 2008).

Darüber hinaus gibt es eine Vielzahl weiterer Machtzentren außerhalb der Politik im engeren Sinne (korporative Struktur). Dazu gehören so verschiedene Institutionen wie die Kirchen und die ihnen angeschlossenen Organisationen, Wohlfahrtsverbände, Vereine, Institutionen des Gesundheitssystems, Gewerkschaften, Unternehmerverbände usw. Diese Organisationen versuchen, die Interessen von gesellschaftlichen Akteuren zur Geltung zu bringen, politisch auf die Tagesordnung zu setzen oder in Interessenkonflikte einzubringen. Damit haben wir noch einmal einen Hinweis auf die Bedeutung der *intermediären Instanzen*, die wichtige Transmissionsfunktionen für die Vertretung und Durchsetzung der Interessen der Bürger im politischen Entscheidungsprozess haben.

Intermediäre Instanzen

Exkurs

Exkurs: Zivilgesellschaft
»Zwischen der ökonomischen Struktur und dem Staat mit seiner Gesetzgebung und seinem Zwang steht die Zivilgesellschaft.« (Gramsci 1999, zitiert nach Ahlheit 1994: 600). Es gibt gesellschaftliche Instanzen zwischen Staat und Ökonomie, in denen soziale Akteure miteinander um Einfluss und Macht ringen, ohne dabei einen grundlegenden sozialen Konsens zu verlassen: Entscheidend ist für die Zivilgesellschaft die »dauerhafte Trennung und Abgrenzung gegenüber dem Staat« und die Abgrenzung gegenüber der Ökonomie sowie der in ihr dominanten Handlungslogik, die durch das Prinzip ökonomischer Zweckrationalität geprägt ist (Ahlheit 1994: 599 f.).

Gramsci meinte nicht, dass die Zivilgesellschaft unabhängig von Ökonomie und Staat ist, sondern dass in ihren Institutionen (z.B. Kinderschutzbund, Umweltschutzverbände, Bürgerinitiativen) im Rahmen einer Logik sozial gehandelt wird, die eher über Konsensinteressen vermittelt ist. Diese Institutionen bestimmen damit auf eine andere Weise gesellschaftliche Entwicklung mit, als dies wirtschaftliche Verbände tun, die eher ökonomisch begründete Partikularinteressen vertreten.

Die Frage der Partizipation der Bevölkerung an gesellschaftlichen Willensbildungsprozessen gewinnt mit der Bedeutung wohlfahrtsstaatlicher Regulierungen für den Einzelnen an Relevanz. Daher ist es nicht unwichtig, in welcher Weise der Zugang zu politischem Einfluss sozialstrukturell unterschiedlich ausgeprägt, also sozial selektiv ist.

Partizipationsmöglichkeiten

Die parlamentarisch-demokratische Verfassung der Bundesrepublik Deutschland garantiert weitreichende politische Partizipationsrechte der Bürger. Dazu gehört das allgemeine Wahlrecht für alle erwachsenen Deutschen. Ausländer, die in Deutschland leben, haben in der Regel weder eine aktives noch passives Wahlrecht. Weitere Möglichkeiten der politischen Partizipation, als Versuch der Einflussnahme auf politische Entscheidungsprozesse, sind die Mitarbeit in politischen Parteien, Verbänden und Bürgerinitiativen, die Teilnahme an politischen Veranstaltungen sowie Eingaben bei politischen Entscheidungsträgern. Sie zählen zu den konventionellen Formen politischer Beteiligung. Politischer Protest, die Organisation von und die Teilnahme an Demonstrationen bis hin zu Aktionen wie ziviler Ungehorsam und nicht legale Arten politischen Protests gelten als unkonventionelle Formen.

Politische Partizipation und bürgerliches Engagement

Es lässt sich – mit einer Ausnahme – ein systematisches »Teilnahmedefizit« seitens der unteren Bildungsgruppen und sozialen Schichten bezüglich der politischen Partizipationsformen nachweisen (Engels 2008, Statistisches Bundesamt 2011: 360 ff.). Allein bei der Mitgliedschaft in einer Gewerkschaft gibt es zwischen den Bildungsgruppen geringe Unterschiede bzw. ist der Trend sogar umgekehrt. In Tabelle 6.5 wird dies im Vergleich von Bevölkerungsgruppen mit unterschiedlicher Schulbildung bestätigt. Die Zahlen sind mit Daten des Allbus 2004 am Institut für Sozialforschung und Gesellschaftspolitik (ISG) geschätzt worden.

Vergleicht man Bevölkerungsgruppen mit unterschiedlichen Einkommensniveaus, bestätigt sich ebenfalls das bereits konstatierte »Teilnahmedefizit« unterer sozialer Schichten (vgl. Abb. 6.9). Menschen, die unter der Armutsrisikogrenze leben, engagieren sich deutlich weniger als solche, die nicht unter Einkommensarmut leiden.

Tab. 6.5

Politische und gesellschaftliche Teilhabe nach Bildungsstatus

Quelle: Engels 2008: 27.

Partizipationsform	Schulabschluss		
	Hauptschule oder ohne Abschluss	Mittlere Reife	(Fach-)Hochschulreife
Mitgliedschaft in ...			
Partei	3,3 %	3,1 %	5,1 %
Gewerkschaft	13,0 %	13,1 %	10,3 %
Beteiligung an ...			
Unterschriftensammlung	40,8 %	57,6 %	74,4 %
Demonstration	15,2 %	30,5 %	51,7 %

Die Mitglieder niedriger sozialer Schichten schätzen auch ihre Einflussmöglichkeiten eher als gering ein und ihre Motivation zum Engagement ist geringer als die von Mitgliedern höherer sozialer Schichten. Umgekehrt erleben die aktiven Teile der Bevölkerung Einflussmöglichkeiten und werden dadurch zu politischem Handeln motiviert. Die Situation hat also den Charakter eines sich selbst verstärkenden Prozesses, da sich faktisch die Ungleichheit der Einflusschancen immer weiter zuungunsten der unteren Schichten vergrößert (Geißler 1994: 99). Neben diesen strukturellen Ursachen der ungleichen Partizipation von Bürgern am politischen Geschehen und bürgerlichem Engagement kann man auch eine »Unterschichtsferne« der Politik anmerken: Die politische Diskussion hat sich mit ihrem steigenden Abstraktionsniveau und Spezialisierungsgrad immer mehr von den lebensweltlichen Erfahrungshorizonten der Menschen entfernt. Das trifft natürlich besonders die Mitglieder der unteren sozialen Schichten und Bildungsgruppen.

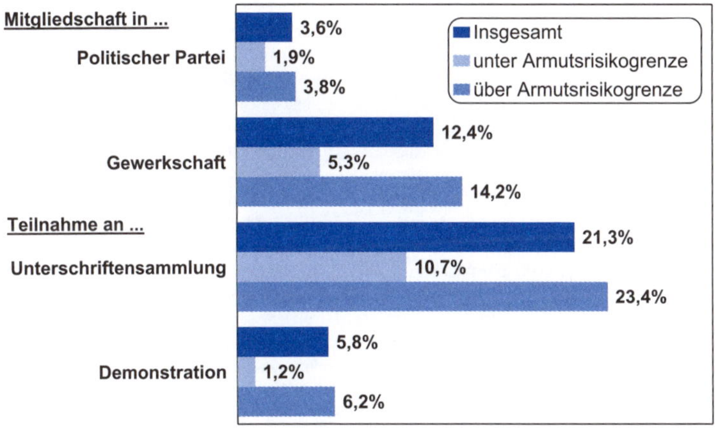

Abb. 6.9

Armutsrisiko und politische Partizipation

Quelle: Engels 2008: 25.

Lernkontrollfragen

1 Skizzieren Sie die wichtigsten Einflüsse sozialstaatlichen Handelns auf die Sozialstruktur, d.h. die Beziehungs- und Verteilungsstruktur, einer Gesellschaft.
2 Suchen Sie ein Beispiel für nicht intendierte Folgen sozialpolitischer Intervention.
3 Wie ist die soziale Ungleichheit bezüglich politischer Teilhabe mit anderen Dimensionen sozialer Ungleichheit verknüpft?

Infoteil

Auch zu den hier behandelten Themen sei noch einmal auf das Lehrbuch von Bernhard Schäfers verwiesen. Einschlägig sind natürlich die Arbeiten von Esping-Andersen (1990, 1999) und seiner Kritiker. Einen umfassenden Überblick über die außerordentlich umfangreiche Forschung zu Wohlfahrtsstaaten gibt eine dreibändige, von Stephan Leibfried und Steffen Mau herausgebende Aufsatzsammlung zur Wohlfahrtsstaatsforschung (2008).

Literatur

Ahlheit, Peter (1994): Die Fragilität des Konzepts »Zivilgesellschaft«, in: Das Argument, Heft 206, S. 599–607.

Albertini, Marco/Kohli, Martin/Vogel, Claudia (2007): Intergenerational transfers of time and money in European families: common patterns — different regimes?, in: Journal of European Social Policy, 17, Heft 4, S. 319–334.

Bertram, Hans (2006): Kinder – die Zukunft Deutschlands : politische Weichenstellungen für eine zukünftige Familienpolitik, in: Henry-Huthmacher, Christine (Hg.): Politik für Familien. Wege in eine kinderfreundliche Gesellschaft, Stuttgart, S. 123–183.

Berger, Peter/Hank, Karsten/Tölke Angelika (Hg.) (2011): Reproduktion von Ungleichheit durch Arbeit und Familie, Wiesbaden.

Bergmann, Joachim u. a. (1969): Herrschaft, Klassenverhältnis und Schichtung, in: Adorno, Theodor W. (Hg.): Spätkapitalismus oder Industriegesellschaft?, Stuttgart, S. 67–87.

Blossfeld, Hans-Peter (1989): Kohortendifferenzierung und Karriereprozeß, Frankfurt/M.

BMAS (Hg.) (2006): Bericht »Sicherheit und Gesundheit bei der Arbeit 2006«, Berlin.

BMAS (Hg.) (2012): Sozialbudget 2011, Bonn.

Cornelißen, Waltraud (Hg.) (2005): Gender-Datenreport. 1. Datenreport zur Gleichstellung von Frauen und Männern in der Bundesrepublik Deutschland, München.

BMFSFJ (Hg.) (2012a): Zeit für Familie. Familienzeitpolitik als Chance einer nachhaltigen Familienpolitik. 8. Familienbericht, Berlin.

BMFSFJ (Hg.) (2012b): Altern im Wandel. Zentrale Ergebnisse des Deutschen Alterssurveys (DEAS). Berlin.

BMI (Hg.) (2007): Der öffentliche Dienst in Deutschland – Ein Überblick, Berlin.

Brenke, Karl/ Grabka, Markus M. (2011): Schwache Lohnentwicklung im letzten Jahrzehnt. DIW-Wochenbericht 45.2011, Berlin.

Bundesagentur für Arbeit (2013): Analytikreport der Statistik. Analyse der Grundsicherung für Arbeitsuchende, Mai 2013, Nürnberg.

Engels, Dietrich (2008): Gestaltung von Politik und Gesellschaft. Armut und Reichtum an Teilhabechancen, Gutachten zur Vorbereitung des 3. Armuts- und Reichtumsberichts, Institut für Sozialforschung und Gesellschaftspolitik e. V., Köln.

Engstler, Heribert/Menning, Sonja (2003): Die Familie im Spiegel der amtlichen Statistik. Lebensformen, Familienstrukturen, wirtschaftliche Situation der Familien und familiendemographische Entwicklung in Deutschland, BMFSFJ, Berlin.

Esping-Andersen, Gøsta (1990): Three worlds of welfare capitalism, Cambridge.

Esping-Anderson, Gøsta (1999): Social foundations of postindustrial economies, Oxford.

Esping-Anderson, Gøsta (2009): The incomplete revolution, Cambridge.

Flora, Peter/Heidenheimer, Arnold J. (1981): The Historical Core and Changing Boundaries of the Welfare State, in: dies. (Hg.): The Development of Welfare States in Europe and America, New Brunswick/London.

Fourastié, Jean (1969): Die große Hoffnung des zwanzigsten Jahrhunderts, Köln.

Frick, Joachim R./Grabka, Markus M./Hauser, Richard (2010): Die Verteilung der Vermögen in Deutschland – Empirische Analysen für Personen und Haushalte, Berlin.

Gäfgen, G. (1972): Theorie der Wirtschaftspolitik, in: Ehrlicher, Werner/Esenwein-Rothe, Ingeborg/Jürgensen, Harald/Rose, Klaus (Hg.): Kompendium der Volkswirtschaftslehre,

Bd. 2, 3., neubearb. Aufl., Göttingen, Seite 1–94.
Geißler, Rainer (1994): Soziale Schichtung und Lebenschancen in Deutschland, 2., völlig neu bearb. und akt. Aufl., Stuttgart.
Geißler, Rainer (2000): Entwicklung zur Dienstleistungsgesellschaft, in: Informationen zur politischen Bildung 269: Sozialer Wandel in Deutschland, Bundeszentrale für politische Bildung, Bonn.
Geißler, Rainer (2014): Die Sozialstruktur Deutschlands, 7. grundlegend überarbeitete Aufl., Wiesbaden.
Gramsci, Antonio (1999): Gefängnishefte, Band 6: Philosophie der Praxis., hg. von Wolfgang Fritz Haug unter Mitwirkung von Klaus Bochmann, Peter Jehle und Gerhard Kuck, Hamburg.
Hradil, Stefan (2001): Soziale Ungleichheit, 8. Aufl., Opladen.
Huinink, Johannes (1995): Warum noch Familie. Zur Attraktivität von Partnerschaft und Elternschaft in unserer Gesellschaft, Frankfurt/M.
Huinink, Johannes (2002): Polarisierung der Familienentwicklung in europäischen Ländern im Vergleich, in: Schneider, Norbert F./Matthias-Bleck, Heike (Hg.): Elternschaft heute, Opladen, S. 49–73.
Huinink, Johannes/Konietzka, Dirk (2007): Familiensoziologie. Eine Einführung, Frankfurt/M.
Huinink, Johannes/Kreyenfeld, Michaela/Trappe, Heike (2012): Familie und Partnerschaft in Ost- und Westdeutschland. Eine Bilanz, in: dies. (Hg.): Familie und Partnerschaft in Ost- und Westdeutschland. Ähnlich und doch immer noch anders, Sonderheft 9 der Zeitschrift für Familienforschung, Opladen, Seite 9–28.
Kaufmann, Franz-Xaver (1995): Zukunft der Familie im vereinten Deutschland. Gesellschaftliche und politische Bedingungen, München.
Kreckel, Reinhard (1997): Politische Soziologie der sozialen Ungleichheit, Frankfurt/M.
Kreyenfeld, Michaela/Geisler, Esther (2006): Müttererwerbstätigkeit in Ost- und Westdeutschland, in: Zeitschrift für Familienforschung, 18, Heft 3, S. 333–360.
Lampert, Heinz (1994): Lehrbuch der Sozialpolitik, Berlin.
Leibfried, Stephan (1990): Sozialstaat Europa? Integrationsperspektiven europäischer Armutsregimes, in: Nachrichtendienst des Deutschen Vereins für öffentliche und private Fürsorge, 70, S. 295–305.
Leibfried, Stephan/Mau, Steffen (Hg.) (2008): Welfare States: Construction, Deconstruction, Reconstruction, Cheltenham.
Leif, Thomas/Speth, Rudolf (Hg.) (2003): Die stille Macht, Lobbyismus in Deutschland, Wiesbaden.
Lepsius, M. Rainer (1990): Soziale Ungleichheit und Klassenstrukturen in der Bundesrepublik Deutschland, in: Lepsius, M. Rainer: Interessen, Ideen und Institutionen, Opladen, S. 117–152.
Lüdtke, Hartmut (2004): Lebensstile als Rahmen von Konsum. Eine generalisierte Form des demonstrativen Verbrauchs, in: Hellmann, Kai-Uwe/Schrage, Dominik (Hg.): Konsum der Werbung. Zur Produktion und Rezeption von Sinn in der kommerziellen Kultur, Wiesbaden, S. 103–124.
Mayer, Karl U./Müller Walter (1986): The State and the Structure of the Life Course, in: Sørensen, Aage B./Weinert, Franz E./Sherrod, Lonnie R. (Hg.): Human Development and the Life Course, Hillsdale, NJ, S. 219–245.
Nave-Herz, Rosemarie (2004): Ehe- und Familiensoziologie – Eine Einführung in Geschichte, theoretische Ansätze und empirische Befunde, München.
Oláh, Livia Sz./Fratczak, Ewa (Hg.) (2013): Childbearing, Women's Employment and Work-Life Balance Policies in Contemporary Europe, Houndmills.
Piore, Michael J. (1978): Lernprozesse, Mobilitätsketten und Arbeitsmarktsegmente, in: Sengenberger, Werner (Hg.): Der gespaltene Arbeitsmarkt. Probleme der Arbeitsmarktsegmentation, Frankfurt/M., S. 67–98.
Schäfers, Bernhard (2012): Sozialstruktur und sozialer Wandel in Deutschland, 9. Aufl., Stuttgart.
Schneider, Norbert (Hg.) (2008): Lehrbuch Moderne Familiensoziologie: Theorien, Methoden, empirische Befunde, Stuttgart.
Schwahn, Florian (2007): Beschäftigte der öffentlichen Arbeitgeber am 30. Juni 2006, in: Wirtschaft und Statistik, Heft 11, S. 1079–1086.
Sengenberger, Werner (1987): Struktur und Funktionsweise von Arbeitsmärkten. Die Bundesrepublik Deutschland im internationalen Vergleich, Frankfurt/M.
Statistische Ämter des Bundes und der Länder (Hg.) 2012: Soziale Mindestsicherung in Deutschland 2010, Wiesbaden.
Statistisches Bundesamt (Hg.) (2011): Datenreport 2011. Ein Sozialbericht für die Bundesrepublik Deutschland, Bonn.

Statistisches Bundesamt (Hg.) (2012a): Niedriglohn und Beschäftigung 2010, Wiesbaden.
Statistisches Bundesamt (Hg.) (2012b): Statistisches Jahrbuch 2012 der Bundesrepublik Deutschland, Wiesbaden.
Statistisches Bundesamt (Hg.) (2012c): Bevölkerung und Erwerbstätigkeit. Beruf, Ausbildung und Arbeitsbedingungen der Erwerbstätigen in Deutschland 2011, Fachserie 1, Reihe 4.1.2, Wiesbaden.
Statistisches Bundesamt (Hg.) (2013): Volkswirtschaftliche Gesamtrechnung. Wichtige Zusammenhänge im Überblick, Wiesbaden.
Statistisches Bundesamt/WZB (Hg.) (2013): Datenreport 2013. Bonn.
Szydlik, Marc (1990): Die Segmentierung des Arbeitsmarktes in der Bundesrepublik, Berlin.
Veblen, Thostein (1997): Theorie der feinen Leute. Eine ökonomische Untersuchung der Institutionen, Frankfurt/M.
Wanger, Susanne (2011): Viele Frauen würden gerne länger arbeiten, IAB-Kurzbericht 9/2011, Nürnberg.
Zapf, Wolfgang (2008): Entwicklung und Sozialstruktur moderner Gesellschaften, in: Korte, Hans/Schäfers, Bernhard (Hg.): Einführung in die Hauptbegriffe der Soziologie, 7., grundlegend überarb. Aufl., Opladen, S. 257–269.

Schluss: Fragen an die aktuelle Sozialstrukturanalyse | 7

In diesem Kapitel rekapitulieren wir kurz die Quintessenz des bisher Gesagten und greifen einige offene Fragen der Sozialstrukturforschung auf.

Wir haben in diesem Band einen Überblick über die wichtigsten Grundlagen einer mikrofundierten Sozialstrukturanalyse gegeben und einen theoretisch begründeten, begrifflichen Rahmen dafür vorgestellt. Dabei haben wir zwei zusammenhängende Aspekte der Sozialstruktur unterschieden:

- die Muster sozialer Beziehungsgeflechte in einer Gesellschaft (soziale Beziehungsstruktur) und
- die Gliederung der Bevölkerung nach Merkmalen, die für die Stellung oder Positionierung von Individuen im sozialen Beziehungszusammenhang einer Gesellschaft eine wichtige Rolle spielen (soziale Verteilungsstruktur).

Diese Strukturphänomene verstehen wir als das Ergebnis des Handelns von Akteuren, die in ihrem Handeln selbst Bedingungen unterliegen, die durch die Sozialstruktur beeinflusst sind. Des Weiteren haben wir hervorgehoben, dass das Handeln der Akteure Teil ihres Lebenslaufs ist und dass der wechselseitige Zusammenhang zwischen individuellem Verhalten und Sozialstruktur nur im Längsschnitt adäquat erfasst werden kann.

Als inhaltliche Schwerpunktbereiche der Sozialstrukturforschung haben wir dann die Bevölkerungsstruktur und -entwicklung sowie Strukturen sozialer Ungleichheit in unserer Gesellschaft vorgestellt. Beide Bereiche sind in einer mehr oder weniger starken Entwicklung begriffen, zu der wir im Folgenden einige abschließende Anmerkungen machen.

7.1 | Demografische Sozialstrukturforschung

Zunehmende Beutung der Demografie in der Soziologie

Dieser Teil der Sozialstrukturanalyse hat in der deutschen soziologischen Forschung in den letzten vier Jahrzehnten deutlich an Relevanz gewonnen. Die Demografie fand in die Soziologie zurück, als deutlich wurde, dass die Konsequenzen demografischer Prozesse und des ihnen zugrundeliegenden individuellen Handelns weitreichende Folgen für unsere Wohlstandsgesellschaften haben. Dieses hat zu einer starken Belebung der Forschung zum Zusammenhang zwischen Dimensionen sozialer Ungleichheit auf der einen Seite und demografisch relevantem Verhalten von Akteuren – wie Familiengründung und -erweiterung oder die Wahl von Lebensformen – auf der anderen Seite beigetragen. Das ist in unserer Darstellung offenkundig geworden.

Längsschnittorientierung dominant

Die jüngste Entwicklungsphase in der Bevölkerungsforschung, die zu einer konsequenten Hinwendung zu längsschnittlichen und auf Mikrodaten basierenden Ansätzen und Modellen geführt hat, dürfte zu ihrem Abschluss kommen. Man kann für diesen Teil der Sozialstrukturforschung einen weitgehend geteilten Kanon von Begriffsbestimmungen, Fragestellungen und methodischem Vorgehen konstatieren. Das heißt natürlich nicht, dass es – insbesondere, was die thematischen Forschungsfelder angeht – keine Lücken im Themenspektrum gäbe, die aus sozialstrukturanalytischer Sicht zu schließen wären. Dazu gehört vor allem eine differenziertere Analyse der Wechselwirkung zwischen sozialstrukturellen Positionen und individuellen Lebensformen auf der Grundlage eines mehrebenentheoretischen Modells. Darin müssen auch subjektive Faktoren (psychosoziale Dispositionen, → Kapitel 3.1) einen stärkeren Eingang finden, als das bisher geschehen ist (Huinink/Feldhaus 2009). Das stellt große Anforderungen an die Analysedaten. In den letzten Jahren werden aber vermehrt Studien durchgeführt, die adäquate Daten bereitstellen (Huinink u. a. 2011, Vikat u. a. 2007).

7.2 | Ungleichheitsforschung

Die Diskussion um den richtigen Zugang zur Analyse sozialer Ungleichheit stellt sich offener dar. Sicher sind alle darüber einig, dass es mit fortschreitender Modernisierung nicht mehr ausreicht, sich auf »klassische« Ungleichheitsmerkmale wie Einkommen, Prestige und Bildung zu beschränken. Soziale Ungleichheit drückt sich unübersehbar auch in anderen, vornehmlich wohlfahrtstaatlichen, sozialen und emanzipatorischen Dimensionen aus. Es sind daher in den letzten Dekaden *neue Dimensionen* der individuellen Lebenslage postuliert worden, die nicht mehr auf wenige, die sozialstrukturelle Position dominierende Faktoren zurückgeführt werden können.

Größere Vielfalt von Ungleichheitsmerkmalen

Begründet wird diese Annahme vor allem mit zwei Argumenten (Beck, 1986, Hradil 1987):

1. Mit dem zunehmenden Wohlstand in der Gesellschaft sind neue Ungleichheitsmerkmale in Relation zu den klassischen Merkmalen (Einkommen, Bildung, Macht) bedeutsamer geworden, weil sich der Kanon allgemein geteilter Lebensziele erweitert hat. Ihre Realisierung wird zudem (zumindest teilweise) durch neue Faktoren – wie etwa Erwerbschancen und -risiken, Wohnumwelt, Partizipationschancen – bestimmt (→ Kapitel 5.2).
2. Verschiedene Ungleichheitsmerkmale korrelieren nicht mehr in so starkem Maße miteinander, wie das früher der Fall war. Insbesondere die ehemals zentrale Relevanz der ökonomischen Dimensionen für die Lebenslage hat sich abgeschwächt.

Beschreibung von Strukturen sozialer Ungleichheit

Daran schließt die Frage an, wie Strukturen sozialer Ungleichheiten in unserer Gesellschaft heute angemessen beschrieben bzw. gegliedert werden können. Immerhin muss man feststellen, dass alle Gliederungskonzepte sozialer Ungleichheit und Klassifikationen von Lebenslagen, auch die Milieutypologien, noch wesentlich auf Unterscheidungsmerkmalen gründen, die ökonomischen Dimensionen sozialer Ungleichheit zuzurechnen sind. Aus dem Beruf abgeleitete Statuspositionen sind für die Darstellung von Strukturen sozialer Ungleichheit unverzichtbar. Ergänzend werden in unterschiedlicher Weise Aspekte subjektiver Wertorientierungen berücksichtigt. Die gegenwärtig vorgeschlagenen Gliederungskonzepte zeigen aber noch ein uneinheitliches oder gar verwirrendes Bild:

- *Erstens* ist man sich nicht einig, welche Merkmale genau berücksichtigt werden sollen. Es werden verschiedene Milieu- und Lebensstilansätze verwendet (vgl. Hartmann 1999).
- *Zweitens* ist die Begründung der Gliederungskonzepte in der eher deskriptiv ausgerichteten Schicht-, Milieu- und Lebensstilforschung nicht hinreichend theoretisch fundiert. Ein Vorschlag, der die Relevanz verschiedener schicht-, milieu- und lebensstilspezifischer Merkmale für die Ungleichheit aus handlungstheoretischer Sicht rekonstruiert und begründet, stammt von dem deutschen Soziologen Jörg Rössel (2005).
- *Drittens* fehlen theoretische Begründungen zu den Bedingungen der (Un-)Durchlässigkeit von Schicht- und Milieugrenzen: Beispielsweise schreibt Beck (1986: 125) zwar, dass die Überschneidungszonen zwischen den Klassenwelten wachsen und an ihre Stelle Konsumstile treten. Es ist aber viel genauer zu begründen, ob, warum und wie sich Milieus oder Lebensstile gegeneinander abgrenzen, wenn entsprechende Strukturkonzepte sozialer Ungleichheit nicht bei einer Beschreibung flüchtiger mode- und szenespezifischer Vielfältigkeiten stehenbleiben sollen.

Insgesamt scheint aber entschieden, dass die multidimensionalen Gliederungskonzepte theoretisch und empirisch einen Beitrag zum Verständnis sozialer Ungleichheit leisten können und im Sinne einer »Paradigmen-Vielfalt« neben den klassischen Gliederungskonzepten Bestand haben (vgl. Geißler 2014: 127 ff.).

Diskutiert wird jedoch nicht nur über die (neuen) Handlungsbedingungen individueller Zielverfolgung, die sich in der objektiven Lebenslage von Akteuren niederschlagen, sondern man fragt auch nach *subjektiven* Dimensionen sozialer Ungleichheit. Dafür werden bei der Messung individueller Lebenslagen neben objektiven Kriterien Merkmale der subjektiv wahrgenommenen Wohlfahrtssituation berücksichtigt (Voges 2002).

Subjektive Dimension der Lebenslage?

Aus subjektiver Sicht lassen sich objektive Ungleichheiten in Lebenslagedimensionen – beispielsweise das Einkommen oder die Möglichkeit, politisch Einfluss zu nehmen – durchaus unterschiedlich gravierend wahrnehmen. Das hängt von der subjektiven Relevanz der Ziele, etwa »wirtschaftlicher Wohlstand« oder »politische Partizipation«, ab und davon, welche Ansprüche man diesbezüglich vertritt, d. h. wie viel Geld oder Einfluss man für sich als befriedigend ansieht. Aus unserer Sicht spricht daher viel dafür, sich bei der Darstellung der Lebenslage auf die objektiven Faktoren zu beschränken; denn die subjektive Wahrnehmung der individuellen Wohlfahrtslage hängt von der objektiven Lebenslage einerseits und den Ansprüchen, die Akteure damit verknüpfen, andererseits ab. Auch Letztere sind erklärungsbedürftig, um die subjektive Sicht auf die Lebenslage deuten zu können. Damit hängt eng zusammen, wie gut Akteure meinen, aus ihrer subjektiven Sicht und vor dem Hintergrund ihrer subjektiven Ansprüche ihre Lebensziele mit den ihnen zur Verfügung stehenden Ressourcen erreichen zu können.

Ob Lebensziele erreicht werden oder nicht, in welchem Ausmaß das gelungen ist und wie man dies misst – das ist in unseren Darstellungen übrigens nicht erörtert worden. Wir haben keine Konzepte vorgestellt, die erfassen, ob und inwieweit Akteure die angestrebten, allgemein anerkannten Lebensziele realisieren konnten. In Abgrenzung zu den bisher erörterten Konzepten versucht zum Beispiel der *Lebensstandardansatz* des deutschen Sozialstrukturforschers Hans-Jürgen Andreß (2003) diesen Sachverhalt zu erfassen. Wir stellen ihn kurz in Übersicht 7.1 vor. Eine subjektive Komponente, etwa die Frage nach der Zufriedenheit mit dem erreichten Lebensstandard ist darin nicht enthalten, könnte aber ergänzt werden.

Übersicht 7.1

Der Lebensstandardansatz von Andreß (2003: 18 ff.)

1. Schritt: Bestimmung der »Bestandteile des notwendigen Lebensstandards durch Befragung«. In der folgenden Tabelle ist eine Frage dokumentiert, die diesen Zweck erfüllen soll:

Im Folgenden lese ich Ihnen verschiedene Dinge vor, die gelegentlich erwähnt werden, wenn man vom Lebensstandard in Deutschland spricht. Wenn man in Deutschland für alle Menschen und Haushalte einen normalen, ausreichend guten Lebensstandard erreichen bzw. sicherstellen wollte, was wäre dann dazu: unbedingt notwendig, eher notwendig, eher nicht notwendig oder überhaupt nicht notwendig?

Bitte nennen Sie jeweils die Kennziffer Ihrer Antwort.

INT.: Vorgaben vorlesen, zu jeder Vorgabe eine Antwortziffer einkreisen		unbedingt notwendig	eher notwendig	eher nicht notwendig	überhaupt nicht notwendig
A	Im Durchschnitt eine warme Mahlzeit pro Tag	1	2	3	4
B	Mindestens alle zwei Tage eine warme Mahlzeit mit Fleisch, Geflügel oder Fisch	1	2	3	4
C	Abgenutzte, aber noch funktionsfähige Möbel durch neue ersetzen	1	2	3	4
D	Neue Kleidung kaufen, auch wenn die alte noch nicht abgetragen ist	1	2	3	4
E	Eine Waschmaschine	1	2	3	4
F	Ein Telefon	1	2	3	4
G	Ein Auto	1	2	3	4
H	Generell mehr auf die Qualität anstatt auf den Preis der Produkte achten können	1	2	3	4
I	Mindestens ein einwöchiger Urlaub weg von zu Hause pro Jahr	1	2	3	4
J	In einem Haus wohnen, das in einem guten baulichen Zustand ist	1	2	3	4

2. Schritt: Für alle Merkmale prüfen, »wer über die dort genannten Items aus finanziellen Gründen nicht verfügen kann«. Auch das wird erfragt.

3. Schritt: Unterversorgung bestimmen, indem die Anzahl der aus finanziellen Gründen fehlenden Items pro Haushalt bestimmt wird. Diese kann dann als zusätzlicher Indikator für relative Armut (→ Übersicht 5.5) verwendet werden.

Neue theoretische Erklärungen sozialer Ungleichheit

Kommen wir noch einmal auf die Frage der Erklärung sozialer Ungleichheit zurück. Wir hatten in Kapitel 5.2 vorgeschlagen, bei der Beschreibung sozialer Ungleichheit zwischen den in der individuellen Lebenslage enthaltenen Dimensionen sozialer Ungleichheit und den diese Lebenslage bestimmenden Determinanten zu unterscheiden, um Beschreibung und Erklärung sozialer Ungleichheit nicht zu vermischen. Wie bei den Dimensionen haben sich, so wird behauptet, mit fortschreitender Modernisierung auch die Gewichte bezüglich der Determinanten sozialer Ungleichheit verändert (Hradil 1987: 40 ff.). Auch wenn empirische Befunde belegen, dass der Beruf als bislang wichtigste Determinante kaum an Bedeutung verloren haben dürfte, hätten neue Aspekte an Bedeutung und Aufmerksamkeit gewonnen (Geschlecht, Region, Lebensform, Nationalität). Ebenso müssten Veränderungen in den Wechselwirkungen zwischen Dimensionen sozialer Ungleichheit berücksichtigt werden (vgl. Voges 2005: 50 ff.). Klassische Thesen, etwa zur Geltung des Dominanzprinzips (→ Kapitel 5.3.2), reichten nicht mehr aus, um die vielschichtigen Ursachenzusammenhänge für soziale Ungleichheit zu erfassen.

Neue Determinanten sozialer Ungleichheit sind aber immer im Kontext einer erklärenden Theorie einzuführen. Mit den neuen Dimensionen sozialer Ungleichheit sind zum Beispiel andere Erklärungszusammenhänge in den Vordergrund gerückt, die auf neue Determinanten zurückgreifen. Dazu gehört die gestiegene Bedeutung wohlfahrtsstaatlicher Aktivitäten. Es erscheint uns jedoch fraglich zu sein, ob der gegenwärtig unter anderem in der Lebensstilforschung erkennbare Trend, auf individuelle Wertemuster als erklärende Variable zurückzugreifen, erfolgreich ist. Wie oben schon angedeutet, dürfen subjektive Faktoren nicht außen vor gelassen werden. Ihre Relevanz kann aber nur im Rahmen einer dynamischen Analyse der Wechselwirkung subjektiver und objektiver Faktoren theoretisch und empirisch einwandfrei bestimmt werden.

Das verweist schlussendlich auf die große Bedeutung von *lebensverlaufstheoretischen Ansätzen*, die soziale Ungleichheit aus einer biografischen Perspektive erklären und damit den Aspekt der Entstehung, der zeitlichen Entwicklung und des Episodencharakters sozialer Ungleichheit betonen (vgl. Mayer 2001). Soziale Ungleichheit ist danach von biografisch relevanten Entscheidungen abhängig, die ihrerseits durch die individuellen Ressourcen sowie die jeweils herrschenden Strukturbedingungen (etwa auf dem Arbeitsmarkt) beeinflusst sind. Hier kommen die subjektiven Faktoren dann als eine eigenständige Einflussdimension zum Tragen, wie die Entwicklungs- und Sozialpsychologie zeigt. Die Entwicklung entsprechender, interdisziplinär angelegter Theorien ist in vollem Gange.

Literatur

Andreß, Hans-Jürgen (2003): Lebenslagenkonzept – Lebensstandardansatz: Konkurrierende oder komplementäre Konzepte?, in: Bundesministerium für Gesundheit und Soziale Sicherung (Hg.): Lebenslagen, Indikatoren, Evaluation – Weiterentwicklung der Armuts- und Reichtumsberichterstattung, Bonn, S. 8 ff.

Beck, Ulrich (1986): Die Risikogesellschaft, Frankfurt/M.

Geißler, Rainer (2014): Die Sozialstruktur Deutschlands. 7. grundlegend überarbeitete Aufl., Wiesbaden.

Hartmann, Peter (1999): Lebensstilforschung. Darstellung, Kritik und Weiterentwicklung, Opladen.

Hradil, Stefan (1987): Sozialstrukturanalyse in einer fortgeschrittenen Gesellschaft, Opladen.

Huinink, Johannes/Feldhaus, Michael (2009): Family Research from the Life Course Perspective, in: International Sociology 24, Heft 3, S. 299–324.

Huinink, Johannes/Brüderl, Josef/ Nauck, Bernhard/ Walper, Sabine/Castiglioni, Laura/Feldhaus, Michael (2011): Panel Analysis of Intimate Relationships and Family Dynamics (pairfam) – Conceptual Framework and Design, in: Zeitschrift für Familienforschung, 23, Heft 1, S. 77–101.

Mayer, Karl U. (2001): Lebensverlauf, in: Schäfers, Bernhard/Zapf, Wolfgang (Hg.): Handwörterbuch zur Gesellschaft Deutschlands, Opladen, S. 446–460.

Rössel, Jörg (2005): Plurale Sozialstrukturanalyse. Eine handlungstheoretische Rekonstruktion der Grundbegriffe der Sozialstrukturanalyse, Wiesbaden.

Vikat, Andres, u. a. (2007): Generation and Gender Survey: Towards a better understanding of relationships and processes in the life course, in: Demographic Research, 17, S. 389–440.

Voges, Wolfgang (2002): Perspektiven des Lebenslagenkonzepts, in: Zeitschrift für Sozialreform, 48, Heft 3, S. 262–278.

Voges, Wolfgang u. a. (2005): Methoden und Grundlagen des Lebenslagenansatzes, Reihe Lebenslagen in Deutschland, hg. vom Bundesministerium für Gesundheit und Soziale Sicherung, Bonn.

8 | Anhang: Daten zur Sozialstruktur – ein Überblick

Die Sozialstrukturanalyse »lebt« von empirisch erhobenen Informationen zur sozialen Beziehungs- und Verteilungsstruktur einer Gesellschaft. Dazu gehören besonders Daten zu verschiedenen Merkmalen der Bevölkerungsstruktur und -entwicklung sowie der sozialen Ungleichheit in einer Gesellschaft.

Neben Handbüchern, kommentierten Datensammlungen wie dem Datenreport, statistischen Jahrbüchern und der zunehmenden Zahl von Publikationen im Rahmen der Berichterstattung im Bereich der Politik spielt das Internet als Informationsquelle eine immer wichtigere Rolle. Auch wir haben es für die Erstellung dieses Buches genutzt. Die Vielfalt der meist kostenlos verfügbaren Informationen zu relevanten Themen der Sozialstrukturforschung ist mittlerweile sehr groß, vor allem die Sekundärquellen sind zahlreich. Dabei handelt es sich um die Publikation von statistischen Befunden durch Autoren, die Originaldaten von Primärquellen, etwa dem Statistischen Bundesamt oder der Bundesagentur für Arbeit, in verschiedener Weise aufbereitet haben und in ansprechender Form präsentieren. Eine unkritische Verwendung solcher Informationen aus dem Internet ist nicht unproblematisch: Man muss *immer* damit rechnen, dass Anbieter mit den zur Verfügung gestellten Informationen und Interpretationen eigene Interessen verfolgen und/oder zum Teil unprofessionelle oder schlicht falsche Informationen liefern. Es ist daher notwendig, die Informationen kritisch auf ihre Glaubwürdigkeit hin zu prüfen – und im Zweifelsfall auf ihre Verwendung zu verzichten. Die beste Methode der kritischen Überprüfung ist es, die Primärquellen publizierter empirischer Informationen zu konsultieren. Auch diese können – je nach verwendeter Datengrundlage – unterschiedliche empirische Befunde enthalten. Die Datengrundlage ist wiederum oft in ergänzend erscheinenden Methodenberichten (etwa zum Mikrozensus) dokumentiert.

Umgang mit Informationsquellen

Im Folgenden sind einige deutsche und europäische Institutionen aufgelistet, die aktuelle und weitgehend zuverlässige Informationen zu verschiedenen Themenfeldern der Sozialstrukturanalyse anbieten. Die Auswahl wurde in der Absicht zusammengestellt, dem Leser einige längerfristig verfügbare und möglichst aktuelle Einstiegsmöglichkeiten in die eigenständige Recherche zu geben. Deshalb finden sich hier nur Datenangebote, deren Zuverlässigkeit regelmäßig durch – zum Teil unabhängige – Gutachten und Methodenreports kontrolliert wird.

Statistisches Bundesamt

Statistisches Bundesamt (http://www.destatis.de):
Informationsangebot/Schwerpunkt: Amtliche Statistik mit ausführlichen Informationen zu allen Themen der Sozialstrukturanalyse.
Beschreibung: Das Statistische Bundesamt erhebt, sammelt, analysiert und stellt statistische Informationen zu Wirtschaft, Gesellschaft und Umwelt bereit. Die aufbereiteten Daten werden tagesaktuell online zur Verfügung gestellt.
Veröffentlichungen: Das Statistische Bundesamt veröffentlicht jährlich das **Statistische Jahrbuch** sowie – in Zusammenarbeit mit anderen sozialwissenschaftlichen Institutionen – den **Datenreport**. Daneben sind die Fachveröffentlichungen (**Fachserien und -berichte**), spezielle, zusammenfassende Publikationen zu einzelnen Fragestellungen und die Zeitschrift **Wirtschaft und Statistik** zu nennen. Eine Übersicht findet sich im jährlich erscheinenden Gesamtkatalog des Statistischen Bundesamtes.

Datenquellen:

- Jährlich wird ein Prozent der Bevölkerung der Bundesrepublik Deutschland im Rahmen des **Mikrozensus** über ihre Lebensformen, ihre wirtschaftliche und soziale Lage, über die Erwerbstätigkeit, den Arbeitsmarkt und die Ausbildung befragt. Der Mikrozensus ist also eine zentrale Informationsquelle zu haushaltsspezifischen Themen.
- Die **Einkommens- und Verbrauchsstichprobe (EVS)** wird seit 1964 alle fünf Jahre durchgeführt und liefert Informationen über die Entwicklung der wirtschaftlichen Lebensverhältnisse in den Privathaushalten. Sie ist Bestandteil der amtlichen Statistik und wird vom Statistischen Bundesamt und den statistischen Landesämtern erhoben.
- Im Jahr 2011 wurde ein registergestützter Zensus durchgeführt. Erste Ergebnisse dieser **Volkszählung von 2011** sind seit Mai 2013 verfügbar. Eigenrecherchen können über das Statistikportal des Bundes und der Länder (www.statistikportal.de) begonnen werden. Hier erhält man Zugang nicht nur zur Auswertung des aktuellen Zensus 2011 (https://ergebnisse.zensus2011.de/), sondern auch zur Online-Datenbank **GENESIS** (https://www-genesis.destatis.de). Beide Datenbanken bieten unter anderem Statistiken zu den Feldern Gebiet und Bevölkerung, Migration, Religion Erwerbstätigkeit, Wahlen, Bildung, Sozialleistungen, Gesundheit, Recht, Wohnen und Umwelt an.

Statistische Landesämter

Statistische Landesämter:
Informationsangebot/Schwerpunkt: Regionale und bundesweite Statistiken.
Beschreibung: Die Statistischen Landesämter der Bundesländer erstellen als Landesbehörden bundeslandspezifische Statistiken und nehmen in Zusammenarbeit mit dem Statistischen Bundesamt die Aufgaben der bundeseinheitlichen amtlichen Statistik in Deutschland wahr.
Veröffentlichungen/Datenquellen: Statistische Jahrbücher und die amtliche Statistik sind über die Landesämter abrufbar.

Internetadressen der Statistischen Landesämter:
- Baden Württemberg: http://www.statistik.baden-wuerttemberg.de/
- Bayern: http://www.statistik.bayern.de
- Berlin und Brandenburg: http://www.statistik-berlin-brandenburg.de
- Bremen: http://www.statistik.bremen.de
- Hamburg und Schleswig-Holstein: http://www.statistik-nord.de
- Hessen: http://www.hsl.de/
- Mecklenburg-Vorpommern: http://www.statistik-mv.de
- Niedersachsen: http://http://www.statistik.niedersachsen.de
- Nordrhein-Westfalen: http://http://www.it.nrw.de/
- Rheinland-Pfalz: http://www.statistik.rlp.de
- Saarland: http://http://www.saarland.de/statistik.htm
- Sachsen: http://www.statistik.sachsen.de/
- Sachsen-Anhalt: http://http://www.stala.sachsen-anhalt.de/
- Thüringen: http://www.tls.thueringen.de

Bundesregierung und Bundesministerien

Bundesregierung und Bundesministerien
(http://www.bundesregierung.de):
Informationsangebot/Schwerpunkt: Darstellungen des aktuellen Forschungsstands zu verschiedenen sozialstrukturellen Themenbereichen.
Beschreibung: Die Bundesregierung bzw. die jeweiligen Bundesministerien veröffentlichen zu diversen Themen informative Fachberichte, die in der Regel von wissenschaftlich besetzten Kommissionen erstellt werden.

Veröffentlichungen:
- Das **Bundesinnenministerium für Arbeit und Soziales** (http://www.bmas.de) veröffentlichte 2012 den **Vierten Armuts- und Reichtumsbericht** sowie den vom Robert Koch-Institut und dem Statistischen Bundesamt erarbeiteten **Gesundheitsbericht** (http://www.gbe-bund.de). Letzterer vermittelt einen Überblick über die gesundheitliche Situation der Bevölkerung und das Gesundheitswesen in der Bundesrepublik Deutschland. Es gab 2012 zudem den Bericht **Sicherheit und Gesundheit bei der Arbeit 2011** heraus, erstellt unter der Federführung der

Bundesanstalt für Arbeitsschutz und Arbeitsmedizin (BAuA). Seit 2011 wird zudem der regelmäßig erscheinende Bericht zum **Sozialbudget** veröffentlicht, der ausführlich über die Einnahmen und Ausgaben des deutschen Sicherungssystems informiert. Ergänzend dazu erscheint alle vier Jahre der **Sozialbericht** (aktuell 2013), welcher die Zahlen fortführt und die Maßnahmen in der aktuellen Sozialpolitik erläutert.

- Das **Bundesministerium für Bildung und Forschung** (http://www.bmbf.de) und die Ständige Konferenz der Kultusminister der Länder (KMK) veröffentlichen den **Bildungsbericht** (http://www.bildungsbericht.de). Dieser wird federführend vom Deutschen Institut für Internationale Pädagogische Forschung (DIPF), in Zusammenarbeit mit dem Deutschen Jugendinstitut (DJI), der Hochschul-Informations-System GmbH (HIS) und dem Soziologischen Forschungsinstitut Göttingen (SOFI) erstellt; er basiert auf repräsentativen empirischen Erhebungen und behandelt das deutsche Bildungswesen anhand ausgewählter Indikatoren.
- Das **Bundesministerium für Familie, Senioren, Frauen und Jugend** (http://www.bmfsfj.de/) veröffentlicht regelmäßig Berichte zur Situation von Familien (zuletzt der **Achte Familienbericht** aus dem Jahr 2012).
- Die **Bundeszentrale für politische Bildung** (http://www.bpb.de/) hat als nachgeordnete Behörde des Bundesministeriums des Inneren die Aufgabe, durch vielfältige Veröffentlichungen zur politischen Bildung das Verständnis für politische Sachverhalte zu fördern. Neben vielen aktuellen und gut aufbereiteten Statistiken zu sozialstrukturellen Themen gehört vor allem der regelmäßig erscheinende **Datenreport** (herausgegeben vom Statistischen Bundesamt und dem WZB) zu den wichtigen Veröffentlichungen.

Gesellschaft sozialwissenschaftlicher Infrastruktureinrichtungen e. V. (GESIS) (http://www.gesis.org):

Gesellschaft sozialwissenschaftlicher Infrastruktureinrichtungen e. V.

Informationsangebot/Schwerpunkt: Sozialwissenschaftliche Empirie und Methodologie.
Beschreibung: Die GESIS stellt eine umfangreiche Sammlung von Informationsdatenbanken zu sozialwissenschaftlicher Forschung bereit. Hier werden Umfragedaten zu verschiedensten sozialwissenschaftlichen Fragestellungen gesammelt und verfügbar gemacht sowie eine umfassende Beratung und Weiterbildungen in methodischen Fragen angeboten.
Veröffentlichungen: Die GESIS gibt regelmäßige Publikationen wie den **GESIS-Report** sowie eine Zeitschrift zu empirischen Methoden (»**methoden daten analysen**«) heraus.

Datenquellen: Beispielhaft seien als bekanntere Datensätze, die über die GESIS zu beziehen sind, die »Allgemeine Bevölkerungsumfrage der Sozialwissenschaften« (**ALLBUS**), der deutsche Teil des »International Social Survey Programme« (**ISSP**), der **Wohlfahrtssurvey** oder auch der **Eurobarometer** genannt. Der ALLBUS ist im Download frei verfügbar. Er wird seit 1980 in zweijährigem Abstand als repräsentativer Querschnitt der deutschen Bevölkerung durchgeführt und beinhaltet Fragen zu verschiedenen sozialwissenschaftlich relevanten Themen. Der Nutzer erhält auch interaktive Auswertungsmöglichkeiten.

Deutsches Institut für Wirtschaftsforschung Berlin

Deutsches Institut für Wirtschaftsforschung Berlin (DIW) (http://www.diw.de):
Informationsangebot/Schwerpunkt: Wirtschaftswissenschaftliche und sozioökonomische Analysen, zum Teil auf Grundlage eigener Befragungen.
Beschreibung: Das DIW ist ein wirtschaftswissenschaftliches Forschungsinstitut, das zu aktuellen wirtschaftlichen Entwicklungen Stellung nimmt. Für Sozialwissenschaftler ist es deshalb besonders interessant, weil es das Sozio-ökonomische Panel betreibt.
Datenquellen: Das **Sozio-ökonomische Panel (SOEP)** des DIW ist eine jährlich durchgeführte repräsentative Wiederholungsbefragung in über 12000 Privathaushalten in der Bundesrepublik Deutschland. Erhoben werden Daten zu allen Lebensbereichen, wobei ein gewisser Schwerpunkt auf Fragen der Lebenslage der Haushalte liegt. Der SOEP-Datensatz ist für Studenten und Wissenschaftler zur sozialwissenschaftlichen Analyse verfügbar.

Bundesinstitut für Bevölkerungsforschung

Bundesinstitut für Bevölkerungsforschung (BiB) (http://www.bib-demographie.de):
Informationsangebot/Schwerpunkt: Bevölkerungs- und Familienfragen; Demografie.
Beschreibung: Das BiB befasst sich seit seiner Gründung 1973 mit allen Themen der Bevölkerungsforschung, darunter: Alterung, Fertilität, Sterblichkeit, Bevölkerungsbilanz und Familienstrukturen, Migration und Mortalität.
Veröffentlichungen: Das BiB gibt Veröffentlichungen zu bevölkerungswissenschaftlichen Themen und Fragestellungen heraus und informiert auf seiner Website ausführlich über demografische Entwicklungen. Dazu gehören die zweisprachig veröffentlichende Zeitschrift »Comparative Population Studies« (Zeitschrift für Bevölkerungswissenschaft) und die Reihe »Bevölkerungsforschung Aktuell«.

Deutsches Jugendinstitut (DJI) (http://www.dji.de):
Informationsangebot/Schwerpunkt: Kinder- und Jugendforschung.
Beschreibung: Das DJI verantwortet seit 1963 als außeruniversitäres Forschungsinstitut Forschungsprojekte und Erhebungen zu kinder-, jugend-, familien- und geschlechterbezogenen Themen.
Datenquellen: Das DJI hat zahlreiche Surveys durchgeführt. Ein großer Teil der Forschung und Sozialberichterstattung zu Kindern, Jungend und Familie basiert heute auf dem sogenannten integrierten **Survey AID:A** (Aufwachsen in Deutschland: Alltagswelten).

Deutsches Jugendinstitut (DJI)

Bundesagentur für Arbeit (BA) (http://www.statistik.arbeitsagentur.de/) und das **Institut für Arbeitsmarkt- und Berufsforschung (IAB)** (http://www.iab.de):
Informationsangebot/Schwerpunkt: Die BA erstellt und veröffentlicht als Teil der amtlichen Statistik die Statistik über den Arbeitsmarkt nach dem Sozialgesetzbuch III (SGB III) und über die Grundsicherung für Arbeitsuchende nach dem Sozialgesetzbuch II (SGB II). Das IAB ist eine Dienststelle der Bundesagentur für Arbeit, betreibt Arbeitsmarkt-, Berufs- und Qualifikationsforschung und analysiert Instrumente der Arbeitsförderung und Leistungen der Arbeitslosenversicherung und Grundsicherung
Datenquellen: Die Statistikabteilung der BA bietet Aggregatdaten zu arbeitsmarktrelevanten Themen aus den amtlichen Statistiken. Es besteht die Möglichkeit, online auf verschiedene Datenquellen zuzugreifen: Mikrodaten und amtliche Statistik der Bundesagentur für Arbeit sowie Indikatoren zur Arbeitsmarktentwicklung. Das IAB führt mit dem **IAB-Betriebspanel** und dem **IAB-Haushaltspanel** zwei für die Sozialstrukturforschung wichtige Erhebungsprojekte durch.

Bundesagentur für Arbeit und Institut für Arbeitsmarkt- und Berufsforschung

»Sozialpolitik-aktuell« der Universität Duisburg Essen (Institut für Soziologie) (http://www.sozialpolitik-aktuell.de):
Informationsangebot/Schwerpunkt: Umfassende Darstellung sozialpolitisch relevanter Inhalte.
Beschreibung: Die Universität Duisburg Essen stellt im Internet aktuelle Informationen und aufbereitete Daten und Grafiken zu sozialpolitischen Themen bereit.
Veröffentlichungen: Es liegen diverse Internetangebote vor, zum Beispiel zum Arbeitsmarkt, zur Alterssicherung, zur sozialen Sicherung, zu Lebensformen und Familienpolitik.

Universität Duisburg Essen (Institut für Soziologie)

Für den Zugang zu **internationalen Daten** sei auf vier Institutionen verwiesen, die in enger Zusammenarbeit mit den beteiligten Staaten vergleichende Statistiken anbieten:

Internationale Datenquellen

- Das **Statistische Amt der Europäischen Union** (Eurostat) trägt als Verwaltungseinheit der Europäischen Union die Statistiken der europäischen Staaten zusammen (ec.europa.eu/eurostat). Eine zentrale Aufgabe des Amtes ist neben der Publikation dieser Daten die Angleichung der statistischen Definitionen und Berechnungsmethoden zu relevanten sozialstrukturellen Indikatoren im europäischen Raum.
- Die **Organisation für wirtschaftliche Zusammenarbeit und Entwicklung** (OECD), die 34 zumeist hochentwickelte Mitgliedsstaaten umfasst, hat zum Ziel, innerhalb der OECD-Staaten Wirtschaftswachstum, höhere Bildung und Beschäftigung und die Steigerung des Lebensstandards zu fördern sowie die wirtschaftliche Entwicklung von Nicht-OECD-Ländern zu unterstützen. Diese Zielsetzung schlägt sich auch in einem umfassenden Angebot von Publikationen nieder, die zum Teil auf selbst initiierten Erhebungen (in Kooperationen mit den Mitgliedsländern) beruhen. Am bekanntesten ist sicherlich die **PISA-Studie** zur Erforschung des Bildungsstands junger Menschen in den OECD-Ländern. Aber auch Umwelt, Migration oder Korruptionsbekämpfung sind Themen, mit denen sich die Publikationen der OECD beschäftigen. Sie werden in der OECD Library (http://www.oecd-ilibrary.org/) verfügbar gemacht.
- Die **Internationale Arbeitsorganisation** (ILO) ist eine staatlich unabhängige Institution, die von den Vereinten Nationen damit beauftragt wurde, soziale Gerechtigkeit sowie Menschen- und Arbeitsrechte zu befördern. In ihr sind die Repräsentanten der Regierungen sowie von Arbeitnehmern und Arbeitgebern von 185 Mitgliedsstaaten vertreten. Grundlage ihrer Arbeit sind umfangreiche Datensammlungen, die größtenteils in enger Zusammenarbeit mit statistischen Ämtern der Mitgliedsländer zusammengestellt werden. Neben dem jährlich mit wechselnden Schwerpunkten erscheinenden »Global Wage Report« (zuletzt 2012–13) werden weitere Studien zu arbeitsmarktbezogenen Themen veröffentlicht (http://www.ilo.org/berlin).
- Schließlich sei noch das **Department of Economic and Social Affairs der Vereinten Nationen** (http://www.un.org/en/development/desa/index.shtml) genannt, das eine umfangreiche Datensammlung zu allen wichtigen Themen der Sozialstrukturanalyse bereitstellt.

Sachregister